KNOWLEDGE

DESIRE AND

POWER IN

GLOBAL POLITICS

Western Representations of China's Rise

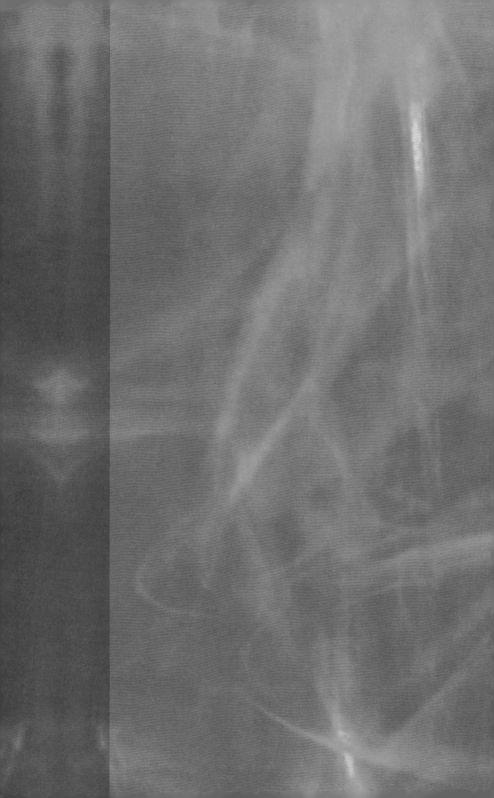

国际政治中的
知识、欲望与权力

中国崛起的西方叙事

〔澳〕潘成鑫 (Chengxin Pan) / 著

张　旗 / 译

社会科学文献出版社
SOCIAL SCIENCES ACADEMIC PRESS (CHINA)

缅怀我的父亲潘致家（1921 – 2004）、
母亲孙德荣（1928 – 2006）

中文版前言

像陌生人之间的相遇，一本新书和它尚未谋面的读者见面，多少要有一些缘分；而一本原本来自异国他乡的书要和中国读者结缘，则更要跨过许多障碍。本书的中文版能够面世，应该归功于很多师长、同人和社会科学文献出版社的编辑，是他们的鼓励、帮助和辛劳促成了这一难得的机缘。

这本书所关注的是西方眼中的中国形象。对于这一话题，想必大部分中国读者并不陌生。自近代中国开始睁眼看世界，到今天中国在世界上的崛起，中国人非常希望了解世界是如何看中国的。常言道：不识庐山真面目，只缘身在此山中。大概从国外尤其是西方人的眼中，也许可以洞察中国的真相，帮助中国人更清醒地认识自己的国家。果真如此吗？西方人睁眼看中国了吗？不能否认，不少西方学者和观察家可谓中国通，在中国研究方面造诣精深，不乏真知灼见。然而，同样不可否认，至少在国际关系学领域，西方很多学者和观察家对中国特别是对"崛起"的中国的论断却每每徘徊在"威胁"和"机遇"之间。为什么在他们看来，中国要么是"威胁"，要么是"机遇"（或者是"威胁"加"机遇"）？这些观察中国的范式到底在多大程度上能够告诉我们真正的中国？这本书从这些问题出发，对当代西方（尤其是美国）有关中国崛起的叙事进行了解构和剖析。

本书认为，这些看似关于中国的西方叙事，其实根本上并不是在解说中国，而是西方构建自我的一种需要和体现。所谓"中国威胁"或"中国机遇"，其言外之意是对于西方的威胁或机遇。无论是前者还是后者，中国都被视为一个"他者"，用于区别乃至反衬西方对自我的想象和塑造。中国作为"威胁"的叙事背后所体现的是，西方是现存国际秩序的维护者和安全提供者。中国作为（经济或政治）"机遇"的话语背后所透露的是西方在经济和政治方面的"超前性"和"优越性"，因此它有机会和能力去影响中国的发展进程，最终会将中国融入世界，使其变得更像"我们"。这些有关中国的话语和叙事之所以能够在中国研究中长盛不衰，不是因为它们准确描述了中国的现状，而是它们更能告诉西方一个西方人所普遍愿意认同的自我。对中国的"客观"描述其实是西方的一种自传。

这就是为什么在很多西方人的眼中，中国在近代以来都被视为"威胁"或"机遇"，从"黄祸"、邪恶的"傅满洲博士"到"红色威胁"，从西方传教士眼中的"希望之地"到西方商人趋之若鹜的"中国市场"，不一而足。这些"中国"话语使西方能够把握中国的确定性，知道中国是什么、不是什么。但是可以看出，这些确定"知识"的获得，与近代以来巨变中的中国并没有太大关系，而是源于西方以现代理性主体自居时追求确定性的欲望。对于现代理性认知主体来说，世界是可知的、存在可循的客观规律。然而，当面对中国这样一个庞大复杂、捉摸不定的"他者"时，西方这种追求确定性的欲望却难以得到真正满足。但是如果承认中国真的不可预测，那么西方也就不成其为现代理性认知主体了。为了维护西方关于现代自我的认同和想象，其渴望确定性的满足就不得不依赖美国哲学家杜威所说的"情感替代品"，比如信任、恐惧或幻想。通过这些欲望和情感（而非科学理性），我们周围世界的确定性重新变得可知。可是在所谓的自我和他者——比如西方和中国——之间，往往缺乏建立在信任基础上的确定性，而是由恐惧和幻想填补未知的空白：通过恐惧，中国可以被确定为"威胁"，而通过幻想，中国则被定格为"机遇"。这些关于中国的所谓客观知识，与其说是分别来自国际关系中的现实主义和自由主义理论，不如说是西方追求确定性的欲望在中国的折射。甚至可以说，现实主义和自由主义国际关系理论本身也是西方学者追求国际关系中的确定性的体现（比如米尔斯海默的大国政治的悲剧和福山的历史终结论）。

明代思想家王阳明曾说："子欲观花，则以花为善，以草为恶。如欲用草时，复以草为善矣。"中国是什么并不取决于中国自身，而是随着西方观察者的心态好恶而变化。当然，并不是只有西方才是这样，我们所有人观察外界事物，都难免以自身已有的知识、阅历和价值观为准绳。我们对新的、不熟悉的事物的理解，往往建立在我们对身边已知事物的理解之上，举一反三，推己及人。这本身无可厚非，但是，关键在于我们很少能够清醒自觉地认识到这种理解的局限。在西方的中国观察家中，这种自我反思精神尤其匮乏。这就是为什么当大家都在忙于"观察中国"的时候，我们应该同时观察中国观察者。因为正是他们的主流话语在左右很多人对中国的理解和建构，并进而影响西方对华政策的制定。在这个意义上，中国与西方（包括美国）的关系并非仅仅是由双方决策者、双方的内部体制、文化以及外在的国际格局所决定的。西方关于中国崛起的叙事本身就是中西关系发展中的一个重要因素。

　　本书认为，"中国威胁论"话语的危险在于：通过把中国作为威胁，它所倡导的对华政策就更容易把中国推向一个威胁的对立面，因此它可能是一种自我实现的预言；而"中国机遇论"的研究范式则归根到底是一种虚幻的期望，它的最终幻灭将和西方对中国的恐惧殊途同归。当前西方对中国的所谓"两面下注"政策，正是这两种中国研究范式在西方对华政策实践上的反映。因此，当中国人在批判西方的"中国威胁论"时，同时应该认识到它和"中国机遇论"其实是一枚硬币的两面。如果中国希望西方能够对自己加深理解、减少偏见，那么仅仅靠增加交往和交流、提升中国的软实力是远远不够的。如果西方在对自身的塑造和认同方面保持不变、没有反思的话，那么其对中国的认识也将很难超越"威胁"和"机遇"的范式。中国虽然在经济上崛起了，但是中国的崛起没有突破西方主流话语对其的构建和再现。本书的目的之一就是揭示在中国发展与西方尤其是与美国的关系时，其挑战不仅仅是利益和政策层面上的，更重要的是话语层面上的。通过研究西方关于中国崛起的话语，而不是像很多学者那样"直接"研究中国对外关系本身，本书希望能够引起读者对话语在国际关系中重要作用的重视和思考。

　　在此书中文版出版之际，我想向曾经鼓励、帮助和支持过我的所有老师、同事、同学、朋友及家人表示感谢。限于篇幅，很遗憾这里我不能一一提名致谢，但特别需要感谢的首先是本书译者北京大学国际关系学院的张旗博士，他不辞辛苦，反复推敲，用准确精练的译文表达出了本书的英文原意。社会科学文献出版社编辑高明秀女士从一开始就对此书表示了极大的兴趣和支持，如果没有她的推动、策划和在每个环节上的耐心细致的工作，这本书将不会同读者见面。美国文博大学政治学教授、东亚项目主任于滨老师在百忙之中慷慨为本书作序，他对美国中国学的独到见地一直令我受益匪浅，他对本书的推介和偏爱也令我备受鼓励。此外，北京大学袁明教授、王缉思教授、贾庆国教授、李安山教授，南京大学朱锋教授和现在北大执教的当年北大同窗范士明、于铁军和王联教授，以及我所在澳大利亚迪肯大学的学院负责人和同事 Brenda Cherednichenko、Matthew Clarke、David Walker、Fethi Mansouri、Baogang He 等都在原书出版后给予了我极大的鼓励和帮助，在此一并致谢。我想感谢的还有我在澳洲的家人和在中国的亲友。最后，我谨以此书缅怀我的父母。毋庸置疑，没有他们，就没有我，当然也就没有这本书。这是又一种际遇。

潘成鑫
2016 年 1 月于澳大利亚吉朗市迪肯大学

序言
西方"中国叙事"的迷失
（The West's China Discourse：Illusions and Delusions）

一　西方看中国：幻觉与错觉

　　西方的"中国威胁论"为何久盛不衰，且愈演愈烈？西方对华观念为何总是在噩梦与幻梦之间摇摆？为何西方对华的幻想与幻觉中除了梦寐以求的市场和挥之不去的黄祸以外鲜有对华的平视、平等和平常心态？为何西方的"中国威胁论"与"中国垮台论"永远作为一个硬币的两面而共存共处？

　　澳大利亚迪肯大学（Deakin University）潘成鑫教授在其近著《国际政治中的知识、欲望和权力——中国崛起的西方叙事》（*Knowledge，Desire and Power in Global Politics：Western Representations of China's Rise*，UK：Edward Elgar，2012 年第一版，2015 年

---

[*]　于滨，美国文博大学（Wittenberg University）政治学教授，上海美国学会资深研究员。

再版，简称《中国叙事》）一书中，对西方这种类似精神分裂型的对华观念，进行了深刻、系统和独特的解析。

　　潘教授的基本论点是，西方国际关系理论界对中国崛起的种种表述，与其说是对真正的中国的客观描述，不如说是基于西方自身社会话语中的所谓"自传性"（autobiographical nature）。西方集体潜意识，有一种根深蒂固的"欲望"（desire），它无时无刻不在支配西方意识和观念对理性和知识的追求。具体说，就是"欲望助长了获取知识和生成知识的渴望，而后者又反过来为欲望提供合理性，助力于欲望的实现"。① 最终，"知识丧失其貌似的纯真，显露出与权力的纽带关系"。② 由于中国在西方认知中的不确定性，导致了在西方的"中国叙事"中，常常出现中国"威胁"和中国"机遇"这两种南辕北辙观念（threat & opportunities）的共生状态。如果说前者是对崛起的中国的无知而导致的神经性的恐惧而由衷地企盼其消失或崩溃，后者则代表不可求的却又无法遏制的物质欲求。不论二者之间有何差异，其共性均是以西式棱镜来折射（而非透视）在西方看来是另类的中国。

　　《中国叙事》一书对西方的理论和理念不是一味地拒绝或简单地批判，而是从西人的思维方式、从多个视角和层次加以剥离和考证。虽然此书属政治学类，却涉及哲学、历史、文化、人类学、科学学、经济学、国际关系学等众多学科，集经典和前沿著述之大成；且条理清晰，逻辑严密，环环紧扣。两年前第一次读《中国叙事》的英文版时，感觉有萨义德的《东方主义》③ 的风

---

① 参见本书第 29 页。
② 参见本书第 34 页。
③ Edward Said, *Orientalism*, Pantheon Books, 1978.

格。① 这里需要补充的是，萨义德的"东方主义"，其实是对西方学界中的强势的学术种族主义（academic racism）悲情式的抗议和无奈的咏叹调之混合体，对于西方学界的傲慢与偏见，萨义德的手段是彻底毁之而后快。相比之下，《中国叙事》则是以西式"工具"，对其进行 CT 式扫描或外科手术式的解析；它以西人熟悉的思维结构和表述方式，把（西方）读者引入一个他们自认为理性、科学并占有道德制高点但实际却是非理性非科学欠道德的"混沌"之地，迫使西人直视其理性中之非理性成分（irrationality of rationality）。② 在这个意义上，《中国叙事》比《东方主义》更胜一筹。

当今中国的主流媒体仍在述说中国没有也很可能不会有中国的"亨廷顿"，由此认为中国学者中无法产生论述中国崛起和与之相对应的国际战略的巨著，③ 至少现在还未出现具有原创力的"大师"。④《中国叙事》的出版预示着一个新时代的开启：海内外的中国学者已经对西方国际关系的理论范式（请注意，不是对个别理论而是整个范式或体系）提出质疑和挑战，他们头上也许没有亨廷顿或基辛格等人的耀眼光环，他们的成果也

---

① 于滨：《关于美国研究中的几个问题》（Some Issues of the Current America Discourse in China），复旦大学"第一届美国研究全国青年论坛"开幕词，2013 年 8 月 24 日，《外交观察》转载，http://www.faobserver.com/NewsInfo.aspx? id = 9245。

② 这是我对美国经济学家、核战略理论之父、2005 年诺贝尔经济学奖获得者托马斯·谢林（Thomas C. Schelling）提出的"非理性中之理性"（rationality of irrationality）论点的反其道而用之，以此来高度提炼《中国叙事》在理论层面的创新和拓展。关于谢林的论述，见 Thomas Schelling, *Arms and Influence*, New Haven, CT: Yale University Press, 1966。

③ 《中国的"亨廷顿"，你们在哪》，《环球时报》社评，2014 年 5 月 21 日，http://opinion.huanqiu.com/editorial/2014 – 05/5000940.html。

④ 《习近平主持召开哲学社科座谈会 林毅夫金一张维为等学者说了什么》，观察者网，2016 年 5 月 18 日，http://www.guancha.cn/politics/2016_05_18360680.shtml。

许一时还不会在西方学界引发"东方主义"式的轰动效应，由中国人讲述的中国叙事乃至世界叙事的历程肯定会远远长于中国崛起的过程，也许这个过程永远不会终结；然而坚冰已破，风帆已扬，面对西方理论范式的书山学海，潘成鑫教授已经向顶峰和彼岸迈出了坚实的一步，这值得中国同行和主流媒体的认同和支持。

二 西方《中国叙事》的"世界"版

其实，关于中国没有"亨廷顿"的说法本身，还可以衍生出众多的话题。一个一直困扰美国国际关系学界的问题是：二战后国际关系理论突飞猛进，各种理论层出不穷，但又与美国的对外政策的制定和执行关联不大，或风马牛不相及。[①] 也就在1993 年哈佛政治学泰斗亨廷顿提出"文明冲突"论点的同年，斯坦福大学政治系知名教授亚历山大·乔治（Alexander George）出版了一部《填补鸿沟》（*Bridging the Gap*）的专著，力图把国际关系的理论研究与美国外交的实践相结合，却难有回天之力。冷战结束以来，美国国际关系理论和国际战略研究的广度和深度都在拓展：自由派有福山"历史终结论"[②] 的大旗，现实派也开发出乐观的"单极稳定论"（unipolar stability）[③] 和悲观的"文明冲突论"，[④]

[①] Alexander George, *Bridging the Gap: Theory and Practice in Foreign Policy*, United States Institute of Peace, June 1, 1993.

[②] Francis Fukuyama, 'The End of History?' *The National Interest*, No. 16, Summer 1989.

[③] Charles Krauthammer, 'The Unipolar Moment', *Foreign Affairs: America and the World* (1990/91).

[④] Samuel P. Huntington, 'The Clashes of Civilizations?' *Foreign Affairs*, Summer 1993, pp. 159 – 86.

与自由派的"民主和平论"① 的延伸"历史终结论"遥相呼应。与此同时，所谓建构主义（constructivism）也在二十世纪九十年代异军突起，扩展迅速。

　　美国的国际关系学蒸蒸日上，对国际时局的了解、判断和把握却屡屡失误，对外政策中频频诉诸武力，以致美国现实派大师基辛格在"9·11"数月前出版的《美国还需要外交吗?》一书中认为，美国除了军事政策以外，已无外交而言；即便有，美国的外交也高度意识形态化，并兼有强烈的传教风格，且往往是最后通牒式的发令，② 甚至到了"顺我者"不昌（如对待后共产主义的俄罗斯③和融入西方主导下的国际体制的中国），"逆我者"（美国不中意的所有非西方政权）必亡的境地。"9·11"以来，美国对外穷兵黩武，伊斯兰世界乱象丛生，杀戮无度，难民如潮；恐怖分子越打越多，越战越强，不仅拥有固定的国土和政权，而且将恐怖和打击目标扩展至欧洲、北非和中亚多地。不仅如此，西方现实主义者早已画上句号的"西方内战"（western civil war）④ 狼烟再起，战略空间受到严重挤压的

---

① Michael Doyle, 'Liberalism and World Politics', *American Political Science Review*, Vol. 80, No. 4, December 1986, pp. 1151 – 63.

② Henry Kissinger, *Does America Need a Foreign Policy*, NY: Touchstone Books, 2001.

③ 关于美国如何对前苏联领导人私下允诺不向东扩展北约以换取苏联同意德国统一的历史性交易，见 Joshua R. Itzkowitz Shifrinson, "Deal or No Deal? The End of the Cold War and the U. S. Offer to Limit NATO Expansion," *International Security*, Vol. 40, No. 4（Spring 2016）, pp. 7 – 44, http://119. 90. 25. 23/belfercenter. ksg. harvard. edu/files/003 – ISEC_ a_ 00236 – Shifrinson. pdf。

④ 美国军事史学家 William Link 曾经把西方直至冷战结束的漫长历史定义为"西方内战"（western civil war）。亨廷顿正是以此为拐点，宣称冷战以后的世界进入西方与非西方（west and rest）所谓文明冲突。见 Samuel P. Huntington, 'The Clashes of Civilizations'? *Foreign Affairs*, p. 159。

俄罗斯在乌克兰/克里米亚、叙利亚、土耳其等一系列问题上与西方不惜背水一战。对于世界唯一尚无战事的亚太地区，美国也以军力制衡崛起的中国，唯恐亚太不乱。

进入 21 世纪，国际社会面对一个怪象：一方面，西方国际关系和国际战略理论高度发达，大师级人物（亨廷顿、基辛格、布热津斯基、约瑟夫·奈、福山等）层出不穷；另一方面，国际的乱象与西方热衷的所谓"全球治理"（global governance）的理念却渐行渐远，西方"赢得战争，输掉和平"（win the war but lose the peace）[1] 的幽灵欲在世界范围重现，甚至教皇佛朗西斯都宣布世界已经步入第三次大战（'a piecemeal' World War III）。[2]

试问，如此辉煌的理论与西方治下的乱世有何连带关系？众多的大师级战略家们对西方理论界与严酷的现实之间巨大的反差有何评说？也许这就是西方对崛起的中国的"叙事"的国际版"世界叙事"吧。如果这一推论成立的话，对非西方世界"不确定性"的恐惧，尤其是美国在冷战结束以后由于缺少外在敌人而导致的认同危机，[3] 建构了亨廷顿《文明冲突论》的原动力。亨廷顿以后，美国现实主义理论范式中又繁衍出所谓"进攻型现实主义"（offensive realism），[4] 完全摒弃了古典现实主义中审时度势、慎用武力的内核，将国与国之间的所有交往

---

[1] Walter LaFeber, *America, Russia, and the Cold War, 1945 – 2006* (10th edn), McGraw-Hill, 2008, p. ix.

[2] 'Pope Francis warns on "piecemeal World War III"', BBC, September 13, 2014, http://www.bbc.com/news/world-europe-29190890.

[3] Samuel Huntington, 'The Erosion of American National Interests', *Foreign Affairs*, September/October 1997, pp. 28 – 49.

[4] John Mearsheimer, *The Tragedy of Great Power Politics*, W. W. Norton & Company, 2001.

视为你死我活的惨局。

悲观的西方现实主义要消灭臆想中的对手，并以武力征服"不确定"的世界；乐观的西方自由主义则把广袤的非西方世界视为西式民主政治体制和西方资本势力的"机遇"，即所谓"华盛顿共识"。其目标和手段都是以西方标准的各种"自由"——如言论自由（尤其是对社交媒体在非西方国家中的无限制的自由）、宗教自由（以此支持车臣爆乱、"疆独"、"藏独"等各种极端宗教势力）、贸易自由（从19世纪向中国输出鸦片，到21世纪的TPP中更强调西方大公司对违反知识产权的诉讼自由）、移民自由（不等于西方要接受来自非西方地区的难民）——使非西方世界个体化、碎片化，使之无力应对西方资本的流动和意识的传播。

西方自由主义与西方现实主义之间的差别其实只是工具性的，二者均无意与现存的世界共存和妥协。在这一点上，它们与西方政治和国际关系理论的各种流派一样，都具有宗教原教旨主义强烈的排他性，都是在按照自身逻辑和理念寻求理论与实践的最高纯洁度（或极端性）。19世纪以来，西方的自由主义、理想主义、现实主义、资本主义、社会达尔文主义、种族主义、法西斯主义、国家主义、无政府主义、苏联代表的"正统的"西方共产主义、视男性为万恶之源的女权主义，以及视一切人工痕迹为大逆不道的环保主义等，尽管它们也许在理论上水火不容，实践中不共戴天，但都要把一个拥有各种层次和色彩的"混沌"世界和复杂的国际事务划为黑白分明、善恶对垒的两极体制，并按照自身的价值观念改造和征服对方或整个世界。在21世纪的"文明冲突"时代，西方各种主义的极端性，也塑造了同样排他性、不妥协、极端恐怖的非西方的对手——"伊斯兰国"。

在这一点上，西方国际关系大师们似满腹经纶，在个体上似有条有理，整体上则谬误千里，且害人害己。如今反体制的势力席卷西方各国（如美国的特朗普、桑德斯，法国的马琳·勒庞），右翼如日中天（在奥地利、荷兰、瑞典、波兰、匈牙利、乌克兰，当然还有自认为最西化的日本）。西方的"愤怒"和"迷失"的一代，会将充满大规模杀伤性武器的世界引向何处？人们没有任何理由感到乐观。

三　窥见中国版的"中国叙事"和"世界叙事"

如今西方的"世界叙事"已成恶果，而西方仍徘徊在《中国叙事》的噩梦与美梦之间而不能醒悟。为何中国不但可以在纷乱的世界中独善其身，而且日益崛起？原因之一是中国不仅坚持了独立、自主和主权，而且自改革开放以来中国在政策层面告别了西方意识形态的极端成分，对各类"舶来品"采取兼容并取、以我为主的更开放、更务实的发展战略，同时避免了共和国前30年中全局性的震荡或失误。

尽管这一过程有种种不尽人意之处，但它为占世界人口1/5的巨大群体所带来的，却是鸦片战争以来最为持久的安定和繁荣。中国有理由为自身的成就感到自豪，更要对现存的问题和挑战保持清醒头脑，以更自信、更积极、更务实、更包容的姿态，在传统和现代之间、国际化和中国化之间寻找自我并造福世界。

对于国门内外的中国学者来说，目标不仅是要以"原创性的中国理论和中国话语清晰地解读中国"，[①] 也不必回避以中国

---

① 张维为：《终结中国学界为西方话语"打工"的时代——复旦大学中国研究院院长张维为教授的致辞》，观察者网，2015年11月22日，http://m. guancha. cn/ZhangWeiWei/2015_11_22_342182. shtml。

的话语和理论解读世界的使命，即中国的崛起肯定是一劳永逸地终止了西方（包括日本之类的"荣誉白人"①）对中国的统治；但崛起的中国并不需要也不会寻求终止西方本身（The rise of China ended the Western domination of China, but China's rise does not need, and will not seek, to end the West itself）。与包括西方在内的世界共存共荣不仅是基于中国的利益，更是"和而不同"这样的中国传统文化精髓的自然延伸（迄今为止，中国人仍不理解为何强大的西方不能像他们一样，在中华文明的鼎盛时期恋眷故土而不进行殖民扩张）。

一个非西方、非基督教、非西式民主制度、非结盟的、世俗的和独立自主的中国，已经在由西方主导的国际体制中稳步崛起。一个崛起的中国可以与一个包括西方在内的多样化的国际社会共存，而西方仍然跳不出其理论大师挖掘的"文明冲突"的陷阱。在人类拥有超强毁灭对方和自身的能力的时代，此类"文明冲突"论其实是不文明非文明和反文明势力之间的冲突（clash of the uncivilized）。②

西方的浅薄和悲剧就在于此。对西方"大师"们的顶礼膜拜亦适可而止。

* * *

直至完成为《中国叙事》写序，笔者还从未与潘教授晤面。

---

① Bruce Cumings, *Parallax Visions: Making Sense of American-East Asian Relations at the End of the Century*, Duke University Press, 1999, p. 24.

② "9·11"以后不久，笔者就提出"不文明之冲突"的论点，见 Yu Bin, 'Clash of the Uncivilized-Extremism Mars World Stage', 原载于 *Pacific News Service*, March 6, 2002, http://www.religioustolerance.org/sil_mod.htm。

这在资讯和交通极为发达的 21 世纪，几乎是不可原谅的。多年来只限于笔谈，但已获益匪浅。改革开放以来，中国学者走出国门，已是常态。然而海外相当多从事政治和国际关系学的中国学者更多的是在"帮助"西方研究中国，不管是出于兴趣，发挥特长，迫于生计，还是另有所图。潘成鑫教授是笔者所知极少数的海外学人中，不仅对西方政治理论和政治文化进行深入和扎实的研究，而且能够在更高的层次上审视、研判以致超越西方范式。

如果这篇序文能为潘君的下一部力著抛砖引玉，笔者将不胜欣慰。

目　录

前　言

二十一世纪头十年里，被媒体报道最多的事件，不是全球
金融危机，不是经年累月的伊拉克战争，甚至也不是"9·11"
恐怖袭击，而是中国的崛起。① 这是"全球语言监测"（Global
Language Monitor）2011 年发布的研究成果，这一关于全球媒体
报道趋势的研究考察了 75000 份纸质和电子媒体资源。如果在
国际学术圈有个类似的调查，那么，关于中国崛起的研究也应
该位于最受关注的议题之列。冷战时期曾经有一家美国出版公
司十五年内没有出版一本关于中国的书，看起来这样的时代一
去不复返了。② 既然相关的研究已经如此之多了，似乎没有必要
再写一本类似话题的书了。现有的评论、书籍和文章肯定已经
覆盖足够广泛的研究视角了。

尽管或者说正是由于相关文献已经汗牛充栋，我深感很有
必要加入这一研究大军。不过，与许多其他研究不同，我的研

---

① Global Language Monitor, 'Rise of China Still Tops all Stories', 5 May 2011,
http:∥www. languagemonitor. com/top-news/bin-ladens-death-one-of-top-news-
stories-of-21th-century/.

② A. T. Steele, *The American People and China*, New York：McGraw-Hill,
1966，p. 173.

究旨趣并不在于回答中国是否正在崛起，也不在于回答中国的崛起意味着什么。这并不是因为我认为这些问题不重要或者已经得到了解答，而是因为我认为，评估中国崛起的意义离不开我们如何给中国崛起赋予内涵。这听起来或许有点同义反复的味道，不过，它提醒人们注意中国观察者自身——给中国崛起赋予意义的主体。它将关注的焦点放在我们对中国崛起的认知和表述上，这正是本书主要关注的问题。

　　有些人可能这么想。不过，本书的这一研究路径并不是为了在这个熙熙攘攘的研究领域找到一条狡黠的捷径并提出哗众取宠的观点，从而逃避脚踏实地地对待种种有关中国的复杂的"真实世界"问题，也不是为了故意激发争议或者面对这一充满生机的研究领域而无病呻吟。在我看来，无论是从理论上还是从实践上，撰写本书都是必要之举。在理论层面，本书摒弃了流行的事实和表述二分法的预设。与实证主义相反，本书认为，我们不可能绕过认知和表述而直接触及真正的中国。我们眼中的"中国"不可能摆脱形形色色相关话语和表述的影响。在那些声称研究中国崛起的著作看来，中国崛起似乎是一个显而易见、经验上可观察的实实在在的现象，而实际上，这些著作总是与表述错综复杂地交织在一起。这些研究随之很可能也成为这些表述的一部分，后来的研究再透过这些表述来审视"中国"。从这个角度说，我聚焦于表述并非权宜之计，而是基于本体论和认识论意义上的必要性。

　　从实践层面来看，在社会世界中，表述和话语无处不在，因此适当地对话语表述进行研究，并不是逃避现实，而是真正地触及真实世界。或许除了梦游和无意识的眨眼外，人类行为（更不用说社会行为了）不可能脱离认知和表述而独立开展。建构主义者说得好，言辞带有后果。不过，我们可以进一步补充说，所有的社会领域和人际关系都需经由思想和表述来调节和建构。中国与西方的关系当然也不例外。在事关地区稳定、繁荣乃至世界和平的情况下，解析表述和话语在塑造中西关系中的作用和角色显得既迫切又具有现实意义。

有鉴于此，本书将论述的重点放在西方对中国崛起的表述上，特别聚焦于两种有影响力的范式："中国威胁论"和"中国机遇论"。这两种范式通常被认为是对中国崛起的客观解读。尽管看起来针锋相对，但它们都是西方某种自我想象的折射，体现了西方在一个从来都变动不居的不确定世界中对确定性和身份定位的诉求。这种欲求虽说是可以理解的，但是在社会世界中常常被证明是不切实际的。由于找不到定律式的持久确定性，对确定性的渴求就常常最终回归到两种欲望：恐惧和幻想。这是因为这两种欲望能够为寻求确定性而不得提供某种情感补偿。我将在书中提出，上述两种中国范式分别是这两种流行的情感补偿的话语载体。如此一来，它们并非客观的中国知识，而是与西方惯常的自我想象和权力实践密切相关。通过探析知识、欲望和权力的相互关系，本书旨在解构西方对中国崛起的当代叙事。尽管本研究对所谓"批判性中国观察"具有某种方法论借鉴意义，不过由于研究范围、本体论立场和篇幅所限，本书并非意在提出一种替代性的完备方法来更好地理解中国本身。唉，实际上"中国本身"并不存在，它只是我们根深蒂固的欲望和惯常想象的产物。

构想和撰写这本书是一项漫长且具有挑战性的工程，不过最终也令人兴奋且收获颇多。一路走来，我要感谢许多人的帮助，他们智识上和行动上的帮助使得这一研究成为可能且充满乐趣。很遗憾，我在这里不可能提到所有人的名字，因此，如果我无意中有所遗漏，谨致以诚挚的歉意。

ix　　　　尽管这本书与我在澳大利亚国立大学完成的博士论文主题不尽相同，但是，其中的某些思想火花就是那时在堪培拉激发出来的。因此，我要感谢吉姆·乔治（Jim George）——一位榜样式的学者、一位启迪心灵的良师益友，感谢他孜孜不倦的指导、激发思想的谈话和深刻的点评。这本书的问世，要感谢他长期深入的智识帮助和严谨的治学态度。

　　我还要感谢西蒙·多尔比（Simon Dalby）、特莎·莫里斯·铃木（Tessa Morris-Suzuki）、斯蒂芬·罗叟（Stephen Rosow）、伊恩·威尔逊（Ian Wilson）和 Yin Qian，他们富有洞见的建设性反馈和评论对于本书的早期研究来说不可或缺。能够认识罗兰·布兰克（Roland Bleiker）、肖恩·布斯林（Shaun Breslin）和李芝兰，我感到非常荣幸；能够和何包钢、杰弗里·斯托克斯（Geoffrey Stokes）及大卫·沃克（David Walker）一道密切工作，我也感到非常幸运。他们都是榜样式的学者、杰出的良师益友和慷慨的同事，他们常常是我寻求意见和指导的首选对象，在此我对他们表达深深的感激之情。同样，我非常荣幸在母校北京大学拥有众多卓越的老师和学者，尤其是袁明、王缉思、贾庆国、梁守德、朱锋、张小明、许振洲和已逝的刘甦朝等。他们的榜样力量和鼓励使我最终选择了学术道路。在北大我还从一些同事和朋友那里学到了很多东西，比如赵学文、赵为民、杨康善、张黎明、孙战龙和孙华等。

　　在我的学术征程中，遇到了许多人，他们的见识、告诫、谈话、鼓励和慷慨使我感念至深，其中包括尼克·比斯利（Nick Bisley）、白永辉（Jean-Marc Blanchard）、摩根·布里格（Morgan Brigg）、安东尼·布鲁克（Anthony Bke）、普里亚·查科（Priya Chacko）、陈智宏（Gerald Chan）、史蒂芬·陈（Stephen Chan）、张志楷（Gordon Cheung）、马修·克拉克（Matthew Clarke)、戴维·福格（David Fouquet）、郭宝钢、约翰·哈特（John Hart）、卡尼什卡·贾亚苏利亚（Kanishka Jayasuriya）、戴敏·金斯伯里（Damien Kingsbury）、戴维·劳尔（David Lowe）、迈克尔·麦金莱（Michael McKinley）、费提·曼苏里（Fethi Mansouri）、迈克尔·夏皮罗（Michael Shapiro）、凯瑞·史密斯（Gary Smith）、罗兰·沃特（Roland Vogt）、罗伯·沃克（Rob Walker）、饶世藻（Souchou Yao）、由冀、于滨、张勇进和崔大伟（David Zweig）。我还要感谢在迪肯大学的众多同事，他们以各种可贵的方式助益于我的思考，且影响远不止于这本书。当然，本书如有什么缺点，我自己负全责。

马拉克·安索（Malak Ansour）、海蒂（Heidi）、迈克尔·哈奇森（Michael Hutchison）、金·黄（Kim Huynh）、戴维·肯尼迪（David Kennedy）、孔涛、卡特里娜·李扣（Katrina Lee-Koo）、陆唯坚（Weijian Lu）、安·马克内文（Anne McNevin）、杰米·摩西（Jeremy Moses）、倪小龙、本·韦林斯（Ben Wellings）和张广宇是我在澳大利亚国立大学时的好朋友。他们也让我想起北京大学的一些"老"同学、"老"朋友：范士明、贺照田、邵燕君、王联、于铁军、周有光等。尽管他们中的许多人现在已经分散各地，但是他们的宽厚、幽默感和友谊直到今天也是无法超越的。

有不少机构为本书的完成提供了资助，其中包括我所在大学的人文与教育学部、人文与社会科学学院（前身是国际关系与政治学学院）、公民与全球化中心和阿尔弗雷德·迪肯研究中心，我对它们深表感谢。我曾作为访问学者分别在墨尔本大学和香港科技大学待过一段时间，我的研究得益于它们的慷慨好客和优越的研究资源。尤其需要指出的，我要感谢墨尔本大学的德里克·麦克杜格尔（Derek McDougall）和香港科技大学的沙伯力（Barry Sautman），感谢他们的支持和与他们颇有收获的交谈。刘明升、李硕和江斌使我在墨尔本的一年时光充满欢乐，我对此深表感激。

我的出版商爱德华·埃尔加（Edward Elgar）在墨尔本第一次见到我的研究计划后，就一直对我抱有坚定的信心。编辑亚历山德拉·康奈尔（Alexandra O'Connell）、詹妮弗·威尔科克斯（Jennifer Wilcox）和克洛伊·米歇尔（Chloe Mitchell）在本书编辑和出版的各个阶段都展现出十足的耐心并提供了帮助。安德鲁·瓦特（Andrew M. Watts）在编制索引中不可或缺。一位研究计划的匿名评阅人、两位手稿的匿名评判者和文字编辑员都提出了很多有益的建议，我感谢他们。

我特别要感谢雪梅的爱、理解和牺牲。我同样要感谢两个可爱的女儿艾米（Amy）和莉莉（Lily）。她们每天给我带来的爱和欢乐是我自豪和灵感的无尽源泉。我看着她们成长，和她们一起学习，觉得自己也在变成一个更为完整的人。我还要感谢身在中国的姐姐和哥哥们，他们知道他们在我心中的分量有多重。

尤其需要说明的是，我要把这本书献给我的父母，以作为对他们的纪念。当此自省之际，我的心头充满了拂之不去的痛苦失落感和悔恨感。尽管我知道无论做什么也不能报答父母的养育之恩，但是我希望本书至少可以算作一点表示；不过即便是这么一点表示都来得太晚了。直到最后，他们也许都不十分清楚他们最小的孩子这么多年漂泊他乡到底在做些什么。然而，他们通过一辈子的言传身教，告诉了我一个最重要的道理：如何做人。我并不奢望能够完全领会这个道理，但是我知道，它一直都在那里，我可以时时回味，从中寻求教诲、灵感、慰藉和弥足珍贵的回忆。

第一章

引论：西方对中国崛起叙事中的知识、欲望与权力

……没有（政治的或其他的）知识可以游离于叙事 1
之外。

——霍米·巴巴（Homi K. Bhabha）[1]

真正的问题是，究竟能否对某种事物进行真实的表述，或者说，是否任何一种表述，正因为是表述，都首先无法脱离表述者所用的语言，其次其所处的文化、制度和政治氛围。

——爱德华·萨义德（Edward W. Said）[2]

历史事实从来不是"纯粹的"，因为它们从来不可能以纯粹的形式存在：它们总是经由历史记录者的思想而投射出来的。因此，当我们关注一本历史著作的时候，我们首先

---

[1] Homi K. Bhabha, *The Location of Culture*, London: Routledge, 1994, p. 33.

[2] Edward W. Said, *Orientalism: Western Conceptions of the Orient* (new edn), London: Penguin Books, 1995, p. 272.

要考虑的不应该是它所包含的事实，而是它的作者。

——E. H. 卡尔（E. H. Carr）[1]

中国崛起文献的涌现

几个世纪以来，在西方的想象中，中国一直是个历久不衰的话题，曾被描绘成"鱼米之乡"、"睡狮"、"东亚病夫"、"黄祸"和"红色威胁"等迥然不同的形象。如今作为一个快速崛起的强国，这个曾经的"睡狮"再度触动了西方人的神经。中国的崛起对于地区和全球力量平衡影响深远，但是前景并不明朗，与之相随，一个新的国际关系研究分支正蓬勃兴起，突出表现为关于中国崛起研究文献的急剧增多。[2] 的确，这些文献时刻都在提醒着人们一个"觉醒"、"（正在）崛起"、"兴起"或者"主宰（世界）"的中国。用"中国崛起文献"来概括这些不断增长的研究可谓恰如其分。[3]

中国的崛起饱受如此关注并不足为奇。然而，使人费解的是，这一研究中国的体裁本身作为一种现象却很少引人注目。当中国研究界很多人忙于思考中国是什么以及中国崛起意味着什么等"经验性"问题的时候，很少有人认真考虑过这一新兴

---

① E. H. Carr, *What Is History?* (2nd edn), Harmondsworth: Penguin Books, 1987, p. 22.

② David Shambaugh, 'Studies of China's Foreign and Security Policies in the United States', in Robert Ash, David Shambaugh and Seiichiro Takagi (eds), *China Watching: Perspectives from Europe, Japan, and the United States*, London: Routledge, 2007, p. 213.

③ Gregory J. Moore, 'David C. Kang, China Rising: Peace, Power, and Order in East Asia' (Book Review), *East West Connections*, 9 (1), 2009, p. 146.

的研究领域究竟代表什么。本书通过批判性透视这一话语现象，旨在解决这一被人忽视但重要的问题以及一些随之而来的疑问。比如，关于中国的国际关系研究是什么？它从何而来？当我们自称仅仅在考察中国崛起时，我们究竟是在做什么？为什么国际关系中的中国观察鲜有超越某些固有的表述窠臼，例如"威胁论"和"机会论"？另外，这些表述模式在我们理解中国以及与中国的互动中又起着什么作用？

中国观察很少观察自身

对一些学者来说，这些问题可能显得要么离奇古怪，要么无足轻重甚至多此一举。还有一些学者可能马上觉得，这些问题纠缠于认识论上的空泛推测——他们认为观察中国的目的当然是要发掘和积累关于中国的知识，解读那些真正影响中国与世界关系的重要经验性问题，包括影响外交的权力、能力、利益、意图和身份，以及大战略和行为模式。因此，中国观察学界时常回顾总结本领域的"研究现状"（state of the art）的做法固然可嘉，① 这

---

① An incomplete but representative list of such works published in English in the past two decades may include David Shambaugh（ed.）, *American Studies of Contemporary China*, Armonk, NY: M. E. Sharpe, 1993; Thomas W. Robinson and David Shambaugh（eds）, *Chinese Foreign Policy: Theory and Practice*, Oxford: Clarendon Press, 1994; Lucien Bianco et al., *The Development of Contemporary China Studies*, Tokyo: Centre for East Asian Cultural Studies for UNESCO, The Toyo Bunko, 1994; Bruce Dickson（ed.）, *Trends in China Watching: Observing the PRC at Fifty*（Sigur Center Asia Papers, No. 7）, Washington DC: George Washington University, 1999; Alastair Iain Johnston and Robert S. Ross（eds）*New Directions in the Study of China's Foreign Policy*, Stanford, CA: Stanford University Press, 2006; Robert Ash, David Shambaugh and Seiichiro Takagi（eds）, *China Watching: Perspectives from Europe, Japan, and the United States*, London: Routledge, 2007; as well （转下页注）

些反思的主要目的不过在于帮助"建立累积性知识"和探索一些"潜在的新研究方向"。①不难想见，这种回顾和展望大多是自我感觉良好。1999 年在乔治·华盛顿大学举行的"中国观察动向"会议上，与会者似乎对该领域"多元的研究方法和视角"深感满意，他们将其视为"中国观察者目前拥有的最宝贵财富"。②两位中国外交的知名专家陆伯彬（Robert Ross）和江忆恩（Alastair Iain Johnston）也深有同感。他们在合编的关于中国研究新趋向的书中指出，面对中国外交研究中对精细分析的日益增长的需要，现在中国问题学者所取得的成就已今非昔比。③也有一些学者认为，"该领域在追踪和阐释快速发展变化的中国方面做得很好，并且该领域的国际'前沿水平'可以说是健康的和不断扩展的"。④

（接上页注①）as some book chapters and journal articles on this subject including David Shambaugh, 'PLA Studies Today: A Maturing Field', in James C. Mulvenon and Richard H. Yang (eds), *The People's Liberation Army in the Information Age*, Santa Monica, CA: RAND Corporation, 1999, pp. 7 – 21; Andrew G. Walder, 'The Transformation of Contemporary China Studies, 1977 – 2002', in David L. Szanton (ed.), *The Politics of Knowledge: Area Studies and the Disciplines*, Berkeley, CA: University of California Press, 2004, pp. 314 – 40; and David Shambaugh, 'Reflections on the American Study of Contemporary China', *Far Eastern Affairs*, 37 (4), 2009, pp. 151 – 8.

① Robert S. Ross and Alastair Iain Johnston, 'Introduction', in Alastair Iain Johnston and Robert S. Ross (eds), *New Directions in the Study of China's Foreign Policy*, Stanford, p. 1; and David Shambaugh, 'Introduction', in Thomas W. Robinson and David Shambaugh (eds), *Chinese Foreign Policy: Theory and Practice*, p. 1.

② Jason Kindopp, 'Trends in China Watching: Observing the PRC at 50: Conference Summary', in Bruce Dickson (ed.), *Trends in China Watching: Observing the PRC at Fifty* (Sigur Center Asia Papers, No. 7), p. 1.

③ Ross and Johnston, 'Introduction', p. 1.

④ Robert Ash, David Shambaugh and Seiichiro Takagi, 'Introduction', in Robert Ash, David Shambaugh and Seiichiro Takagi (eds), *China Watching: Perspectives from Europe, Japan, and the United States*, p. 1.

　　对于该研究领域，不断扩展也许没错，但要说是健康的则 3
有些牵强。诚如罗兰·巴特（Roland Barthes）所言，"健康的"
标志是对自身的主观性持坦诚的态度。不是将自身伪装为"合
理的"或"客观的"，而是承认"自身的相对性和主观性"。①
以此标准来检视国际关系研究分支下的中国观察，还远谈不上
健康。如前文提到的，当该领域学者不断陶醉于本领域对中国
知识的贡献时，却一直缺乏批判性的自我反省，而这恰恰是检
验健康与否的标志。不错，一些中国观察者确实意识到了他们
自己著作的局限性，甚至意识到将中国观察视为客观知识是有
问题的。约翰·伊肯伯里（G. John Ikenberry）和迈克尔·马斯
坦杜诺（Michael Mastanduno）痛惜"关于中国的比较研究和外
交研究""理论性不足"，他们呼吁应该多接触一些"国际关系
研究领域的理论智慧"。② 沈大伟（David Shambaugh）认为，尽
管"对不同时期和双边关系的专题研究比较丰富"，但是，该领
域"缺乏整体性和反思性的研究视角"。③ 包瑞嘉（Richard
Baum）在其关于中国研究的半自传式反思录中承认，在中国研
究中想要做到客观是"一个难以企及的目标"，我们的解读经常
会染上"个人感情和情绪"的色彩。④ 然而，这种反思往往不
仅范围有限，一笔带过，而且至今屈指可数。

---

① See Terry Eagleton, *Literary Theory*: *An Introduction* (2nd edn), Oxford:
Blackwell, 1996, p. 117.
② G. John Ikenberry and Michael Mastanduno, 'Introduction: International Rela-
tions Theory and the Search for Regional Stability', in G. John Ikenberry and
Michael Mastanduno (eds), *International Relations Theory and the Asia-Pacific*,
New York: Columbia University Press, 2003, p. 1.
③ Shambaugh, 'Introduction', p. 1.
④ Richard Baum, *China Watcher*: *Confessions of a Peking Tom*, Seattle, WA: U-
niversity of Washington Press, 2010, pp. xi–xii.

这并非中国研究领域独有的问题。人类学家一般擅长"探究他者的文化",但是往往对他们自身的文化缺乏深思。① 同样,政治学家总是去揭露政策执行者(practitioner)的政治和意识形态偏见,而极少对他们自己的研究进行类似的审视。② 这说明人类在理解自身方面有一个普遍困境,正如约翰·洛克(John Locke)所言,"理解如同眼睛一样,眼睛能使我们看到世界上其他所有东西,却看不到自身。理解需要技巧和艰辛的努力,并与自身保持一定的距离,然后将其作为自己的观察对象"。③ 如果人类想要更好地理解自身,就应该把自己作为观察对象,允许自我审视。中国观察作为人类理解的一部分,也应该如此。

在研究中,观察自身有多种方式。比方说,在知识生产中,自传式民族志(autoethnography)要求坦诚地考察自身,将自身作为方法上的资料来源。④ 本书中,我所说的"自身"(self)并不是指中国观察者的真正个人经历(虽然这本身无疑很有意思),而是指他们这一集体的知识成果、知识生产过程中的广阔

---

① George E. Marcus and Michael M. J. Fisher, *Anthropology as Cultural Critique*: *An Experimental Moment in the Human Sciences* (2nd edn), Chicago, IL: University of Chicago Press, 1999, pp. 111 – 2.

② Ido Oren, *Our Enemies and US*: *America's Rivalries and the Making of Political Science*, Ithaca, NY: Cornell University Press, 2003, p. 172.

③ John Locke, *An Essay Concerning Human Understanding* (ed. Peter H. Nidditch), Oxford: Clarendon Press, 1975/1700, p. 43.

④ See Morgan Brigg and Roland Bleiker, 'Autoethnographic International Relations: Exploring the Self as a Source of Knowledge', *Review of International Studies*, 36 (3), 2010, pp. 779 – 98; Leon Anderson, 'Analytic Autoethnography', *Journal of Contemporary Ethnography*, 35 (4), 2006, pp. 373 – 95; Deborah E. Reed-Danahay (ed.), *Auto/Ethnography*: *Rewriting the Self and the Social*, Oxford: Berg, 1997; and Arthur P. Bochner and Carolyn Ellis (eds), *Ethnographically Speaking*: *Autoethnography*, *Literature*, *and Aesthetics*, Walnut Creek, CA: Alta Mira Press, 2002.

知识背景和社会经济背景，以及其背后的他们关于自己作为认知主体的意念和想象。这样定义的话，中国研究的自我审视不仅要求进行方法论上的转换，还要求进行本体论和认识论上的再思考（如果我们假定前者和后者可以分开的话）。

　　中国观察领域自我反思的明显缺失，背后的关键原因可能在于一直以来颇具诱惑力的实证主义，正是实证主义这一认识论将"争吵不休的中国观察学界"黏合在一起。① 实证主义是一种有着重要影响的知识论，它假定存在着一个"常在"（out there）的客体，这一客体独立于我们的思维而存在，并最终能经得起科学分析的检验。② 重要的是，实证主义声称已经抵达了"知识论的终点"，"它起着保护科学研究免于认识论上的自我反思的难能可贵作用"。③ 从这个角度上说，像"我们怎样知道我们所知道的"这种认识论问题看起来就不再必要了。戴维·马丁·琼斯（David Martin Jones）坚持把"可观察的事实和常常难以证实的'关于它们的推测'"清晰地分别开来，他对"揭露文学'文本'或电影和音乐中的表述，而不是探讨社会中的经验事实"这种后殖民主义的做法颇为不满。④

　　国际关系研究中的中国观察者承袭了实证主义的传统，将中

① Ezra F. Vogel, 'Contemporary China Studies in North America: Marginals in a Superpower', in Lucien Bianco et al., *The Development of Contemporary China Studies*, Tokyo: Centre for East Asian Cultural Studies for UNESCO, The Toyo Bunko, 1994, p. 187.

② Jim George, *Discourses of Global Politics: A Critical（Re）Introduction to International Relations*, Boulder, CO: Lynne Rienner, 1994, p. 49.

③ Jürgen Habermas, *Knowledge and Human Interests*（2nd edn, trans. Jeremy J. Shapiro）, London: Heinemann, 1978, p. 67.

④ David Martin Jones, *The Image of China in Western Social and Political Thought*, Basingstoke: Palgrave, 2001, pp. 9 – 10.

国视为一个由可观察事实组合而成的客体。这些事实可能很复杂，中国观察者也可能很难完全摆脱他们的个人偏见，但是，终究还是存在一个可知的中国事实。中国观察的主要任务，顾名思义，就应该是观察中国。假如中国知识真是客观的、可以科学检验的和累积性的，那么，一味思索诸如中国知识是什么、谁创造了中国知识、怎么创造的和为什么创造等问题，就显得即使不是一种自我陶醉，也是一种无谓之举。① 结果，无怪乎中国研究学界仍旧极少有人对这种复杂的反思感兴趣，依旧极少有人热衷于在认识论上对中国研究展开辩论；② 这样的辩论似乎会妨碍关于中国知识的进一步累积，不仅毫无益处，而且无端地挑起争议、制造分歧。

为什么要观察中国观察

但是，对中国研究从认识论上进行批判性反思绝对不是无关紧要的。一定意义上讲，某种程度的自我反思不仅是必需的，也是不可避免的。自我反思渗透于所有的文献作品中，因为文献总是间接地反映自己。③ 无论在个体层面，还是在特定的集体

---

① For an excellent review and critique of the reluctance to put the self at the centre of scientific inquiry in the field of IR, see Brigg and Bleiker, 'Autoethnographic International Relations'.

② Jamie Morgan, 'Distinguishing Truth, Knowledge, and Belief: A Philosophical Contribution to the Problem of Images of China', *Modern China*, 30 (3), 2004, pp. 399 –400; Chih-yu Shih, 'Connecting Knowledge of China Studies: Exploring an Ethical Relationship among Knowledge of Different Nature', in I Yuan (ed.), *Rethinking New International Order in East Asia: U. S., China, and Taiwan* (Institute of International Relations English Series No. 52), Taipei: 'National' Chengchi University, 2005, pp. 111 –46.

③ Jonathan Culler, *Literary Theory: A Very Short Introduction*, Oxford: Oxford University Press, 1997, p. 35.

层面，所有知识本身都包含着一些有意识或无意识、直接或间接的对作者的自传性叙述。正如一般实证知识的自我形象所揭示的一样，中国观察领域批判性自我反思的缺失本身就表征着一种特殊的自我表述，也就是说：中国观察是关于中国的经验性知识的总和。问题在于，这种科学式的自我解读很大程度上是不具批判性的和无意识的。皮埃尔·马舍雷（Pierre Macherey）曾经说过，一部作品所没有讲到的和它所讲到的一样重要。① 如果他是对的话，那么，中国研究中的这种不同寻常的失语和不自觉就需要被打破，使之更加自觉，这一过程就是尤尔根·哈贝马斯（Jürgen Habermas）所说的反思。②

除此之外，中国研究也不可能只是观察中国。王爱华（Aihwa Ong）提到，"如果一本关于中国的书只是关于中国，它是不足为信的"。③ 我们可以进一步说，它也是自欺欺人的。中国作为一个研究客体并不是以客观的或经验的形式而存在，也不像一个自由自在、自成一体的物体等待着被直接探知、观察和分析。这并不是说中国是非真实的、不可知的或者完全只是书面表述中建构出来的一个幽灵式幻想。中国当然是存在的，长城、共产党和生活在其中的十多亿人口，这些都是非常真实的。然而，说某物是真实的，并不意味

① Quoted in Gayatri Chakravorty Spivak, 'Can the Subaltern Speak?' in Cary Nelson and Lawrence Grossberg (eds), *Marxism and the Interpretation of Culture*, Urbana, IL: University of Illinois Press, 1988, p. 286.

② Habermas, *Knowledge and Human Interests*, p. 242.

③ Aihwa Ong, 'Anthropological Concepts for the Study of Nationalism', in Pal Nyiri and Joana Breidenbach (eds), *China Inside Out: Contemporary Chinese Nationalism and Transnationalism*, Budapest: Central European University Press, 2005, p. 18. Ong's remark is made in the sense that culture, including Chinese culture, is not seamless, holistic or unchangeable, and thus cannot be studied in isolation or in its own right.

着该物存在着单一的、独立的和固定的意义，对所有人都一目了然。上述那些"真实"的人和事都不会直接地向我们展现它们的意义，更不用说它们会全景式地展现"中国"这一整体的真实图景了。中国的存在尽管是真实的，但用马丁·海德格尔（Martin Heidegger）的话，更贴切地说它是一种"世界中的存在"（being-in-the-world）。[①] "世界中的"是中国这一存在的本质特征，解读它则总是需要和这个世界联系在一起来看，而这个世界必然包括了围绕中国的话语和表述。

柯林·伍德（R. G. Collingwood）曾经说过，"所有的历史都是思想史"，意指如果不考察历史事实背后的纷繁思想，历史学家不可能认识真实的历史事实。[②] 同样，如果没有语言和关于中国的话语建构，中国就不可能有意义地存在；如果不研究我们关于中国的思想，关于中国的研究就是不可能的，更不要说全面研究了。乔治·马库斯（George Marcus）和迈克尔·费希尔（Michael Fisher）呼吁一种"转向自身"的民族志式研究，"创造一种同样深邃的关于民族志的社会和文化背景的知识"。[③] 因此，本书响应他们的呼吁，把关于中国的表述（而不是"中国"自身）作为主要的研究对象，提出在中国观察中需要一个批判性的自传民族志式的转折。

当然，有关西方如何看中国的研究从来没有间断。与西方知识界对中国的长期兴趣相对应的是他们记录这一兴趣的传统，

① Martin Heidegger, *Being and Time* (trans. John Macquarrie and Edward Robinson), Oxford: Blackwell, 1967. For a brief, lucid explanation of Heidegger's 'being-in-the-world' concept, see Eagleton, *Literary Theory*, pp. 53 – 7.

② R. G. Collingwood, *The Idea of History*, Oxford: Oxford University Press, 1946, p. 317.

③ Marcus and Fisher, *Anthropology as Cultural Critique*, p. 112.

这可以从西方有关于中国的汗牛充栋的文献中看出来。① 如果我

---

① An obviously incomplete list of the literature includes, for example, Steele, *The American People and China*; John G. Stoessinger, 'China and America: The Burden of Past Misperceptions', in John C. Farrell and Asa P. Smith (eds), *Image and Reality in World Politics*, New York: Columbia University Press, 1967, pp. 72 – 91; Raymond Dawson, *The Chinese Chameleon: An Analysis of European Perceptions of Chinese Civilization*, New York: Oxford University Press, 1967; John K. Fairbank, *China Perceived: Images & Policies in Chinese-American Relations*, London: André Deutsch, 1976; Warren I. Cohen, 'American Perceptions of China', in Michel Oksenberg and Robert B. Oxnam (eds), *Dragon and Eagle: United States-China Relations: Past and Future*, New York: Basic Books, 1978, pp. 54 – 86; Harold Isaacs, *Scratches on Our Minds: American Images of China and India*, Armonk, NY: M. E. Sharpe, 1980; Harry Harding, 'From China with Disdain: New Trends in the Study of China', *Asian Survey*, 22 (10), 1982, pp. 934 – 58; Paul A. Cohen, *Discovering History in China: American Historical Writing on the Recent Chinese Past*, New York: Columbia University Press, 1984; Steven W. Mosher, *China Misperceived: American Illusions and Chinese Reality*, New York: Basic Books, 1990; Jonathan Goldstein, Jerry Israel and Hilary Conroy (eds), *America Views China: American Images of China Then and Now*, London: Associated University Presses, 1991; Richard Madsen, *China and the American Dream: A Moral Inquiry*, Berkeley, CA: University of California Press, 1995; T. Christopher Jespersen, *American Images of China: 1931 – 1949*, Stanford, CA: Stanford University Press, 1996; Lachlan Strahan, *Australia's China: Changing Perceptions from the 1930s to the 1990s*, Cambridge: Cambridge University Press, 1996; Hongshan Li and Zhaohui Hong, *Image, Perception, and the Making of U. S. -China Relations*, Lanham, MD: University Press of America, 1998; Jonathan D. Spence, *The Chan's Great Continent: China in Western Minds*, New York: W. W. Norton, 1998; Colin Mackerras, *Western Images of China* (2nd edn), Oxford: Oxford University Press, 1999; Rupert Hodder, *In China's Image: Chinese Self-Perception in Western Thought*, London: Macmillan, 2000; Colin Mackerras, *Sinophiles and Sinophobes: Western Views of China*, New York: Oxford University Press, 2000; Jianwei Wang, *Limited Adversaries: Post-Cold War Sino-American Mutual Images*, Oxford: Oxford University Press, 2000; Thierry Dodin and Heinz Räther (eds), *Imagining Tibet: Perceptions, Projections, and Fantasies*, Boston, MA: Wisdom Publications, 2001; Thomas Laszlo Dorogi, *Tainted* （转下页注）

们再把西方对亚洲看法的作品计算在内，文献的规模将更加惊

（接上页注①） Perceptions: Liberal-Democracy and American Popular Images of China, Lanham, MD: University Press of America, 2001; Jones, The Image of China in Western Social and Political Thought; Andrew A. Latham, 'China in the Contemporary American Geopolitical Imagination', Asian Affairs: An American Review 28 (3), 2001, pp. 138 – 45; Robert W. Snyder (ed.), Covering China, Piscataway, NJ: Transaction Publishers, 2001; Herbert Yee and Ian Storey (eds), The China Threat: Perceptions, Myths and Reality, London: Routledge-Curzon, 2002; Alexander Liss, 'Images of China in the American Print Media: A Survey from 2000 to 2002', Journal of Contemporary China, 12 (35), 2002, pp. 299 – 318; Jingdong Liang, How U. S. Correspondents Discover, Uncover, and Cover China: China Watching Transformed, Lewiston, NY: Edwin Mellen, 2003; Carola McGiffert (ed.), China in the American Political Imagination, Washington, DC: The CSIS Press, 2003; Chengxin Pan, 'The "China Threat" in American Self-Imagination: The Discursive Construction of Other as Power Politics', Alternatives, 29 (3), 2004, pp. 305 – 31; Timothy Kendall, Ways of Seeing China: From Yellow Peril to Shangrila, Fremantle: Curtin University Books, 2005; Karen J. Leong, The China Mystique: Pearl S. Buck, Anna May Wong, Mayling Soong, and the Transformation of American Orientalism, Berkeley, CA: University of California Press, 2005; Zhou Ning, Tianchao yaoyuan: Xifang de Zhongguo xingxiang yanjiu (China in the World: Studies of Western Images of China), Beijing: Peking: Peking University Press, 2006; Steven W. Hook and Xiaoyu Pu, 'Framing Sino-American Relations under Stress: A Reexamination of News Coverage of the 2001 Spy Plane Crisis', Asian Affairs: An American Review, 33 (3), 2006, pp. 167 – 83; James Mann, The China Fantasy: How Our Leaders Explain Away Chinese Repression, New York: Viking, 2007; Qing Cao et al., 'A Special Section: Reporting China in the British Media' (Special Issue), China Media Research, 3 (1), 2007, pp. 1 – 72; Eric Hayot, Haun Saussy and Steven G. Yao (eds), Sinographies: Writing China, Minneapolis, MN: University of Minnesota Press, 2008; David Martínez-Robles, 'The Western Representation of Modern China: Orientalism, Culturalism and Historiographical Criticism', Digithum, No. 10, 2008, pp. 7 – 16; Emma Mawdsley, 'Fu Manchu versus Dr Livingstone in the Dark Continent? Representing China, Africa and the West in British Broadsheet Newspapers', Political Geography, 27 (5), 2008, pp. 509 – 29; David Scott, China and the International System, 1840 – 1949: （转下页注）

人。①但是，这也使得至今仍很少有人质疑当代国际政治中的中国观察学这一问题显得格外突出。

　　例如，大量的既有文献要么关注历史上对中国的印象，要么关注对中国过去的看法。历史研究固然重要，但是不能替代对当今西方对中国认知的最新思考。与此同时，大多数研究往往局限于使用"非学术性的"材料，如政府公文、官方讲话、大众媒体、公众舆论、游记、小说、纪录片和电影。结果，有意或者无意，学术性文献却常常不在被研究之列。　　　　　　6

　　更进一步说，甚至当人们开始批判性地审视历史编纂学、社

（接上页注①）*Power, Presence, and Perceptions in a Century of Humiliation*, Albany, NY: State University of New York Press, 2008; Adrian Chan, *Orientalism in Sinology*, Palo Alto, CA: Academic Press, 2009; Benjamin I. Page and Tao Xie, *Living with the Dragon: How the American Public Views the Rise of China*, New York: Columbia University Press, 2010; Colin Sparks, 'Coverage of China in the UK National Press', *Chinese Journal of Communication*, 3 (3), 2010, pp. 347 – 65; Li Zhang, 'The Rise of China: Media Perception and Implications for International Politics', *Journal of Contemporary China*, 19 (64), 2010, pp. 233 – 54; Oliver Turner, 'Sino-US Relations Then and Now: Discourse, Images, Policy', *Political Perspectives*, 5 (3), 2011, pp. 27 – 45; and Qing Cao, 'Modernity and Media Portrayals of China', *Journal of Asian Pacific Communication*, 22 (1), 2012, pp. 1 – 21.

① For example, Said, *Orientalism*; Tani E. Barlow (ed.), *Formations of Colonial Modernity in East Asia*, Durham, NC: Duke University Press, 1997; David Walker, *Anxious Nation: Australia and the Rise of Asia 1850 – 1939*, St Lucia: University of Queensland Press, 1999; Paul Hollander, *Political Pilgrims: Western Intellectuals in Search of the Good Society* (4th edn), New Brunswick, NJ: Transaction Publishers, 1998; Christina Klein, *Cold War Orientalism: Asia in the Middlebrow Imagination, 1945 – 1961*, Berkeley, CA: University of California Press, 2003; and Sheridan Prasso, *The Asian Mystique: Dragon Ladies, Geisha Girls, and Our Fantasies of the Exotic Orient*, New York: Public Affairs, 2006.

会学、哲学、文化学和语言学中的学术著作时，[1] 西方关于中国崛起的国际关系研究仍旧几乎无一例外地被忽略了。[2] 鉴于自从二战结束以来美国就巩固了它作为全球领导者的地位，其国际关系话语也就成为西方主流世界观的主要参照系，这种忽略尤其令人费解。[3] 是不是像国际关系这样的学科类研究就能更好地避免东方主义偏见呢？爱德华·萨义德曾经说过，"有趣的著作常常是由这样的作者创作出来的：作者所钟爱的学科是以知识类别界定的，而非如东方学一样是由宗教仪规、帝国或地理界定的"。[4] 然而，对国际关系学科和政治科学学科这样毫不怀疑则是非常天真的，萨义德本人大概也会同意这一点。尽管它们明显是以知识类别界定的学科，而不是以地理因素界定的，但

---

① See, for example, Cohen, *Discovering History in China*; Paul A. Cohen, *China Unbound*: *Evolving Perspectives on the Chinese Past*, London: RoutledgeCurzon, 2003; Bob Hodge and Kam Louie, *The Politics of Chinese Language and Culture*: *The Art of Reading Dragons*, London: Routledge, 1998; Alastair Pennycook, *English and the Discourse of Colonialism*, London: Routledge, 1998; Chan, *Orientalism in Sinology*; Mackerras, *Western Images of China*; Morgan, 'Distinguishing Truth, Knowledge, and Belief'; Suman Gupta, 'Writing China', *Wasafiri*, 23 (3), 2008, pp. 1 – 4; and Daniel Vukovich, 'China in Theory: The Orientalist Production of Knowledge in the Global Economy', *Cultural Critique*, No. 76, 2010, pp. 148 – 72.

② As an exception, Shih briefly calls for China watchers 'to reconsider the relationships between the researcher and the researched' and 'recognize and stress China watchers' participation, albeit unintentionally or unwillingly, in the making of China and the China threat'. Chih-yu Shih, *Navigating Sovereignty*: *World Politics Lost in China*, Basingstoke: Palgrave, 2004, pp. xi – xii; see also Latham, 'China in the Contemporary American Geopolitical Imagination'; and Pan, 'The "China Threat" in American Self-Imagination'.

③ Leong Yew, *The Disjunctive Empire of International Relations*, Aldershot: Ashgate, 2003, p. 5.

④ Said, *Orientalism*, p. 326.

是，它们并非政治无涉或政治中立的。实际上，两者很大程度上是美国或者说西方的社会科学，它们对美国的潜在或无意识的效忠，可能与东方学对欧洲的效忠并无二致。[①] 确实，由于这些学科的价值无涉或科学客观的虚名，它们对非西方社会的塑造作用可能格外重要和持久，因此需要做进一步的考察。如果不这样做，我们就难以把握在全球政治舞台上当代西方对中国表述的变换和复杂性。

无疑，国际关系和后殖民主义中的批判性研究已经开始挑战主流国际关系知识。国际关系研究和文化研究中的许多重要著作已经对自我与他者的社会建构以及对南方、东方（"近东"）和亚洲表述中的政治进行了大量的研究。[②] 然而，这些研

[①]　Stanley Hoffman, 'An American Social Science: International Relations', *Dædalus*, 106 (3), 1977, pp. 41–60; Ole Wæver, 'The Sociology of a Not So International Discipline: American and European Developments in International Relations', *International Organization*, 52 (4), 1998, pp. 687–727; Peter Monaghan, 'Does International-Relations Scholarship Reflect a Bias toward the U. S. ?' *The Chronicle of Higher Education*, 46 (5), 1999, pp. A20–A22; Michael E. Latham, *Modernization as Ideology: American Social Science and "Nation Building" in the Kennedy Era*, Chapel Hill, NC: The University of North Carolina Press, 2000; *Oren, Our Enemies and US*; and Amitav Acharya and Barry Buzan, 'Why Is There No Non-Western International Relations Theory? An Introduction', *International Relations of the Asia-Pacific*, 7 (3), 2007, pp. 287–312.

[②]　Michael J. Shapiro, *The Politics of Representation: Writing Practices in Biography, Photography, and Policy Analysis*, Madison, WS: University of Wisconsin Press, 1988; Roxanne Lynn Doty, *Imperial Encounters: The Politics of Representation in North-South Relations*, Minneapolis, MN: University of Minnesota Press, 1996; Iver B. Neumann, *Uses of the Other: "The East" in European Identity Formation*, Minneapolis, MN: University of Minnesota Press, 1999; Michael Pickering, *Stereotyping: The Politics of Representation*, Basingstoke: Palgrave, 2001; and L. H. M. Ling, *Postcolonial International Relations: Conquest and Desire between Asia and the West*, Basingstoke: Palgrave, 2002.

究并没有主要针对西方关于中国的表述。尽管萨义德的经典之作《东方学》一书有一个宽泛的"西方对于东方的想象"的副标题，但是，它主要关注的是中东。[①] 当在中国研究中有人援引萨义德，也常常是探讨中国自身的所谓"东方学"遗产（或者按陈小梅的说法，叫西方学）。[②]

　　最后，既有的对西方国际关系关于中国崛起话语的批评，常常局限在经验性辩论或涉及一些具体作品、观点或议题中存在的事实性或狭义上的方法论问题。[③] 辩论中的多数参与者认同存在着一个常在的中国，而西方表述中的主要问题在于它的误

7 解、偏见或有瑕疵的看法：一旦这种扭曲得以纠正，那么关于中国的客观知识就唾手可得。例如，布兰特利·沃马克（Brant-

---

①　Said, *Orientalism*, p. 17. This Middle Eastern focus is even more apparent in his two subsequent books, which, together with *Orientalism*, form a trilogy on Western representation of the Orient. See Edward W. Said, *The Question of Palestine*, New York: Vintage Books, 1979; and Edward W. Said, *Covering Islam: How the Media and the Experts Determine How We See the Rest of the World*, New York: Pantheon Books, 1981. Similarly, in investigating 'European fantasies of the East', Alain Grosrichard's *The Sultan's Court* is concerned mainly with European accounts of the Ottoman Empire. Alain Grosrichard, *The Sultan's Court: European Fantasies of the East* (trans. Liz Heron), London: Verso, 1998.

②　Xiaomei Chen, *Occidentalism: A Theory of Counter-Discourse in Post-Mao China*, New York: Oxford University Press, 1995; Edward D. Graham, 'The "Imaginative Geography" of China', in Warren I. Cohen (ed.), *Reflections on Orientalism: Edward Said*, East Lansing, MI: Asian Studies Center, Michigan State University, 1983, pp. 31–43.

③　See for example, Gerald Segal, 'Does China Matter?' *Foreign Affairs*, 78 (5), 1999, pp. 24–36; David C. Kang, *China Rising: Peace, Power, and Order in East Asia*, New York: Columbia University Press, 2007; Steve Chan, *China, the U.S., and the Power-Transition Theory: A Critique*, London: Routledge, 2008; and Salvatore Babones, 'The Middle Kingdom: The Hype and the Reality of China's Rise', *Foreign Affairs*, 90 (5), 2011, pp. 79–88.

ly Womack）曾富有洞见地指出，"我们对中国的不确定既与中国有关，也同样源于我们对自身的不确定"，他进而建议应该努力寻求通过对"真实"中国和"其内部动力"的考察来实现"对中国的正确解读"。① 对一些人来说，沃马克的研究路径很有意义：难道除此之外另有他途吗？可是，通过再多的经验研究所得出的"事实"也最终价值有限。就像韩瑞（Eric Hayot）等人说的那样，"揭示与特定的话语对象有关的事实和表述之间存在的差异性，算不上一种批判……批判作品必须要承认，想象不仅仅是对事实的一种扭曲"。②

认识到表述"不仅仅"是经验问题，这是非常重要的，但是，这并不是说，经验分析就无关紧要了；现在不是，未来也不是。可是，如果我们关于西方表述的批判仍停留在经验层面，那最终将会是没有效果的，或者可能是自我误导的。一方面，没有充足的理由表明我们新的经验性数据就能构筑起关于中国知识的更权威基础。另一方面，本书将清晰地阐明，西方表述的整体功能是自我想象。尽管他们声称自己的研究具有科学客观性，可是从开始他们就无意展现出一幅事实上准确的中国图景。这样一来，无论有多少比西方的中国想象更"准确的"经验事实或逻辑论证也不可能成功地挑战西方对中国的臆断。

因此，尽管有关西方对中国印象和表述的著作数量可观，但是，在国际关系学界（广义上界定）却明显缺乏对这些著作背后的西方思想根源作批判性的分析，而这正是本书所要试图

① Brantly Womack, 'Introduction', in Brantly Womack (ed.), *China's Rise in Historical Perspective*, Lanham, MD: Rowman & Littlefield, 2010, p. 3.

② Eric Hayot, Haun Saussy and Steven G. Yao, 'Introduction', in Eric Hayot, Haun Saussy and Steven G. Yao (eds), *Sinographies: Writing China*, Minneapolis, MN: University of Minnesota Press, 2008, p. xi (emphasis added).

填补的空缺。至于中国知识的表述是否或者在何种程度上准确反映了"中国事实"，这一问题并不是本书的兴趣所在。我也不会提出自己对这一事实"真实的"或"客观的"表述——只要它是"我自己"的描绘，它就不可能是真实的或客观的。相反，本书将会审视对"中国事实"的诸多表述是如何在客观知识的伪装下产生的，是如何通过话语被社会建构出来的，以及这种建构是如何在国际关系理论和实践中发挥作用的。与通常外交决策中的国家形象研究不同，本书主要关注的是对中国研究进行知识社会学和表述政治学考察。

为此，本书将聚焦关于中国崛起的两个具有代表性和不断呈现的主题和臆断："中国威胁论"和"中国机遇论"。这些主题又可被称为"真理体系"（regimes of truth）、"元叙述"（met-anarratives）或特定的"思维模式"（style of thought），[①] 但是，本书将它们称为"范式"（"范式"一词在学术上的广泛使用要归功于托马斯·库恩）。[②] 关于范式一词定义的更多讨论将会在稍后的下一章里涉及。像殖民话语一样，范式是"一个没有作者的表意系统"。[③] 因此，尽管为了批判地研究这些范式，我们不得不依赖特定的出版物作为例子，但是，在阐述我对这两种范式的疑虑时，我并不是有意针对某个学者或其作品。

① Michel Foucault, *Power/Knowledge: Selected Interviews and Other Writings 1972 - 1977* (ed. Colin Gordon, trans. Colin Gordon, Leo Marshall, John Mepham, Kate Soper), New York: Pantheon Books, 1980; Hayden White, *Metahistory: The Historical Imagination in Nineteenth-Century Europe*, Baltimore, MD: Johns Hopkins University Press, 1973, p. ix; Said, *Orientalism*, p. 2.

② Thomas Kuhn, *The Structure of Scientific Revolutions* (2nd enl. edn), Chicago, IL: University of Chicago Press, 1970.

③ Robert J. C. Young, *Colonial Desire: Hybridity in Theory, Culture, and Race*, London: Routledge, 1995, p. 166.

同样，我们也不应把这些范式与任何具体观点或理论框架相混淆。范式是一种基本的概念化工具，通过它来界定如何了解（或不了解）某个研究对象，并衍生出某些具体的观点和理论框架。虽然"中国威胁论"和"中国机遇论"范式在国际关系的中国观察领域更为常见，但它们并不是国际关系学者的专利。为了更好地说明这两种范式，有必要以一种兼容并蓄的立场选取相关的文献作为研究对象。因此，在我的分析范围内，不仅包括关于中国外交和国际关系的学术研究著作，还包括媒体报告、评论文章和官方言辞等"中国表述"大拼图中的其他材料。

"中国威胁论"和"中国机遇论"范式不仅超越文献体裁的界限，还不受地理疆界的局限。在塑造西方对中国崛起的观念认知方面，美国确实起到了核心作用，并且本书的大部分篇幅也因此用以关注美国的话语，但是，尽管如此，也绝不能认为这些范式专属于美国。因此，我用了"西方"一词以便涵盖更广的地理范围（同时也忽略掉了"非西方"材料，以免我的研究议程太过于庞杂）。当然，这里的"西方"也不是指所谓"西方"本身，不管我们如何定义它。我的材料多数情况下来自几个选定的西方国家出版的英文文献，主要来自美国、英国和澳大利亚。来自法国和德国等其他西方国家的文献则没有被纳入研究视野，原因很简单，这超过了这本小书的研究范围和容纳能力。另外，尽管我几乎只涉及英文文献，但我也无意全面体现这些"英语国家"中关于中国的形形色色的文献。我的理解是，无论我们如何尽力缩小研究范围，我们仍然还会碰到细微的地缘上的差异、语境上的差异和时间上的差异，这种情况甚至存在于同一个作者的作品中。因此，尽管本书的副标题是"中国崛起的西方表述"，但是，我并不打算涵盖这一表述的整

体复杂情形或"全貌",更不用说涵盖一般意义上的中国观
察了。

9　　我们要对各种形式的概括时刻保持警惕的怀疑,但是,这
种对概括的怀疑不应该变成一种偏执。如果没有一定程度上的
概括,任何分析都是不可能的。语言只有有限的词汇,而世界
则是无穷的,那么,语言对这个无穷世界的描绘,必然是一种
简约。在此背景下,并基于行文上的考虑,我不得不用"中国
观察"、"西方表述"等这些概括性的、本质上是有问题的词汇,
尽管我再次声明它们在本书中的具体用法不应该被误解为向所
有的中国观察者或所有的关于中国的西方表述发难。

知识、欲望和权力:一种解构和
建构分析框架

本书采用解构和建构的研究方法。因为这不是一本关于解
构或建构方法以及本体论、认识论本身的书,所以,它将不对
这些理论问题做系统研究,而只是在下文里简要阐述这些问题
与本书的相关部分。解构法用于质疑西方对中国国际关系研究
中潜藏的事实与知识的二分法。我认为,"中国威胁论"和"中
国机遇论"范式并不是对中国事实的"准确"(或"错误")知
识表述,而是构建他者的话语战略,这些话语战略根植于西方
的传统、欲望和自我想象中的某些预设和成见。从建构主义的
视角来说,我认为这些范式不只是文字游戏或与中国无关的凭
空想象。只要它们在限定着我们如何去理解中国,它们就至少
是在通过影响我们和中国的交往实践来社会地建构中国。相应
的,我的解构分析也不只是文本演绎,它将关注这些范式和中
国与西方互动之间的复杂关系。这些将会在后来的主要章节里

详加论述，现在我们只对本书的理论和方法基础作一些说明。

解构事实与知识：作为情境阐释的知识

在哲学和文学批评中，解构是一个复杂而富有争议的战略，难以形成清晰的定义和解释。冒着将这一难以捉摸但重要的术语过度简化的风险，我将解构的主要作用定义为揭示话语中看似理所当然的对立、二分法和等级表述背后所蕴含的人为和主观性。如此一来，解构有助于揭示具有排他性和边缘化功能的话语和社会实践，而其排外性和边缘化效应使得二元对立及等级制的"自然状态"（naturalness）得以维持和不断再生。① 在有关中国的国际关系主流话语中，一种主要的二元对立就是对事实与知识的二分。按照这种二元论，中国事实先于且独立于中国知识而存在，而后者则主要通过科学研究而来源于前者。然而，这种关于中国事实和中国知识的二元假设具有严重的缺陷，因而需要加以解构。

我认为，事实或者至少社会事实并非先验地存在或独立于知识与话语。如果存在一种看似客观的事实，那是因为相信这一事实的人们首先已经就关于这一"事实"的共同话语存在共识。因此，思想和事实并不像看起来的那样是两个相互分立、相互独立的东西。② 它们本质上是相互联系在一起的。确实，"相互联系"一词并不能足够强烈地描述它们在本体论上几乎不可分

---

① Jonathan Culler, *On Deconstruction: Theory and Criticism after Structuralism*, Ithaca, NY: Cornell University Press, 1982, pp. 85–6; Richard K. Ashley, 'Untying the Sovereign State: A Double Reading of the Anarchy Problematique', *Millennium: Journal of International Studies*, 17 (2), 1988, pp. 251–2; and Jens Bartelson, *A Genealogy of Sovereignty*, Cambridge: Cambridge University Press, 1995, p. 19.

② Ernesto Laclau and Chantal Mouffe, *Hegemony and Socialist Strategy: Towards a Radical Democratic Politics* (2nd edn), London: Verso, 2001, p. 110.

割的存在关系。因为只有通过知识和话语，社会事实才能存在和具有意义。这就像只有通过光的映照，事物才能为人所见。用玛雅·泽福斯（Maja Zehfuss）的话说，"我们视为真实的东西实际上本身就是表述的结果"。[①] 这个世界从来不是通过其自身向我们直接展现其意义，而是通过文本、话语和语言等"阐释之光"（light of interpretation）的映照间接达致的。假如我们在不经过思想和语言的情况下仅仅盯着一些东西，那么尽管这些东西清晰地展现在我们面前，我们也将只能一无所见，不明白我们所看的东西是什么。一旦我们开始描摹我们所见到的东西，这种描摹肯定就已经受制于语言和先前的知识。大卫·坎贝尔（David Campbell）提出，"世界独立于语言而存在"，"但是，对于这种存在我们却无从知晓（除了我们知道这一断言的事实本身），因为离开语言和我们的阐释传统，就简直不可想象世界是如何存在的"。[②]

例如，中国是世界上人口最多的国家，这似乎是一个毋庸置疑、无须阐释和不言自明的事实。可是，这种明显客观的、非阐释性的事实并不是中国观察者主要关注的对象。没有学者会仅仅把搜集和记录这些"小常识"作为自己的事业，就像没有人类学家会觉得"满世界地走去数桑给巴尔（Zanzibar）的猫有多少只"很刺激或很值得一样。[③] 对我们来说，重要的常常不是"纯粹"的事实，而是阐释的和争论的事实。这里的问题不仅在于中国是否是世界上人口最多的国家，还在于"那又如何"

---

① Maja Zehfuss, *Constructivism in International Relations: The Politics of Reality*, Cambridge: Cambridge University Press, 2002, p. 196.

② David Campbell, *Writing Security: United States Foreign Policy and the Politics of Identity* (rev. edn), Minneapolis, MN: University of Minnesota Press, 1998, p. 6.

③ Henry David Thoreau, quoted in Clifford Geertz, *The Interpretation of Cultures*, New York: Basic Books, 1973, p. 16.

的问题：这对中国和世界（将会）意味着什么，如何应对这一问题。一旦涉及意义，普遍赞同的"基本事实"就难以达成了。在十九世纪传教士的眼里，人口众多的中国代表了一个可以广招信徒的希望之地。在第二次世界大战中，美国把中国众多的人力视为与日本作战的资产。对于眼里难免盯着市场和利益的商人来说，中国庞大的人口提供了巨大的商机。形成鲜明对比的是，在种族主义者或对种族敏感的观察者眼里，十三亿中国人可能就象征着"黄祸"，并进而发展成"中国威胁论"。很明显，这些说法都不是独立存在的事实；作为"事实"，它们总是并已经是特定阐释的产物。的确，中国是世界上人口最多的国家这种再"简单"不过的事实本身也不能完全独立于语言和阐释，因为连"国家"和"人口"这些概念都是现代的创制和构建，而非自然存在的。所以，社会事实（本书中我将其简称为"事实"）本质上是话语塑造和阐释而成的，阐释无法脱离思想、知识和语言。哲学家和语言学家威廉·冯·洪堡（Wilhelm von Humboldt）曾写过一段话：

> 人主要——其实可以说毫无例外，因为人的感觉和行动取决于他的观念——是通过语言对客体的展现而与其客体共存的。在同一进程中，一方面他从自身的存在中用语言结网，另一方面他自己又深陷其中；每一种语言都在其使用者的周围画上了一个神奇的圆圈，一个让人没有逃脱的圆圈，除非是跳出去后又跳进另一个圆圈。①

---

① Quoted in Ernest Cassirer, *Language and Myth* (trans. Susanne K. Langer), New York: Dover Publications, 1946, p. 9.

  当然，说社会事实与语言和阐释密切相关，并不是说事实可以用许多种话语随意排列组合，也不是说任何一种阐释都同样成立。不通过语言我们就无法获知事实，但并不等同于说除了语言本身之外我们对任何事情都无从知晓，或者说，所有的认知对于每个人都具有相同的意义——假如这样的话，我们搞学术研究的人最好还是回家另谋职业吧。

  尽管事实只有通过阐释才能为人所知，但是，这种认知并不是"无限制的阐释"。就像"文本"一样，事实对阐释施加了诸多限制。[①] 回到之前的例子，尽管在不同的情况下对不同的观察者来说，中国的人口意义不同，但是没有人会理直气壮地说，如今生活在澳大利亚的人比生活在中国的人多。"文本的阅读者自身就是其理解的意义的一部分"，尽管这句话是对的，[②] 但是，该读者作为世上的一种存在，没有也不能随意地解读某一特定的文本或事实。所有的阐释都依托于语言，但是，语言毕竟是一种社会产物，它承载着这个社会的观念、态度和目标。[③] 因此，阐释必然总是奠基于并受限于特定的"成见"，而这种成见又相应地受文化、传统、语言和相关语言所带来的特定读者或观众的塑造。[④] 阐释的"生命周期"（或者它能够"走"多远）取决于在其所处的语言和文化中它的传播性和社会接受

① Edward W. Said, *The World, the Text, and the Critic*, Cambridge, MA: Harvard University Press, 1983, pp. 39 – 40.

② Hans-Georg Gadamer, *Truth and Method* (trans. Joel Weinsheimer and Donald G. Marshall, 2nd rev. edn), London: Continuum, 2004, p. 335.

③ Eagleton, *Literary Theory*, p. 61; and Pennycook, *English and the Discourse of Colonialism*, p. 5.

④ Hans-Georg Gadamer, 'The Problem of Historical Consciousness', in Paul Rabinow and William M. Sullivan (eds), *Interpretive Social Science: A Second Look*, Berkeley, CA: University of California Press, 1987, p. 87.

度。尽管没有非话语性或非阐释性的社会事实，也没有对阐释可能范围的正式限制，但实践中，无论是语言上，还是文本上，阐释极少是任意的或杂乱无章的，或者我们想怎么编造就怎么编造，这是因为，阐释间总是存在着文本互涉（intertextually），文本之间相互依存并相互联系。因此，我们没有必要害怕那种饱受非议的所谓"怎么样都行"的相对主义者幽灵；认为怎么都行的人会很快意识到此路不通。卡尔写道，"历史学家是属于所处时代的，他要受人类存在条件的束缚。他所使用的词语，诸如民主、帝国、战争、革命等，都具有时代的内涵，这是他无法与之割离开来的"。① 就像读一篇文本一样，我们关于事实的阐释，既不是客观知识，也不是纯粹的主观想象。它是一种社会性文本（social text），必然与其他社会性文本产生对话。这种无可否认和无可化约的文本互涉就组成了萨义德所说的文本的物质性和现世性，只有如此，这些文本才可以有效地"勾起世界的注意"。②

按照这一逻辑，虽然中国知识（例如反复出现的"威胁论"和"机遇论"）源于阐释，但它是一种特殊形式的、现世的、文本互涉的阐释，可以有效地吸引西方的注意、印证西方的自我想象。常常是在这种意义上中国知识看起来是客观事实。可是，其之所以被认为是事实，恰恰是因为作为一种阐释它已经被普遍认同、不加质疑。这种阐释所源自的互涉文本语境已经变得如此被普遍接受，以至于我们容易忘记它"原初的"身份——历史上的特殊阐释。

因此，西方关于中国崛起的表述不仅是阐释性的，还是集

①　Carr, *What Is History?* pp. 24 – 5.
②　Said, *The World, the Text, and the Critic*, pp. 39 – 40.

体自传性质的，所以，它们表述的更多不是中国"本身"（作为
文本），而是中国观察者（作为解读者）、他们的观众，以及社
会的、文化的和历史的情境。至少从马可·波罗以来，关于中
国知识的生产就遵循着这种文本互涉性和世俗性的逻辑及政治
经济学。在《大汗之国》（*The Chan's Great Continent*）一书中，
史景迁（Jonathan Spence）曾引述了威尼斯旅行家马可·波罗和
其中国主人忽必烈之间的一段虚构对话。"你回西方之后"，忽
必烈问马可·波罗，"会向那里的人们如实复述你向我说的故事
吗?"马可·波罗并没有直接回答，他只是说："我说呀说呀……
但是听者只记住他们想听到的东西……不是声音支配着故事，而
是耳朵。"①

　　确实，正是听众的耳朵或者说互涉性文本和世俗的限制，
是中国观察者需要有意识或无意识地回应或迎合的。当然，中
13　国知识生成的这种文本互涉语境并非固定不变，也并非总是生
成于"西方"语境。中国的声音、话语和阐释可以、应该且常
常成为这一阐释过程的一部分。在《中国观察者》（*China
Watcher*）一书中，包瑞嘉提到一个发人深省的故事：在二十世
纪六十年代，由于没法接近共产主义中国，中国观察者只能通
过采访香港的内地人来远远地观察中国。他写道：

　　　　在二十世纪六十年代后期，两位从广东来的非法偷渡
者（名叫小杨和老杨），由于非常了解中国情况，差不多成
了（香港中文大学）大学服务中心的常客。他们经常被中
心的学者们深度采访，以致人们半开玩笑地说，文化大革
命期间关于中国的大多数学术著作、文章和博士论文都是

---

① Spence, *The Chan's Great Continent*, p. 241.

*建立在这两个人提供的信息之上，后来这成为我们中间一个常常提起的笑料。*①

这个故事表明，那个时候西方对中国政治和社会的解读相当一部分可能就是来自两个中国人。我们可以合理地推断，这些与西方人对话的信息提供者所描述的并不是中国本身，而是身处特定位置的他们对中国的阐释，或者更准确地说，是对他们在中国某一地区经历的一些特定场景的阐释。相应地，这些阐释如果没有有意或无意地被诱导或歪曲以迎合西方采访者的需要，那么，它们也必定会被西方采访者按照他们的世俗观念和阐释传统进行重新阐释。就像美国社会学家赵文词（Richard Madsen）指出的那样，这种阐释传统可以部分追溯到来中国传教的早期新教传教士的作品中，这些作品"关于如何解读中国、如何与中国相处的假设框架"为今天世俗的中国研究奠定了一定基础。② 因此，关于中国知识，能够知道什么，哪些已经为人所知，在一定程度上，常常是由中国观察者（包括中国人）所处的情境位置塑造的。去中国旅行或研究中国的人没有一个是"完完全全的陌生人：我们已经知道或自认为知道了我们想知道的东西"。③ 美国资深记者詹姆斯·曼（James Mann）曾言简意赅地描写了西方媒体报道中国的类似运作过程：

---

① Baum, *China Watcher*, p. 236.
② Richard Madsen, 'The Academic China Specialists', in David Shambaugh (ed.), *American Studies of Contemporary China*, Washington D. C.: Woodrow Wilson Center Press, 1993, pp. 164 – 5.
③ Richard White, 'Australian Journalists, Travel Writing and China: James Hingston, the "Vagabond" and G. E. Morrison', *Journal of Australian Studies*, 32 (2), 2008, p. 238.

最大的问题是媒体对中国的报道通常只是强化一个特定年代或时期中当时关于中国的流行的固有成见、印象或"框架"。在二十世纪五十年代，美国的报道把中国人比作有纪律的机器人。在八十年代，则是"中国走向资本主义"。在九十年代早期，则是"中国的镇压"。如今是"中国的崛起"（以及"中国变得富有"）。一旦某种形象定型了，然后包括电视专题节目、杂志封面、报纸专题在内的媒体会铺天盖地地重复这一形象，或至少以种种方式延续它。①

14　　詹姆斯·曼认为，主要是那些"留守在总部"的制片人、编辑等一类人根据当时的主流形象来左右关于中国的报道。② 他或许应该把西方观众也加入这一行列。没有这些观众或听众的话，"那些不利用既有成见（通常是人权、高压的政府和疯狂的资本主义的观察视角）的对中国具体问题的严肃研究，即使能够得以出版，其市场也不会超出中国问题专家的小圈子"。③ 在这种情况下，许多作者压根从开始就不会去做那种研究。所以，有些流行的印象会历久不衰，而与之相左的观点则难以引人注目。几十年以前，澳大利亚的新闻记者彼得·哈斯汀（Peter Hastings）希望能够撰写更多关于亚洲的报道，但是他的老板弗兰克·帕克（Frank Packer，后来澳大利亚媒体巨头凯瑞·帕克的父亲）对此皱起了眉头，"那里什么都没有……

---

① China Digital Times, 'CDT Bookshelf: Interview with James Mann', 26 February 2007, http://chinadigitaltimes.net/2007/02/cdt-bookshelf-interview-with-james-mann/.

② Ibid.

③ Gupta, 'Writing China', p. 3.

谁想去读关于那些地方的东西呢？"① 当然，事实上亚洲从来都不缺素材，只不过那里发生的事情没有什么让"我们"感兴趣。因此，像亚洲一样，从一开始中国作为媒体关注或社会考察的对象之所以存在，很大程度上要归功于那些"谁"，即知识市场中的消费者以及他们的期望、预想、成见和既有的自我想象。

知识和欲望的融合：作为西方自我想象的中国范式

从另一方面来看，帕克的问题"谁想去读关于那些地方的东西呢？"不仅说明读者和观众在新闻报道中的重要性，还无意中透露出欲望在知识生成和散播过程中的核心作用。我所说的欲望并不单是指"求知的欲望"（好学），还指人们求知欲望背后的种种欲望。一般认为，知识是通过理性而对事实的客观反映。但是，大卫·休谟（David Hume）却认为："理性是且只应该是激情的奴隶，它除了服务和听命于激情之外，无法妄称其他用途。"② 知识的深层次背后不仅是理性，还包括欲望。欲望助长了获取知识和生成知识的渴望，而后者又反过来为欲望提供合理性，助力于欲望的实现。汉斯·福斯（Hans Furth）将他们称为"一枚硬币的两面"。③ 类似地，福柯也意识到"知识和欢愉的交互作用"。他指出，知识总是迎合欲望，而欲望必须以

---

① Strahan, *Australia's China*, p. 5 (emphasis added).

② David Hume, quoted in C. Fred Alford, *The Self in Social Theory: A Psychoanalytic Account of Its Construction in Plato, Hobbes, Locke, Rawls, and Rousseau*, New Haven, CT: Yale University Press, 1991, p. 17.

③ Hans G. Furth, *Knowledge As Desire: An Essay on Freud and Piaget*, New York: Columbia University Press, 1987, p. 172.

知识的形式得以表现自身。[1] 欲望不仅存在于社会研究对象的特质中，也同时在研究的过程和最终的研究成果中无处不在。它不仅使知识积累过程中"分析者的工作更加复杂"，[2] 而且它本身还是这些知识的社会生成和公众享用的前提条件。

15　　　　把知识与欲望联系起来，并不意味着知识可以简约为个人的突发奇想。知识首先是社会资产，作为知识它能否被接受取决于其对集体情感和社会欲望的主体间感染力。文字作品来源于写作的冲动，而这一冲动进而又是受更广的感情性想象共同体的阅读、知悉的欲望所支配，整个这一过程都受制于"知识的情欲性"（e-rotics of knowledge）。[3] 如果说是知识赋予事实意义，那么，则是社会欲望决定某些知识合人心意，使得这些知识的生产成为可能并有利可图。诚然，这一进程中欲望的作用常常是隐性的、无声的、无意识的，并且很大程度上不为人知。这是因为，尽管知识最终是欲望和情感的产物，且服务于欲望和情感，但是为了不负其名，知识必须掩饰其情感踪迹。至少有人认为如此。

即便如此掩饰，现代科学也无法否认其植根于寻求确定性和身份定位的现代欲望。笛卡儿（Descartes）被认为为现代科学的兴起奠定了基础，可是笛卡儿对确定性的焦虑和渴望则成为著名

---

①　Michel Foucault, *The History of Sexuality* (Volume 1：An Introduction, trans. Robert Hurley), London：Penguin Books, 1978, p. 72. Michel Foucault, *The Order of Things：An Archaeology of the Human Sciences*, London：Tavistock Publications, 1970, p. 209. Roland Barthes goes as far as saying that 'there is no other primary significatum in literary work than a certain desire：to write is a mode of Eros'. Roland Barthes, *Critical Essays*, Chicago, IL：Northwestern University Press, 1972, p. xvi.

②　Steele, *The American People and China*, p. 1.

③　Michel de Certeau, 'Walking in the City', in Simon During (ed.), *The Cultural Studies Reader*, London：Routledge, 1993, p. 152.

的非此即彼的"笛卡尔焦虑"（要么存在一个我们的知识赖以为基的坚实基础，要么我们被不确定和黑暗所吞没），① 这两者同出一人既非巧合，亦非讽刺。而这正是因为"笛卡尔焦虑"，笛卡尔"发现"了人类理性（"我思故我在"）作为确定性的坚实而不容置疑的基石。由此也出现了作为理性认知主体的现代人身份，这一主体身份预示其能够获得关于这个世界的客观知识。

　　然而，无论是多么令人向往，或者说正是因为它令人向往，客观确定性不过是欲望的一种假想效果。对确定性渴望的满足可能只能在欲望之中或通过欲望的确定性来实现。当确定性不可及时，现代认知主体又不能或不愿放弃这一诉求时，就会去寻求虚幻的确定性和"情感补偿"（emotional substitute）的安慰。约翰·杜威（John Dewey）所称的"情感补偿"是指"在缺乏实际确定性的情况下……人们就会去做种种事情以给自己一种确定性感觉"。② 信任就是这样一种感觉，它不是基于客观确定性，而是通过"情感免疫"（emotional inoculation）过程而养成的。③ 恐惧和幻想则是另外两种情感补偿方式，尤其是在解读陌生人时非常有用。通过幻想一个不确定他者的可同化性并最终将其转化为自身，人们可以获得一种确定性感觉。或者，人们将未知的他者归为一种已知的典型威胁，也可获得一种可预测感。两种情感补偿方式都为"笛卡尔焦虑"提供了迫切渴望的确定性解药：要么他者可以被塑造，要么就是一种威胁。如此一来，原

---

① Richard J. Bernstein, *Beyond Objectivism and Relativism: Science, Hermeneutics, and Praxis*, Oxford: Basil Blackwell, 1983, p. 18.

② John Dewey, *The Quest for Certainty: A Study of the Relation of Knowledge and Action*, New York: Minton, Balch & Company, 1929, p. 33 (emphasis in original).

③ Anthony Giddens, *The Consequences of Modernity*, Cambridge: Polity Press, 1990, p. 94.

来对于他者的不确定性就转化为情感上非此即彼的确定性。

16　　作为确定性的情感补偿，恐惧和幻想在罗伯特·杨（Robert Young）所称的"殖民欲望"（colonial desire）中占有突出位置。殖民欲望限定了殖民主义者与诸多陌生他者相遇时的知识框架。所有这些情感合在一起就构成了对被殖民者"既厌恶又喜欢的矛盾两面性"。① 一方面，殖民欲望发现其他种族和肤色的人是"令人作呕的"和"令人反感的"，因此，将他们看成恐惧和猜疑的对象。另一方面，殖民欲望又认为这些人在某种程度上是"美丽诱人的或令人垂涎的"，② 因此把他们当作幻想和猎奇的异国情调源泉。霍米·巴巴（Homi Bhabha）认为，这些矛盾情感的背后正是寻求确定性、身份定位和"纯粹根源"的现代欲望。③ 正是由于这种拂之不去的现代欲望，上述矛盾的殖民欲望成见才得以"流行"并"能够在变化的历史和话语情境中再现"。从这个角度说，东方主义真可谓"梦想、印象、幻想、神话、痴迷和欲求的集散地"。④ 这些潜在的东方主义知识背后所揭示的并不是关于东方的实在或客观知识，而是关于东方主义者自身，也就是他们不断重复的对东方恐惧和幻想的潜藏欲望。实际上，东方主义只有依附于这种难以觉察的但持续存在的欲望之中，才能"无声无息地传播下去，没有争议，从一个文本到另一个文本"。⑤

---

① Young, *Colonial Desire*, p. 115.
② Ibid. , p. 96.
③ Bhabha, *The Location of Culture*, p. 107.
④ Ibid. , pp. 95, 102.
⑤ Said, *Orientalism*, p. 116. Interestingly, while noting the presence of the Orient as 'sexual promise (and threat), untiring sensuality, unlimited desire, deep generative energies' in Orientalist knowledge, Said himself did not probe deeply into the link between knowledge and desire, admitting that it is not his main analytical objective. Said, *Orientalism*, p. 188.

　　西方关于中国崛起的知识正是这样一种夹杂着悄无声息的情感涌流中的文本（text）。比如说，"中国威胁论"范式就具有恐惧的烙印，与此同时，"中国机遇论"范式可以看作现代幻想的显扬。这些对于中国崛起的情感与 19 世纪东方主义者的殖民欲望自然不一样。例如，旧式殖民欲望中不加掩饰的性别和种族偏见在当代中国叙事中就不复盛行了。在欧洲殖民恐惧和幻想中过去常见的例如对混血和种族杂交的专注，如今已经被重新包装为文化多元主义、规范扩散、社会化等议题。不过，一种类似的殖民欲望结构依然存在，甚至种族偏见在当代中国观察中都没有彻底消失。① 因此，为了更好地理解这两种中国范式，我们需要把它们放在（新）殖民欲望的语境下解读，追问它们如何更多与西方对确定性和身份定位的潜在追求紧密相关，而并非一种堂而皇之的对"中国事实"的经验真理的探索。假

---

①　For example, David Bachman notes that 'An often unstated element of concern about China's rise is apparently racism. This may take other names: Huntington's "civilizations"; those who deliberately magnify a "China threat" such as California Congressman Dana Rohrabacher, Senator Jesse Helms, the Cox Commission; or a view in the corridors of power in Washington, D. C. that sees very few Asian-Americans in said corridors— "Yale, male, and pale"—that carries over into the world outside the United States…. Asians—nonwhites—coming to a leading position in the international system is deeply troubling to many (whites), who in true orientalist fashion project their hopes and fears onto China's rise in ways that have been much less common with the rise of other powers, especially those ruled by whites'. David Bachman, 'China's Democratization: What Difference Would It Make for U. S. -China Relations?' in Edward Friedman and Barrett McCormick (eds), *What If China Doesn't Democratize? Implications for War and Peace*, Armonk, NY: M. E. Sharpe, 2000, p. 212. James L. Hevia goes so far as to say that 'China knowledge was produced in ways identical to those found in other colonial settings, and it functioned in some cases through similar institutional structures'. James L. Hevia, *English Lessons: The Pedagogy of Imperialism in Nineteenth-Century China*, Durham, NC: Duke University Press, 2003, p. 348.

如说所有的社会知识都无法脱离其文本互涉性和现世性，那么可以说，很大程度上"中国威胁论"和"中国机遇论"的现世性就来自与西方现代欲望和自我想象相伴的（新型）恐惧和幻想。

17　知识作为权力、理论作为实践以及相互回应

由上文可知，因为所有的知识都是欲望的表征，那么，就意味着它和它所欲求的对象之间存在着一种权力关系。"有欲望的地方，就会有权力关系"。① 因此，知识丧失其貌似的纯真，显露出与权力的纽带关系。福柯（Foucault）认为，"没有一种权力关系不同时相应地构建一个知识领域"，同样也不存在"一种不蕴含和不构建权力关系的知识"。总体说来，权力和知识生产之间"直接相互印证"、相互依赖、相辅相成。②

权力/知识关系具有建构主义意义。社会知识既不可能是事实的客观反映，也不是与事实无关的单纯文本。它能够指导实践并建构它声称只是在记录的事实。如果现实需要经过世间的阐释，那么，用于阐释的话语最终将也是世间的，并会带来"世间实实在在"的后果。③ 吉姆·乔治（Jim George）指出，"话语表述过程绝不是中立的、超然的过程，而总是充斥着事实阐释者和塑造者的权力和权威——知识总是一种权力"。④ 类似的，尼古拉斯·奥努弗（Nicholas Onuf）声言："说就是做：

① Foucault, *The History of Sexuality*, p. 81.
② Michel Foucault, *Discipline and Punish: The Birth of the Prison*, New York: Vantage Books, 1977, p. 27; Foucault, *Power/Knowledge*.
③ Said, *The World, the Text, and the Critic*, p. 4.
④ George, *Discourses of Global Politics*, p. 30 (emphasis in original).

说，无疑是我们塑造这个世界真相的最重要途径。"① 比如说，当乔治·W. 布什（George W. Bush）抛出"邪恶轴心"（Axis of Evil）的言论时，他实际是在对美国人民说："我们再也不能回去睡大觉了。"② 换句话说，就是我们必须要做些什么（实际上，美国确实已经做了些什么）。

将知识视为一种权力、将理论视为一种实践时，我们应该避免走自我满足的捷径。因为我们与自己的欲望最为贴近，对自己的知识了如指掌，我们可能会断言，权力/知识关系中的知识绝大多数就是"我们的"知识，而权力则大部分是"我们的"权力。这种假设明显表现在主流国际关系领域诸如关于"规范扩散"和"社会化"的文献中，这些文献隐含地偏爱西方的知识和权力。但是，对知识和权力这种种族中心主义式的解读是有问题的。现实需要接受知识、理念和规范的阐释和建构，但是，它几乎总是作为权力的各种知识共同阐释和共同建构的结果。西方知识无疑是一个主要的来源（让我们暂时假设存在着单一的西方知识）；尽管如此，在一个表述日益民主化的世界中，它不过是众多知识来源中的一支。所以，说理论是一种实践，并不意味着世界就主要是由我们的理论塑造的。就像弗雷德里克·詹姆逊（Fredric Jameson）提醒我们的那样，所有的历史都是当代史，但是这"并不意味着，所有的历史都是我们的当代史"。③

---

① Nicholas Onuf, 'Constructivism: A User's Manual', in Vendulka Kubálková, Nicholas Onuf and Paul Kowert (eds), *International Relations in a Constructed World*, Armonk, NY: M. E. Sharpe, 1998, p. 59.

② This expression was made by Karl Rove, George W. Bush's Senior Adviser. See Bob Woodward, *Plan of Attack*, New York: Simon & Schuster, 2004, p. 91.

③ Fredric Jameson, *The Political Unconscious: Narrative as a Socially Symbolic Act*, London: Methuen, 1981, p. 18.

　　从这一点说，我们需要对把知识视为一种权力的观点打个
折扣，并补充以我所谓的社会中"相互回应"（mutual respon-
siveness）观念。正如我在其他地方已经提到过的，相互回应是
这个世界的根本的本体状态，在这个世界中，诸多的行为体和
"客体"之间都存在主体间的关联。① 如果最终我不由得在什么
地方做出个基本真理论断，那就是它了。社会研究作为这个相
互回应的世界的一部分，不能超脱这一状态，这一现象被安东
尼·吉登斯（Anthony Giddens）称为"双重阐释"（double her-
meneutic）。② 意思是指，与自然科学中被研究客体似乎不会直接
反馈不同，社会知识必然与其被研究"客体"的主体能动性共
存。实际上，社会知识总是会被它的"客体"阐释、借用、分
解、更改和拒斥。不仅我们的知识可以建构社会现实，我们知
识的"客体"通过他们的知识（包括他们对于我们的知识和实
践的阐释）也能够参与到社会现实的共同建构中来。因此，任
何社会现实的"整体性"（wholeness）都不可能归因为某一特定
话语或知识的单一建构作用，无论后者显得多么强大或具有普
适性。在这种情况下，中国远不仅是西方表述的产物。在共同
建构中国及其对外关系的过程中，中国自身的主体性也发挥着
不同的作用。如果不把这些因素考虑在内，我们关于中国的知
识至多也是片面知识。中国知识，从其本来意思上讲，归根结

---

① For a detailed discussion of this concept and its Confucian rendition, see
　　Chengxin Pan, 'Shu and the Chinese Quest for Harmony: A Confucian Ap-
　　proach to Mediating across Difference', in Morgan Brigg and Roland Bleiker
　　(eds), *Mediating across Difference: Oceanic and Asian Approaches to Conflict
　　Resolution*, Honolulu, HI: University of Hawai'i Press, 2011, pp. 221–47.
② Anthony Giddens, *The Constitution of Society*, Berkeley, CA: University of Cal-
　　ifornia Press, 1986, pp. 284, 374.

底应该是一种道德化的、主体间性的知识（或者说实践智慧），① 而这种知识目前在"中国崛起"文献中还仍旧是一种尚待发掘和不被重视的知识。

本书概要及简短反思

通过解构和建构主义的框架以及相互回应的视角，本书将对"中国威胁论"和"中国机遇论"范式进行批判性研究。第二章旨在说明这两种表述方式何以成为西方对于中国崛起的主要观念认知。在第三章，我将用解构的方法来透视中国研究中的这一含糊不清的双焦镜特点。其对中国崛起的模棱两可更多地说明了西方的欲望，尤其是其恐惧和冀望。这些关于中国的印象既依赖于同时又参与构建西方关于"我们"是谁和不是谁的自我想象。

在第四章和第五章，我将探讨"中国威胁论"范式中知识、欲望和权力的关系，指出这一具体知识的生产与恐惧政治经济学密不可分。通过聚焦美国，我将考察"中国威胁论"范式是如何参与军工复合体和军事凯恩斯主义运作的，以及军事凯恩斯主义又是如何反过来促进"中国威胁论"这一知识工业的繁

---

① Phronesis is developed by Aristotle in *The Nicomachean Ethics* as a concept about a particular kind of knowledge (prudence or practical knowledge) as opposed to episteme (scientific knowledge) and techne (technical know-how). For discussion on moral knowledge and phronesis in social sciences, see, for example, Gadamer, *Truth and Method*; Bent Flyvbjerg, *Making Social Science Matter: Why Social Inquiry Fails and How It Can Succeed Again*, Cambridge: Cambridge University Press, 2001; and Sanford F. Schram and Brian Caterino (eds), *Making Political Science Matter: Debating Knowledge, Research, and Method*, New York: New York University Press, 2006.

19 荣。简而言之，这种知识既服务于权力又受权力的支配。再者，由于常常被认为是客观真理，这一范式会为针对中国的对抗性政策提供依据。这样的政策通过激发中国的民族主义和现实政治的回应，使"中国威胁论"更加可能成为现实。因此，正如在第五章所揭示的那样，"中国威胁论"范式可能成为一种自我实现的预言。

第六章和第七章将探讨"中国机遇论"范式。我在第六章里指出，虽然"中国机遇论"的想象常为接触政策提供合理性，但是，它内含的改变中国的规范目标终究是一种虚假的愿景，因而会使这一范式最终走向幻灭。在第七章，我将考察"中国机遇论"带来的幻灭如何在某种程度上助长了西方近年来对中国政策的强硬变化。第八章作为结论部分，将从认识论和方法论的角度讨论中国知识（以及一般意义上的国际关系知识）意味着什么以及应包含哪些内涵。一方面，它敦促中国观察者进行批判性的自我反思，反思中国知识赖以形成的西方自我想象以及他们知识生产和运用的政治经济学。另一方面，它将强调与中国的主体性和中国话语进行持续对话和接触的必要性。两相结合，它提出一种自省意识更强的、更加负伦理责任的方法以认知中国作为世界中的存在。尽管本书没有为政策制定者提供任何关于如何制定更优中国对策的具体建议，但是，读完这本书后，本研究的广泛政策意涵应该变得更加清楚。

尽管或者准确地说因为本书试图填补西方既有文献中关于中国表述的空白部分，它本身就会与这些文献牵连在一起，如果没有这些文献，也就不会有这本书。这些文献存在的诸多不足证明了本研究的必要性。同时，正如在参考文献中所看到的，本书还借鉴了其他学者的大量观点，如关于西方对他者表述中的双焦镜的、情感的、自传式的和政治性的特质。它们都成了本书文本互涉背景的一部分。作为对一种复杂而变幻不定的话语而进行的有条件的、受制于文本互涉的阐释，本书并不是对西方的中国知识到底是什么的"客观"表述，因为它不可能正面接触到"活生生的自成一体"的中国知识，① 任何其他的研究也做不到。鉴于我的研究重点和篇幅限制，我只能简短地反思一下我自己的阐释。但得指出的是，如果我的批判想要成为一种健康的智识批判，这种自我反思是至关重要的，而正是由于西方关于中国崛起的主流文献中缺少了这种自我反思，才激发了我的这一研究。带着这样的警示，现在我们将注意力转移到主干章节。

---

① Jameson, *The Political Unconscious*, p. 9.

第二章
威胁与机遇：一副双焦镜

　　中国对民主的接纳，将是当代政治史上一个划时代的时刻，其重要性不亚于 1917 年俄国革命和 1989 年柏林墙倒塌。

　　　　　　　　　　　　——布鲁斯·吉雷（Bruce Gilley）[1]

　　不同以往的是，在评估机遇与不确定性的时候，我们需要透过双焦镜来观察中国。

　　　　　　　　　　　　——克劳德·斯马亚（Claude Smadja）[2]

中国崛起的西方解释范式

　　一千个读者眼中，就会有一千个哈姆雷特。同样，众多的中国观察者眼中，就会有众多的中国形象。香格里拉、希望之地、

---

[1]　Bruce Gilley, *China's Democratic Future: How It Will Happen and Where It Will Lead*, New York: Columbia University Press, 2004, p. 243.

[2]　Claude Smadja, 'Dealing with Globalization', in Laurence J. Brahm (ed.), *China's Century: The Awakening of the Next Economic Powerhouse*, Singapore: John Wiley & Sons (Asia), 2001, p. 25.

良善之地、毛时代的蓝蚂蚁、傅满洲博士和陈查理，这些都是关于这个"中央王朝"的一些根深蒂固的形象。当前，中国在全球几乎每个领域都日益举足轻重，其形象也似圣经中衣服的颜色一样日趋多样和令人难辨。虽然仍有一些人把中国称为共产主义专制国家，但是另一些人则把中国视为走向更加开放和民主的活力四射国家。有些研究者把中国比作二十一世纪的威廉德国（所谓的"德国类比"），但是也有人认为，中国即便不是一个十足的负责任的利益攸关方，至少也是一个现状大国。在一部分人眼中，中国是个憨态可掬的大熊猫，另一些人则把中国视为胃口大开的火龙，还有些人则把中国视为随时都可能崩溃的脆弱大国。同时，中国还常常被称为当代的"黄金之国"（El Dorado），一个拥有着十三亿顾客的利润丰厚的市场、世界的工厂、全球最大的排污者、"非洲腐败政府的资助者"。

21

　　如前所述，研究中国不能无视这些既有的中国形象和表述。因此，这本书的目的就是有意识地研究它们。虽说如此，但本书并不会去争辩"哪一个才是真实的中国"或者从经验上验证哪一种或哪几种形象更符合"中国的现实"。何况我自己也没有洞悉这一"现实"的特权。本章将聚焦于这些关于中国的明显不同的万花筒式描绘（也有例外①）是怎样呈现出"一些不断

---

① Some illustrative works of the exceptions may include, for example, Timothy B. Weston and Lionel M. Jensen (eds), *China beyond the Headlines*, Lanham, MD: Rowman & Littlefield, 2000; Shaun Breslin, 'Power and Production: Rethinking China's Global Economic Role', *Review of International Studies*, 31 (4), 2005, pp. 735 – 53; Jeffrey N. Wasserstrom, *China's Brave New World: And Other Tales for Global Times*, Bloomington: Indiana University Press, 2007; Randall Peerenboom, *China Modernizes: Threat to the West or Model for the Rest?* Oxford: Oxford University Press, 2007; Barry Sautman and Yan Hairong, 'The Forest for the Trees: Trade, Investment and the China-in-Africa Discourse', *Pacific Affairs*, （转下页注）

重复的基本主题"的,^①这将为解构西方关于中国崛起的描绘奠定基础。从这些主题中,我选取了两种主要的表述模式或者说范式:把中国视为威胁和视为机遇。这两种范式尽管看起来迥然不同,却往往密不可分,两者共同组成了观察中国的强大的双焦镜。西方对中国崛起描绘的这种"双焦特质"(bifocal quality)将会在本章和本书余下的篇幅中被检验。^②现在考虑到"范式"为我解读中国话语提供了一种可操作的概念性视角,我将简略地介绍一下这个术语。

什么是范式?

"范式"(paradigm)一词被学术界广泛使用,归功于托马斯·库恩(Thomas Kuhn)的开创性著作《科学革命的结构》。库恩认为,范式是"公认的科学成就,对于一个研究群体来说,

---

(接上页注①) 81 (1), 2008, pp. 9 – 29; Shaun Breslin and Ian Taylor, 'Explaining the Rise of "Human Rights" in Analyses of Sino-African Relations', *Review of African Political Economy*, 35 (115), 2008, pp. 59 – 71; Shogo Suzuki, 'Chinese Soft Power, Insecurity Studies, Myopia and Fantasy', *Third World Quarterly*, 30 (4), 2009, pp. 779 – 93; Shaun Breslin, 'China's Emerging Global Role: Dissatisfied Responsible Great Power', *Politics*, 30 (S1), 2010, pp. 52 – 62; Emilian Kavalski (ed.), *China and the Global Politics of Regionalization*, Farnham: Ashgate, 2009; and Michael Barr, *Who's Afraid of China? The Challenge of China's Soft Power*, London: Zed Books, 2011.

① Liss, 'Images of China in the American Print Media', p. 300.

② The term 'bifocal quality' is borrowed from Bruce Cumings, who employs it to describe the pessimistic-cum-optimistic nature of the American gaze on post-Cold War international relations. See Bruce Cumings, *Parallax Visions: Making Sense of American-East Asian Relations*, Durham, NC: Duke University Press, 1999, p. 220.

它提出了某个时代的典型问题和解决模式"。① 库恩提出这一术语主要是用来描述自然科学发展的特殊阶段。尽管从一开始就存在着社会科学是否有范式，以及社会科学能否达到范式阶段的诸多质疑，但是正是在社会科学领域，它看起来得到了更为广泛的运用。有些人认为"社会科学不会有范式阶段"，② 而另一些人则干脆声称"除了作为社会科学（对自然科学）的一种效仿，范式这一理念与社会科学毫无关系"。③

　　尽管有这些质疑，社会科学的许多领域仍旧用范式来定义　　22不同的历史阶段。至少在支持者看来，社会科学中许多强大的解释视角，如现代化、全球化、民主化和东方主义，似乎已经不折不扣地达到了范式的地位。④ 我认为，西方关于中国崛起的描绘同样受到了某些范式的影响，较明显的如"中国威胁论"和"中国机遇论"。说它们是"范式"并不意味着我认为这些描绘是"客观的"或者"科学的"；而是我认为它们是两种根本的形象。作为一种根本形象，范式"用来确定应该研究什么，应该问什么问题，应该怎么问，在解释所得出的答案时应该遵循什么样的套路。范式是一个科学圈子里最大的共识单元，从而将不同的科学共同体（或亚共同体）区别开来"。⑤

---

① Kuhn, *The Structure of Scientific Revolutions*, p. viii.

② Sanford F. Schram, 'Return to Politics: Perestroika, Phronesis, and Post-Paradigmatic Political Science', in Sanford F. Schram and Brian Caterino (eds), *Making Political Science Matter*, New York: New York University Press, 2006, p. 29.

③ Paul Rabinow and William M. Sullivan, 'The Interpretive Turn: A Second Look', in Paul Rabinow and William M. Sullivan (eds), *Interpretive Social Science: A Second Look*, Berkeley, CA: University of California Press, 1987, p. 5.

④ For a brief account of the dominance of paradigmatic analysis in IR research and teaching, see Rudra Sil and Peter J. Katzenstein (eds), *Beyond Paradigms: Analytic Eclecticism in the Study of World Politics*, Basingstoke: Palgrave, 2010, p. 24.

⑤ George Ritzer, *Sociological Theory* (4th edn), New York: McGraw-Hill, 1996, p. 637.

因此，作为范式，"中国威胁论"和"中国机遇论"不仅在于通常说了些中国"什么"，还在于它们是"怎样"解读中国的。这两种中国话语范式的真正内涵就在于此。首先，两者都是独特的、被广泛（尽管不是一律）接受的规范关切和认知习惯，这些决定了认知中国的可接受的特定方式，并促进了相应的知识生产。比如说，关于中国作为威胁的形象本身并不会自动成为"中国威胁论"范式；作为范式，它们必须依赖一种对什么才算是中国客观知识的共同规范性理解。换句话说，范式不仅包括特定的共同认知，还包括特定的认知框架，这一认知框架能够有意无意地调控这些认知作为知识的常规生产。这正是库恩的意思。他说范式是一个"预先制成的且是某种程度上不可改变的箱子"：不适合这个箱子的现象，"常常连看都看不到"。[1] 通过这种调控知识生产的认识论功能，范式确保了自身作为范式的不断自我繁殖。

从这个角度说，范式不同于理论。虽然有时被不严格地使用，甚至与一些术语（如"模式""分析框架""方法""理论"）互换使用，但是"不是所有的理论都是范式理论"。[2] 同样，尽管理论常常是范式的一部分，但是范式远不只是某种特定的理论，因为它"是一个特定共同体的成员共享的信仰、价值和技术的统合"。[3] 因此决定了范式比特定理论视角的内涵更宽广、生命力更持久。理论常常只能在一小部分学者中间通行，而这两种中国范式则可以在更广更多样的受众中引起共鸣。准确地说，因为范式比一些晦涩的理论程式有更广的吸引力，它

23

---

① Kuhn, *The Structure of Scientific Revolutions*, p. 24.

② Ibid., p. 61.

③ Quoted in Richard J. Bernstein, *The Restructuring of Social and Political Theory*, London：Methuen, 1976, p. 89.

能够赢得并维持其所谓的范式地位。

当然，这两种范式在表述中国的文化与知识实践中的话语统治并非彻底，更不用说无可置疑了。同样西方对中国崛起的表述也不能简化为某一种或两种范式。在这两种主要范式之外，仍旧存在着解读中国的其他方式。不断出现的"中国崩溃论"即是一例，而偶被提及的中国作为西方的楷模的论调恐怕又是一例。[①] 尽管如此，"威胁论"和"机遇论"仍然是中国崛起文献中两个最具影响力的表述模式。

"中国威胁论"范式

"中国威胁"这一基本形象主要体现为将中国的崛起及其国际影响冠以一种负面的、令人不安的和凶险的色彩。它不只是一种具体的论调，或者像一些中国批评者所说的那样是一个单一的"中国威胁论"。实际上，它表征了一种包含着持久规范关切和认知习惯的范式，将学术报告、政府文件、流行文化与大众传媒中看待中国的不同方式整合与统一了起来。

追踪"中国威胁"范式的具体表现，要首选大众媒体，因为正是在那里共同的主体间性和规范关切（这些都是范式的基本要素）能够得以形成和聚合，也正是在那里人们的认知习惯得以培育和不断展现。正如渥太华《太阳报》的一位专栏作家所说，"只要看一下晚报或者随便捡起一份报纸，你就会看到关

---

① Richard Madsen calls this paradigm a master narrative of China as 'revolutionary redeemer', see Madsen, *China and the American Dream*, pp. 52 – 7. For a critical analysis of this representational mode in relation to China, see, for example, Hollander, *Political Pilgrims*.

于中国经济和道德的负面报道"。① 下面以一个关于中国的热门报道试做说明。每年三月份中国的全国人民代表大会审议年度预算的时候，对于中国军费支出的报道肯定会铺天盖地，这些报道几乎无一例外地让人们警惕中国两位数的军费增长和缺乏透明性的开支。这样年复一年的纷繁报道，既是"中国威胁论"范式运作的表现，同时也是对这一范式的不断强化。正是由于这一基本形象的存在，人们不是把军费开支更多的美国，而是把军费开支相对较少的中国一再视为关切的焦点。

这一范式不仅仅限于军事领域。随着中国这个经济巨人的日益强大，中国的贸易交往、货币和"中国制造"商品的安全标准也被笼罩在"中国威胁"话语之下。结果就是把中国描绘成一个不仅威胁到西方人的工作机会，还威胁到其安全感和自豪感的制造业超级大国。这种关于"中国威胁"的偏见随即以一些鲜明的情绪化新闻标题展现出来："工作丢失：中国制造""中国制造的通货膨胀""中国制造的另一个危险""毒源来自中国""中国在意图毒杀美国人和他们的宠物吗？""中国的里程碑，我们的负累"。对一个美国参议员来说，"'中国制造'已经变成了警示标志"，这几乎让人联想起西奥多·罗斯福（Theodore Roosevelt）在他的政治语汇中把"中国的"当作嘲讽性的形容词。②

透过"中国威胁论"范式的观察视角，中国的任何社会骚

---

① Quoted in Mahmood Elahi, 'America, A Chinese Protectorate?' *The Daily Star*, 27 August 2007, http://www. thedailystar. net/newDesign/news-details. php? nid = 1435.

② 'Made in China Has Become a Warning Label', *Vancouver Sun*, 13 September 2007, p. C3; Warren I. Cohen, 'American Perceptions of China, 1789 – 1911', in Carola McGiffert (ed.), *China in the American Political Imagination*, Washington, DC: The CSIS Press, 2003, p. 29.

动或环境问题都可能呈现出"威胁"的性质。在"非典"疫情的高峰期，2003 年 5 月 5 日出版的《时代周刊》（亚洲版）的封面上写着一个耸人听闻的醒目标题"非典国家"，并配发了一张以中国国旗为背景的患肺炎的肺叶 X 光照片大肆渲染。五年之后，2008 年 5 月 3 日出版的《经济学人》的封面故事题为"愤怒的中国"，并配发了一张用血红色渲染的怒目圆睁的恶龙特写。这篇报道讲述的是愤怒的中国人对暴力反对北京奥运会圣火传递行径的反击，它旨在从中国民族主义的角度提示人们注意中国的威胁。在这两个例子中，关于"中国威胁"的强烈规范关切是第一位的，而关于传染病和民族主义本身真实威胁的事实关切则是第二位的。否则，这就难以解释为什么 2009 年美国爆发猪流感时并没有出现类似的惊悚标题，也难以解释为什么北京奥运会在其还没有举办之前就单单被比拟为 1936 年柏林奥运会，而不是其他届奥运会。

　　另一个可以体会"中国威胁"范式活跃的地方是西方的公众舆论。中国作为（潜在的）威胁这一主题已经成为与中国有关的调查问卷的必备内容。在 2007 年末名为"希望与恐惧：中美相互之间的看法"的调查中，大约有 2/3 的美国受调查者认为中国作为全球经济大国的崛起对美国来说是一种"严重的"或者是"潜在的"的威胁。在军事方面，持相同观点的人骤增到 75%。[①] 2008 年初，一项美国民意调查显示，中国已经超过朝鲜成为美国最大的三个敌人之一。同时，伦敦《金融时报》委托哈里斯的调查显示，在许多欧洲人眼里，中国已经成为全球安定的最大

① Jim Lobe, 'Two Countries, One Survey', *Asia Times Online*, 12 December 2007, http://www.atimes.com/atimes/China/IL12Ad01.html

威胁。①

　　尽管大众媒体和公众舆论对"中国威胁"范式的存在贡献不菲，但它们不过是这一范式的两个最明显的窗口。如果不深25 入考察分析和学术领域中的中国观察，就不可能真正深层次地理解这一范式。可以毫不夸张地说，目前存在着一个致力于从"经验上"和理论上论证中国是个威胁的家庭手工业。② 这些或多或少算是"中国威胁"范式的学术研究部分，又可以分为两种亚范式：基于实力的"中国威胁论"话语和基于意图的"中国威胁论"话语。

---

① 'Poll: Iran, Iraq, China Top US Enemies', Associated Press, 1 April 2008; and Geoff Dyer and Ben Hall, 'China Seen as Biggest Threat to Stability', *Financial Times* (Asia), 15 April 2008, p. 2.

② The body of literature is too large to be listed here. Some illustrative examples include: Denny Roy, 'Hegemon on the Horizon? China's Threat to East Asian Security', *International Security*, 19 (1), 1994, pp. 149 – 68; Samuel P. Huntington, *The Clash of Civilizations and the Remaking of World Order*, London: Touchstone Books, 1996; Richard Bernstein and Ross H. Munro, *The Coming Conflict with China*, New York: Alfred A. Knopf, 1997; Edward Friedman, 'The Challenge of a Rising China: Another Germany?' in Robert J. Lieber (ed.), *Eagle Adrift: American Foreign Policy at the End of the Century*, New York: Longman, 1997, pp. 215 – 45; Paul Wolfowitz, 'Bridging Centuries—Fin de siècle All Over Again', *National Interest*, No. 47, 1997, pp. 3 – 8; Ross H. Munro, 'China: The Challenge of a Rising Power', in Robert Kagan and William Kristol (eds), *Present Dangers: Crisis and Opportunity in American Foreign and Defense Policy*, San Francisco, CA: Encounter Books, 2000, pp. 47 – 73; John J. Mearsheimer, *The Tragedy of Great Power Politics*, New York: W. W. Norton & Company, 2001; Constantine C. Menges, *China: The Gathering Threat*, Nashville, TN: Thomas Nelson, 2005; Jed Babbin and Edward Timperlake, *Showdown: Why China Wants War with the United States*, Washington, DC: Regnery Publishing, 2006; and Peter Navarro, *The Coming China Wars: Where They Will Be Fought and How They Can Be Won*, Upper Saddle River, NJ: FT Press, 2007.

基于能力的"中国威胁论"话语

中国的实力或者说能力是"中国崛起"文献中一个永恒的主题。2008年五角大楼发出名为"智慧女神"（Minerva）的倡议，号召高校研究人员研究美国在21世纪面临的安全威胁和应对之道。在所列的威胁当中，中国的军力被列为超过伊拉克、恐怖主义和宗教原教旨主义等其他威胁的头号威胁。[1] 关于中国实力的大量分析和汗牛充栋的以中国崛起为背景的权力转移研究，[2] 其背后的主要理论依据是聚焦能力的结构现实主义。在这一理论看来，国家间实力的分布是理解国家行为的最主要因素，国家的实力越强，它越可能对其他国家的生存构成威胁。[3]

在许多研究者看来，"中国威胁"的根本在于它的军事实力。比如，伯恩斯坦（Bernstein）和玛诺（Munro）出版了一部很有影响力的著作《即将到来的与中国的冲突》（*The Coming Conflict with China*），其主要观点就是建立在中国两位数增长的军费支出上。美国审计署认为，中国实际的国防开支是其官方数据的两倍或三倍，但是他们抛开这一"保守"估计，而是确信：

---

① Patricia Cohen, 'Pentagon to Consult Academics on Security', *New York Times*, 18 June 2008, p. 1.

② Douglas Lemke and Ronald L. Tammen, 'Power Transition Theory and the Rise of China', *International Interactions*, 29 (4), 2003, pp. 269 – 71; Ronald L. Tammen and Jacek Kugler, 'Power Transition and China-US Conflicts', *Chinese Journal of International Politics*, 1 (1), 2006, pp. 35 – 55; Robert D. Kaplan, 'The Geography of Chinese Power: How Far Can Beijing Reach on Land and at Sea?', *Foreign Affairs*, 89 (3), 2010, pp. 22 – 41; Arvind Subramanian, 'The Inevitable Superpower: Why China's Dominance Is a Sure Thing', *Foreign Affairs*, 90 (5), 2011, pp. 66 – 78.

③ Kenneth N. Waltz, *Theory of International Politics*, Reading, MA: Addison-Wesley, 1979.

倍数要比这高得多——实际上是官方数据的十倍至二十倍。1995 年伦敦国际战略研究中心断定中国的实际国防开支至少是官方数据的四倍。如果把中国人民武装警察部队也算在内，这一估计将增至五倍。根据保守的购买力平价计算，这一数值又将翻倍，达到十倍之多。①

鉴于中国的快速崛起和被指称的军事战略缺乏透明度，其他国家关注中国的军事建设进程以及分析家猜测中国的军费支出可能显得比较正常。然而，将中国官方军事预算数据乘以两倍、三倍甚至十倍的习惯性做法，并不是对中国军力实际研究的结果，而正是对中国作为一个兴起的威胁的规范关切的一个注脚。比如，这种关切促使美国国会授权五角大楼发布中国军力的年度报告。从 1997 年发布第一份报告开始，这些报告几乎千篇一律地描绘了一幅来自中国的日益增长的威胁图景。美国这种关于一国军力的年度报告并非没有先例，但是，唯一的先例发生在冷战的高峰时期，当时五角大楼发布的类似的年度报告是关于它最大的敌人苏联的。

对中国军力的描述起因于对中国潜在威胁的范式性关切，反过来，它又强化了"中国威胁论"范式。"9·11"事件后不久，五角大楼发布的 2001 年《四年防务评估报告》中提出，要警惕"拥有强大物力基础的军事竞争者"的出现。虽然它没有明确点出是指中国，但是五角大楼意在指谁显而易见。到了 2006 年发布另一份《四年防务评估报告》的时候，美国干脆不再避讳点名了，而是直接声称："在现有大国和新兴大国中，中

---

① Bernstein and Munro, *The Coming Conflict with China*, pp. 70, 72.

国是最有潜力与美国进行军事竞争的国家。"① 2008 年 10 月，国防部长的国际安全顾问委员会工作组起草的报告《中国的战略现代化》宣称，"即使从最善意的角度来解释中国的动机，中国的军事现代化也是以一种令人忧心的速度推进"。②

　　范式之为范式，它需要能够解释反例。基于能力的"中国威胁论"范式的一个明显反例是，如果军事能力是评估威胁的唯一标准，那么，比起中国，美国更是一个威胁，而不是相反。一些美国军官坦陈，与美国相比较，中国的军事实力仍然是不太强的。但是，在"中国威胁论"范式下，这一"反例"要么被忽略，要么被轻易避开，后者通过聚焦于中国所谓的反介入、区域拒止（A2/AD）和网络间谍威胁等"非对称战争能力"来自圆其说。③

　　即便"中国威胁论"在军事层面显得有些苍白无力，但是它又成功地在经济层面找到了新佐证。首先，中国的经济崛起似乎会构成威胁，因为它可能产生潜在的灾难性资源、环境

---

① US Department of Defense, *Quadrennial Defense Review Report*, Washington DC: U. S. Government Printing Office, 30 September 2001, p. 4; and US Department of Defense, *Quadrennial Defense Review Report*, Washington DC: U. S. Government Printing Office, 6 February 2006, p. 29.

② International Security Advisory Board, *China's Strategic Modernization: Report from the ISAB Taskforce*, 2008, p. 1. http://www. fas. org/nuke/guide/china/ISAB2008. pdf.

③ See Thomas J. Christensen, 'Posing Problems without Catching Up: China's Rise and Challenges for U. S. Security Policy', *International Security*, 25 (4), 2001, pp. 5 – 40; Ehsan Ahrari, 'China's Preoccupation with Asymmetric War: Lessons Learned from the Hezbollah-Israeli War', *Small Wars Journal*, October 2009, pp. 1 –7; Andrew F. Krepinevich, *Why Air Sea Battle?* Washington DC: Center for Strategic and Budgetary Assessments, 2010; and James Dobbins, David C. Gompert, David A. Shlapak and Andrew Scobell, *Conflict with China: Prospects, Consequences, and Strategies for Deterrence*, Santa Monica, CA: RAND Corporation, 2011.

和生态后果。早在 1994 年，美国环境保护论者莱斯特·布朗（Lester Brown）在他的著名文章《谁来养活中国》中预测，中国对粮食需求的激增将会大幅抬高全球的粮食价格。[1] 其他观察者指出，中国的工业化需要大量能源，将会耗费世界能源的巨大份额，导致全球能源供给紧张。这将严重恶化全球污染和变暖态势，加剧尤其是非洲和拉丁美洲等地区围绕资源和能源的冲突。[2]

27   对于许多人来说，廉价劳动力及所谓的"中国价"（China price）战略是中国经济带来的最主要挑战。据说，"中国价"被美国有些工商团体称为"最骇人听闻的三个字"，[3] 中国通过压低价格严重打压竞争对手，导致美国国内的工作机会大量流失、贸易赤字节节攀升以及外债高筑。2004 年 2 月，一个由美国两党参议员组成的团体声称，人民币的低估造成美国制造业丢失了 260 万个工作机会。[4] 来自宾夕法尼亚州的民主党参议员阿兰·斯派克（Arlen Specter）向《福克斯周日新闻》抱怨说，"我们和中国人之间的确存在着问题……他们非常精明，常常以

① Lester R. Brown, *Who Will Feed China? Wake-up Call for a Small Planet*, New York, NY: W. W. Norton, 1995.

② See, for example, Nicholas D. Kristof, 'The Rise of China', *Foreign Affairs*, 72 (5), 1993, pp. 63 – 5; Andrew Yeh, 'Toxic Chinese Mercury Pollution Travelling to US', *Financial Times*, 12 April 2006, p. 8; Vaclav Smil, *China's Environmental Crisis*, Armonk, NY: M. E. Sharpe, 1993; Mark Hertsgaard, 'Our Real China Problem', *Atlantic Monthly*, 280 (5), 1997, pp. 96 – 114; and Brook Larmer and Alexandra A. Seno, 'A Reckless Harvest: China Is Protecting Its Own Trees, But Has Begun Instead to Devour Asia's Forests', *Newsweek* (international ed.), 27 January 2003, pp. 20 – 2.

③ Pete Engardio (ed.), *Chindia: How China and India Are Revolutionizing Global Business*, New York: McGraw-Hill, 2007, p. 59.

④ Eduardo Porter, 'Looking for a Villain, and Finding One in China', *New York Times*, 18 April 2004, Section 4, p. 3.

智谋战胜我们。他们挤走了我们的工作，赚走了我们的钱，然后再把钱借给我们，于是坐拥大半个美国"。①

在描绘中国这种新威胁时，有些人捡拾起十九世纪美国关于中国苦力的"黄祸"记忆。② 加利福尼亚大学商学教授彼特·纳瓦罗（Peter Navarro）则给"中国威胁"贴上了新标签"大规模生产性武器"。正值美国对美中贸易赤字日益忧虑之际，纳瓦罗将美中经贸关系的方方面面都描绘成军事对抗。快速浏览一下他的《即将到来的中国之战》（*The Coming China Wars*）一书，就能看到这样耸人听闻的句子："用煤炭无声无息地杀死我们（和他们）"、"石油血脉之战"、"'新帝国主义'战争和大规模建设性武器"、"血头"（of "Bloodheads"）、阴险的巨龙和其他"定时炸弹"和"如何作战和战胜！——即将到来的中国之战"。③ 很多美国人与纳瓦罗有着同样的思考方式。比如，2005年中国公司竞标收购美国优尼科石油公司就被普遍认为是中美之间一场摩尼教式的战斗。共和党国会议员达纳·罗拉巴克（Dana Rohrabacher）把这次竞标称为"（中国）长远主导战略的一部分"，对美国自由和繁荣的威胁比极端宗教势力还要大。④ 美国经济学家兼时事评论员保罗·克鲁格曼（Paul Krugman）并

① Glenn Thrush and Manu Raju, 'Barack Obama Pressed on China Showdown', *Politico*, 6 April 2010, http://www. politico. com/news/stories/0410/35458. html.
② The continued fear of 'Yellow Peril' in the West has been noted by Jagdish Bhagwati, 'Why China Is a Paper Tiger: The Emergence of the People's Republic Should Spell Opportunity-Not Doom-for Asian Economies', *Newsweek*, 18 February 2002, p. 23.
③ Navarro, *The Coming China Wars*, p. vii.
④ Paul Krugman, 'The Chinese Challenge', *New York Times*, 27 June 2005, p. 15; Tyler Marshall, 'Building a Bridge to China', *Los Angeles Times*, 18 July 2005, http://articles. latimes. com/2005/jul/18/world/fg-uschina18.

非保守的鹰派分子，他将中国这次最终失败的竞标与二十世纪九十年代日本在美国的收购风潮相类比，并认为中国的挑战比日本的挑战要"更严重一些"。

虽然中国的人均国内生产总值还很低，但是它超过日本成为世界第二大经济体的事实超出了人们对它最早于 2016 年超过美国成为第一大经济体（按照购买力平价计算）的预期。[①] 确实，在 2011 年皮尤的一项调查中，将近一半（47%）的美国人认为中国已经是世界头号经济体，而只有 31% 的人认为是美国。[②] 这种不准确观念的广泛传播很能说明问题。在无处不在的"中国威胁论"透视下，认知习惯如何建构关于中国可能变成什么样子的恐惧，比"经验事实"更重要。

28　对于另外一些人来说，最令人担忧的是中国经济崛起的军事内涵。芝加哥大学政治学者约翰·米尔斯海默（John Mearsheimer）认为，中国"几乎肯定会利用它的财富去构筑强大的军事机器"，并"肯定会寻求地区霸权"。中国是变成民主国家还是专制国家无关紧要。米尔斯海默认为，如果将中国的庞大人口考虑在内，中国将是美国目前为止遇到的最强大和最危险的威胁。[③] 曾在尼克松、福特和里根政府工作过的剑桥大学国际研究中心高级研究员斯蒂芬·哈珀（Stefan Halper）称中国"是一个多维威胁的集合，伴随着中国的崛起，其经济实力会不断地

---

①　International Monetary Fund, *World Economic Outlook April 2011*: *Tensions from the Two-Speed Recovery*: *Unemployment*, *Commodities*, *and Capital Flows*, Washington DC: International Monetary Fund, 2011.

②　Pew Research Center for the People & the Press, 'Strengthen Ties with China, But Get Tough on Trade', 12 January 2011, http://pewresearch.org/pubs/1855/china-poll-americans-want-closer-ties-but-tougher-trade-policy.

③　Mearsheimer, *The Tragedy of Great Power Politics*, pp. 4, 56, 401.

转化为可怕的军事实力"。①

基于意图的"中国威胁论"话语

中国近几十年来的快速崛起，使基于能力的分析路径的可信度大增。然而，只要中国的军事和经济实力还有很长的路才能追上美国，这一分析就并不那么让人信服。在这一背景下，另一种将焦点放在中国战略意图的分析方法出现了。虽然米尔斯海默这样基于能力的分析者认为意图并不十分重要，但是基于意图的分析路径却认为，中国如何运用其实力与其实力的规模同等重要。

理解中国战略意图的一个重要变量是政体类型或者说政治体系。按照美国前国务卿康多扎莉·赖斯（Condoleezza Rice）的说法，"一个国家怎样对待它的国民，强烈暗示着它会怎样对待它的邻邦"。② 赖斯这里说的其实是民主和平论核心观点的另一种表达，即认为民主方式组建起来的政治体系更趋向于和平，更不易于与其他民主国家发生战争。③ 这暗示着，非民主国家更可能以进攻性的姿态运用它们的实力。因此，丹尼·罗伊（Denny Roy）声称，"没有内在的民主化，就没有理由期待和平的外在行为"。④ 基于此，伯恩斯坦和玛诺对中国的战略意图产生怀疑，并描绘了一幅中国军事冒险主义的图景：

---

① Stefan Halper, 'Wrongly Mistaking China', *The American Spectator*, 40（1）, 2007, p. 20.

② 'US Rights Report Critical of Arab Allies, Iran, China, Zimbabwe', *Voice of America*, 8 March 2006, http://www.voanews.com/english/archive/2006 - 03/2006 - 03 - 08 - voa64.cfm.

③ Bruce Russett, *Grasping the Democratic Peace: Principles for a Post-Cold War World*, Princeton, NJ: Princeton University Press, 1993, p. 11.

④ Roy, 'Hegemon on the Horizon?' p. 157.

如果说过去二百年的历史给我们什么启示的话，那就是，越民主的国家，越是不可能相互发生战争。越专制的国家，越倾向于发生战争。确切地说，假如中国在现有体制下继续从事军事冒险主义——就像 1996 年它在台湾海峡所做的那样——中美之间就很有可能发生有限的海上或空中冲突。①

29　　中国的民族主义，被普遍认为是中国体制的直接结果，也被看作有关意图的另一个变量。通常的说法是，冷战之后，共产主义名声扫地，中国共产党为了维持国家团结和自己的统治地位，不得不诉诸民族主义，把它作为一种常用的黏合剂。② 这种国家主导的民族主义，被认为比西方的公民式民族主义更加有害，③ 它会使中国的外交和安全政策更加具有攻击性和更加不愿意妥协。

　　此外，西方认为，中国的政治体制似乎也是对道德和意识形态的一个国际挑战。例如，像在非洲，西方国家积极推动当地民主化和善治，然而，中国却坚持不附带任何条件的援助政

---

① Bernstein and Munro, *The Coming Conflict with China*, p. 18.

② Huntington, *The Clash of Civilizations and the Remaking of World Order*, p. 224.

③ Frank Dikötter, 'Culture, "Race" and Nation: The Formation of National Identity in Twentieth Century China', *Journal of International Affairs*, 49 (2), 1996, pp. 590 – 605; and Edward Friedman, *National Identity and Democratic Projects in Socialist China*, Armonk, NY: M. E. Sharpe, 1995. Not all studies of Chinese nationalism subscribe to this view, of course. See Yongnian Zheng, *Discovering Chinese Nationalism in China: Modernization, Identity, and International Relations*, Cambridge: Cambridge University Press, 1999; and Peter Hays Gries, *China's New Nationalism: Pride, Politics, and Diplomacy*, Berkeley, CA: University of California Press, 2004.

策，在推动民主化和善治方面长期无所作为。① 在詹姆斯·曼看
来中国"对民主价值发起了不可忽视的挑战"，② 以至于罗伯
特·卡根（Robert Kagan）警告说，要警惕独裁者联盟的出现以
及"自由主义和独裁之间悠久争斗"的复归。③

　　还有一种理解中国战略意图的路径，那就是通过文化。虽
然这一路径并不新颖，但是塞缪尔·亨廷顿（Samuel Hunting-
ton）提出的"文明冲突论"将其推向了新高度。他把中国称为
儒教文明圈，声称：

> 　　美中之间存在着争端的议题远远多于美日之间，包括
> 经济问题、人权、西藏、台湾、南中国海和武器扩散。在
> 几乎每一项重大政策议题上，美中之间都没有共同的目标。
> 并且不同之处还不止这些议题。④

---

① For instance, US Congressman Christopher Smith argues that 'China is playing an
　increasingly influential role on the continent of Africa and there is concern that the
　Chinese intend to aid and abet African dictators, gain a stranglehold on precious Afri-
　can natural resources, and undo much of the progress that has been made on democra-
　cy and governance in the last 15 years in African nations'. Quoted in Peerenboom,
　China Modernizes, p. 274. See also 'The Dragon in Africa' (Letter to the Edi-
　tor), *The Daily Telegraph* (UK), 26 April 2006, p. 17; Joshua Kurlantzick,
　Charm Offensive: How China's Soft Power Is Transforming the World, New Ha-
　ven, CT: Yale University Press, 2007; and Congressional Research Service,
　*China's Foreign Policy and "Soft Power" in South America, Asia, and Africa: A
　Study Prepared for the Committee on Foreign Relations*, United States Senate,
　Washington, DC: US Government Printing Office, 2008, p. 130.

② Mann, *The China Fantasy*, pp. 24, 105; see also Stefan Halper, *The Beijing
　Consensus: How China's Authoritarian Model Will Dominate the Twenty-First
　Century*, New York: Basic Books, 2010.

③ Robert Kagan, *The Return of History and the End of Dreams*, New York: Alfred
　A. Knopf, 2008, p. 4.

④ Huntington, *The Clash of Civilizations and the Remaking of World Order*, p. 228.

　　基于这一重大的文化鸿沟，亨廷顿提出，中国的崛起将不可避免地向美国提出挑战。没有什么能够阻挡这一趋势，即便中国最终实现民主化也无济于事。首先，考虑到中国的文化传统，中国不大可能实现民主化。实际上，他认为"儒教民主"（Confucian democracy）本身是个自相矛盾的词组。[①] 即使中国实现了民主化，他担忧民主化的这种相互矛盾的影响会造成中国像其他非西方国家一样，实质上强化了本土主义和反西方政治力量。[②] 简而言之，由于文化的差异，几乎注定了儒教中国对基督教西方的恶意。

　　《当中国统治世界》（*When China Rules the World*）的作者马丁·雅克（Martin Jacques）提出了亨廷顿这一命题的更新版。作为英国一位具有敏锐洞察力的中国观察者和评论员，他确信30 "中国威胁"的主要根源不是政治的或者军事的，而是文化的。他认为，想要解读中国的外交行为，需要"搞清楚是什么塑造了今天的中国，它是怎样演进的，中国人从哪里来，他们是怎样看待自己的"。[③] 他将中国的民族主义追溯到中国的"中央王朝"心理。他认为，这种中国中心主义，加上中国种族、人口和历史的特性，以及新获得的权势，将使得中国成为下一个谋求将自己的价值观和偏好强加给世界的霸主。[④]

　　哈佛大学教授江忆恩（Alastair Iain Johnston）的《文化现实

---

① Samuel P. Huntington, *The Third Wave: Democratization in the Late Twentieth Century*, Norman, OK: University of Oklahoma Press, 1991, p. 307.

② Huntington, *The Clash of Civilizations and the Remaking of World Order*, p. 94.

③ Martin Jacques, *When China Rules the World: The End of the Western World and the Birth of a New Global Order*, New York: The Penguin Press, 2009, p. 235.

④ Martin Jacques, *When China Rules the World: The End of the Western World and the Birth of a New Global Order*, p. 15.

主义》（*Cultural Realism*）一书，在解读中国的对外意图时，也从文化的视角，将中国的战略文化理解为一套理念性的因素。在江忆恩看来，与其他文化相比，虽然中国文化中含有孔孟传统的成分，但实质上中国的战略文化是西方所说的"备战"（parabellum）范式。这种战略范式认为，战争是国际关系中一个相对永恒的特征，与敌方的冲突本质上是一种零和的结果，而武力则是应对威胁的最有效方式。中国的战略文化很大程度上是由这些信条组成的，从这个意义上讲，也就难以使人产生对中国和平崛起的信心。①

尽管他们看待中国战略意图的角度不同，但结论明显是一致的，即中国崛起所带来的影响的最好结果是"不确定"，最坏结果是"威胁"。这种关于中国意图的普遍焦虑不仅广泛存在于知识界，还存在于美国历届政府官员中。美国前副国务卿罗伯特·佐利克（Robert Zoellick）这样总结"对中国的普遍焦虑情绪"："很多国家希望中国寻求'和平崛起'，但是没有国家会将他们的未来押在这上面。"② 虽然奥巴马政府的《四年防务报告》和《核态势评估报告》中并没有直接点名把中国当作威胁或战略对手，但是对中国抱以警惕的目光，暗示中国军力发展的不透明性和自身特质及其决策程序，将"引发对中国未来在亚洲及其他地方开展行动和意图的正当质疑"。③

---

① Alastair Iain Johnston, *Cultural Realism: Strategic Culture and Grand Strategy in Chinese History*, Princeton, NJ: Princeton University Press, 1995.

② Robert Zoellick, 'Whither China? From Membership to Responsibility'（Remarks to the National Committee on US-China Relations）, *NBR Analysis*, 16 (4), 2005, pp. 5 – 14.

③ US Department of Defense, *Quadrennial Defense Review Report*, p. 60; see also US Department of Defense, *2010 Nuclear Posture Review*, Washington DC: Department of Defense, April 2010, p. 5.

究竟是能力还是意图是决定中国外交政策制定的最主要因素，在中国观察者中间还存在着争论。不过，总体上看，这两种视角都有助于强化"中国威胁论"范式。从一开始，这种范式就为中国观察者设定了某些参数。这两种威胁论话语，以一些分析框架和经验分析为依托，很少偏离"中国威胁"这个基本图景。这些学者认可的描绘，继而成为媒体和大众关于中国的想象，它们相互配合，从而使"中国威胁论"范式的影响力经久不衰。

31 ## "中国机遇论"范式

《中国的民主未来》（*China's Democratic Future*）一书的作者布鲁斯·吉雷（Bruce Gilley）原本是一个新闻记者，后来转行从事学术研究，他的这本书以生动摹写天安门（象征着中国政治的心脏）发生的一件重大历史事件开始。一个秋高气爽的上午，在毛泽东 1949 年曾经宣告中华人民共和国成立的天安门城楼正下方，这位政权缔造者的巨幅头像正在被移除；中国共产党已经失去了权力，毛泽东的头像如今变成了旧时代的象征。[①]当然，这并不是真的；这是作者创造性的想象。然而，可能受柏林墙倒塌和萨达姆·侯赛因塑像被推倒的激发，吉雷看起来很肯定——这并不是他纯粹的想象。似乎他已经亲眼看到了正在形成中的历史，他很肯定地声称，中国近代历经了将近一百年的探索和磨难，"如今，中国民主形成与延续的前景比以往任何时候都要好。我们已经能够想象得出它将怎样发生、它将走

---

① Gilley, *China's Democratic Future*, p. ix.

向何方"。① 不同于十九世纪传教士的信念，即认为中国"异教徒"将会皈依基督教，吉雷在这本书里想要表达的观点是，中国在二十一世纪显露出民主转型的重大机遇。

并不是只有吉雷一个人如此乐观。美国战略与国际研究中心主席兼首席执行官何慕礼（John Hamre）在中国度假的时候，发现自己站在了紫禁城中间，喝着星巴克的绿茶星冰乐，用手机和远在南达科他州的父亲聊着天。他写道，这"不是我想象出来的中国"，而是"一个激动人心的中国，一个充满能量、希望和机遇的中国"。② 我认为，吉雷和何慕礼关于中国的看法，表征了另一种具有巨大影响力的范式传统：把中国当作一种机遇。与威胁论范式类似，"中国机遇论"主题也充斥于大量关于"中国崛起"的文献中。这一范式由不同的中国观察者群体塑造形成，因此又可以分为三个相互关联的次范式：经济机遇论（贸易）、政治机遇论（民主化）和国际机遇论（一体化）。首先，让我们审视一下把中国作为经济机遇的观点。

"十亿顾客"：经济机遇论

"中国机遇论"的一个由来已久的图景是中国被神化了的市场。自十三世纪马可·波罗大开眼界的东方之旅后，中国，这个被认为遍地黄金的国度，③ 一直吸引着一批批知识分子、传教士、探险家和商人。伴随着十九世纪西方工业化扩张的步伐，

32

---

① Gilley, *China's Democratic Future*, p. x.

② John J. Hamre, 'Forward: Images Revisited', in Carola McGiffert (ed.), *China in the American Political Imagination*, Washington, DC: The CSIS Press, 2003, pp. x – xi.

③ Tzvetan Todorov, *The Conquest of America: The Question of the Other* (trans. Richard Howard), Norman, OK: University of Oklahoma Press, 1999, p. 11.

中国一度被认为是一个"比世界上任何地方都更具有贸易潜力"的超大型市场。① 一个美国议员在提到英国对中国利润丰厚的鸦片贸易时，曾经激动地惊呼："如果是我们的烟草，而不是鸦片，那会有多少烟草被吸食啊!"② 这个悠长的中国市场梦，以前从未成为现实，③ 如今随着中国长期稳健的经济增长，又焕发出新的生命力。随着中国城镇化步伐加快和生活水平的提高，中国终于显现出它巨大的市场潜力。从食品到奢侈品，从软件到汽车，中国已经成为"十亿顾客"的代名词。④

西方国家里或许没有比澳大利亚更能理解中国这一经济机遇的了。由于中国对资源的需求急剧增加，澳大利亚自二十世纪中期以来，一直享受着最好的贸易条件。⑤ 澳大利亚总理朱莉亚·吉拉德（Julia Gillard）满足于她的国家所处的特殊地位——享受中国发展所带来的惊人好处，她迫不及待地声称："这对澳大利亚前所未有。"⑥

微软、可口可乐、麦当劳和肯德基等众多跨国公司也对中国市场抱有这种类似的乐观评估。百胜的首席执行官戴维·诺瓦克（David Novak）掌管着肯德基，他设想最终在中国开

---

① Foster Rhea Dulles, *China and America*: *The Story of Their Relations since 1784*, Princeton, NJ: Princeton University Press, 1946, p. 100.

② Quoted in ibid., p. 25.

③ Carl Crow, 400 *Million Customers*, London: Hamilton, 1937.

④ James McGregor, *One Billion Customers*: *Lessons from the Front Lines of Doing Business in China*, London: Nicholas Brealey, 2005.

⑤ Graeme Dobell, 'Treasury's China Star', *The Interpreter*, 12 May 2010, http://www.lowyinterpreter.org/post/2010/05/12/Treasury-China-star.aspx; and Glenda Korporaal, 'China Boom to Shore Up Coffers', *The Australian*, 14 May 2008, p. 3.

⑥ Julia Gillard, Speech to the Asia Link and Asia Society Lunch, Melbourne, Australia, 28 September 2011, http://www.pm.gov.au/press-office/speech-asialink-and-asia-society-lunch-melbourne.

20000 家分店。"我们在中国的业务刚刚处于九局棒球比赛中的第一局"，诺瓦克在一次会议上笑容满面地对投资者说。① 柯达公司总裁乔治·费希尔（George Fisher）虽从不同视角看待中国市场，但却是同样的兴奋和"高兴"。他说："过去和现在从未有这么大的基数，也从未有这么有潜力的市场……中国注定成为世界上最大的照相市场。"②

十九世纪的时候，英国的工商业者曾经计算过，假如每个中国人的衬衣下摆加长一英寸，那么兰开夏的工厂将会忙上整个一代人的时间。大约两个世纪之后，美国商务秘书罗恩·布朗（Ron Brown）在 1994 年 8 月的一次旅行中，天合公司的总裁乔·戈尔曼（Joe Gorman）（美国最大的汽车配件生产商）也做过类似的计算："假如中国到 2010 年或 2020 年拥有像当前德国一样多的人均汽车保有量，那就会达到 5 亿辆之多。"③ 这种乐观的思维定式看起来具有不可抗拒的传染性。畅销书《中国公司》的作者特德·菲什曼（Ted Fishman）假设，如果中国大陆消费的豆制品人均增长至台湾的一半，也就是增长到现在消费总量的十倍，它需要的进口量就相当于美国所种植黄豆的 60%。④ 即便无视那些夸大的或不现实的计算，许多观察者仍旧 33 认为中国这个当代的黄金之国照样可以轻易地睥睨其他市场。

① Samuel Shen, 'Can't Beat That Return: China KFC's Big Fry', *The Age*, 7 May 2008, Business Day, p. 9.

② George M. C. Fisher, 'Kodak and China: Seven Years of Kodak Moments', in Laurence J. Brahm (ed.), *China's Century: The Awakening of the Next Economic Powerhouse*, Singapore: John Wiley & Sons (Asia), 2001, p. 128.

③ Quoted in Joe Studwell, *The China Dream: The Quest for the Last Great Untapped Market on Earth*, New York: Grove Press, 2005, pp. 107 – 8.

④ Ted C. Fishman, *China Inc.: How the Rise of the Next Superpower Challenges America and the World*, New York: Scribner, 2006, pp. 142 – 3.

戈尔曼曾经言道："即使我只对了一半，或对了四分之一，中国仍旧是一个巨大的市场。"① 菲什曼认为："不需要中国所有的或大多数或甚至三分之一或五分之一的人口达到中产阶级，只要5000万个家庭达到中产阶级就足以让世界对其市场规模望尘莫及了。"②

　　除了巨大的消费者市场外，中国作为世界工厂日渐增长的声誉，也同样裨益于中国经济财富的积聚。中国的低工资待遇、一流的基础设施、廉价的运输成本和现代的通信条件，使得中国注定成为全球供应链条上一个理想的生产基地、投资目的地和出口平台。英国评论者威尔·胡顿（Will Hutton）指出，中国的世界工厂地位使之成为外包的首选，这样既可以防止中国竞争对手的崛起，还可以使一个公司领先于其西方既有的对手。③同时，外包给中国，也使西方公司得以腾出人才、机器和资金，投入高附加值产业和尖端研发领域，从而使它们获得更大的利润。④ 同时，就好像中国机遇是人人有份，它也给西方消费者提供了价格低廉的"中国制造"商品，如在沃尔玛和邦宁斯等连锁折扣店里出售的商品，有助于在全球许多地区构筑起"购物者的天堂"。⑤ 因此，《中国：结算单》一书的作者声言，"总体

---

① Quoted in Studwell, *The China Dream*, p. 108.

② Fishman, *China Inc.*, p. 17.

③ Will Hutton, *Writing on the Wall: Why We Must Embrace China as a Partner or Face It as an Enemy*, New York: Free Press, 2006, p. 17; Engardio, *Chindia*, p. 14.

④ Engardio, *Chindia*, p. 40; and Fishman, *China Inc.*, p. 147.

⑤ Oded Shenkar, *The Chinese Century: The Rising Chinese Economy and Its Impact on the Global Economy, the Balance of Power, and Your Job*, Upper Saddle River, NJ: Wharton School Publishing, 2006, p. 20; Peter Cai, 'Our Bill to China: $ 5100 Per Family', *The Age*, 3 April 2012, p. 3.

看来，中国的经济增长为美国和全球经济创造了诸多机会"。①

中国的民主化：政治和道义机遇

在很多人看来，中国的机遇不单单意味着商业利益和市场份额，还意味着政治自由化和民主化的潜在可能。事实上，这两种机遇被认为是不可分割的：经济发展和政治变革之间密不可分。②"中国威胁论"者倾向于强调经济和军事之间的纽带联系，而像亨利·罗文（Henry Rowen）这些"中国机遇论"者则强调"财富—民主的关联"："一个国家越富有，那么其人民享有的（西方式）自由就越多。"罗文力图让我们相信，这种关联不仅是欧洲土壤上的产物，也同样适用于中国。③

这种关联性至少明显体现在两个方面。首先在官方层面，中国政府为了刺激经济增长而实行的改革开放政策，不经意间打开了政治变革的大门。④ 裴敏欣曾经指出，随着中国"缓步民主化"的持续推进，中国的政体已经逐步演变为一种"温和威 34

① C. Fred Bergsten, Bates Gill, Nicholas R. Lardy and Derek Mitchell, *China: The Balance Sheet: What the World Needs to Know Now about the Emerging Superpower*, New York: PublicAffairs, 2006, p. 116.

② Samuel P. Huntington, *Political Order in Changing Societies*, New Haven, CT: Yale University Press, 1968, p. 32; Michael Mandelbaum, *The Ideas That Conquered the World: Peace, Democracy, and Free Markets in the Twenty-First Century*, New York: PublicAffairs, 2003, pp. 268 – 71.

③ Henry S. Rowen, 'The Short March: China's Road to Democracy', *The National Interest*, No. 45, 1996, p. 68. See also Julia Chang Bloch, 'Commercial Diplomacy', in Ezra F. Vogel (ed.), *Living with China: U. S. /China Relations in the Twenty-First Century*, New York: W. W. Norton, 1997, p. 194; and George Gilboy and Eric Heginbotham, 'China's Coming Transformation', *Foreign Affairs*, 80 (4), 2001, pp. 26 – 39.

④ Merle Goldman, *Sowing the Seeds of Democracy in China: Political Reform in the Deng Xiaoping Era*, Cambridge, MA: Harvard University Press, 1994.

权主义"（*soft authoritarianism*）。① 贯穿整个二十世纪八十年代，伴随着中国的经济改革，许多西方的中国观察者真切地见证了中国政治版图发生的前所未有的变迁。保守派评论者威廉·萨菲尔（William Safire）曾在《纽约时报》上写道，"1984 年的大事"是"一个拥有十亿人的政府对马克思主义的拒斥和对资本主义的拥抱"。② 唐纳德·扎卡利亚（Donald S. Zagoria）在《中国静悄悄的革命》一文中提出，中国的经济、法律、政治、意识形态、文化和外交等各个领域都在发生着重大的变化。随之而来的是对毛时代制度和实践的弃绝，以及一个更加开放的社会的开启。③ 直到 1989 年 6 月的政治风波之前，与当时苏联和东欧社会主义集团的停滞相比，中国被广泛认为是朝着政治自由化快速前进。④ 甚至罗纳德·里根在提到中国时也曾说过一句有名的"所谓的共产主义中国"。⑤

对中国领导人将中国引向更加自由方向的信心并未因八九

---

① Minxin Pei, 'Creeping Democratization in China', *Journal of Democracy*, 6 (4), 1995, pp. 65 – 79; and Minxin Pei, 'China's Evolution Toward Soft Authoritarianism', in Edward Friedman and Barrett McCormick (eds), *What If China Doesn't Democratize?* Armonk, NY: M. E. Sharpe, 2000, p. 75.

② Quoted in Andrew J. Nathan, *China's Crisis: Dilemmas of Reform and Prospects for Democracy*, New York: Columbia University Press, 1990, p. 71.

③ Donald S. Zagoria, 'China's Quiet Revolution', *Foreign Affairs*, 62 (4), 1984, p. 880.

④ See, for example, Zbigniew Brzezinski, *The Grand Failure: The Birth and Death of Communism in the Twentieth Century*, New York: Charles Scribner's Sons, 1989, pp. 174, 250; and Nancy Bernkopf Tucker, 'America First', in Carola McGiffert (ed.), *China in the American Political Imagination*, Washington, DC: The CSIS Press, 2003, p. 20.

⑤ U. S President Ronald Reagan, 'Remarks at a Luncheon With Business Leaders in Fairbanks, Alaska', University of Alaska, 1 May 1984, http://www.reagan. utexas. edu/ archives/speeches/1984/50184d. htm.

政治风波而死寂。1998 年美国总统比尔·克林顿对中国进行了正式访问，会见了江泽民主席，并共进了晚餐。在此之后，克林顿在其回忆录《我的生活》里记述道："我与江待在一起的时间越长，我就越喜欢他……虽然我和他的意见并非总是一致，但是我确信，他正朝着正确的方向，尽其所能地改变中国。"① 中国体制逐步走向开放的一个明确信号是，执政的中国共产党修改了自己的章程，首次允许私营企业者入党。② 这个变化的重要意义不言自明。正如弗朗西斯·福山所言："一个允许大量私营部门加入的威权政体，按其定义来说，就不再是威权主义性质的了。"③

　　这种财富—民主关联的另一个重要依据是，随着经济的发展，中国的中产阶级和公民社会涌现了出来。这种观点认为，一个逐渐强大的中产阶级，将稳步地推进政治变革。威尔·胡顿认为，"随着中国的发展，中产阶级会越来越壮大，中国对体制性变革的偏爱也会越来越强烈"。④ 在 2005 年对中国的访问中，乔治·W. 布什在日本京都的演讲中也持有类似的看法。布什相信，中国越富有，就越有可能进行政治改革。⑤ 康多莉扎·赖斯也曾应和过这种看法："中国共产党人正在勉强支撑度日，经济自由化产生着要求政治自由的压力。"⑥

---

① Bill Clinton, *My Life*, New York: Alfred A. Knopf, 2004, p. 794.

② Charles Wolf Jr. , 'China's Capitalists Join the Party', *New York Times*, 13 August 2001, p. A17.

③ Francis Fukuyama, *The End of History and the Last Man*, New York: Free Press, 1992, p. 33.

④ Hutton, *The Writing on the Wall*, pp. 16 – 7.

⑤ 'US Urges Chinese Political Reform', BBC News, 16 November 2005, http://news. bbc. co. uk/2/hi/americas/4440860. stm

⑥ Jacob Heilbrunn, 'Team W. ', *The New Republic*, 27 September 1999, p. 24. See also Brzezinski, *The Grand Failure*, p. 250; and Fukuyama, *The End of History and the Last Man*, pp. 33 – 4.

35 　　八九政治风波之后，来自加利福尼亚州的民主党议员南希·佩洛西（Nancy Pelosi）发起一项提案，旨在使在美中国学生能够更容易地延长在美居留和工作时间。虽然乔治·H. 沃克·布什（George Herbert Walker Bush）本意上赞成佩洛西的提案，他实际上也实施了该法案中提到的对这些学生的保护措施，但是，他最终还是否决了该提案。① 在他的回忆录《重组的世界》中，他和他的合作者布伦特·斯考克罗夫（Brent Scowcroft）是这样解释这一决定的："让中国学生接触美国式价值观，是推动中国未来内部变革的重要希望。"如果佩洛西的提案被通过，他们担心中国会采取报复措施，取消所有的学生交流，这样一来就会关上这扇重要的变革的机会之窗。②

　　西方文化的持续渗透，确实有助于塑造中国的年轻一代，与此同时，中国文化自身也并未对民主化构成重大的障碍。黎安友（Andrew Nathan）反对那种认为中国实现民主的条件尚不成熟或中国文化特质上不适于民主的观点。他认为，历史给予了中国民主人士充分的勇气和希望。他解释道：

　　　　过去确实几乎没有中国人真心想要民主。但是今天则不然。早些年，威权主义看起来更可能解决中国的紧迫问题——虚弱和分裂。今天，民主看起来更可能解决中国的紧迫问题——政治停滞。过去政治机构缺乏权威和行政能力。如今中国的官僚体制则庞大有力。这种体制虽是妥协的产物，但是它的许多机制程序则被广为接受。因此，情

---

① Robert L. Suettinger, *Beyond Tiananmen: The Politics of U. S. -China Relations, 1989 - 2000*, Washington DC: Brookings Institution Press, 2003, pp. 95 - 6.

② George Bush and Brent Scowcroft, *A World Transformed*, New York: Alfred A. Knopf, 1998, p. 158.

况发生了变化，变得更趋向于民主化了。①

　　虽然黎安友并不认为经济发展会自动地产生政治变革，但是"在知识分子阶层、专业部门和行政部门中存在着追求人权和中国式民主的动力"。② 因此，只要假以时日，中国的民主化进程必将"迈向快车道"。③ 基于此，胡佛研究中心的拉里·戴蒙德（Larry Diamond）预测道："只要中国在未来十年里能够顺利通过政治自由化进程中的那些险滩，它就会在十年或二十年之后实现向民主的和平过渡。"④ 受中国在 2008 年四川地震中快速反应的鼓舞，《纽约时报》专栏作家尼古拉斯·克瑞斯托夫（Nicholas Kristof）虽然承认中国民主化的道路并不平坦，但是仍然对中国逐步摆脱威权主义持乐观态度。⑤

负责任的利益攸关方：全球一体化的机遇

36

　　沿着财富—民主关联的逻辑，许多观察者确信这些机遇将会相应地为中国融入国际体系创造条件。因为经济上和政治上变得更加开放，中国也更有可能成为佐利克所指称的"负责任的利益攸关方"。2005 年 9 月在美中关系国家委员会的演讲中，

---

①　Andrew J. Nathan（with contributions by Tianjian Shi and Helena V. S. Ho），*China's Transition*，New York：Columbia University Press，1997，pp. 75－6. See also Andrew J. Nathan and Tianjian Shi，'Cultural Requisites for Democracy in China'，*Daedalus*，122（2），1993，pp. 95－123.

②　Nathan，*China's Transition*，p. 13.

③　Barrett L. McCormick，'Democracy or Dictatorship?：A Response to Gordon White'，*Australian Journal of Chinese Affairs*，No. 31，1994，p. 109.

④　Larry Diamond，'Forward'，in Suisheng Zhao（ed.），*China and Democracy：The Prospect for a Democratic China*，New York：Routledge，2000，p. xiv.

⑤　Nicholas D. Kristof，'Earthquake and Hope'，*New York Times*，22 May 2008，p. 31.

佐利克认为，中国作为一个负责任的利益攸关方，将与美国在维护一个对两国和世界繁荣都具有重要意义的开放型国际经济体系上拥有共同利益。①

当中国起初还在为这个英文单词找对应中文词颇费脑筋时，这一机遇论的新提法就立即在西方外交界产生了共鸣。对于许多观察者来说，一个更加负责任的中国，就预示着一个光明的前景——"将中国锁定到美国主导的国际秩序中"。② 这种乐观的估计奠基于三个相互关联的因素之上：中国日益加深的经济相互依存、中国的民主化、借由社会化和规范扩散进程而使中国对国际规范和规则的认知学习。

首先，中国的经济发展和由此产生的商业机会推动着中国融入全球经济中去，这为中国在国际舞台上展现负责任大国形象提供了强烈的动机。有些学者无形中基于十九世纪商业和平论的自由主义信条，信心满满地认为，中国将注意力聚焦在经济发展和贸易往来上，预示着中美两国的商业和国家利益将实现契合。③ 比如说，中国变得和美欧等国一样依赖波斯湾的石油，这就会产生要求开放海上航道的共同利益，从而为合作提供了契机。④ 在此背景下，美国负责美中关系的前副助理国务卿

---

① Zoellick, 'Whither China: from membership to responsibility?'
② David Lake, 'American Hegemony and the Future of East-West Relations', *International Studies Perspective*, 7 (1), 2006, p. 24.
③ Bloch, 'Commercial Diplomacy', pp. 195 – 6; Ezra F. Vogel, 'Introduction: How Can the United States and China Pursue Common Interests and Manage Differences?' in Ezra F. Vogel (ed.), *Living with China: U. S. /China Relations in the Twenty-First Century*, New York: W. W. Norton, 1997, pp. 30 – 1. See also Samuel R. Berger, 'Don't Antagonize China', *Washington Post*, 8 July 2001, p. B7.
④ Henry S. Rowen, 'Off-Center on the Middle Kingdom', *The National Interest*, No. 48, 1997, p. 104.

谢淑丽（Susan Shirk）预测，中国只能表现得"像一个小心翼翼、负责任的大国……有意识地规避可能打断经济增长和影响社会稳定的冲突"。① 《纽约时报》专栏作家托马斯·弗里德曼（Thomas Friedman）将这一现象戏谑地称为"冲突预防的戴尔理论"。这一理论的大意是：中国与其东亚邻居通过全球供应链的纽带日益紧密地联系在一起，这将有助于克服中国大陆与台湾地区以及中日之间的历史和地缘政治对抗。与一些既有的观点不同，弗里德曼认同并引用一位戴尔公司高级职员的话，认为这种供应链使得强大的日本和强大的中国之间的友好共存成为可能。②

其次，随着中国民主化的推进，中国更有可能在国际关系 37 中以一个和平的角色出现。按照戴蒙德的说法，"一个拥有更广泛民意基础的中国，将会是一个更加负责任的地区邻国和全球参与者"。③ 吉雷认为，中国推行"民主的外交政策"，将会成为"全球正义、和平和发展的新的有益推动力量"。④ 吉雷几乎认为一个民主的中国是实现地区稳定的万能药，他列出一串将会轻易消除的棘手国际问题，比如与美国的敏感关系、台湾僵局、中国南海争端、中印和中俄边界争端以及"藏独"和"疆独"问题。

此外，在中国外交政策研究领域，还有一派认为，中国通过社会化进程对多边国际机构、规范和机制的学习，能够进一

---

① Susan Shirk, *China: Fragile Superpower*, Oxford: Oxford University Press, 2007, p. 10.

② Thomas L. Friedman, *The World Is Flat: The Globalized World in the Twenty-First Century*, London: Penguin Books, 2006, p. 524.

③ Diamond, 'Forward', pp. ix - x.

④ Gilley, *China's Democratic Future*, p. 227.

步强化它自身的"全球承诺和责任"。^① 在一种广受欢迎的旨在
衡量中国对"当前国际经济和政治体系合法性的认可"程度的
研究尝试中，^② 学者们几乎调研了中国与国际制度之间关系的方
方面面，从中国与联合国的关系，到中国对国际贸易和投资机
制、安全和军控机制、环境保护机制、能源机制、通信机制和
人权机制的参与。^③ 一般来说，这些研究结论是令人鼓舞的。比

---

① Ann Kent, 'China's Participation in International Organizations', in Yongjin Zhang and Greg Austin (eds), *Power and Responsibility in Chinese Foreign Policy*, Canberra: Asia Pacific Press, 2001, p. 132; and David M. Lampton, 'A Growing China in a Shrinking World: Beijing and the Global Order', in Ezra F. Vogel (ed.), *Living with China: U. S. /China Relations in the Twenty-First Century*, New York: W. W. Norton, 1997, pp. 120 - 40.

② Harry Harding, *China's Second Revolution: Reform After Mao*, Sydney: Allen & Unwin, 1987, p. 243.

③ See, for example, Harold K. Jacobson and Michel Oksenberg, *China's Participation in the IMF, the World Bank, and GATT*, Ann Arbor, MI: University of Michigan Press, 1990; William R. Feeney, 'China's Relations with Multilateral Economic Institutions', in the Joint Economic Committee, Congress of the United States (ed.), *China's Economic Dilemmas in the 1990s: The Problems of Reforms, Modernization, and Interdependence*, Armonk, NY: M. E. Sharpe, 1992, pp. 795 - 816; Robinson and Shambaugh (eds), *Chinese Foreign Policy: Theory and Practice*; Yoichi Funabashi, Michel Oksenberg and Heinrich Weiss, *An Emerging China in a World of Interdependence*, New York: The Trilateral Commission, 1994; Ezra F. Vogel (ed.), *Living with China: U. S. /China Relations in the Twenty-First Century*, New York: W. W. Norton, 1997; David S. G. Goodman and Gerald Segal (eds), *China Rising: Nationalism and Interdependence*, London: Routledge, 1997; Ann Kent, 'China, International Organizations and Regimes: The ILO as a Case Study in Organizational Learning', *Pacific Affairs*, 70 (4), 1997/1998, pp. 517 - 32; Elizabeth Economy and Michel Oksenberg (eds), *China Joins the World: Progress and Prospects*, New York: Council on Foreign Relations Press, 1999; Alastair Iain Johnston and Paul Evans, 'China's Engagement with Multilateral Security Institutions', in Alastair Iain Johnston and Robert S. Ross (eds), *Engaging China: The Management of an Emerging Power*, London: Routledge, 1999, p. 235; （转下页注）

如，埃克诺米（Economy）和奥森伯格（Oksenberg）就坚信，总体上看"中国变得不再那么另类了。它的外交政策考量慢慢地变得和其他大国相像了"。因此，他们断言，中国已"重新投入到世界的怀抱"。[①]

一旦中国在国际舞台上能够以负责任的利益攸关方面貌出现，据信，中国就将会提供更多的经济和政治机遇。例如，中国申请加入世界贸易组织（WTO）时担任美中贸易委员会主任的罗伯特·卡帕（Robert A. Kapp）就曾说过，中国依据 WTO 条款对国内法律和商业的改革，将使中国成为美国"盘算开拓商业市场或扩大既有业务"的理想地方。[②]许多美国官员赞同卡

（接上页注③）Ann Kent, *China, the United Nations, and Human Rights: The Limits of Compliance*, Philadelphia, PA: University of Pennsylvania Press, 1999; Rosemary Foot, *Rights beyond Borders: The Global Community and the Struggle over Human Rights in China*, Oxford: Oxford University Press, 2000; David M. Lampton, *Same Bed, Different Dreams: Managing U. S. -China Relations, 1989 – 2000*, Berkeley, CA: University of California Press, 2001, Chapter 4; Ann Kent, 'China's Participation in International Organizations'; Gary Klintworth, 'China and Arms Control: A Learning Process', in Yongjin Zhang and Greg Austin (eds), *Power and Responsibility in Chinese Foreign Policy*, Canberra: Asia Pacific Press, 2001, pp. 219 – 49; Nicholas R. Lardy, *Integrating China into the Global Economy*, Washington, DC: Brookings Institution Press, 2002; and Stuart Harris, 'Globalisation and China's Diplomacy: Structure and Process', *Department of International Relations Working Paper No. 2002/9*, Canberra: Australian National University, December 2002, pp. 1 – 24.

①　Michel Oksenberg and Elizabeth Economy, 'Introduction: China Joins the World', in Elizabeth Economy and Michel Oksenberg (eds), *China Joins the World: Progress and Prospects*, New York: Council on Foreign Relations Press, 1999, pp. 29, 5.

②　Robert A. Kapp, 'The Matter of Business', in Carola McGiffert (ed.), *China in the American Political Imagination*, Washington, DC: The CSIS Press, 2003, p. 89.

帕的这一乐观看法。时任国务卿马德琳·奥尔布赖特（Madeleine Albright）在讨论是否准许中国加入这一全球多边贸易机制的时候，坚持认为，中国加入 WTO 将会给美国带来更多机遇以进入中国市场、扩大出口、减少贸易赤字和创造待遇优厚的工作的机会。[1] 与此类似，克林顿政府的国家安全顾问塞缪尔·伯格（Samuel Berger）指出，在中国融入全球一体化进程和其国内政治变革间存在着一种正反馈回路。他解释说，"就像北美自由贸易区（NAFTA）成员身份侵蚀了墨西哥一党制的经济基础一样，WTO 成员身份……对中国也会起同样的作用"。[2]

38　　　新自由制度主义和建构主义为这种对中国变为负责任的利益攸关方的乐观态度提供了理论支持。这两种理论都假定，不断增加的相互依存和一体化使得国家学习国际规范，并重新界定它们的国家利益和身份。不少人认为，中国就代表着这种认知学习的典型案例。例如，托马斯·罗宾逊（Thomas Robinson）通过对中国融入国际机制进程的考察，得出关于中国对相互依存认知变化的有意思结论。他指出，在二十世纪九十年代的大部分时间里，中国越来越喜欢这种相互依存，这激发了人们的希望，假以时日，中国最终将变得"全面相互依存"，"变得与其他发达国家拥有相同的国内结构（市场经济）和外交政策（和平与国际主义）"。[3] 在安全领域，江忆恩通过对中国社会化进程的系统研究，也发现了同样的变化趋势。1980 年至 2000 年间，"中国领导人在安全机制上展现了更加合作和克制的态度"。

---

[1]　Quoted in Mann, *The China Fantasy*, p. 84.

[2]　Quoted in ibid. , pp. 26 – 7.

[3]　Thomas W. Robinson, ' [In][ter]dependence in China's Post-Cold War Foreign Relations', in Samuel S. Kim (ed.), *China and the World: Chinese Foreign Policy Facing the New Millennium*, Boulder, CO: Westview, 1998, pp. 202 – 3, 193.

江忆恩认为，这种变化证明了国际机制的建构能力和中国外交决策者的认知学习能力。① 加之他对中国拥有自由主义倾向的中产阶级国际事务观的研究，他对中国未来成为一个负责任的利益攸关方持有积极的乐观态度。②

"我们都是熊猫对冲者"：双焦镜的纠结

本章简要介绍了"中国威胁论"范式和"中国机遇论"范式的主要观点和理论基础。作为结论，我需要强调三点。

第一，正如之前提到过的，这并不是西方关于中国研究的全面综述。它至多是近年来西方国际关系学界关于中国崛起的一个研究简介。如果将其与西方关于整个中国的研究等同起来，则是一种误解，这当然也不是作者的本意。

第二，我特别选出这两种范式，并不意味着我想把中国问题观察者划归到两个既有的思想或学术的狭小阵营中。有一些分析人士，或受立场分明的道德信条的影响，或受所谓永恒智慧的权力政治的左右，确实赞同一些鲜明的"中国威胁论"观点。同样，某些过分乐观的商界领袖则经常把中国等同于经济机遇。但是，总体上说，这些范式并非整齐地对应两个清晰界定的独特研究派别或者两种内部雷同的经典文献。"中国威胁论"

---

① Alastair Iain Johnston, *Social States*: *China in International Institutions*, *1980 – 2000*, Princeton, NJ: Princeton University Press, 2008, p. 197; Alastair Iain Johnston, 'Socialization in International Institutions: The ASEAN Way and International Relations Theory', in G. John Ikenberry and Michael Mastanduno (eds), *International Relations Theory and the Asia-Pacific*, New York: Columbia University Press, 2003, pp. 130 – 1.

② Alastair Iain Johnston, 'Chinese Middle Class Attitudes towards International Affairs: Nascent Liberalization?' *The China Quarterly*, 179 (1), 2004, pp. 603 – 28.

39 话语常常跨越保守右派和革新左派的政治分界，在诸如国防工业者和人权活动家之间形成共鸣。同样，"中国机遇论"范式也并非为特定人群所独有，而是由不同人群、不同政治信仰者所共有。

第三，因为这两种基本图景是解读中国崛起的两种不同认知框架，因此，它们常被视为相互竞争的范式，"从相同的角度观察同一个事物却看到不同的东西"。① 尽管如此，它们并非相互独立、互不兼容或不可比较的。正如理查德·伯恩斯坦所言，"在竞争性范式之间总是存在着一些重叠，比如在观点、概念、标准和问题方面。如果没有这些重叠，那么不同范式拥护者之间的理性论辩就是不可能的了"。② 实际上，在西方关于中国崛起的主流文献中，将这两种范式统合在一起的双焦镜式视角是其主要特征。

因为商界对中国经济崛起既畏惧又羡慕，因此他们明显地倾向于这种双焦镜式的看问题方式，这表现在贸易杂志和简报中充斥着关于"中国威胁"和"中国机遇"的分析报道。威廉·卡拉汉（William Callahan）记述了商业分析师和安全专家是如何运用这种双焦镜的，既将"日益庞大的中国"解读为中国帝国式扩张的威胁，又将其解读为新版本的资本主义乌托邦式的机遇。③ 有的时候，甚至同一个观察者同时宣扬这两种意象。美国有线新闻网的评论员兼主播卢·道布斯（Lou Dobbs）就是这样的例子。他是美国工作机会的坚定捍卫者，也是畅销

---

① Kuhn, *The Structure of Scientific Revolutions*, p. 150.

② Bernstein, *Beyond Objectivism and Relativism*, p. 85.

③ William A. Callahan, *Contingent States: Greater China and Transnational Relations*, Minneapolis, MN: University of Minnesota Press, 2004, Chapter 1, and p. 25. See also Kapp, 'The Matter of Business'.

书《出口美国》的作者，他猛烈抨击那些将生产基地迁到中国的美国公司。在他的眼里，中国是美国经济和工作安全的威胁来源。此外，作为一位投资咨询顾问，他又坦然地建议客户购买那些去中国（和印度）淘金的公司的股份。如此一来，道布斯眼中的中国既是经济威胁又是经济机遇。①

在学术圈，这种双焦镜式观察同样显而易见。正如上文提到的，江忆恩一方面在分析中国战略文化的时候，把中国视为威胁；可另一方面，他又认为通过社会化，中国的利益和身份具有可塑性。实际上，基于建构主义分析，他并没有认为这两者相互矛盾。威廉·克里斯托尔（William Kristol）和罗伯特·卡根也不认为既相信中国威胁又相信中国政体变革机遇是相互对立的。某种程度上说，这就像传教士拯救中国异教徒的热情是基于一种中国人是宗教罪人的信条一样，克里斯托尔和卡根对中国政治转型的急不可待不是尽管而正是因为他们对中国作为政治和军事威胁的恐惧。② 的确，尽管目前的大多数作品会更倾向于两派中的某一派观点，但是，已很难找到哪一部作品不是既把中国视为挑战，又视为机遇的。③

40

---

① Fishman, *China Inc.*, p. 257.

② William Kristol and Robert Kagan, 'Introduction: National Interest and Global Responsibility', in Robert Kagan and William Kristol (eds), *Present Dangers: Crisis and Opportunity in American Foreign and Defense Policy*, San Francisco, CA: Encounter Books, 2000, p. 20.

③ In the book *China: The Balance Sheet*, the authors made it clear that China represents 'both an opportunity and threat to the United States in economic and security terms'. Bergsten et al., *China: The Balance Sheet*, p. 155; See also Douglas H. Paal, 'China and the East Asian Security Environment: Complementarity and Competition', in Ezra F. Vogel (ed.), *Living with China: U. S./China Relations in the Twenty-First Century*, New York: W. W. Norton, 1997, p. 99; and Lampton, *Same Bed, Different Dreams*, pp. 160 - 2.

　　即便是通常来说喜欢清晰明确答案的政策制定者，他们似乎也在避免下非此即彼的结论。比方说，乔治·W. 布什在任早期将中国称为"战略竞争者"，但是后期他抛弃了这种论调，称与中国的关系"复杂"，中国不仅是潜在的威胁，还能够提供合作的机遇，比如关于"反恐战争"。以偏好接触中国著称的佐利克，也同样是矛盾的，这从他的"负责任的利益攸关方"演讲中就可以看出来。即便分析人士和政策制定者仍然不假思索地援引一些似乎对立的概念，如"接触"与"遏制"，或问二选一的问题，比如中国是以合作伙伴还是战略对手的身份崛起，但是，他们极少会得出单一视角的结论。① 从这个角度上说，中国研究学界比起二十多年前是取得了长足的进步，当时何汉理（Harry Harding）曾哀叹："我们似乎很难把中国看作一个复杂的社会，承认其中既有值得赞赏的东西，也有需要批判的东西。"②

　　这些看来高深精妙的中国研究不禁使人产生疑问，关于两种解读中国的范式的提法是否本来还有意义。它们会不会就是本书作者假想的稻草人？并非如此。在西方关于中国崛起的想象中，威胁和机遇的诸多组合正证明了这两大范式在表述中国的过程中起到的外部限制作用。正如刚才所述，它们合在一起就形成了一

① Nicholas Lardy, for one, once asked the question of 'The Economic Rise of China: Threat or Opportunity?' *Federal Reserve Bank of Cleveland Economic Commentary*, 1 August 2003; Vincent Cable and Peter Ferdinand, 'China As an Economic Giant: Threat or Opportunity?', *International Affairs*, 70 (2), 1994, pp. 243–61; Barbara Hackman Franklin, 'China Today: Evil Empire or Unprecedented Opportunity?' *Heritage Lecture*, No. 589, 20 May 1997, http://www. heritage. org/Research/AsiaandthePacific/HL589. cfm; Ted Galen Carpenter and James A. Dorn (eds), *China's Future: Constructive Partner or Emerging Threat?* Washington, D. C.: Cato Institute, 2000; and Herbert S. Yee (ed.), *China's Rise—Threat or Opportunity?* London: Routledge, 2011.

② Harding, 'From China, with Disdain', pp. 944–5, 952.

种认知中国的双焦镜视角，提供了一种具有持久生命力的模棱两可的分析框架。哈罗德·伊罗生（Harold Isaacs）在 1958 年出版的论述美国人对中国印象的经典著作中提出，提到中国，美国人心中会自然而然地浮现出两副挥之不去的面孔：卑劣的中国和可敬的中国。他敏锐地指出，"在我们与中国的漫长交往史上，这两副画面时隐时现，随着时间的推移，在人们的脑海中出出进进，但是，它们从未完全取代对方，而总是共生共存……"① 如今，这两副面孔可以轻易地由认知中国的两个范式取代，人们也就可以理解，现在的中国为什么一如既往地被用一种复杂矛盾的方式解读。提起矛盾的当代中国，不禁想起伊恩·布鲁莫（Ian Bremmer）所说的"熊猫对冲者"。② 当然，"熊猫拥抱者"和"屠龙者"将继续存在。但是，多数时候，这两种范式并不能像它们僵硬的名称那样截然割离开来。无论如何，这两种范式都是当代西方解读中国崛起的不可或缺的一部分。在特定的时期或在某一篇关于中国的文章中，某一种图景或许会被突出强调。但是，总体上看，西方关于中国崛起的表述中存在着这种经久不衰的模棱两可性，这将是下一章的论述重点。41

---

① Isaacs, *Scratches on Our Minds*, p. 64.

② Ian Bremmer, 'The Panda Hedgers', *New York Times*, 5 October 2005.

第三章
恐惧和幻想：西方自我与他者想象中的新殖民欲望

我们如何看待事物并不是根据事物自身是什么，而是根据我们自己是什么。

——犹太教法典

平静的生活需要可靠的信条。陌生的和异域的事物都是未经检视的，这些未知的事务就被认为是邪恶的，而邪恶的判定又激发出了敌意——安全欲求的循环往复。

——詹姆斯·德·代元（James Der Derian）①

大批美国人基于他们惯常的成见来透视中国，他们看到的并不是中国本身，而是通过一种魔幻的镜子，看到了他们自身的影子。

——赵文词（Richard Madsen）②

---

① James Der Derian, 'The Value of Security: Hobbes, Marx, Nietzsche, and Baudrillard', in Ronnie D. Lipschutz (ed.), *On Security*, New York: Columbia University Press, 1995, p. 34.

② Madsen, *China and the American Dream*, p. 117.

中国观察实为现代西方的一种自我想象

　　西方常常通过一种威胁—机遇的双焦镜来透视中国的崛起。本章中，我准备深入研究这两种范式，但并非按照它们自己的理论或经验标准，而是追问为什么这种双焦镜长期存在于中国观察之中，它又能告诉我们什么。乍一看，这两种范式似乎告诉了我们许多关于中国的东西：比如关于中国的经济崛起、诸多挑战以及其贸易、政治变革和全球性融入的潜能。对于许多人来说，这些精深的概念分析框架不仅捕捉到了中国这一崛起大国的复杂性和不确定性，而且它还为对冲中国战略提供了充分的理由。许多西方国家基于"威胁论"和"机遇论"范式，已经将对冲战略作为对中国政策的默认模式，从而取代了接触和遏制战略。①

　　当然，"威胁论"和"机遇论"范式并非全是误解或偏见。它们确实反映出某些事实，宽泛地说，即所谓"中国现实"。但是，这些表述告诉我们的不仅仅是中国的崛起，还包括西方自身的某些东西。事实上，它们揭示出的更多是后者，而非它们着力描摹的前者。当这些范式确实论及了有关中国的事情，那主要是关于中国的他者性，其主要用途又在于彰显一

---

① Hugh White, ‘Power Shift: Australia’s Future between Washington and Beijing’, *Quarterly Essay*, No. 39, 2010, p. 33. The neoconservative commentator John Tkacik Jr. wrote approvingly that ‘ “hedging” has become the watchword in China relations in Washington. It’s about time’. Quoted in Kang, *China Rising*, p. 190. Naazneen Barma et al. argue that hedging has now become ‘a Washington, DC mantra, with bipartisan support’. Naazneen Barma, Ely Ratner and Steven Weber, ‘A World Without the West’, *The National Interest*, No. 90, 2007, p. 23.

个特定的西方自我。由此一来，就像《爱丽丝梦游仙境》中的花神依靠"花与草"二分的方法来认识爱丽丝一样，这种中国"威胁论"和"机遇论"模棱两可的二分法，同样具有很大程度上的自传性。它们在中国研究中的主导地位与"中国是什么"关系不大，而主要反映出中国观察者置身其中的某些西方自我想象。

关于学术著作具有自传性的说法已不新鲜。乔纳斯·费边（Johannes Fabian）曾对人类学话语做过尖锐的批评，他说："客体的现状建构于描摹者的过去之上。这就是说，作为科学思想基石的真实性本身，其实是自传性的。"他解释说：

> 当说原始部落人冷漠迟钝的时候，其实相当于说，"我没有亲密接触他们，没有看到他们幸福、热情奔放或烦恼的样子"。当我们说"他们天生能歌善舞"，意味着"我们没有见到他们的成长、训练和学习"。如此等等。关于他者的所有论断，都是与观察者的经历密切相关的。①

因此，在一些看似平常无辜的关于他者的文字中，通常存在一些关于作者本身的潜台词。爱德华·萨义德（Edward Said）、阿希斯·南迪（Ashis Nandy）、詹姆斯·克利福德（James Clifford）和克利福德·格尔茨（Clifford Geertz）等人都曾指出，著作、艺术收藏或对其他社会的研究中的自传特性。格尔茨提出，"所有的民族志都只包含部分的真知，其余的绝大多数是自我供述"。一旦你知道了一个人类学家"自认为"是什么，那么，格

---

① Johannes Fabian, *Time and the Other: How Anthropology Makes Its Object* (2nd edn), New York: Columbia University Press, 2002, pp. 89, 91.

尔茨认为，"通常你就会知道，他会对其正在研究的部落说些什么话"。① 反过来说似乎也同样成立。"告诉我你害怕什么"，多米尼克·摩西（Dominique Moise）曾经写道，"那么我就会告诉你你是谁"。②

　　既然我们现在已经非常熟悉西方通常是如何表述中国的（这要归功于"中国崛起"文献），那么，我们就应该能够从这些对中国的观察中推测出西方如何认识自己。尽管其自称的客观性，西方对于中国崛起的研究其实本质上都是关于自我塑造。早在二十世纪五十年代，哈罗德·伊罗生就指出，"通过研究我们比如对中国和印度所持的印象，我们可以了解到关于中国人和印度人的很多东西，但是从中我们更多的还是了解了我们自己"。③ 最近，华志坚（Jeffrey N. Wasserstrom）也认为，投射在中国身上的种种积极和消极的幻想"更多地揭示出了我们自己的而不是太平洋彼岸人们的期盼和焦虑"。④ 如果真是这样，那么随之而来的问题（但是几乎没有被问及）是："中国威胁论"和"中国机遇论"范式是如何向我们揭示西方本身的？它们揭示了什么？那些"期盼和焦虑"具体是指什么？它们在中西之间的互动过程中重要吗？

　　简单说来，这些范式揭示出西方的一种"殖民欲望"，这是

44

---

① Geertz, *The Interpretation of Cultures*, p. 346. See also Said, *Covering Islam*, p. 132; James Clifford, *The Predicament of Culture*, Cambridge, MA: Harvard University Press, 1988, p. 229; Ashis Nandy, *The Intimate Enemy: Loss and Recovery of Self under Colonialism*, New Delhi: Oxford University Press, 1983, p. 80.

② Dominique Moïse, *The Geopolitics of Emotion: How Cultures of Fear, Humiliation and Hope are Reshaping the World*, London: Bodley Head, 2009, p. 92.

③ Isaacs, *Scratches on Our Minds*, p. 381.

④ Wasserstrom, *China's Brave New World*, p. xxiii.

霍米·巴巴和罗伯特·杨提出的一个名词。"中国威胁论"范式代表了西方恐惧的一面，而"中国机遇论"范式则展现出其幻想的具体一面。总体来说，它们对当今中国这种双焦镜式的描绘具体映射出西方在与其他者（不管曾被正式殖民与否）的不断接触中（新）殖民欲望里的长期恐惧和梦幻。因此，关于中国的模棱两可图景（既是威胁又是机遇）并不体现中国的特性，也基本上没有揭示其研究对象本身。

当然，这些范式的自传性（下文将做说明）很大程度上是间接的和无意识的。这些隐性的自传性信息主要是通过对中国这一他者的显性建构而表达出来的。尽管西方很少直接露面，但是，通过反推这一他者，我们就可以判定出西方是或者不是什么。

畏惧中国：西方/美国殖民欲望中的"中国威胁论"范式

至少几个世纪以来，西方一直在以不同的方式想象着自己，这个复杂的课题无疑值得另外进行专题研究。① 不过，我这里所指称的西方，是一个现代工程，其形象的最终原型是现代认知主体，而这一主体的主要特征是一种寻求确定性和真理的欲望。通过这一根本的自我理解，西方不但可以对自身充满确定性，还可以对客观可知的"外在"世界行使其理性和权威。查尔斯·威廉·梅恩斯（Charles William Maynes）提到，美国自从西

---

① See, for example, David Gress, *From Plato to NATO: The Idea of the West and Its Opponents*, New York: The Free Press, 1998; Jacinta O'Hagan, *Conceptions of the West in International Relations Thought: From Oswald Spengler to Edward Said*, Basingstoke: Macmillan, 2002.

奥多·罗斯福和伍德罗·威尔逊时代就开始确信："因为我们深得经邦济世之道，所以我们就有义务（如果说不同时是一种权利的话）领导其他人奔向更美好的未来。"① 从这个角度说，对真理和确定性的欲求在西方寻求身份和权力的过程中极其重要。自然界和外部世界中难免存在的不确定性和不可预知性就会对这一现代自我的身份和安全构成经常性威胁。作为确定性的情感替代品，恐惧可以为认知主体提供庇护。换句话说，"对于我们所不知道的东西，我们会恐惧"。② 通过恐惧，这个未知的世界至少变成了一种已知的未知（借用美国前国防部长唐纳德·拉姆斯菲尔德的话），或者说是一种消极意义上的确定性：他者、危险和威胁。按此理解的话，威胁并不是一个外在的客观实体，而是西方寻求绝对确定性和安全的必然产物。甚至克里斯托尔和卡根也坦陈，他们非常恐惧的"迫切危险"并"没有名字，在任何单个的战略对手那里也找不见踪影……当然，这种危险是我们自己的产物"。③

"中国威胁论"反映的是西方自我想象

把自己想象为现代认知主体就赋予了西方一种科学和道义权威。与此同时，它同样使其帝国扩张和战略主导的诉求正当化。欧盟关于"规范性权力"的自我定位，美国关于自己军事优势和全球领导的天赋权利，这些都可以以此视角来理解。的确，在新保守主义者看来，作为一个典范的西方国家，美国有权同时保有道德宣教和军事霸权。不过，一旦美国将其自身定

① Charles William Maynes, 'Contending Schools', *National Interest*, No. 63, 2001, p. 50.

② Gregory Clark, *In Fear of China*, Melbourne: Lansdowne Press, 1967, p. xi.

③ Kristol and Kagan, 'Introduction', p. 4.

位建立在"全球主导"和全球绝对安全之上，^① 在逻辑上它就必然会"遭遇"众多威胁。

　　中国威胁也正是这种遭遇和自我想象的产物。如果把美国在全球享有霸权、在亚洲保持主导作为美国自我身份定位一部分的话，那么，就会很"自然地"把中国的地区影响力视为威胁；岂有他哉？不过，中国构成的挑战首先是对美国扩张性的自我战略想象及其寻求确定性和连续性层面上的挑战。^② 亨廷顿曾指出："中国的霸权将削弱美国和西方（在那里）的影响力，迫使美国接受其曾极力避免的情形：世界上的一个核心地区被另一个大国所主导控制。"^③ 由于美国这一长期的自我构想，因此，可以不夸张地说中国威胁也大多是其想象的产物。令美国惊恐万分的所谓中国"珍珠链"战略，便是其中一例。此种说法认为，中国正雄心勃勃地沿着从东南亚到东部非洲的诸多战略要塞构筑一系列海军基地，但是，所谓的"珍珠链"战略并未见诸中国的军事文件中。相反，它却首先见诸美国国防部委托撰写的《亚洲能源的未来》的内部报告中，因此可以说它很大程度上来自美国的战略想象。^④

　　欧洲共同自我身份的构建主要并非依靠军事力量，在他们眼里，中国的威胁也不像美国战略设计者所认为的那样严重。

---

① Charles Krauthammer, 'Universal Dominion', in Owen Harries (ed.), *America's Purpose: New Visions of U. S. Foreign Policy*, San Francisco, CA: ICS Press, 1991, pp. 5 – 13.

② For a critical study of the construction of the China threat in the American self-imagination, see Pan, 'The "China Threat" in American Self-Imagination'.

③ Huntington, *The Clash of Civilizations and the Remaking of World Order*, p. 237.

④ Alex Vines, 'Mesmerised by Chinese String of Pearls Theory', *The World Today*, 68 (2), 2012, pp. 33 – 4.

2009 年卡根明确表达过他对欧洲漠视军事威胁扩散的不悦。虽然他没有明确指出自我身份定位在构建威胁过程中的核心作用，但是他正确地指出，美欧对于威胁的不同认知是因为它们对自身的身份定位不同。他写道：

> 如果当今欧洲的战略文化强调经济和贸易等软权力手段，而弱化硬权力和军事力量的价值，某种程度上这难道不是因为它经济上强大而军事上衰弱的缘故吗？美国人能较快地获悉威胁的存在，甚至在其他人未见端倪的时候，这是因为他们有能力为应对这些威胁构想出一些办法。[1]

当代的欧洲不再主要从军事的角度来定位自身，而是以作为一种规范力量或者公民力量，作为人权、民主和善政等普世价值的源泉而自豪。因此，中国的差异在它看来既存在着政治变革的机遇，又是对欧洲自我的终极确定性的一种意识形态挑战。当然，道德宣示并不是欧洲的独有特质，它也是美国自我想象的一部分。如此一来，美国一方面对中国的战略意图抱有恐惧，另一方面也对中国这一他者究竟是机遇还是威胁莫衷一是。从民主化和现代化的视角出发，美国总是能够"发现中国的缺失"或威胁性。唐耐心（Nancy Bernkopf Tucker）令人信服地指出："除非美国改变（其政治自我想象的道德标准），否则这一关于中国的结论将不会变化。"[2] 换句话说，对中国的恐惧与西方的特殊认知方式关系甚大，而与中国自身的特殊性关系并不大。即便存在所谓的中国威

---

[1]　Robert Kagan, *Of Paradise and Power: America and Europe in the New World Order*, New York: Vintage Books, 2004, pp. 3, 33.

[2]　Tucker, 'America First', p. 20.

胁，其威胁也主要在于对西方或者说美国所保有的殖民欲望的一种所谓心理上的"颠覆"，它颠覆的是这种殖民欲望所想象的世界应该怎样运行，历史应该怎样前进。①

难免有人会提出质疑，"中国威胁"的结论是基于现实主义的坚实基础而得出的，与西方如何定位自身并无关联。例如，按照米尔斯海默的观点，在国际无政府状态下，"一个国家永远无法确知另一个国家的意图"，② 因此不得不互相视为潜在的威胁。然而，我要指出的是，这种对于他者透明度无止境的要求，本身就是西方寻求确定性、安全和自我定位的一种暴露。同样的道理，现实主义者对于人性的第一印象其实与人性本身关系不大，而是与西方对人类社会科学真理的执着探求关系密切。西方对中国威胁的解释往往不经意间援引了这样的人性假定。正如麦克弗森（C. B. Macpherson）所言，对原初之人及人性的霍布斯式"发现"，并非关于人类本身的客观知识，而是对"资本主义市场社会"中西方现代人及其生存环境的有意或无意的自我展现。③ 鉴于在某种程度上"中国威胁论"范式一直以来都建立在对人与人争斗的霍布斯式恐惧之上，那么，将这一中国威胁表述视为对西方一些特定历史经历的映射，则最为恰当不过了。

在"中国威胁论"话语中有两种具体的观点能够说明这一点。第一种是被广为援引的所谓德国类比。美国前国防部副部

① Yu Bin, *East Asia: Geopolitique into the Twenty-first Century—A Chinese View*, Stanford, CA: Asia Pacific Research Center, Stanford University, June 1997, p. 9.

② John Mearsheimer, 'The False Promise of International Institutions', *International Security*, 19 (3), 1994/95, p. 10.

③ C. B. Macpherson, 'Introduction', in Thomas Hobbes, *Leviathan* (ed. C. B. Macpherson), Harmondsworth: Penguin Books, 1968, pp. 38 – 39.

长保罗·沃尔福威茨（Paul Wolfowitz）推动华盛顿的官员将中国定位成"战略竞争者"，[①] 并且通过将威廉德国与当今中国进行"明显而令人不安的对比"，从而强化了这种定位。尽管他概略地指出了两者的不同，但仍然坚持两者存在许多"共同点"。在一篇发表在《国家利益》上的颇具影响力的文章中，理查德·拜慈（Richard Betts）和柯庆生（Thomas Christensen）也表达了相近的观点：

> 就像一个世纪前的德国一样，中国是一个后发的崛起大国，崛起于一个秩序架构已由先崛起大国塑造完成的世界之中；它是一个被众多国家包围的大陆国家，而这些国家合起来强大，单个又很弱小（美国除外，或许日本也除外）；它是一个充满活力、雄心勃勃的国度，对其在国际等级秩序中的地位——就说国际威望和尊严吧——感到不满。它对于其理所当然的"阳光下地盘"的诉求将会……不可避免地与日本、俄罗斯、印度或美国增大摩擦。[②]

---

① Before George W. Bush's election as President, Wolfowitz testified before a US Senate Committee Hearing on Transfer of Satellite Technology to China that 'China is the process of becoming—albeit still quite slowly—probably the major strategic competitor and potential threat to the United States and its allies in the first half of the next century'. Paul Wolfowitz, 'Transfer of Missile Technology to China', *Congressional Testimony by Federal Document Clearing House*, 17 September 1998.

② Richard K. Betts and Thomas J. Christensen, 'China: Getting the Questions Right', *The National Interest*, No. 62, 2000/2001, p. 23. For the Germany analogy, see Arthur Waldron, 'Statement of Dr Arthur Waldron', House Armed Services Committee, 21 June 2000, http://armedservices. house. gov/testimony/106 thcongress/00 – 06 – 21waldron. html; Friedman, 'The Challenge of a Rising China: Another Germany?'; and Wolfowitz, 'Bridging Centuries—Fin de Siècle All Over Again'.

德国类比告诉我们的是，西方对中国威胁的认知，源于对自身历史梦魇再现的恐惧。它们对中国的恐惧，建立在一种妄想之上，认为欧洲的过去可能成为亚洲的未来。[①] 这主要不是基于中国的崛起或其不确定的意图，而是基于对西方历史经历普适性的自我确信。

美国类比也说明了类似的问题。卡根说："如果美国人想要理解当今中国的权力和意图，那么，他们可以从照镜子自视开始。"[②] 米尔斯海默正是这样做的。他把美国十九世纪和二十世纪的历史抽象为一种永恒不变的大国政治的"悲剧"，继而坚持认为中国也会毫不例外地遵循这一规律：

> 基于一种明智的战略，（中国）肯定会寻求地区霸权，就像美国十九世纪在西半球所做的那样。因此，我们可以预期，中国会建立强大的军事力量，试图控制日本、朝鲜及其他地区内国家，以至于没有其他国家胆敢挑战它。另外，它还会发展出中国版的"门罗宣言"，矛头直指美国。就像美国当年明确告知那些遥远的大国不要干涉西半球的事务一样，中国同样会明确告知美国，干涉亚洲事务是不可接受的。[③]

很明显，米尔斯海默对"中国威胁"的判定并非主要基于

48

---

① Aaron L. Friedberg, 'Will Europe's Past Be Asia's Future?', *Survival*, 42 (3), 2000, pp. 147 – 59.

② Robert Kagan, 'Ambition and Anxiety: America's Competition with China', in Gary J. Schmitt (ed.), *The Rise of China: Essays on the Future Competition*, New York: Encounter Books, 2009, p. 2.

③ Mearsheimer, *The Tragedy of Great Power Politics*, p. 401.

中国当前实际上做了些什么，而更多的是基于美国自身过去做了些什么。① 他反复关于中国的一些令人不安的"期待"，正反映了一种对中国他者性和正在凸显的共同性的多疑。归根到底，他的恐惧折射出殖民欲望对一个"东方他者"可能效法美国自身经历的一种顽固的矛盾心态。"中国威胁论"话语的这种自传性在许多"中国威胁"语汇（如"北京共识"和"中国内湖"）中都有明显的体现，这些语汇都直接来自于西方或美国的自身经历。难怪梅尔·格托夫（Mel Gurtov）在读 2005 年美国国防部关于中国军事威胁的报告时，发现具有讽刺意味的是，报告中对中国的评论实际上更像在描写美国的权力和意图，而不是在描写中国的。②

---

① The construction of threat through Western/American self-experience is not confined to the 'China threat' paradigm, but is also evident in the identification of terrorist threats. In a 1996 testimony on terrorism, CIA Director John Deutch insisted that international terrorists could easily mount attacks on the information infrastructure, use nuclear suitcase bombs, spread radiation and bacteria in public space, and poison urban water supplies. However, rarely, if ever, had those frightening scenarios actually taken place in the United States, and so the puzzle was: on what ground did Deutch come to know the existence of these threats? Explaining this anomaly, Lipschutz suggests that underlying these threat arguments is 'a not-so-subtle implication in Deutch's statement that the United States—perhaps through the National Security Agency—is itself capable of conducting information attacks, and has practised them. This, in turn, suggests self-induced fears generated by projecting U. S. national capabilities onto imagined others'. In other words, the 'terrorist threats' identified by Deutch are in large part a reflection of America's self-capacity and his fear that others might also acquire and use that capacity. See Ronnie D. Lipschutz, *After Authority: War, Peace, and Global Politics in the 21st Century*, New York: State University of New York Press, 2000, p. 47.

② Mel Gurtov, *Global Politics in the Human Interest* (5th edn), Boulder, CO: Lynne Rienner, 2007, p. 241.

当然，并不是只有美国将自身经历投射到对他者的理解中。正如澳大利亚文学评论家和殖民史学家所指出的那样，澳大利亚人对亚洲入侵者故事的痴迷，与其自身作为殖民者国家的意识密切相关，因为他们自己本来就是入侵者。澳大利亚对中国这一北方近邻的担心，常常会被放大和延续，他们害怕这个由欧洲入侵者建立的国家随后也会被亚洲或中国入侵者所占领。①因此，西方对中国的担心和恐惧，并非主要源于中国是什么或者中国做了什么，而是源于焦虑不安的西方自我，更准确地说，源于其自身在为别人制造焦虑和恐惧中所发挥的历史作用。"中国威胁论"范式或许在不经意间展现出对国际关系中相互回应逻辑的一种无以名状的恐惧：随着中国的崛起，开始出现一种危险，即中国可能效法"我们"之前对其他人所做的一切，而这次付出代价的将是"我们"。

"中国威胁论"范式中的西方自身建构

"中国威胁论"范式是一种话语建构，它与西方或美国的殖民欲望和历史经历紧密相关。这表明，在恐惧和现实主义政治逻辑外，西方和美国自我无法或者至少不愿意真正理解中国。如此一来，其对中国的种族中心主义表述便为西方提供了一种战略上的熟悉感和道义上的确定性，而这些又进而证明了西方的自我想象。

对外部"威胁"或他者的想象长期以来对自我身份的形成

---

① David Walker suggests that 'The invasion story was always there to say at least as much about "us" as about "them"'. Walker, *Anxious Nation*, p. 101. See also Catriona Ross, 'Prolonged Symptoms of Cultural Anxiety: The Persistence of Narratives of Asian Invasion within Multicultural Australia', *Journal of the Association for the Study of Australian Literature*, No. 5, 2006, p. 90.

和维持起着重要作用。① 按照迈克尔·哈尔特（Michael Hardt）和安东尼奥·内格里（Antonio Negri）所提出的"殖民主义者叙事"逻辑：他者的差异性，先是被推向极端，"然后可以被颠倒过来，用作为自我建构的基础。换句话说，被殖民他者的邪恶、野蛮和放荡，使得欧洲人自我塑造的善良、文明和得体的形象成为可能"。他们进而认为，"只有通过与被殖民者的对立，宗主国的人们才能真正成其为自身"。② 在美国立国的早期阶段，荒凉的未开垦之地令人惊悚的景象也发挥着类似的作用，它使得美国得以延续其"新世界神话"。就如詹姆斯·罗伯逊（James Robertson）所言："没有荒野，新世界无从谈起。假如我们要成为真正的美洲人（因此成为新世界及其命运的一部分），荒野不可或缺。这一象征对于我们的现实世界来说必不可少。"③

通过威胁、他者和荒野等话语建构自我身份的手法，或许在冷战时期的政治诗卷中达到了登峰造极的地步，冷战是"美国身份（再）塑造的重要时期"。④ 在此过程中，国际关系和外交政策话语发挥了核心作用。它们划定并巡视与他者之间的边界，以此确认并护卫一个统一的自我。正如大卫·坎贝尔所言，"因此，外交政策中对威胁的一再强调，并不会对国家的身份或存在构成威胁：相反它是后者得以可能的前提。尽管关注的对象因时而变，但是，认定这些对象为威胁的手法和排外思维却得以延续"。⑤ 因此，虽然冷战是西方或美国建构威胁的关键时

---

① See Neumann, *Uses of the Other*.

② Michael Hardt and Antonio Negri, *Empire*, Cambridge, MA: Harvard University Press, 2000, pp. 127 - 8.

③ James Oliver Robertson, *American Myth*, *American Reality*, New York: Hill & Wang, 1980, p. 124.

④ Campbell, *Writing Security*, p. 168.

⑤ Ibid. , p. 13.

期，但是，这样的话语实践并不只存在于冷战之中。① 如前文所述，它根植于对现代确定性的欲求，冷战思维不过是阴魂不散的现代殖民欲望的集中历史展现。

那么，构建他者的话语常规并没有随着冷战的结束而终止，也就不足为怪了。柏林墙的倒塌和"邪恶帝国"的崩溃只会产生更多的威胁需求。原因很简单，这些重大威胁的消弭将会对西方或美国的内部团结和统一构成威胁。如果没有了清晰可辨识的敌人，"也就没有了安全赖以为基的对象，没有了区分敌我的共同身份，没有了应该做什么的共识（如果曾经有的话）"。② 基于此，米尔斯海默非常准确地预测道："过不了多久，我们会怀念冷战的。"③

米尔斯海默的预测无疑适用于美国政府一些部门和机构，
50　尤其是对于五角大楼和中央情报局来说，它们的身份和机构稳定性依赖于与冷战中共产主义"他者"的斗争。假如"共产主义威胁"不复存在了，五角大楼就很难为它的巨额军费开支找到合理的理由，甚至可能对其存在的合理性提出质疑。更重要的是，如果历史真的终结了，没有对抗的对象了，那么，"作为世界上向善力量"的美国，其道德领导地位是否还有存在的必要呢？④ 用亨廷顿的话说："如果没有邪恶帝国在那里威胁着那些原则，对美国来说，究竟意味着什么呢，美国的国家

① Lionel M. Jensen and Timothy B. Weston (eds), *China's Transformations: Stories Behind the Headlines*, Lanham, MD: Rowman & Littlefield, 2007, pp. xxxiii.

② Lipschutz, *After Authority*, p. 45.

③ John J. Mearsheimer, 'Why We Will Soon Miss the Cold War', *Atlantic Monthly*, 266 (2), 1990, pp. 35 – 50.

④ Samuel P. Huntington, *Who Are We? America's Great Debate*, London: Free Press, 2004, p. xviii.

利益又会变成什么？"① "高度人为"建构的西方，还能否延续下去？② 更为糟糕的是，世界上的其他国家是否不再需要美国这个"不可或缺的国家"，挣脱其羁绊或者甚至反过来抱怨它的霸权？

在此背景下，持续激发威胁意识，对于西方来说就变得十分必要，这将有助于其解决"力量衰落、意志萎靡和在世界上的角色错乱"③ 等内部危险。因此，对于令人恐惧的他者的殖民欲望会持续存在，这一他者现在不仅是一种让人多疑的缘由，而且还令人暗中着迷。莫斯科一个智库的负责人格奥尔基·阿尔巴托夫（Georgi Arbatov）深知西方对敌人的这种矛盾态度，在柏林墙倒塌的前一年，面对美国观众，他说："我们将会做一件对你们产生严重后果的事情——我们将会拿走你们一个敌人。"④ 如果他的意思是，对于美国来说生活中没有一个帮助自己确定身份的敌人的话会很可怕，那么，他无疑是对的，但是，他也不过对了一半。对于美国来说，"敌人"之所以成为敌人，往往并不是由"敌人"自身决定的。如上文提到的，它主要是由基于现代美国自我想象的殖民欲望决定的。所以，"证明我们面临着威胁无疑是不必要的……只要我们感受到威胁就

① Samuel P. Huntington, 'The Erosion of American National Interests', *Foreign Affairs*, 76 (5), 1997, pp. 29 – 30.
② Robert W. Tucker and David C. Hendrickson, *The Imperial Temptation: The New World Order and America's Purpose*, New York: Council on Foreign Relations Press, 1992, pp. 2 – 3; Owen Harries, 'The Collapse of "the West"', *Foreign Affairs*, 72 (4), 1993, p. 42.
③ Kristol and Kagan, 'Introduction', p. 4.
④ Quoted in Charles E. Nathanson, 'The Social Construction of the Soviet Threat: A Study in the Politics of Representation', *Alternatives*, 13 (4), 1988, p. 443.

足够了"。① 这就是说，是不是敌人，这并不是由"敌人"所决定的。尽管苏联作为一个特定的威胁消失了，但是，西方或美国的自我想象依旧存在，恐惧作为"情感递补"依旧发挥作用，这使得他们总是渴望并能够找到下一个可以摧毁的恶魔。

结果，冷战后出现了大量新型威胁扩散的现象，从罗伯特·卡普兰著名的"即将到来的无政府状态"论断，到米尔斯海默的"回到未来"场景，再到亨廷顿的"文明冲突论"预测。② 冷战即将结束的时候，伊拉克威胁的出现一时间使得乔治·H. 布什得以在"正义与邪恶、正确与错误"的一系列问题上"豁然开朗"。③ 然而，对于许多忧虑的战略规划者来说，最能够展现美国是一个不可或缺国家的做法，是将中国认定为不可或缺的敌人。这一重量级威胁的"妙处"在于，无论是从战略层面，还是从道德层面，它都明显能够满足西方或美国自身的殖民欲望。

---

① Noam Chomsky, *The Chomsky Reader* (ed. James Peck), New York: Pantheon Books, 1987, p. 65 (emphasis added).

② See, for example, Robert D. Kaplan, 'The Coming Anarchy', *Atlantic Monthly*, 273 (2), 1994, pp. 44 – 76; John Mearsheimer, 'Back to the Future: Instability in Europe After the Cold War', *International Security*, 15 (1), 1991, pp. 5 – 56; and Thomas H. Henriksen, 'The Coming Great Powers Competition', *World Affairs*, 158 (2), 1995, pp. 63 – 9; Charles Krauthammer, 'Do We Really Need a New Enemy?' *Time*, 23 March 1992, p. 76. 'Bush Needs the Bad Guys', *Guardian Weekly*, March 15 – 21, 2001, p. 14. On the relationship between the construction of 'Other' and America's drive for building national missile defence system, see Tan See Seng, 'What Fear Hath Wrought: Missile Hysteria and the Writing of "America"', *Institute of Defence and Strategic Studies Working Paper* No. 28, Singapore: Nanyang Technological University, 2002, pp. 1 – 28.

③ Quoted in Siobhán McEvoy-Levy, *American Exceptionalism and US Foreign Policy: Public Diplomacy at the End of the Cold War*, New York: Palgrave, 2001, p. 80.

从战略上说，中国的超大规模对于华盛顿实施的昂贵战略 51
项目将是最为明显和便捷的理由。这一点甚至在冷战正酣、美
国的主要精力放在苏联身上的时候也没错。1967 年林登·约翰
逊总统命令国防部长罗伯特·麦克纳马拉筹建反弹道导弹系统。
麦克纳马拉个人反对这项计划，因为他觉得苏联略微扩大进攻
性导弹数量，就可以轻而易举地进行反制。但是，他并不能违
背总统的命令。他发表了一番演讲，列举了众多理由，说明为
什么这一计划不是个好主意，最后他得出的结论是，美国仍需
要建立这一系统，以便防御来自中国的进攻。之后国防部副部
长保罗·沃恩克（Paul Warnke）来到麦克纳马拉的办公室，问
道："你是说中国的进攻，部长先生？"麦克纳马拉轻描淡写地
答道："除此之外，我还能找到什么理由呢？"①

冷战的结束不过是进一步强化了中国作为不可或缺的威胁
角色。康明思（Bruce Cumings）指出，中国是一个最合适的
战略靶子，"（由于冷战的结束）五角大楼一度丧失了赖以存
在的基础，亟须一个令人信服的'体制外国家'的出现以赋
予其使命（伊斯兰国家太过于宽泛，而伊朗又缺乏足够的分
量），于是，中国成为庞大而昂贵的五角大楼潜在的主要对抗
对象"。② 只是在"9·11"事件爆发后，中国才暂时得以脱身，
因为当时总的来讲恐怖主义尤其是更加有形的"邪恶轴心"基
本具备相似的功能，它们可以为美国的自我身份定位和确定性

---

① This story is recounted in Chapter 3 of Fred Kaplan's book, *Daydream Believers*: *How a Few Grand Ideas Wrecked American Power*, Hoboken, NJ: John Wiley & Sons, 2008.

② Bruce Cumings, 'The World Shakes China', *The National Interest*, No. 43, 1996, p. 39.

提供保证。①

除了有助于维持军工复合体外，对于西方自我形象的生命力来说，"中国威胁"还具有道德和政治效用。中国的持续存在，既有利于显示西方自我标榜的"民主和平"形象，又有利于满足对美国领导地位和道德权威的需求。既然中国的存在提醒着我们"历史并未接近终结",② 那么，美国领导的西方就可以继续当"受压迫者"的道德领袖，为其摇旗呐喊。简而言之，中国的"道德挑战"为西方提供了弥足珍贵的话语场地，西方或美国自我形象的想象和建构得以继续和展现。

建构他者的"中国威胁论"

"中国威胁论"范式既对西方或美国的自我想象贡献颇多，也是一种对他者的构建。这主要并不是因为它把中国描绘成威胁，而是因为对中国的确定性知识的欲求，使得它否定中国的主体性，将一种固定不变的主体性强加给中国，或者将其主体性简化为一种单一的铁板一块的整体。否定、强加和简化中国的主体性，这些话语策略是他者化过程中的一些鲜明特点。

在许多常见的"中国威胁"论断中，这些"他者化"战略

---

① Compared to the shadowy Al Qaeda, Iraq seemed to offer more certainty and familiarity (as a target). And the decision over going to war in Iraq might have a lot to do with that feeling of certainty. As summarised by a Democratic Consultant: 'We can't invade al Qaeda. We can't occupy it. We can't even find it. Okay. Fine. But we do know where Baghdad is. We've got a map. We can find it on a map. And they've got oil and an evil guy. So let's go there'. Quoted in James Moore and Wayne Slater, *Bush's Brain: How Karl Rove Made George W. Bush Presidential*, New Jersey, NJ: John Wiley & Sons, 2003, p. 301.

② Steve Chan, 'Relating to China: Problematic Approaches and Feasible Emphases', *World Affairs*, 161 (4), 1999, p. 179.

是很容易被识别出来的。比如说，基于实力的论断显然忽略中国的关切和主体性，而只关注中国的物质实力，似乎中国作为一个国际行为体只要简化为考虑其防务开支和军事硬件就可以了。依照这一视角，中国的权力地位就成为理解其对外关系的唯一起点。它的实力——尤其是军事实力——就被用来借指中国本身。毫不奇怪，"评估中国未来总体军事实力"① 就成为有关中国争论的最重要话题之一。随之而来的问题有，"中国是个正在崛起的大国吗？如果是，那么究竟有多快？它将朝着哪个方向发展？"② 这些问题成为许多中国分析的标准开场白。费正清曾经说过："当我们在表述问题的时候，其实我们已经有答案了。"③ 如果把中国的军事实力作为思考的起点，那么，由此而得出"中国威胁论"也就不足为怪了。

专注于中国实力的叙事并非全然把中国的意图抛之脑后，但是，他们坚持认为，意图只是附属于实力。正如伯恩斯坦和玛诺所言，"中国是如此之大、如此之强，即便它不想把主导该地区作为国家政策，也早晚会主导该地区"。④ 基于对中国军事实力的评估，他们信心满满地声称，"中国是一个不满足的雄心勃勃的大国，其目标是主导亚洲……确保该地区的所有国家……在行动之前都能够首先顾及中国的利益"。⑤ 而对于中国声称的目标，他们不假思索地将其贬为官方宣传。按此说法，"中国的和平攻势只是策略性举动"，并不会改变其霸权图谋的

---

①　Christensen, 'Posing Problems without Catching Up', p. 5.

②　Gerald Segal, 'Understanding East Asian International Relations', *Review of International Studies*, 23 (4), 1997, p. 504.

③　Fairbank, *China Perceived*, p. 85.

④　Bernstein and Munro, *The Coming Conflict with China*, p. 53.

⑤　Ibid., pp. 4, 11.

真实本质。①

　　与基于实力的话语不同，基于意图的研究路径在审视中国崛起时，把中国的文明特质、战略文化及其他因素考虑在内。前文所简略提到的亨廷顿的《文明的冲突与世界秩序的重建》和江忆恩的《文化现实主义》，是这一研究路径的典型代表。抛弃了结构现实主义者几乎只关注军事实力的做法，亨廷顿的书涉及中国文明中的历史、理念、价值和习俗等因素。然而，他的文化分析视角所得出的结论，与实力分析视角的结论并无二53　致。他把文明视为本质不同的独立实体，认为中西之间的文化具有本质的、绝对的和相互独立的差异性。爱德华·弗里德曼（Edward Friedman）提出"真实的中国"是"家长制的、排外主义的和威权主义的"，亨廷顿以此为基础，描画出全然不同的"真实的"西方模样——由法治、社会多元主义和个人主义等"普世"价值组合而成的独特复合体。② 这样一来，中美之间的文化差异就变成一种固定的二分法：特殊性与普世性。既然亨廷顿认为"文明是一个最大的'我们'单元，人民可以身处其中以区别于外部'他们'"，那正如他所承认，如果动用这种文化身份，则就意味着去界定"一个国家在世界政治中的地位、它的朋友及敌人"。③ 所以，通过在自我与他者之间划出一条文化的"断层线"，亨廷顿的宏大理论只不过是一种比传统国家中心论对他者更加彻底的建构。在他的"文明冲突论"论述中，

① Bernstein and Munro, *The Coming Conflict with China*, p. 8. For an alternative account of China's goals, see Jia Qingguo, 'Economic Development, Political Stability, and International Respect', *Journal of International Affairs*, 49 (2), 1996, pp. 572 – 89.

② Huntington, *The Clash of Civilizations and the Remaking of World Order*, pp. 106, 68 – 72.

③ Ibid. , pp. 43, 125.

中华文明令人不安的特质不仅存在于中国本身，还存在于作为一个整体的所谓的东亚"儒家文化圈"（尽管他把日本排除了出去）。

在《文化现实主义》一书中，江忆恩同样抛开结构现实主义的窠臼，不再依照基于实力的视角来解释中国的战略行为。他通过深入研究"中国战略思想的经典著作"，并追问这一战略文化如何影响中国的外交政策，[①] 在许多方面，他的研究还是值得称道的，因为极少有西方学者愿意花这么大的篇幅去研究中国的意图。然而他的分析存在的问题是，他事先就预设了结论，即认为中国有一套单一的战略文化。[②] 尽管他的研究确实涉及了两种战略文化：孔孟范式的战略文化和备战范式的战略文化，但是，他把前者视为一种本质上属于理想型的战略文化，对于战略决策的影响只具有象征意义。[③] 所以，他认为本质上只存在一种单一的中国战略文化——备战范式的战略文化，这便成了中国战略文化的全部。

因此，尽管江忆恩从中国文化自身的角度来理解中国的意图的尝试有价值，但是，植根于西方自我想象中的对确定性的渴求依然在发挥着作用。这一渴求，此外还有其他因素，限定着他的战略文化论断必须"经验上可检验"。故此，江忆恩坚定地指明"战略文化的外延和内涵是什么，以及它不是什么"。[④] 因此，他提出了这样一个战略文化概念："有关战争在人类事物

---

① Johnston, *Cultural Realism*, p. xi.

② For a systematic deconstruction of this book, see Anthony A. Loh, 'Deconstructing Cultural Realism', in Wang Gungwu and Zheng Yongnian (eds), *China and the New International Order*, London: Routledge, 2008, pp. 281 – 92.

③ Johnston, *Cultural Realism*, p. 247.

④ Johnston, *Cultural Realism*, p. 30.

中角色的问题，与敌人冲突的性质，以及暴力在应对敌人过程中的功效。"① 当然，这些问题对于所有的战略文化研究都是密切相关的和重要的。但是，这产生了另一个问题：为什么战略文化只被简化为这些问题？他只关注"战争、冲突和暴力"的问题，而忽略其他的一些问题（如，和平、和解及仁义），后者也是与战略文化密切相关且为其一部分，这样做的结果是，他不是在进行客观的战略文化研究，而是在参与一项有选择性的简化式话语实践。通过这种限定，他将中国的战略文化简化为战略力量的运用，并且声称，强调仁义、王道和有关安全与和谐价值的孔孟范式"（与行为）并无关联"。② 更有甚者，他不惜把中国在明朝境内使用武力应对蒙古袭击当作中国现实主义进攻性的证据。③

结果，虽然他不断重申战略文化具有历史偶然性，它可以被扬弃，但是，他对明朝历史的阐释并没有给战略文化的偶然性留出多大余地。这给读者留下的印象是，现实主义思维是中国战略文化的本质特征。这恰恰就是中国问题专家孔华润（Warren Cohen）对中国战略文化的看法：

> 假如江忆恩对中国战略文化的分析是正确的——我确信是这样——那么，代际的变化并不能够保证中国成为一个友善的、彬彬有礼的国家，即便共产主义在中国最终消失了也不会。我们有充分的理由相信，21 世纪强大的中国很有可能具有进攻性和扩张性，因为在历史上中国一直是

---

① Johnston, *Cultural Realism*, p. 30.
② Ibid. , p. 253.
③ Ibid. , p. 216n1.

亚洲的主导力量。①

　　多半凭着江忆恩的研究，孔华润能够仅花"几分钟"时间就给来自新加坡的访客（其并不认为中国的外交政策那么具有"进攻性和扩张性"）就"中华帝国的历史"和"中国千年来对邻国的进犯"等话题上了一课。这一课终了，他建议访客去阅读江忆恩的《文化现实主义》。②

　　在"中国威胁论"范式中，另一种（或许更加赤裸裸的）他者化的策略既不分析中国的军事实力，也不分析中国的意图，而是遵循一种鲜明的二分法的演绎逻辑，以便满足西方或美国对绝对确定性和安全的渴求：对美国而言，要么中国能够保证绝对的和平，否则它就不得不被视为威胁。理查德·拜慈和柯庆生在上面提到的文章中正是基于这种逻辑：

　　　　如果人民解放军保持二流水平，世界是不是就应该松 55 口气了呢？未必如此……把中国拉入全球相互依存的网络中，也许能够更有利于和平而不是战争，但是，这并不能保证中国会因担心经济后果而终止对政治利益的执着追逐……美国在台湾海峡创制的稳定平衡，在某些情形下或许可以慑阻武力的使用，但并非在任何情况下都奏效。③

　　当然，他们这种对绝对确定性的无休止追问，是不可能

①　Warren I. Cohen, ' China's Strategic Culture ', *Atlantic Monthly*, 279（3）, 1997, p. 105.

②　Ibid., p. 103.

③　Betts and Christensen, ' China: Getting the Questions Right ', pp. 19, 22（emphases added）.

（他们也不指望）从中国那里得到肯定的答案的。最终，他们的结论只能是负面的确定性，即中国威胁。

> 即使中国不会成为像美国一样的军事大国，没有侵略意图，而是融入全球经济之中，政治上更加自由，中国仍然会造成严重的问题。同样的，即使中国缺乏攻克台湾的能力，美国也会在台湾问题上面临危险的冲突……这是由以下几个方面的因素决定的：地缘因素；美国依赖盟友投放力量；即使中国在技术和军事上输掉战争，它也有能力危及美军力量、美国地区盟友和美国本土。①

从这个角度说，中国的能力或意图并不真的重要；按照二分法的逻辑，中国的威胁是已经注定了的。因此，一些"中国威胁论"者正是基于而并非尽管中国当前的虚弱而论证对华遏制政策的合理性，在他们看来，这不存在讽刺，也不自相矛盾。比如，米尔斯海默 2001 年写道："中国的潜在实力离冲击地区霸权还有着很大的距离，所以，逆转这一进程和减缓中国的崛起，还为时不晚。"② 可以看出，中国威胁是西方或美国殖民欲望他者化策略的结果，无论中国的能力或意图如何，它都不可能逃脱这一定位。这一分析逻辑的优点也许在于分析的简洁性，但是，这些人没有意识到，这一逻辑可以应用于任何一个国家，包括美国。

简而言之，通过把中国描绘成一个统一的整体，无视其主

---

① Betts and Christensen, 'China: Getting the Questions Right', pp. 18, 28.
② John J. Mearsheimer, 'The Future of the American Pacifier', *Foreign Affairs*, 80 (5), 2001, p. 60.

体性，或强加于它一个单一的权力政治的主体性，"中国威胁论"范式由此成为一种对客体化他者的话语建构。作为一个他者和危险的客体，中国从一开始就缺乏西方那样的认知主体所具备的理性和主体性。中国也就没有资格拥有自己的安全关切，这就可以解释为什么"当前的争论热衷于中国作为一个安全问题，但无视中国自己的安全关切，两者之间严重失调"。① 即便允许中国有某些安全利益，但据说中国常常自己也不明白那些利益是什么。② 白鲁恂（Lucian Pye）曾经说过，中国是一个奇怪的国家，它的行为"在一些替中国着想的人看来，表现出不可理喻的自残倾向"。③ 也许正是在这个层面上体现出了"中国威胁论"最可怕的他者化效果。

作为西方和美国自我幻想的"中国机遇论"范式

对于"中国威胁论"的支持者来说，中国的差异性和在战略行为上（与西方的）潜在共性是恐惧的主要来源。但是，对

---

① Yongjin Zhang, 'China's Security Problematique: Critical Reflections', in Yongjin Zhang and Greg Austin (eds), *Power and Responsibility in Chinese Foreign Policy*, Canberra: Asia Pacific Press, 2001, p. 255.

② Another example is from John Derbyshire, who is proud that he got his education as a China-watcher from the old China hands of Hong Kong. As he writes, 'In fact, one of the more depressing things about China, if you are a person with a deep interest in the country and its history, is how little the Chinese themselves know. Any foreigner who makes an effort to do so can easily become better informed about recent Chinese history than the Chinese are'. John Derbyshire, 'China: A Reality Check', *National Review*, 17 September 2001, p. 42.

③ Lucian W. Pye, 'China: Erratic State, Frustrated Society', *Foreign Affairs*, 69 (4), 1990, p. 56.

于"中国机遇论"的支持者来说，中国的差异性为（新）殖民幻想提供了可能。如此一来，中国的崛起既被看作威胁，又被看作机遇。为了更全面地理解这一模棱两可的双焦镜式表述，下面我开始转向第二种范式。我将探讨"中国机遇论"是如何像"中国威胁论"一样，是西方自我想象的一个具体体现的。同时，我还会探讨"中国机遇论"形象是如何具有类似但更微妙的他者化效果的。

"机遇论"范式对中国的他者化

乍一听，"中国机遇论"范式似乎比"中国威胁论"范式更加积极正面。比如说，它并不认为中国有本质的不同或是威胁性的。尽管这一论调的一些支持者也担心中国的政体和其长期战略意图，不过，大多数人还是对中国人民和该国提供的诸多机遇持乐观态度的。诚如爱德华·弗里德曼所言，这种积极的表述实际上与"长久以来饱受非议的欧洲中心主义的'他者化'做法划清了界限，后者将世界分为良好的西方和糟糕的其他国家"。①

把好的西方与差的中国区分开来，可能确实是"他者化"的一个例证。然而，将中国描绘成机遇（对于西方来说），并不必然意味着对欧洲中心主义的背离。正如前文所述，西方对他者的建构并不在于其把其他国家视为威胁本身，而在于利用强加、简化和否认等话语手段来理解他者的主体性。从这个角度说，从"中国威胁论"到"中国机遇论"的范式转移并没有多少进步。

我们来审视一下这个例子：西方热情洋溢地把中国描绘成

---

① Friedman, *National Identity and Democratic Prospects in Socialist China*, pp. ix - x.

一座是由"十亿顾客"组成的现代金山。虽然看似是正确和无害的评估，但是，它将中国简化为一个巨大的非人化的市场，有着十亿无个性的消费者和易于操控的廉价劳动力。简而言之，中国不过是"美国商业和投资的市场"。① 中国地理、历史及国民性和主体性的多元性、丰富性变得无足轻重。西方对中国历史的唯一敏感性体现在其把中国的消费者从二十世纪三十年代的"四亿"更新为现在的"十亿"人左右。为了使中国被视为机遇，把中国简化为市场的他者化（客体化）做法，不是偶然的，而是必需的。不然的话，中国众多的人口则会激起恐惧。就像冷战设计师之一乔治·凯南1948年论及亚洲时说过的那样：

> 我们拥有世界上大约50%的财富，但是只有6.3%的人口。这种不平衡在我们与亚洲人民之间尤其突出……在这种情况下，我们不可避免地要成为嫉妒和怨恨的对象。未来我们的真正任务是规划出一种关系类型，既能使我们保持这种不平衡地位，又不会使我们的国家安全招致严重的损害。②

因此，把中国看作一个市场是一种必要的想象，以替代由庞大人口的"嫉妒和怨恨"所带来的迫近威胁。透过"机遇论"视角，中国可以仍然是一个有吸引力但温顺的他者，随时可以被探索和利用。举例来说，这种他者化倾向使得西方把中国进入世界贸易组织看作"几乎是只对促进（西方）进入中国

---

① Mann, *The China Fantasy*, p. 82.

② Quoted in James Peck, *Washington's China: The National Security World, the Cold War, and the Origins of Globalism*, Amherst, MA: University of Massachusetts Press, 2006, p. 71.

市场有利的事，而无关乎促进中国进入其他市场"。① 就像"中国威胁论"范式剥夺了中国自身安全关切的存在可能一样，对于"中国是个神话般市场"或"世界工厂"的强调，也主要是为了将中国设定为一个"我们可以以国家和个人名义自由方便进入"的国家。② 最初出自二十世纪六十年代兰德公司一位高级经济学家之口，这句话体现了长期存在性趋向的殖民欲望，这一欲望把殖民地社会变为一种易于进入的、女性化的物体。这种欲望清楚地体现在美国商界一位高层人士的关于中国机遇的言谈中："当我们谈论中国这一世界上最大的市场的时候，我们实际上是在谈论商业贸易的未来和我们时代最大的商业创新基地……它使我感到兴奋勃起！我也想让你们感受到这种兴奋！"③

　　在这种经济与性交织在一起的幻想中，中国可能被认为是令人着迷和喜爱的，不过这种喜爱有个前提：中国人应继续作为匿名的消费者或像机器一样的劳工。下面是一家美国在华工厂的美国经理对中国打工者的评价，非常说明问题，他说："他们很年轻，动作又麻利。这里就没有像在美国那种'我要去接孩子'的废话。"④ 对中国年轻工人（常常是女性）的这种赞扬，以及大体来说对中国经济机遇的欢呼，都不是对中国主体性的肯定，而表达了对他们所具有的可轻易操纵和剥削价值的一种潜伏的殖民迷恋。美中贸易委员会主席罗伯特·卡帕否认"美国公司把中国视为有着十三亿消费者、就像等待被收获的熟

①　Bhagwati, 'Why China Is a Paper Tiger', p. 23.

②　Quoted in Chomsky, *The Chomsky Reader*, p. 79.

③　Ethan Gutmann, *Losing the New China*：*A Story of American Commerce*, *Desire*, *and Betrayal*, San Francisco, CA：Encounter Books, 2004, p. 145（emphasis in original）.

④　James Fallows, 'China Makes, the World Takes', *Atlantic Monthly*, 300（1）, 2007, p. 58.

透的桃子一样"，① 他说这话的时候，并非表示西方商界人士一
点都不应该怀有这样的殖民欲望，他只是督促他们由于巨大风
险的存在也应该"小心行事"。

这种"他者化"实践也体现在全球融入话语中。表面看来，
这种话语似乎拒绝把中国视为只具有威胁性的他者。它认识到
中国是"我们"中潜在的一部分，邀请中国作为一个负责任的
利益攸关方，"与我们一道，维持国际体系"。② 但是，这里依
然可以明显看到这种否认中国与西方同处一个历史阶段的对中
国他者性的假设。③ 比如说，奥森伯格和埃克诺米声称"中国已
经重新融入了世界"，这句话的潜在含义是说，在此之前，中国
并不是世界的一部分。对于他们来说，二十世纪七十年代之前
的中国确实是一个怪异的他者，"当时的八亿中国人似乎生活在
另一个星球"。④

对于其他的观察者来说，尽管中国有融入世界的潜在可能，
但中国依旧是一个外在的他者。有研究指出，中国要以一个负
责任的国家融入世界，必须做出重大的改变，从权威型治理形
式转型为更加民主的治理形式。按照国际社会会员资质的新标
准，即以人权和民主为基石的新文明标准，他们认为，即便中
国有可能实现转型，那也"充满风险"和"具有挑战性"。然
而，除非实现这样的转型，否则"中国在众多重要的方面还是

---

① Kapp, 'The Matter of Business', p. 89.

② Zoellick, 'Whither China? From Membership to Responsibility?'

③ In the context of anthropology, Johannes Fabian defines the 'denial of coeval-
ness' as 'a persistent and systematic tendency to place the referent (s) of anthropol-
ogy in a Time other than the present of the producer of anthropological discourse'.
Fabian, Time and the Other, p. 31 (emphasis in original).

④ Oksenberg and Economy, 'Introduction: China Joins the World', p. 5.

处于全球社会之外"。① 因此，将中国描绘成机遇或融入全球的
"进展中工程"，其实从一开始都是建立在把中国视为他者的观
念的前提之上的。② 假如说不是因为中国的他者性，很可能它就
不被看作政治"机遇"了。

对于"中国的民主未来"的"机遇论"话语，也是同样的
道理。比如，有两位专家搞了一个调查，考察中国人的政治行
为和态度，最终抛出一组"首次科学有效的全国样本调查"的
数据，基于此，他们得出结论：

> 有种理论认为，中国的政治文化完全是中国民主化的
> 阻碍，不过，从我们的数据中无法得出支持这一理论的结
> 论。虽然与世界上大多数稳定、历史悠久的民主国家的居
> 民相比，中国人在我们所考察的变量中得分较低，但是，
> 还没有低到足以支持民主不可实现的结论。按照一般理论，
> 越是城市化和教育程度高的人，越是倾向于支持民主化，
> 由此衍生出一种发端于现代化理论的预期：随着经济的增
> 长，中国的文化将会变得日益具有典型民主国家的特征。③

尽管作者将中国及中国文化与"大多数稳定、历史悠久的
民主国家"（默认为西方）用同一标准相比较，但是不难看出，
他们隐含地将西方与中国他者分开看待的二元假设。他们声称

① Rosemary Foot, 'China and the Idea of a Responsible State', in Yongjin Zhang and Greg Austin (eds), *Power and Responsibility in Chinese Foreign Policy*, Canberra: Asia Pacific Press, 2001, p. 42.
② Patrick E. Tyler, *A Great Wall: Six Presidents and China: An Investigative History*, New York: Century Foundation Book, 2000, p. 422; Johnston, *Social States*, p. xxiv.
③ Nathan and Shi, 'Cultural Requisites for Democracy in China', p. 116.

中国人在"科学有效"的调查中比历史悠久的民主国家居民"得分较低"，且中国将最终能够"日益"向"我们"靠拢，如此一来，他们无疑是在说，尽管中国未来有潜在的可能，但是，目前仍然在政治发展格局中处于劣等，因此还并不完全是"我们"中的一员。

当然，这种"中国的民主未来"的话语叙事看起来用意是好的，可能旨在反对"东方专制主义"那种陈旧的殖民主义偏见，后者绝望地认为中国文化是停滞的和不可变更的。尽管如此，这种话语仍旧没有脱离他者化话语实践的窠臼，不过其方式更加微妙和不明显而已。借鉴托多洛夫（Todorov）对拉斯·卡萨斯（Las Casas）的批判也许有助于说明这一问题。在西班牙征服美洲殖民地时期，拉斯·卡萨斯对美洲印第安人表示了同情。他是十六世纪西班牙历史学家和多米尼加主教，他强烈地反对将土著印第安人当作劣等或不平等的族群。他捍卫他们的权利，强调他们与基督徒本质上的相似性。但是，托多洛夫认为，拉斯·卡萨斯对印第安人的平等主义表述，不过是建构印第安人"他者"的另一种方法。因为从拉斯·卡萨斯的作品中，"我们得不到关于印第安人的任何知识。如果说优越感带来的偏见是获取真知的障碍这一点是毋庸置疑的话，那么，我们也必须承认，平等观念的偏见是一个更大的障碍，因为它只用己方的'自我想象'（或自身）来简单地界定另一方"。① 虽然在拉斯·卡萨斯对印第安人的话语建构与"中国的民主未来"的当代话语建构之间并不能直接画上等号，不过，托多洛夫对于前者的批评同样也是适用于后者的。假如说认为中国无力发展或变革是一种种族中心主义观点的话，那么，认为中国只能

---

① Todorov, *The Conquest of America*, p. 165.

变为某种特定的主体性——像"我们"一样的主体性，这同样是一种种族中心主义。如果前者代表了过去的殖民主义偏见，认为中国是一个停滞不变的他者，需要外部的刺激推动，那么，后者不过是这一幻想的另一面罢了。不管哪一种，"欧洲中心主义的他者化"远远没有像弗里德曼所声称的那样是已经没有市场了。

作为西方自我想象的"中国机遇论"

"中国威胁论"和"中国机遇论"都涉及对中国这一他者的建构，不过两者"他者化"的策略有所不同。在"威胁论"范式中，自我与他者的二分是沿着空间轴线展开的。在"机遇论"范式中，中国这一他者是通过线性的时间坐标展现出来的，它通常被等同于传统、过去、历史、落后、过时、不成熟或进展中工程。这些时间维度上的词汇听起来很正常，也没有贬义，但是，当与一系列二元对立的词汇联系起来的时候，它们的意义就显现出来，如传统与现代、落后与进步、过去与未来、"任性的少年"与"成熟的成年人"。① 每一组后面的词汇表达了对西方自身的一种自恋式想象。像"威胁"话语一样，"中国机遇论"范式也是具有表演性和自传性的。

下面以一段典型的西方人中国旅行日志为例，来说明这一问题：

世界上还有哪个民族（比中国人）更应该得到成功，应该看到并亲身体验我们西方人所习以为常的繁荣和自由

---

① Michael Mandelbaum, 'Westernizing Russia and China', *Foreign Affairs*, 76 (3), 1997, p. 93.

吗？我认为没有……目前，尽管有诸多不完美的地方，许多中国人正第一次开始品尝到某些进步的味道。①

　　作者声称中国人开始"第一次"品尝"我们"西方人所"习以为常"的进步和自由，这再明显不过地在西方自身与中国他者之间做出了泾渭分明的时间维度上的二分。

　　过去几个世纪以来，不同的"中国机遇论"话语传递了不同的西方自身的信息。"神话般的中国市场"是一种最早的"中国机遇论"想象，它与当时中国的现实并不相符，当时中国闭关锁国，并没有多少兴趣与欧洲进行贸易往来。就像常被谈及的兰开夏工厂的例子所表明的那样，所谓的中国市场不过是西方自我想象的一个镜像，他们把中国想象为形成中的资本主义中心。这反映了西方追求工业利润和新市场的资本主义和殖民主义欲望。同样，十八世纪和十九世纪美国商人对中国装饰品的"痴迷"，更多的是与当时流行的把物质文化带回家的社会风气紧密相关，这种风气确信"可以通过商业利益来变出一个梦幻的世界"。如一位学者所言，美国人那时对中国物品的痴迷"向我们揭示出的不但是中国，也同样是我们自身"。②

　　中西交往的早期，西方的自我想象还表现在宗教问题上，他们把中国想象成"希望之地"。总体来看，这一印象是西方和美国在宗教问题上自我想象的一个缩影。印第安纳州参议员艾

---

① Rob Gifford, *China Road: A Journey into the Future of a Rising Power*, New York: Random House, 2007, p. 295.

② Jonathan Goldstein, 'Cantonese Artefacts, Chinoiserie, and Early American Idealization of China', in Jonathan Goldstein, Jerry Israel and Hilary Conroy (eds), *America Views China: American Images of China Then and Now*, Bethlehem, PA: Lehigh University Press, 1991, p. 51.

伯特·贝弗里奇（Albert J. Beveridge）同时也是一位多产的历
史学家，他把美国视为上帝"选出来将在世界的再生过程中最
终起领导作用的国家"。① 内布拉斯加州的共和党参议员肯尼
斯·维利（Kenneth Wherry）则认为，"在上帝的帮助下"，美国
能够"将上海不断提升、再提升，直到它就像堪萨斯州一
样"。② 如果这可以信以为真的话，那么想象一下美国将是一个
多么神奇的地方啊。即使在当时，许多传教士也非常懂得中国
他者性（作为异教徒）的价值在于可以作为西方自命不凡的一
个对比。一个名叫丁韪良（William Alexander Parsons Martin）的
年轻美国传教士的反思即是很好的一个例子。经过漫长的航行，
他于 1850 年（第一次鸦片战争 8 年之后）到达了中国的广州。
在一本后来出版的记录他第一次直接接触中国的书中，他写道：

> 当我们靠近海岸线的时候，迎接我们的是狂躁不安的
> 倒彩声，他们喊着番鬼！番鬼！杀头！杀头！我陷入了沉
> 思："这就是自诩天朝上国的中国吗？这就是我为之离开故
> 土的人民吗？"但是，我又想了想，假如他们不是异教徒，
> 我为什么还要来呢？③

在丁氏看来，中国的他者性，作为殖民主义模棱两可的典
型，同时表现为威胁和机遇，这种机遇可以给它带来一种自我

---

① Quoted in J. Rogers Hollingsworth, *Nation and State Building in America*: *Comparative Historical Perspectives*, Boston, MA: Little, Brown, 1971, p. 2.

② Warren I. Cohen, *America's Response to China*: *A History of Sino-American Relations* (4th edn), New York: Columbia University Press, 2000, p. 179.

③ Quoted in Jonathan D. Spence, *To Change China*: *Western Advisers in China 1620 – 1960*, London: Penguin Books, 1980, p. 130.

确定感和道德目标。

　　当前，宗教在西方的集体自我想象中不再处于突出的地位，取而代之的是民主、自由和人权等一些世俗价值。不出意料，当代的"中国机遇论"话语也随之转变。过去是讲中国的基督教未来，现在是讲中国的民主未来。比如，在西方媒体和知识分子圈子里，都把"八九年政治风波"描述成追求民主的运动。考虑到西方对即将到来的"历史的终结"的期盼，"八九政治风波"似乎不大可能还有其他的解释视角。尽管实际上对西方自由民主的向往仅仅是这一事件背后的因素之一，且无疑不是最主要的因素。抗议者在天安门广场前树立的所谓的"自由与民主女神"像，实际上"主要是模仿社会主义的现实主义雕塑范本，跟纽约港的女神像仅有些许相似"。① 为什么西方对中国的民主化和公民社会这么关注呢？社会学家和中国问题专家乔纳森·安格（Jonathan Unger）解释说，那是因为"这正好暗合了我们大多数人的政治期待。我们想在中国看到一个不断组织起来的社会和一个力量慢慢削弱了的压迫型政府"。② 这是西方的欲求转化为中国知识的一个很有力的例证！

　　同样的道理，认为互联网正在改变中国的想法，也与中国的现实相去甚远（想想 2010 年的谷歌争端吧），这更多的也是西方自身对互联网迷恋的折射。比尔·克林顿在谈论中国加入世界贸易组织后的影响时曾经做过预测，认为中国将不仅是

---

① Harry Harding, *A Fragile Relationship：The United States and China since 1972*, Washington, DC：Brookings Institution, 1992, pp. 240 – 1.

② Jonathan Unger, 'Recent Trends in Modern China Studies in the English-language World：An Editor's Perspective', in Lucien Bianco et al. , *The Development of Contemporary China Studies*, Tokyo：Centre for East Asian Cultural Studies for UNESCO, 1994, p. 183.

"我们的产品"前所未有的市场，还将促进"经济自由"。他让听众试想，一旦中国加入世界贸易组织，互联网将会多么深刻地改变中国。他如此乐观的主要原因还在于他以美国自身的经历为特定的模板。"我们知道互联网是多么深刻地改变了美国，并且我们已经成为一个开放的社会"，克林顿兴高采烈地说。①

詹姆斯·曼将这种"中国机遇"和"接触"论调称为"中国幻想"，但是，更准确地说，应该将其称为西方或美国的自我幻想。西方在考察他者的时候，总是以自身为样板，从他者身上找出可以佐证自身相似性和普适性的特点。"中国机遇论"范式如同"中国威胁论"范式一样，表明西方观察者无力超越用自身经历和欲望来看待中国。一开始为了探寻一个不同的世界即中国，然而中国机遇论这一范式自始至终很少偏离西方自我解读的轨道。说来说去，它的一个主要功能就是强化西方的自我印象。

西方这一概念本身既不是铁板一块，也缺乏本体论上的稳定性，它因此需要以某种自我想象为存在的基础，除此之外几乎没有其他依靠。但是，这种想象的存在本来就靠不住，所以仅仅依靠自说自画很难得以有效地展现或延续。因此它就需要找出并维持一个（想象的）他者。这一他者常常是西方自我想象的虚幻镜像，通过这种间接的他者化想象和话语，至少可以避免令人生疑的同义反复的发生，不会出现"用想象定义想象"的情况。② 也就是说，西方可以利用他者的差异来定义自身。比如说，江忆

---

①　Quoted in Doug Guthrie, *China and Globalization: The Social, Economic and Political Transformation* (2nd edn), London: Routledge, 2008, p. 286.

②　Roland Barthes, *Mythologies* (trans. Annette Lavers), St Albans: Paladin, 1973, p. 152.

恩声称美国接触中国将产生积极的结果，将使中国变成一个负责任的、合作的、透明的、敏感的、更加稳重、成熟和现代的国家，他真实的意思是说，这些理想的特征其实都已经是美国所具备的了。但是，直截了当地这样说往往显得太生硬，且效果不佳。①

欧洲对中国机遇论的认知也起着类似的作用。欧洲国家积极地接触中国，希望把中国机遇转变为事实，它们意图以此向自己和外界展现，它们这一整体作为一种规范性力量，不只是流于口头上，还落实到实践中。卡拉汉认为，欧盟接触中国并"提高在中国的知名度"，其主要目标是"使其全球重要行为体角色合法化"，并"协助欧盟的工作，把欧洲打造为一种'公民力量'"。②

因此，"中国机遇论"范式并不单单涉及中国，同时还是 63 西方安抚自我的一种表演性的话语招数。从一开始，中国的"他者性"对于西方来说就是一种机遇；它时刻提醒着这是西方所已经超越的东西。所有令人兴奋的所谓中国机遇（诸如基督化、民主化和承担国际责任）都可以看作"我们"已经实现和完成了的，因此完全有资格去输出的东西。欧洲委员会在对欧中"部门对话"进行评估的时候，毫不避讳地谈到了这一点：

> 中国目前所面临的环境、国内市场和竞争等挑战，正

---

① Johnston, *Social States*, p. xxiii. See also Johnston and Evans, 'China's Engagement with Multilateral Security Institutions', pp. 255, 257.

② William A. Callahan, 'Future Imperfect: The European Union's Encounter with China (and the United States)', *Journal of Strategic Studies*, 30 (4), 2007, pp. 779, 784.

是欧洲许多年以前就开始处理的问题。欧盟表示愿意与中国分享这些经验。中国也表示出对在这些领域利用"欧盟模式"成功实践的兴趣。①

从这个角度说,"中国机遇论"叙事对西方自我发现的精神之旅至关重要。知道中国是什么,有助于回答"我们代表什么"的问题。

重要的是,这种自我发现之旅并非仅仅是智识上的游戏,它还常常与保护西方战略利益紧密联系在一起。例如,"我们代表什么"的问题并非首先由书斋里的知识分子在研讨会上提出,而是由艾奇逊的远东顾问雷蒙德·福斯迪克(Raymond Fosdick)在冷战中提出的。当时福斯迪克对于美国基本负面的反共运动("我们反对共产主义")中的缺陷感到不满,因为在对抗苏联和"共产主义的号召力"时,无论是在军事还是意识形态斗争上,这种运动都显得不够。② 按照广告理事会总裁瑞普利厄(T. S. Repplier)的说法,为了安抚西方阵营,美国必须"为世界竖起一面针锋相对的、令人鼓舞的大旗……一种足以能够激发人们想象力的道德理念"。③ 克里斯蒂娜·克莱因(Christina Klein)指出,结果便是全球一体化构想的诞生,它设想出一个"门户开放"、"共同纽带"和深化"合作"的世界。与"全球遏制想象"中的"恐惧和消极逻辑"相反,这种积极的"动人的情感结构"既满足了"美国人的情感需要",也迎合了美国成

---

① The European Commission, 'The Sectoral Dialogues between the EU and China-an Overview', Policy Dialogues Support Facility, n. d. , http://www. eu-chinapdsf. org/ english/Column. asp? ColumnId = 5.

② Klein, *Cold War Orientalism*, p. 38.

③ Quoted in ibid. , p. 38.

为全球领导性大国的地缘政治野心。①

理查德·尼克松 1972 年对中国的访问，是这种全球一体化构想的典型战略实践。主要归功于这次历史性的访问，一度被"谁失去了中国"争论和继之而来的冷战阴霾掩盖的中国机遇想象马上复活重新流行起来，并揭开了当代西方对中国崛起不断幻想的一页。毕竟，尼克松的访问使得美国人对于中国的迷思再一次燃起，看来这个国家最终还是抵不过美国的价值和影响。 64
这种迷思反过来又进一步"维系了（美国人）自我认知的迷思"。② 按照赵文词的说法，尼克松对中国的外交破冰，不仅有对抗苏联的地缘政治价值，还有助于阻止随着美国在越南战争中的溃败所带来的令人担忧的信誉和道德权威的滑落。他认为，"至少在这个占世界上五分之一人口的国度，障碍在被清除，大门正在打开"。③ 当时一位美国记者约瑟夫·克拉夫特（Joseph Kraft）投书《华盛顿邮报》，犀利地指出："中国一直是美国舆论中一个自恋的焦点，是其搔首弄姿自我欣赏的契机。"④

这种自我欣赏是幻想政治学和国家自我想象的必要组成部分。为了使社会拧成一团，自然需要一些"共同语汇和预期"告诉人们"为什么一切都会变好"。⑤ 沃尔特·李普曼（Walter Lippman）在近一个世纪前写道："真正的政治家不会把他的人民当作理性的动物……成功的政治家——无论是好的还是坏的——

---

① Klein, *Cold War Orientalism*, pp. 38 – 9, 41 – 2.

② Madsen, *China and the American Dream*, p. 80.

③ Ibid. , p. 87.

④ Quoted in ibid. , p. 80.

⑤ Richard Rorty, *Contingency*, *Irony*, *and Solidarity*, Cambridge: Cambridge U-niversity Press, 1989, p. 86.

都是利用人的意志、希望、需求和理想来左右他们。"① 借助于希望和幻想，即便在恐惧和自我怀疑的时期，西方对自身的确定都能得以延续。因此，这就容易理解，在令人惊骇的"9·11"事件之后，美国领导人呼吁国民继续过正常的生活，坚信一个他们最基本的日常幻想：消费主义和其明显的界定美国拥护什么、恐怖分子反对什么的象征主义。假如没有这种幻想，那么，很大程度上建立在想象之上的偶然性西方自我，很可能不得不直面其错综复杂的过去和多种族的现在，此外还可能走向一种巴尔干式分崩离析的未来。迈克尔·奥森伯格正确地指出："如果剥夺美国人对他们的价值可以超越多元文化差异的自信，他们恐怕还在因各自独立的过去而继续保持分裂的状态。"②

多年来西方自我想象的政治已经发展出一整套精彩纷呈的幻想曲目，不过，对中国转型的幻想是"我们"意象中最具吸引力和最持久的幻想。与其他幻想相比，中国似乎为西方自我想象的困境提供了超值的解药。半个世纪之前邹谠（Tang Tsou）说过："美国人总是念念不忘这样一个令人振奋的想法，即一个巨大文明古国步美国的后尘而转型为一个现代、民主、基督化的国家。"③ 显然，这种中国情结的原因在于："如果我们连中国这样的古老且文化迥异的国家都能赢得，那么，还有谁我们

① Quoted in Stephen Duncombe, *Dream: Re-imagining Progressive Politics in an Age of Fantasy*, New York: The New Press, 2007, p. 36.

② Michel Oksenberg, 'Taiwan, Tibet, and Hong Kong in Sino-American Relations', in Ezra F. Vogel (ed.), *Living with China: U. S. /China Relations in the Twenty-First Century*, New York: W. W. Norton, 1997, p. 59.

③ Tang Tsou, *America's Failure in China*, Berkeley, CA: University of California Press, 1963, p. 5.

战胜不了呢?"① 难怪中国机遇的幻想事关重大，回报更高。中
国不仅可以为"西方试图找到'民主病'的解决办法"提供　65
"一个新的动力源",② 还可以是检验西方体制普适性、真实性
和生命力的终极试金石。

　　总之，"中国威胁论"范式和"中国机遇论"范式都不是
关于中国的客观表述，而是对中国这一他者的话语建构和对西
方的自传式表述。它们反映了当代西方为了维持自身的存续，
不得不找到一个阿基米德式的确定性支点，以满足其对确定性
的渴求。一方面，西方对这一支点的不确定性或岌岌可危的焦
虑就常常体现在对中国作为威胁的恐惧中。另一方面，他们对
其历史确定性和自身经验的普适性的信心又造就了"中国机遇
论"幻想。这些恐惧和幻想（华志坚称之为"我们自己的期盼和
焦虑"）根源于西方的殖民欲望对于被殖民他者的暧昧不定。因
此，西方对中国这种双焦镜式的表述，宽泛地讲，如同西方关于
亚洲的话语一样，告诉我们的更多是关于西方自身的东西——它
的自我想象，分裂、焦虑的主体性及其他者化的话语后果。③

---

① Michael H. Hunt, 'Chinese Foreign Relations in Historical Perspective', in
　Harry Harding (ed.), *China's Foreign Relations in the* 1980*s*, New Haven,
　CT: Yale University Press, 1984, pp. 40 - 1.
② Gilley, *China's Democratic Future*, p. xvi.
③ Ling, *Postcolonial International Relations*, p. 119.

第四章
"中国威胁论"与恐惧政治经济学

叙事并不仅仅是被用来是否重现真实事件发展过程的中立的话语形式,而是需要涉及本体论和认识论的选择,这些选择带有鲜明意识形态甚至特定政治意义。

——海登·怀特(Hayden White)[1]

我们流行找出年度最佳敌人。中国很大,在地图上很明显,又是黄种人,所以说这背后还有种族主义的因素在,它恰恰满足了一种强迫性精神状态。我猜中国这个敌人会持续几年,因为中国大到足以为延续这种痴狂。

——布热津斯基[2]

---

[1] Hayden White, *The Content of the Form*: *Narrative Discourse and Historical Representation*, Baltimore, MD: Johns Hopkins University Press, 1987, p. ix.

[2] Quoted in Steven Erlanger, 'Searching for an Enemy and Finding China', *New York Times*, 6 April 1997, p. 4.

权力/知识与恐惧政治学

"中国威胁论"和"中国机遇论"这两种范式的活力来自西方及美国的新殖民欲望。这种对自我及他者的建构，本质并不仅仅是话语性的，还有着政治和战略后果。它们并非与权力隔绝，而是为权力服务，并经由权力而再生，这是通过恐惧和幻想的政治经济学形式实现的。第四章至第七章将探讨这两种范式中的知识、欲望和权力是如何互动的。

目前学者倾向于把西方对中国的表述只看作是知识，然后再从经验角度比照所谓的中国"客观事实"对这一知识进行检验。根据它们是否符合中国事实，学者们把它们称为"真知"、"误读"或介于两者之间的东西。但是这种以经验为依据的方法漏掉了重要一环。它忽略了在权力关系中中国知识所扮演的角色。因此，需要对这两种范式中权力与知识的关系进行认真的审视。本章和下一章将探讨"中国威胁论"范式与恐惧政治经济学及政治实践的关系。第六章和第七章将探讨"中国机遇论"范式。

为了更好地理解"中国威胁论"范式中权力、知识和欲望的运作机理，我们需要认识到，这种范式本身就是一种特定的欲望形式——恐惧，不过它被伪装成确定的知识。一般认为，恐惧几乎是所有动物的生物本能，它们既能感知恐惧，也切切实实经历过恐惧。不过，至少在人类社会语境下，恐惧不仅是一种自然的生物反应，还是一种社会文化学的现象。这是因为，在现代社会中，大多数恐惧并不是由真实的物理接触直接引起的，而是经由常常被制度化了的知识资源（如图片、符号、比喻，当然首选是话语）而塑造、调节、维持和强化的。有时候，这些知识资源被称为"关键危险代码"，在"告诫人们什么可怕和人们日常的切身感受之间"起着"一层异常坚实的调节作用"。①

在一项关于传媒中恐惧政治学的研究中，戴维·阿什德（David Altheide）认为，恐惧"并不仅仅出于不确定性、缺乏沟通或缺乏对生活的控制感而产生或出现"，很大程度上，它是通过"大众媒体和流行文化等娱乐形式"生成或再生的。我们只有把握住恐惧的文化底色这一面，才能更好地理解，为什么一个人的恐惧感常常并不与其恐惧的对象直接相连或对应。② 事实上恰恰相反。比如，阿什德指出一个矛盾的现象："（西方）民众普遍认为风险和威胁无处不在，我们并不安全，未来是灰暗的"，但实际上，西方社会中的大多数人"比起历史上任何人来说，都更安定、更健康，活得更长，也更安全"。③

在一个安定与健康的社会中，为什么会产生、传播这种匪夷所思的"多余的"恐惧呢？迈克尔·夏皮罗（Michael Shapiro）指出，政治生活中大众参与水平的提高并没有带来相应的人们对日常生活中所面临的安全与危险认知能力的增加。④ 就像越来越多的超市商品不再由本地制造一样，同样的道理，恐惧

① Michael J. Shapiro, *Reading the Postmodern Polity: Political Theory as Textual Practice*, Minneapolis, MN: University of Minnesota Press, 1992, pp. 123, 127.

② Barry Buzan writes that 'the subjective feeling of safety or confidence has no necessary connections with actually being safe or right'. Barry Buzan, *People, States and Fear: An Agenda for International Security Studies in the Post-Cold War Era* (2nd edn), Hemel Hempstead: Harvester Wheatsheaf, 1991, p. 36.

③ David L. Altheide, *Creating Fear: News and the Construction of Crisis*, New York: Aldine de Gruyter, 2002, pp. 41–2.

④ Shapiro, *Reading the Postmodern Polity*, p. 125.

这种"商品"也越来越多地从他处转包而来,由各种安全、情报、健康和环境专家生产和包装成知识而产生。就像消费者为了商业广告所带来的种种幻想,而宁愿将金钱拱手付给商家一样,恐惧的消费者也将其权力让给惑乱人心的专家和政治领导人,以换取所许诺的确定感和安全感。反过来,借由这些危险和威胁知识,这些专家和政客将获得相应的信任、权力和让他人如其所愿行事的能力。如此一来,毫无疑问,只要是能够有效地利用恐惧并不断制造恐惧的知识,都将很适合为权力服务并督促纪律的落实。

难怪在当今政治中总少不了制造恐惧和威胁的话语。在澳大利亚近期的联邦选举竞选活动中,没有哪次能够缺少恐惧政治学,不管是有关"船民"、恐怖主义、劳工权益还是利率问题。当然,恐惧并不总是政治和社会生活中不受欢迎的东西。摩西认为,"一定的恐惧对防范过分自负的危险不可缺少。在一个危险的自然世界里,恐惧是一种生存的动力"。[1] 但是,当恐惧被系统地置于政治之中时,我们有必要追问,这种恐惧政治为谁的利益服务,这种恐惧是如何产生的,又出于何种目的。

应该在这种大背景下来理解"中国威胁论"范式。这一范式折射出来的并不是对"外在"威胁的既有恐惧感,而是一种话语场,从中首先构建出恐惧,然后浮现出一种特定形式的恐惧政治经济学。本章将聚焦美国,考察中国威胁知识,通过给日常对中国的恐惧赋予客观可信性,是如何服务于权力精英的政治和经济利益的,与此同时,又是如何被这些利益所塑造的。

---

[1] Moïse, *The Geopolitics of Emotion*, p. 92.

"中国威胁论" 与美国的恐惧政治经济学

千百年来，恐惧政治经济学在治国理政中发挥着举足轻重的作用。罗马皇帝卡利古拉（Caligula）曾经说过："只要他们恐惧，就让他们恨去吧。"马基雅维里在《君主论》一书中告诫道："如果恐惧和爱戴不能兼得，被恐惧比被爱戴好得多。"[①]因此，罗伯特·希格斯（Robert Higgs）提出恐惧是所有政府权力的基础："如果没有民众的恐惧，任何一个政府都不可能存活24小时之上。"[②] 国家一方面依靠一些传统的可见的恐怖手段，如军队、警察、法律系统和监狱，另一方面也诉诸一些更隐蔽的手段：对恐惧的话语生产。国际关系领域里可恐惧的对象好像俯拾皆是，于是成为这种恐惧知识滋生的沃土。法国政治哲学家让·博丹（Jean Bodin）指出："如果一个国家想要抵御煽动、叛乱和内战以保全自身，最好的办法是找到一个他们共同对抗的敌人。"[③] 类似的，亚当·斯密在《国富论》一书中提到政府如何利用国民对安全的焦虑而诱使其国民同意征收新的税赋，因为在一般情况下他们可能对新税种怨声载道。[④] 这就是恐惧在政治经济中的功用，尤其是当它伪装成科学知识的时候。

在此背景下，对中国威胁的恐惧通常成为美国总统选举和国会中期选举中不断浮现出来的话题。2010 年中期选举中，在

① Niccolò Machiavelli, *The Prince* (trans. George Bull), London: Penguin Books, 1995, p. 52.

② Robert Higgs, 'Fear: The Foundation of Every Government's Power', *Independent Review*, 10 (3), 2006, pp. 447 – 66.

③ Quoted in Kenneth N. Waltz, *Man, the State, and War*, New York: Columbia University Press, 1959, p. 81.

④ Adam Smith, quoted in Higgs, 'Fear', p. 461.

《纽约时报》的同一版块，一周之内就刊发了至少 29 位两党候选人的广告，指责对手对中国太过软弱，言外之意是说，中国才是当前美国经济困境的罪魁祸首。① 两党都有兴趣把中国作为打击政治对手的大棒（在 2012 年总统选举中被证明非常有效），这表明在美国政治圈中，中国威胁对美国恐惧政治学的重要性是两党为数不多的共识。

在 1992 年总统选举中，时为候选人的比尔·克林顿发起了激烈的外交选战，名曰抵抗"从巴格达到北京的独裁者"。1992 年在纽约召开的民主党全国大会上，"八九政治风波"中的两名中国学生"领袖"的到来，不仅可以警醒人们注意共产主义中国的威胁，更重要的还是党派政治斗争的有力工具，以使自身区别于另一候选人——时任总统乔治·H. 布什。② 为了提高连任胜算，布什总统也不甘向他的民主党对手示弱，他利用了大众对中国的另外一种恐惧——大陆对台湾的军事威胁。在大陆对台湾新生民主构成威胁的话语背景下，布什总统在沃思堡的一次选战中，面对通用电力公司工人宣布，美国将向台湾出售价值约为 60 亿美元的 150 架 F‑16 战斗机。用时任国防部国际安全事务助理李洁明（James Lilley）的话说，向台湾出售 F‑16 战斗机作为一种向"中国威胁"示强的做法可以抵消布什"纵容共产主义独裁者"的形象，③ 希望以此来赢得更多的选票。

二十世纪九十年代克林顿接掌白宫之后，利用中国进行党派斗争的活动并没有减弱，不过这一次，轮到保守的共和党人

---

①　David W. Chen, 'China Emerges as a Scapegoat in Campaign Ads', *New York Times*, 9 October 2010, p. 1.

②　James Mann, *About Face: A History of America's Curious Relationship with China, from Nixon to Clinton*, New York: Vintage Books, 2000, pp. 260–4.

③　Ibid., p. 266.

攻击克林顿"对中国太软弱"了，他们把华府称为"熊猫拥抱者"。耸人听闻的《鼠年：比尔·克林顿总统是如何牺牲国家安全换取人民币的》一书作者之一威廉·曲波莱特（William Triplett II），即是一个典型的例子。他曾经是参议院对外关系委员会共和党的高级顾问，他从不怀疑中国威胁在华盛顿权力斗争中的重要价值。他认为，"揭发中国的恶行，与挫伤和羞辱那些试图增进美中关系的人，可以看作一枚硬币的两面"。①

尽管由于"9·11"事件，美国的恐惧政治经济学转向了恐怖主义，但在2008年的总统选举中，我们仍旧看到了美国对中国威胁的重新关注。2008年4月在俄亥俄州的初选中，在匹兹堡的一个贸易论坛上，希拉里·克林顿说："如今中国的钢铁到了我们这里来，而我们的工作到了他们那里去。我们按规则行事，而他们操纵货币。我们得到的回报却是被污染的鱼、铅超标的玩具和有毒的宠物粮。"② 她这种"我们/他们"的二分法无疑是精心设计的脚本，以在她的主要听众——蓝领工人中获得共鸣。她对中国的抨击是如此露骨，以致她的一位外交顾问理查德·鲍姆辞职以示抗议，指出她"选择旁门左道来争取我们党的总统提名"。③ 但是走在这"旁门左道"上的远不止她一个人。另

---

① James Mann, *About Face: A History of America's Curious Relationship with China, from Nixon to Clinton*, p. 242. For discussion on the partisan influence on US China policy, see Robert Sutter, 'The U. S. Congress: Personal, Partisan, Political', in Ramon H. Myers, Michel C. Oksenberg, and David Shambaugh (eds), *Making China Policy: Lessons from the Bush and Clinton Administrations*, Lanham, MD: Roman & Littlefield, 2001, pp. 79 – 111.

② Hillary Clinton Foreign Policy Speech (audio file), 25 February 2008, http://www. prx. org/pieces/24241.

③ Lisa Lerer, 'Clinton Adviser Quits Over China Rhetoric', *Politico*, 19 April 2008, http://www. politico. com/news/stories/0408/9719. html.

一位民主党竞选人（后来的总统）巴拉克·奥巴马基本上使用同样的伎俩。在选举中，他一直宣称的都是"希望"，但是当提到中国的时候，他却玩弄起恐惧政治学，指责中国"全面低估人民币价值"，不公平地"向我们倾销商品"，并侵犯知识产权。①

并不是说这些指控毫无道理。而是说，与其帮助寻找有效的解决办法，这些往往在选战中叫得最响的指控是在一种恐惧的氛围中勾勒出来的，目的是为谋求自我利益和短期政治优势服务。在这种背景下，美国劳工运动同这些政治名人们是一丘之貉。这一运动是由贸易官员、工人和左派知识分子组成的强大联合，他们长期利用中国作为靶子来招徕人心，对抗大企业，因为后者常常以关闭生产线并迁往海外（常常是中国）来威胁工会组织。为在反全球化劳工运动中占据道德高地，他们指责大企业向北京独裁者叩头、牺牲人权和道德原则来赚取大额商业利益。美国劳工组织发起运动反对美国给予中国永久正常贸易伙伴关系地位，黄绍基（Kent Wong）和伊莱恩·伯纳德（Elaine Bernard）对此进行了精当的评论，有关中国的争论"成为对劳工影响国会的能力的一个测验，并建立一个考验政治家的标准"。他们对中国加入世界贸易组织的反对被视为"劳工反对全球化威胁和不公平贸易规则的象征"。②

大企业也利用中国的竞争说事，借以约束国内的企业雇员、向地方政府施压要求其推出更多的优惠政策及赢得商业合同。2005 年，美国石油巨头雪佛龙与中国海洋石油总公司同时竞购 71

---

① Associated French Press, 'Clinton, Obama Fire New Economic Jabs at China', 14 April 2008, http://www. channelnewsasia. com/stories/afp _ world/view/ 341518/1/. html.

② Kent Wong and Elaine Bernard, 'Rethinking the China Campaign', *New Labor Forum*, No. 7, 2000, http://www. hrichina. org/crf/article/4805.

美国石油公司尤尼科。雪佛龙的一群游说人积极行动，不辞辛劳地阻止中海油的收购，声称中国收购具有固有的风险。鉴于中国威胁论的图景，这一说辞很容易得到国会山的共鸣。雪佛龙总部所在地加利福尼亚区的代表理查德·庞勃（Richard Pombo），时为众议院人力资源委员会主席，他要求立即重新审议中国的竞购，同时在众议院联名提出草案，声称中海油的接手"将威胁美国的国家安全"。① 中海油不仅要与商业对手竞争，还要应对美国复杂的恐惧政治氛围，很快就败下阵来。一个星期之后，尤尼科并入雪佛龙。尽管雪佛龙的现金和股票出价只有 7 亿美元，低于中海油的现金出价，但是前者对美国政治操作的熟稔，远远弥补了竞标出价的不足。从 2002 年至 2005 年的三年间，雪佛龙向华盛顿的议员们"敬献"了 10 万美元的竞选资金。据负责任政治中心的数据统计，庞勃一个人就获得了 13500 美元。②

与雪佛龙和庞勃把中国看作经济威胁不同，前众议院拨款委员会主席、宾夕法尼亚州议员约翰·穆尔沙（John Murtha）则把中国视为军事威胁。两者虽然视角不同，但把中国视为威胁而在本选区中为自己的政治利益服务则是相同的。为了讨好本地区的选民，穆尔沙尝试通过引进大型防务承包商和众多宠爱项目来促进本地区的经济发展。多亏了引进的防务项目，本地的业务逐步由组装个人电脑显示屏、电路板转变成美国大型工业网络中的一环，可以从雷神、诺斯洛普·格鲁门和 L - 3 通

---

① Keith Bradsher, 'Senators' China Trip Highlights Their Differences on Currency', *New York Times*, 26 March 2006; Jonathan Weisman, 'In Washington, Chevron Works to Scuttle Chinese Bid', *Washington Post*, 16 July 2005, p. D1.

② Agencies/FT, 'US Lawmakers Meddle in CNOOC's Unocal Bid', *China Daily*, 6 July 2005. http://www.chinadaily.com.cn/english/doc/2005 - 07/06/content_457677.htm.

信等这类大型公司获得利润丰厚的订单。随着本地工厂开始为布拉德利战车和无人飞机组装导弹器件、炸弹检测机器人和导航电路,① 穆尔沙的政治前途也便与美国防务工业的财务状况表紧密地交织在一起了。他的一番话很能说明问题,针对吉姆·莱勒(Jim Lehrer)的新闻时间项目,他沮丧地感叹,"我们今年只买四五艘军舰"。② 认识到对阿富汗和伊拉克的恐怖组织(如基地组织)和小股叛乱分子的打击并不能带来大宗防务订单后,这位民主党议员改变了立场,放弃了对伊拉克战争的原有支持,开始琢磨中国是否才是"即将到来"的真正威胁。如今他声称,伊拉克问题弄不好会挤占可用于"确保我们军事全球主导地位的项目"的资源。③ 所以在他看来,中国威胁更是一个 72 有利可图的恐惧源泉,这一威胁可以使资源流到那些对其政治前途和所在地区有利的项目中去。

同样的道理,自我利益促使乔·利伯曼(Joe Lieberman)参议员抛出所谓"世界上新麻烦制造者扩散"的威胁,而所谓的"新麻烦制作者"当然包含中国。2006 年 4 月,在参议院军备服务委员会召开的海上大国小组委员会听证会上,他说:"如果我们不尽快推动每年制造两艘潜艇,我们就会面临被中国甩在后面的严重危险。"表面上看来,他对中国挑战的关注,是由于担心中国对美国"国家安全和经济稳定"以及其世界潜艇之都威望的影响,不过仔细审视会发现,乔·利伯曼担心的其实主要是弗吉尼亚级潜艇的命运。潜艇每艘造价 25 亿美元,是由

① Tomas Kellner, 'Open for Business', *Forbes*, 6 September 2004. http://www.forbes.com/forbes/2004/0906/106_print.html.
② Joe Klein, 'Think Twice about a Pullout', *Time*, 20 November 2005, http://www.time.com/time/columnist/klein/article/0,9565,1132784,00.html.
③ Ibid.

其家乡康涅狄格州的通用下属的电动船公司制造的。他担忧的
是假如建造新潜艇的步子跟不上，不仅潜艇设计者和工程师会
被解雇，他的竞选支持者——防务工业的福利也会遭殃，更不
用说他自己的席位了。①

美国军事凯恩斯主义和军工复合体
中的"中国综合征"

　　由此可以看出，美国对中国恐惧中的政治经济学，有一种
鲜明的军事主义色彩。查默斯·约翰逊（Chalmers Johnson）将
其称为美国式的"军事凯恩斯主义"。该词由波兰流亡经济学家
米哈尔·卡莱斯基（Michal Kalecki）首次使用，用以表述纳粹
德国从大萧条中的经济复苏，意指政府通过军事开支来人为地
刺激经济需求。② 借由军事凯恩斯主义，人们可以在战时经济中
获得稳定的工作，有了这些满意的投票，议员们就可以轻而易举
地（一再）当选。在议员们的帮助下，军事和防务承包商也可以
继续享有政治影响力和可观的经济利益。与此同时，最高统帅可
以积聚前所未有的巨大权力和权威。一旦军事凯恩斯主义形成气
候，一个国家安全至上的国度的出现往往就不再遥远了。政治科
学家哈罗德·拉斯韦尔（Harold Lasswell）将这种现象称为"兵营
国家"，"在这种社会中，暴力专家是最有权势的一群人"。③

---

①　Robert Scheer, 'Indefensible Spending', *Los Angeles Times*, 1 June 2008.

②　Chalmers Johnson, *Nemesis: The Last Days of the American Republic*, Melbourne: Scribe Publications, 2006, pp. 273, 138.

③　Quoted in Alex Roland, 'The Military-Industrial Complex: Lobby and Trope', in Andrew J. Bacevich (ed.), *The Long War: A New History of U.S. National Security Policy Since World War II*, New York: Columbia University Press, 2007, p. 339.

　　具体到美国，这种最有权势的群体叫作军工复合体。此称谓由艾森豪威尔总统命名，他认为军工复合体由以下部分组成："想要在其地域建立新防务基地的国会议员；坐落在洛杉矶、丹佛或巴尔的摩想要更多飞机订单的公司；相关的服务；渴望检验其最新观点的科学家群体。"① 当1961年艾森豪威尔在离别演说中最初提出这一问题时，他大概没有想到，四十年之后，甚至白宫也成了这一强大复合体中有影响力的一部分，白宫的主人为了竞选捐助和创造就业岗位越来越依赖于这些防务承包者了。2001年，众议院军备服务委员会的六个最大的捐助人，有五个是核武器和导弹承包商。据负责任政治中心统计，在2004年的选举周期中，军备工业的捐助多达1300万美元，其中62%的资金流向了共和党候选人或委员会。② 毫不奇怪，及至2001年乔治·W. 布什问鼎白宫，他已经欠了军工复合体一大堆人情债。为了答谢1996年竞选运动中的捐助者，比尔·克林顿让他们在白宫的林肯卧室待了一夜，这引起了诸多争议。而布什尤甚，他帮助他的捐助者——许多是大型防务项目的执行官——担任五角大楼的重要职位。诺斯洛普·格鲁门的执行官詹姆斯·洛希（James Roche）和洛克希德·马丁的前首席执行官彼得·蒂斯（Peter B. Teets）分别被任命为空军部长和次长。通用电力的副总裁戈登·英格兰（Gordon England）被任命为海军部长。③ 此外，不要忘了副总统迪克·切尼也是由石油

① Quoted in Alex Roland, 'The Military-Industrial Complex: Lobby and Trope', p. 337.
② See William D. Hartung and Michelle Ciarrocca, *The Ties that Bind: Arms Industry Influence in the Bush Administration and Beyond* (Special Report), New York: World Policy Institute, October 2004, p. 6; Ismael Hossein-Zadeh, *The Political Economy of U. S. Militarism*, New York: Palgrave Macmillan, 2006, p. 17.
③ Chalmers Johnson, *The Sorrow of Empire: Militarism, Secrecy, and the End of the Republic*, New York: Metropolitan Books, 2004, pp. 62 – 3.

服务和军事建设公司哈利伯顿高层首脑直接空降而来的。在被任命为国家安全委员会副主任和国家安全顾问之前，史蒂芬·哈德利（Steve Hadley）是华盛顿一家法律公司谢伊＆加德纳的合伙人，为洛克希德·马丁公司做代理。布什政府中总计有 32 位重要政策制定者与军备工业有着重要的关系。[1]

军工复合体的繁荣依赖军费开支。据（保守）估计，2002 年从军事承包系统中获益的美国私人公司数达到 85000 家。[2] 但是武器系统的生产需要高水平的军事开支，为了维持这一开支就必须保证威胁持续存在。用列克星敦研究所防务分析家的话说，"最根本的问题是，防务开支离不开威胁"。[3] 哈佛大学经济学教授、里根政府的首席经济学家马丁·费尔德斯坦（Martin Feldstein）认为，威胁和防务开支之间的关系毋庸置疑，"真正的问题"是"还需要多少开支，这些新的资金应该花在什么上面，以及怎么筹集资金"。[4]

赖特·米尔斯（C. Wright Mills）曾声称："军事威胁有利于军队和其对人、财、物、权的控制。"[5] 可是，没有任何一种威胁足以让军事凯恩斯主义全速运转。相应的威胁必须既是重大的，又是持久的。苏联就一度是这样的威胁。苏联解体之后，许多以"遏制"苏联威胁为生的军事策划者，立刻面临着政治上毫无用处的危险。正像当时的一位记者所言，"讨论咽喉要道

① Hossein-Zadeh, *The Political Economy of U. S. Militarism*, p. 17.

② See ibid. , p. 13.

③ Quoted in Helen Caldicott, *The New Nuclear Danger: George W. Bush's Military-Industrial Complex*, New York: The New Press, 2002, p. xix.

④ Martin Feldstein, 'The Underfunded Pentagon', *Foreign Affairs*, 86（2）, 2007, p. 134.

⑤ C. Wright Mills, *The Power Elite*（new edn）, Oxford: Oxford University Press, 2000, p. 275.

和海上航道的'圆桌会议'变得难以寻觅了，过去常常参加此类会议的人需要另谋生路了"。① 在后苏联时期，对于整个防务部门来说，想要维持冷战时期的军事开支水平就变得难上加难了。因为武器需求开始萎缩，许多防务承包商面临着关闭生产线的窘境。这种紧迫的生存危机，促使他们努力地寻找新的有前景的市场，这就是不难理解为什么富产石油的中东国家和东亚新兴工业化国家吸引了他们的注意力。

　　如果不能确定新的重要威胁，即便是这些新兴市场可能也不会持续很久。在中东，由于伊拉克入侵科威特和"9·11"恐怖袭击的发生，萨达姆政权正好填补了这一威胁真空。结果，通过电视荧屏家喻户晓的1990~1991年海湾战争为武器供应商提供了绝妙的实时广告宣传。海湾战争之后的三年内，美国与海湾国家签订了价值数十亿美元的军售协议。②

　　尽管防务承包商和他们的首席执行官们从海湾战争和反恐战争中获得了丰厚的利润，但是"无赖国家"和恐怖组织却不足以为持续生产和购买先进的武器系统（如 F－35 联合攻击战斗机、F－22 猛禽战斗机、弗吉尼亚级潜艇和三叉戟 D5 弹道导弹潜艇）提供充足的理由。无论是"无赖小国"，还是隐蔽的基地组织都明显没有能力开展深海潜艇战，而那正是弗吉尼亚级潜艇专门设计的用途。F－22 被称为"五角大楼制造的最没必要的武器系统"，它最初的意图是用来对抗苏联的那些从未见天

①　Quoted in Ted Galen Carpenter, *A Search for Enemies*: *America's Alliances after the Cold War*, Washington, DC: Cato Institute, 1992, p. 140.

②　Between August 1990, when Iraq invaded Kuwait, and October 1993, Saudi Arabia ordered almost $ 31 billion US military equipment and services. Dan Smith, 'Arms Sales to Saudi Arabia and Taiwan Video Transcript', The Center for Defense Information, 28 November 1993, http://www.cdi.org/adm/711/.

日的神秘飞机。① 尽管伊拉克战争和阿富汗战争这两场大型地面战争为美国的战争规划者提供了广阔的舞台，时任国防部长罗伯特·盖茨也不得不承认，"在哪个战区 F－22 都没有被派上过一次用场"。② 他的前任唐纳德·拉姆斯菲尔德也坦言，阿富汗并不是一个"打击目标丰富"的地区。③

如果说恐怖主义的幽灵只能为美国庞大的军事凯恩斯主义机器的持续运转提供有限的空间，与苏联相近的"同一数量级"的竞争者则可以担当这一角色。在后冷战时代，唯一的候选国就是中国。只有像中国这么大的威胁，才能够使武器项目的生产达到最佳规模并在战略取得合理性和在财政上得以持续。"当一个项目达到一定的规模，数十亿的时候，就会雇佣来自不同地区的众多人，你就没有办法取消这一项目了。"一个国会记者兼前部队军官如是说。④ 比方说，B－2 隐形轰炸机的承包商遍布 48 个大陆州，这一承包团队包括一些最重要的军事承包商如诺斯洛普·格鲁门公司、波音公司、休斯飞机公司和通用电气公司，实际上，它在国会得到了尽可能最广泛的支持。⑤ 大约四十年前，威廉·富布赖特（J. William Fulbright）指出，"数百万志在过一种舒适生活的美国人已经是一种面向战争的经济中

75

---

① Scheer, 'Indefensible Spending'; Valdas Anelauskas, *Discovering America As It Is*, Atlanta, GA: Clarity Press, 1999, p. 413.

② Mark Thompson, 'Gates Down on the F－22', *Time*, 7 February 2008, http://www. time. com/ time/nation/article/0, 8599, 1710944, 00. html.

③ Caldicott, *The New Nuclear Danger*, p. xii.

④ Alec Klein, 'The Army's $ 200 Billion Makeover', *Washington Post*, 7 December 2007, p. A01.

⑤ Chalmers Johnson, 'The Military-Industrial Man: How Local Politics Works in America—or a "Duke" in Every District', 14 September 2004, http://www. tomdispatch. com/post/ 1818/chalmers_johnson_on_electing_the_pentagon_s_man.

的既得利益者。而这些利益一旦被拥有，就很难放手。每一项新的武器系统或军事装备都会很快能够赢得一批选民"。① 但是，即便是他也没有预测到，如今此类选民竟如此之众，他也没有料想到，这些支持者中还包括白宫。

2001 年，乔治·W. 布什刚上台不久，就把中国列为"战略竞争者"。2006 年 2 月 6 日，布什抛出 2007 年的军事预算，总额达 4393 亿美元。就在他将这份预算报告送交国会的同一天，2006 年官方版的《四年防务评估报告》也公布了，其中包括现在非常有名的一段话："在崛起的新兴大国中，中国是最有潜力与美国进行军事竞争的。"② 也许这只是时间上的巧合，但是考虑到中国威胁已经成为美国维持重大军事项目（如美国的卫星能力、F-22 和其他新型战斗机、导弹防务、新的海军军舰等）的主要借口，这种巧合就再合适不过。③ 比如，2008 年 2 月罗伯特·盖茨对参议院军备服务委员会成员说到，F-22 战斗机"主要用于与同一数量级国家的冲突中，我想大家都知道这个国家是谁"。④ 空军装备司令部总司令布鲁斯·卡尔森（Bruce Carlson）无疑是知道答案的人。空军早就计划购买 380 架 F-22 猛禽战斗机，每一架价值 1.4 亿美元左右。但是该预算中只批准购买了 187 架。2008 年初，不高兴的卡尔森向贸易记者团抱怨说，"187"是个"错误的数字"，这将为未来与中国的军事竞争或对抗中给国家安全留下隐患。⑤ 对于海军来说，它们的理由

① Quoted in Hossein-Zadeh, *The Political Economy of U. S. Militarism*, p. 15.
② US Department of Defense, *Quadrennial Defense Review Report*, 2006, p. 29.
③ 'Disaster Planning', *Journal of Electronic Defense*, 28 (12), 2005, p. 17.
④ Thompson, 'Gates Down on the F-22'.
⑤ Bettina H. Chavanne, 'General Says USAF Will Procure 380 F-22s, Despite OSD', *Aerospace Daily & Defense Report*, 225 (31), 2008, p. 3.

也如出一辙。一位前海军官员说，"中国是打造庞大海军的最好理由"。① 防务评论员弗瑞德·卡普兰（Fred Kaplan）将这种现象称为五角大楼的"中国综合征"：

> 数以百计的空军上将和海军舰队司令，每天都应该感谢他们的幸运之星——中国。如果没有中国日益增长的军力，大批美国的核潜艇舰队和航母战斗群，或新一代隐形战斗机就没有存在的合理性了——五角大楼大约四分之一的财政预算也就没有存在的依据了。②

拉姆斯菲尔德本人亦深陷"中国综合征"之中，他认为"伊拉克战争分散了资源，不能将全部资源用于贯彻他的真实目的——将军力'提升'到足以恐吓中国的高科技水平"，对此，他非常"窝火"。③

美国"中国威胁论"群体中的权力知识互动

对中国恐惧的政治经济学无疑与冷战心态、政治利益甚至与政治家和防务承包商的贪婪有关。但是，仅仅是这些因素并不足以论证军事凯恩斯主义的正当性，除非这种恐惧得到了"客观"知识的认可。换句话说，"中国综合征"中表现出来的

① Ted McKenna, 'US DoD Ponders China Threat', *Journal of Electronic Defense*, 28 (9), 2005, p. 33.
② Fred Kaplan, 'The China Syndrome: Why the Pentagon Keeps Overestimating Beijing's Military Strength', 26 May 2006, http://www.slate.com/id/2141966/.
③ Klein, 'Think Twice about a Pullout'.

政治经济学不可能是军工复合体的单独产物。实际上，作为欲望、权力和知识三者交织的典型例子，这一政治经济学得益于"中国威胁论"的知识圈所提供的宝贵服务。这个知识共同体赋予中国恐惧症一种客观、可信和紧迫的光环，由此，在捍卫国家安全和抵抗现实威胁的不容置疑的幌子下，大众就会被轻易地动员起来，支持这些权力精英和他们各式各样的政治经济动议。目前为止，国会议员、军事服务人员和防务承包商很幸运地维持了他们想要的巨额军事财政预算，如果他们要感谢的话，除了要感谢中国外，还要感谢这个知识共同体。

安德鲁·巴塞维奇（Andrew Bacevich）认为，知识分子通过对自我及他者的想象，在维持军事凯恩斯主义的运转过程中发挥了重要作用。他正确地指出："军事主义也有我们自己一份功劳，这是我们长期以来坚信自己是一个独特的、不受限制或历史制约的民族这一观点的副产品。"[1] 因此，"中国威胁论"范式作为一种对自我和他者的特定建构，对于美国军事凯恩斯主义的形成起到了关键作用。从一开始，军工复合体就是一种军事—工业—学术的复合体，"中国威胁论"的知识生产共同体彻头彻尾是其一部分。明确说来，这个知识共同体包括智库专家、意见领袖和大学学者。他们通过研讨会、报告、媒体点评、评论文章、国会证词、书籍和杂志文章等途径，不断地塑造中国的威胁形象和盛行的社会情绪，以致在西方和美国关于中国的恐惧政治经济学得以大行其道。

该知识共同体里的许多人常常直接与权力说话，为权力说话，在知识与权力之间保持着紧密的联系。他们可以被称作

---

[1] Andrew J. Bacevich, *The New American Militarism: How Americans Are Seduced by War*, Oxford: Oxford University Press, 2005, p. 34.

"嵌入专家",① 在国家安全机构里设有办公室。比如,2000 年乔治·W. 布什胜选之后,他宣布基于国家的需要,从美国企业研究所"借调"20 个最优秀的人才到政府工作,为国家服务。② 新保守主义阵地安全政策中心一共为布什政府输送了 22 位顾问或董事会成员。③ 这两个机构同时还是这一知识共同体中口无遮拦的评论家的大本营。

其他"嵌入专家"来自于主流的大学。阿兰·弗里德伯格 (Aaron L. Friedberg) 是一位来自普林斯顿大学伍德罗·威尔逊学院政治学与公共事务的教授,他以宣扬"中国威胁论"而著称。这个学院的研究生项目雄心勃勃地宣称要"培养未来公共服务领导者"。2003 年至 2005 年,弗里德伯格担任迪克·切尼主管中国事务的国家安全顾问,2007 年他又被任命为国防部国防政策董事会成员。另一个很好的例证是保罗·沃尔福威茨,他是美国将中国定位成"战略竞争者"的政策设计者。2001 年至 2005 年,在成为国防部副部长之前,他是约翰·霍普金斯大学保罗·尼采 (Paul H. Nitze) 国际问题高级研究院的主任。该研究院最初由政府高级官员保罗·尼采创办,冷战期间,在苏联威胁的背景下,他参与制定了美国的国防政策。

乔治·W. 布什政府时期,在一群著名的新保守主义者领导

---

① The term 'embedded experts' is borrowed from Jonny Burnett and Dave Whyte, 'Embedded Expertise and the New Terrorism', *Journal for Crime, Conflict and the Media*, 1 (4), 2005, pp. 1 - 18.

② Inderjeet Parmar, 'Catalysing Events, Think Tanks and American Foreign Policy Shifts: A Comparative Analysis of the Impacts of Pearl Harbor 1941 and September 11 2001', *Government and Opposition*, 40 (1), 2005, p. 12.

③ William Hartung, *How Much Are You Making on the War, Daddy? A Quick and Dirty Guide to War Profiteering in the George W. Bush Administration*, New York: Nation Books, 2003, p. 58.

下,"中国威胁论"的知识共同体影响巨大。不过,这种知识和权力的复合体并非仅仅存在于布什政府时期。二十世纪九十年代克林顿政府时期,"中国威胁论"的知识共同体政治上非常活跃,尤其以所谓的"蓝队"为典型例子。"蓝队"以五角大楼军事演习中代表美国一方的名称命名(敌方被称为"红队"),它是一个松散的共同体,由国会议员、国会高级雇员、共和党政治活动家、记者、智库专家、历史学家和学者组成,他们中的许多人是"美国最著名大学的终身教授"。① 通过这种非正式但有效的渠道,这些来自一流大学和智库的专家能够对美国国家安全政策持续施加影响。

从"中国威胁"专家为权力服务中可以看出,权力和知识的关联并不是单向的。本质上,它们是一种共生的关系,因为这些知识的生产不可能脱离其所服务的权力安排而存在。因此,如果不审视"中国威胁"知识是如何被权力所界定、推动和制约的,对于此种关系的任何解读都是不完全的。尽管关于"中国威胁"的知识可能来自于大学学者和智库专家,但是,它的概念来源和资金来源则往往可以追溯到军工复合体和国家安全体制,后两者将或明或暗地勾画出研究问题的性质和范式边界,划定什么问题可以研究,什么问题不可以研究,以及什么样的知识是恰当的。正如美国的地区研究深受权力、意识形态和地缘政治学影响一样,当代中国研究中的"中国威胁论"范式亦是如此。

"中国威胁论"的话语生产确实已经形成了一个规模可观的

① J. Michael Waller, 'Blue Team Takes on Red China', *Insight Magazine*, 17 (21), 2001, p. 24; see also Robert G. Kaiser and Steven Mufson, ' "Blue Team" Draws a Hard Line on Beijing: Action on Hill Reflects Informal Group's Clout', *Washington Post*, 22 February 2000, p. A1.

知识生产链。在这条生产链上，既有学者个人，也有大众媒体，如《旗帜周刊》《评论》《华尔街日报》《华盛顿时报》和邂逅书局（坐落在旧金山的一家出版社）等，其中许多扮演着举足轻重的角色。《旗帜周刊》自我推销的一份材料里，对该生产链的运转进行了独到的介绍。这份新保守主义的杂志吹嘘道，"多亏了重要客户分发系统，政府、政界和媒体界最有权势的男男女女，每个星期天的早上都可以及时收到这份杂志——正好能够赶上全国性的电视谈话节目"。①

在这些媒体和市场运作背后是许多鹰派专家和新保守主义研究人员，如来自新美国世纪计划和美国企业研究所等智库的研究人员。这些在"中国威胁论"知识生产中起重要作用的智库人员，往往是政府部门退休下来的政治家、将领和情报官员，他们通过"旋转门"重新被聘用。也就是说，曾经的政府官员、军队服务人员和防务企业家（重新）加入大学和智库的研究团队，将权力的影响直接带入知识的生产过程。只要看一下新美国世纪计划成立宣言的署名者，就会发现，他们主要是由里根时期的政府官员和五角大楼官员组成的"固执强硬派的大聚会"。迪克·切尼、唐纳德·拉姆斯菲尔德、保罗·沃尔福威茨、威廉·贝内特（William Bennett）、刘易斯·莉比（I. Lewis Libby）和艾略特·科恩（Eliot Cohen）是其中最有名的几位。不用猜都知道这些官员转型而来的安全专家会如何解读中国。2000 年新美国世纪计划名为《重建美国防务：新世纪的战略、军力和物力》的报告，坚持称中国是"潜在的敌人"。该报告的作者托马斯·唐纳利（Thomas Donnelly）曾经是美国众议院国家安

---

① The Weekly Standard, *The Weekly Standard Media Kit*, January 2010, http://www. weeklystandard. com/advertising/mediakit. pdf.

全委员会的专业人员,后来他成为洛克希德·马丁公司的一名主任,之后他又通过"旋转门"在美国企业研究所谋得一席。①

美国企业研究所、安全政策中心和传统基金会是"中国威胁论"知识的主要来源渠道,这些知识以政策简报、研究报告和评论的形式出现,可以说明类似的问题。丹·布鲁曼萨尔(Dan Blumenthal)是美国企业研究所的一名中国问题专家,以前曾是国防部长国际安全事务办公室主管中国大陆、台湾地区和蒙古国事务的高级主任。已故的李洁明是美国企业研究所的另一位中国问题专家,以前曾是中央情报局驻北京的负责人、美国研究所驻台湾的主任和驻华大使。费浩伟(Harvey Feldman)是传统基金会研究中国政策的高级研究员,曾经是台湾事务办公室主任和1979年《与台湾关系法》的政策设计者之一。小谭慎格(John J. Tkacik)是一位活跃的中国问题评论员,他也是传统基金会的成员,以前曾经服务于美国驻中国台湾、香港和大陆的事务处。安全政策研究中心则是由前五角大楼官员弗兰克·加夫尼(Frank Gaffney)负责,在其执行董事里,有一位查尔斯·库珀曼(Charles M. Kupperman),他是波音导弹防务系统战略整合与执行的副总裁。同时,它的顾问委员会被称为"真实版的星球大战名人堂",它几乎完全由里根政府时期的"星际战士"组成。②

强调在中国研究中权力与知识的这种紧密联系,并不是说这些研究者不能对中国研究这一学术领域做出有意义的贡献,或者说关于中国威胁的研究必然受到权力部门的影响。像经典

---

① Hartung, *How Much Are You Making on the War, Daddy?* p. 113.
② William D. Hartung and Michelle Ciarrocca, 'Reviving Star Wars', *The Baltimore Sun*, 21 January 2001, http://articles.baltimoresun.com/2001-01-21/topic/0101200170_1_nmd-national-missile-defense-system/2.

著作《我们心灵的印迹》（*Scratches on Our Minds*）一书的作者哈罗德·伊罗生，尽管他在中央情报局协办的麻省理工学院国际问题研究中心供职，但是，正如伊多·奥伦（Ido Oren）所言，他与政府的亲近，并未妨碍他写出严谨的、高质量的著作，探讨美国对中国和印度的观点。[①] 在某些情况下，越是接近于权力部门，越可能做出严苛的批评，查默斯·约翰逊即是这样的例子，他是《后坐力》与《帝国的忧伤》两书的作者，他曾是中央情报局国家评估办公室的顾问。[②] 不过，更多时候，即便有着最良好的愿望，想要使自己和所处的权力部门划清界限，也很难将自己与在政府部门尤其是军工复合体中的经历彻底隔离开来，难免受到之前的权力、主流意识形态、规范关切和认知习惯的影响。具体到"中国威胁论"，这些有官员经历的学者，其观点往往与他们先前雇主的既得利益高度一致，就是权力与知识相交织的明证。

　　这种交织关系一方面就体现在研究基金和捐款上。美国大学协会 2002 年报告显示，国防部是大学项目的第三大资助者（仅次于美国国立卫生研究院和全国科学基金会），占到防务基础研究的 60% 多。[③] 同时，资助的很大一部分还来源于游说的智库，他们一般来自于强硬派的基金会和防务公司。在 1998 年的年度报告中，安全政策中心公布了它自成立以来所获得的资金支持，在这串资助者名单中实际上包括了每一家武器生产商，从洛克希德·马丁（和其前身洛克希德和马丁）、波音、天合到

---

① 　Oren, *Our Enemies and US*, p. 187n48.

② 　See Chalmers Johnson, 'The CIA and Me', *Bulletin of Concerned Asian Scholars*, 29 (1), 1997, pp. 34–7.

③ 　Nicholas Turse, 'The Military-Academic Complex', *TomDispatch*, 29 April 2004, http://www.countercurrents.org/us-turse290404.htm.

通用电力、洛克威尔国际公司和诺斯洛普·格鲁门（及其前身诺斯洛普和格鲁门）。该报告显示，该中心每年四分之一的收入来自公司，而其中的一半来自防务承包商。①

在许多大学的中国项目中，这种军事、工业和学术的交织也是非常明显的。比如，冷战结束之后，对中国崛起战略意涵的研究得到了大多保守主义的反共基金会的大力资助，比如史密斯·理查森（Smith Richardson）、布兰德利（Bradley）、斯凯夫（Scaife）和奥林（Olin）基金会。②约翰·奥林基金会是由一个化学物品和军火生产商设立的，它资助了哈佛大学的约翰·奥林战略研究所（塞缪尔·亨廷顿曾是该项目负责人）。许多知名的对中国问题研究非常感兴趣的社会科学基金会被发现一度为中央情报局服务。它们对于学科导向的影响和冷战时期政府资助对研究导向的影响一样重要。③

国防部的密涅瓦倡议对"中国威胁论"的知识共同体来说又是一个潜在的财政利好消息。该倡议是在美国全国防务教育法案的基础上形成的，而该法案是在冷战之初通过的。倡议最初设立了5000万美元的研究基金以供竞争，针对五角大楼所拟定的安全挑战：伊斯兰世界的宗教和文化挑战及中国军事和技

①　Hartung, *How Much Are You Making on the War*, *Daddy*? p. 101; and Caldicott, *The New Nuclear Danger*, p. 27.

②　Kurt Campbell, 'China Watchers Fighting a Turf War of Their Own', *New York Times*, 20 May 2000, p. B13.

③　Christopher Simpson, 'Universities, Empire, and the Production of Knowledge: An Introduction', in Christopher Simpson (ed.), *Universities and Empire: Money and Politics in the Social Sciences During the Cold War*, New York: The New Press, 1998, p. xviii; and Lawrence Soley, 'The New Corporate Yen for Scholarship', in Christopher Simpson (ed.), *Universities and Empire: Money and Politics in the Social Sciences During the Cold War*, New York: The New Press, 1998, p. 232; and Cumings, *Parallax Visions*, Chapter 7.

术的发展，它号召各大学研究机构贡献专业智慧。① 该计划与国
家科学基金合作共同实施，宣称寻求多元观点，旨在"培养能
够直面二十一世纪挑战的新的社会科学学者"。② 该倡议 2008 年
才正式实施，至于它会对中国研究产生怎样的影响，现在下结
论还为时过早。到目前为止，该倡议仅资助了一项和中国有关
的项目。不过，如果说二十世纪六十年代美国军队实施的卡米
洛特工程有什么参考意义的话，那么，我们就不要对该项目的
中立性或预期的多元观点抱有太大的期待。③ 举个例子，想一想
密涅瓦倡议是如何通过行政手段实施的吧。在每一个评审环节，
都会有五角大楼的官员参与，这几乎就可以确定了所资助的课
题的多元性将和军工复合体所能接受的世界观和战略观框架的
多元性差不多，尽管五角大楼通常在管理这些项目时保持低调。

81 当一些国外渠道在关系中国的恐惧政治学方面享有类似的
政治利益时，"中国威胁"知识的生产在美国常常成为一种跨国
合资企业。如劳伦斯·索利（Lawrence Soley）指出的，美国许
多中国研究项目得到了台湾基金会和商业领袖的资助，"他们中
的许多人同时也是政治领导人"。④ 二十世纪九十年代中期，在
美国企业研究所担任高级副总裁的时候，约翰·博尔顿（John

---

① See Cohen, 'Pentagon to Consult Academics on Security', p. 1.

② US Department of Defense, 'The Minerva Initiative', http://minerva.dtic.
mil/.

③ On Project Camelot, see Mark Solovey, 'Project Camelot and the 1960s Episte-
mological Revolution: Rethinking the Politics-Patronage-Social Science Nexus',
Social Studies of Science, 31 (2), 2001, pp. 171 – 206. For a Chinese view on
the Minerva Initiative, see Yu Tiejun and Qi Haotian, 'Meiguo Guofangbu
"Miniewa" Jihua shuping' (Notes on the US Defense Department's 'Minerva'
Initiative), *Zhanlue zongheng* (Strategic Survey) (Center for International &
Strategic Studies, Peking University), 2011 – 12, pp. 1 – 21.

④ Soley, 'The New Corporate Yen for Scholarship', p. 235.

Bolton）在三年间收到了台湾当局支付的 3 万美元，用于研究台湾的联合国会员身份的问题。①

俗话说，拿人钱财，替人消灾。如果研究项目没有满足资助者的要求，不仅未来的资助会急剧减少，而且既有的资助也会被追讨，以示"惩罚"。2001 年 6 月，美国国家情报委员会将兰德公司从国会的一个保密项目中除名，该项目旨在评估中国未来的军事实力。国家情报委员会直接向中央情报局局长乔治·特尼特（George Tenet）汇报。特尼特对中国的强硬立场广为人知，这充分展现在他对国会一年一度关于当前和未来的国家安全威胁的汇报中。但是，兰德的报告虽然把中国描绘成一个军事实力日益增强的国家，却没有明确把它称为眼下的威胁，因此跟国家情报委员会想要的结论存在差距。一个熟悉这个项目的分析人士后来抱怨说，国家情报委员会的人受到了国会共和党鹰派的压力，他们"想要中国有 10 英尺高"。② 这个小插曲揭示了：有时候权力在建构中国知识过程中的决定性作用，同时也展现出欲望在权力与知识交织中的角色。高度依赖政府（尤其是五角大楼）资助而又怕失去未来合同的兰德及其他智库，或许从这件事情当中已吸取到一些教训。

类似兰德公司的这种事情不会经常出现，而正是这种罕见暴露出知识和权力之间已经处于一种心照不宣的默契协作当中，而非说明中国知识相对于权力的独立。军事、工业和学术复合

---

① Walter Pincus, 'Taiwan Paid State Nominee for Papers on U. N. Reentry; Bolton's Objectivity on China Is Questioned', *Washington Post*, 9 April 2001, p. A17.

② See Richard J. Newman and Kevin Whitelaw, 'China: How Big a Threat? Inside the Bitter Fight Over Assessing China's Intentions', *U. S. News and World Report*, 23 July 2001, http://www. fas. org/sgp/news/2001/07/usn072301. html.

体的这种广泛政治共识在一代又一代人的主流想象中传播，获得了一定程度上的文化和制度霸权，这就使得公开的政治操控变得不再那么必要。彼得·莫纳汉（Peter Monaghan）指出，国际关系"是与联邦政府尤其是军事和情报部门密切交织在一起的学科之一，这些学科难免会效仿这些部门的政治意识形态"。[1]

82　　　　结果，尽管"中国威胁论"号称是科学知识和客观事实，它是植根于权力并服务于权力的，但这并不是说，关于"中国威胁论"的每一本书都是在五角大楼的授意下写就的，都是为了换取基金资助和（或）政治捐助。上文已经提到，权力与知识的这种交织常常以各种形式存在，有些是微妙的、不易察觉的、不那么直接的。权力与知识的联系尽量保持隐蔽，这既符合知识的利益，也符合权力的利益。这就是福柯说的知识生产中的"微妙机制"，在这一机制中，权力的运作"无处不在"。[2]康明思探讨了冷战时期国家、基金会与国际关系研究和地区研究的关系，他用"无孔不入"一词来表述权力是如何渗透的，权力通过细小的、日常的和局部的方式，如决定谁获得终身教职、谁编辑权威期刊、谁的课题获得资助、采用哪种教材，因此，"人们无须指使地做事，常常也不察觉其行为所受的影响"。[3]同时，一旦知识有了自己的生命之后，它就能够编织一个文本、学科和制度的网络并在其中自我繁衍，于是乎表面看似与权力保持着一定的距离。

　　　　上文以"中国威胁论"范式为例，批判性地审视了权力、知识和欲望的交织。我这样做不是为了表明解决途径在于追求

---

① Monaghan, 'Does International-Relations Scholarship Reflect a Bias Toward the U. S. ?' p. A21.

② See Foucault, *Power/Knowledge*, pp. 96, 102.

③ Cumings, *Parallax Visions*, p. 174.

纯粹的知识和中立的学术研究，也不是说中国研究者应该远离政府部门，而政府部门反过来也应该停止资助社会科学研究。至少在社会科学领域，没有完全剔除欲望与权力因素的纯粹知识。实际上，本书开头就已经指出，社会中纯粹的知识不仅是不可能的，甚至也没有必要。我并不反对权力、知识与欲望三者交织这一现象本身，我的观点是，我们作为知识的生产者，应该着力避免被服务于特定利益的权力利用和滥用。我们应该对我们的知识产生的实践后果——无论是故意的还是非故意的——保持警觉和敏感。

如果说所有的知识在某种程度上都与权力交织在一起，那么，随之而来的问题是，为什么单单把"中国威胁论"知识抽离出来加以批判？这是因为我认为在语境的影响力或实践和道德后果方面，并不是所有知识与权力关系都可一视同仁。正如上文提到的，与"中国威胁论"知识相关联的是一种特定的恐惧的政治经济学。它不仅为军事凯恩斯主义提供了话语依据，而且对中国与西方的关系，尤其是中美之间的关系产生了深远甚至是危险的影响。如果外交决策者以此为据采取行动，那么，"中国威胁论"很可能会变成一种自我实现的预言，这是下一章要讨论的内容。

第五章
"中国威胁论"：自我实现的预言

　　总之，权力政治是一个自我实现的预言：权力政治的信念导致权力政治的行动，权力政治行动又确证了权力政治的信念。……国家到底是不是相互威胁的存在，从某种意义上说并不是关键，因为一旦敌意逻辑得以启动，国家间采取的行动就会使它们互相成为生存的威胁，所以国家行为本身成了问题的一个部分。这就使敌人意象具有一种自稳态性质，这种性质维系着霍布斯式无政府状态的逻辑。

——亚历山大·温特①

　　不能单独地理解中国的民族主义，而应该在中国与其他民族互动的背景下理解其发展变化。当今特别是由于美国和日本的存在，中美和中日关系对中国民族主义变化的影响很大。

——葛小伟（Peter Hays Gries）②

---

① Alexander Wendt, *Social Theory of International Politics*, Cambridge：Cambridge University Press, 1999, p. 263.

② Gries, *China's New Nationalism*, p. 135.

构想一个敌人的代价是什么？

在查尔斯·弗雷泽（Charles Frazier）的获奖小说《冷山》里，男主角英曼（Inman）是美国内战中一个从血腥战场逃出来的严重受伤的士兵，他遇到了一个街头盲人小摊贩。他本以为和他的情况类似，一定是什么人把他弄瞎了。不过，令他吃惊的是，小摊贩说实际上他生来就如此。看着自己手上敌人带给的严重伤口，他某种程度上开始同情眼前的盲人。"如此一来，怎么才能找到憎恨的对象呢？没有敌人的话，会有什么代价呢？除了自己，还能去找谁报复？"[1] 他的脑际瞬间略过这些问题。忽然他觉得自己很幸运，因为至少他知道他的敌人是谁。而对于那个盲人，没有敌人使得他失去了那种珍贵的确定感，也找不到明确的报复目标。

知道自己的敌人是谁，幸运的英曼并不孤独。在许多方面，军工复合体也发现自己的处境与此类似，不过他们的幸运星是所谓的"中国威胁"。没有明确的威胁，高额的军费开支就难以说得过去；没有高额的军费开支，恐惧政治经济学就无法正常运作，军事凯恩斯主义也就难以盛行。无怪乎美国对外关系委员会主席和前国务院政策规划处主任理查德·N.哈斯会说，几十年中在面临苏联挑战的时候，遏制政策成功地存活了下来，但是在该政策成功之后，它却无法存活下去了。[2] 对于军工复合体来说，缺少威胁或敌人将是最根本的威胁。

---

[1]　Charles Frazier, *Cold Mountain*, New York: Vintage Books, 1997, p. 17.

[2]　Richard N. Haass, *The Opportunity: America's Moment to Alter History's Course*, New York: Public Affairs, 2005, p. 25.

尽管说缺乏（无论是真实还是想象中的）敌人将会对军工复合体的话语认同和机制"存在"来说，构成高昂的代价，不过我要指出，拥有一个敌人，即便是想象中的敌人，也绝不是没有代价的。事实上，以中国为例，将中国建构成威胁并以此为基础进行应对，代价是非常高昂的，因为这可能使中国真正成为威胁。也就是说，"中国威胁论"范式的代价是它可能在实践中成为一个自我实现的预言。

按照美国社会学家罗伯特·默顿（Robert Merton）的说法，自我实现的预言意指"对于形势的错误判断导致原本错误的观念成为现实"。① 从事后看来或从旁观者看来，"错误"的东西常常被行为者当成真实的；"如果行为者把该形势当成真实的，那么，结果它们就会是真实的"。②

在国际关系中，恐惧的由来常常建立在"错误"的意象之上，往往会导向自我实现的后果。现实主义"伟大著作"《伯罗奔尼撒战争史》的作者修昔底德记述了国家间政治中的一个案例，讲述恐惧是如何成为自我实现的预言。对于伯罗奔尼撒战争的爆发，修昔底德断言："雅典实力的增长以及斯巴达由此产生的恐惧，使得战争的爆发不可避免。"③ 两千多年之后，另一个现实主义者、学者型政客乔治·凯南将冷战的起源归结为苏联偏执的意识形态教条。④

---

① Quoted in Robert Jervis, *Perception and Misperception in International Relations*, Princeton, NJ: Princeton University Press, 1976, pp. 76 – 7.

② William I. Thomas and Dorothy S. Thomas, *The Child in America*, New York: Alfred A. Knopf, 1928, pp. 571 – 2.

③ Thucydides, *History of the Peloponnesian War* (trans. Rex Warner), London: Penguin Books, 1972, p. 49.

④ X (George Kennan), 'The Sources of Soviet Conduct', *Foreign Affairs*, 25 (4), 1947, p. 569.

那么，"中国威胁论"范式中所展现出来的恐惧也可能会被现实所证实。这里涉及两个相互关联的过程。第一，既然把"中国威胁论"视作客观事实，也就意味着需要在实践中遏制中国。第二，根据相互回应的逻辑，这些实践极有可能招致中国的对称或非对称回击。后者的强硬回击正好"证实"了"中国威胁论"者的最初恐惧，我们所看到的就是自我实现预言的经典一例。

"中国威胁论"范式及遏制
政策的社会建构

上一章论述了"中国威胁论"知识是如何与权力交织在一起的。但是这种权力关系并不仅仅限于国内政治，它同样渗透到国际关系和对外政策上。实际上，"中国威胁论"范式对于对华"遏制"政策的制定起着关键的作用。这里我用"遏制"一词作为美国对华一系列军事、经济、政治和道义政策的简称。美国通过一定程度上的压力和强制手段，旨在吓阻或者说"劝阻"中国不要将自己的影响力扩展到一定界限之外。当然，美国对华遏制战略不能等同于冷战时期美国对苏联的遏制政策；现在与那时比，情况发生了很大的变化。① 如果基于其冷战时期的内涵，"遏制"一词在学者或政策制定者之中确实失去了作为政策标签的效力。人们更喜欢把美国的对华政策称为"防范""有原则的接触""遏制加接触""制衡""管控""威慑"。关于"遏

---

① Thomas J. Christensen, ʻFostering Stability or Creating a Monster? The Rise of China and U. S. Policy Toward East Asiaʼ, *International Security*, 31 (1), 2006, p. 108.

制"一词是否合适，我们不应该在此纠缠。问题的关键是，既然美国对华政策形成的背后依然是把中国视为与苏联大致类似的"威胁"，那么就没有理由相信美国的政策与过去截然不同。

如果说遏制政策仍旧是美国对华政策的一部分，那么它和"中国威胁论"范式又有什么关系呢？说理论和理念与实践和外交政策有关相对容易，但是，从经验上证明这种联系则是一个很大的挑战。戈登·克雷（Gordon Craig）曾经说过，"在理念和外交政策之间建立某种关系往往是件困难的事情，历史学家对此问题鲜有问津也就不足为怪了"。① 当然结果是个恶性循环——因为极少有学者对此问题感兴趣，我们依旧对之不甚了然。甚至出于种种原因，学者和政治家们都试图贬低这种关联的存在。学者们常常抱怨他们的理念不受政治家们重视，而与此同时，政治家们将学者的想法抛在一边，认为它们不过是来自象牙塔里的空谈。无论从哪一方看，共同的感觉是在象牙塔和权力大厦之间存在着巨大的鸿沟。② 尽管这一鸿沟或许存在于个别情况或个别政策或理论议题，但是，总体上这并不与政策的运作必然依据一定的理念或理论的观点相矛盾。下文将会说明，如果没有"中国威胁论"知识的支撑，遏制政策就不会有效地推行。

首先，威胁论范式有助于界定（或至少是更新）遏制政策的目的。伯纳德·谢弗（Bernard Schaffer）告诉我们，政策有三

---

① Quoted in Michael H. Hunt, *Ideology and U. S. Foreign Policy*, New Haven, CT: Yale University Press, 1987, p. xi.

② Joseph S. Nye, Jr., 'Scholars on the Sidelines', *Washington Post*, 13 April 2009; Bruce W. Jentleson and Ely Ratner, 'Bridging the Beltway-Ivory Tower Gap', *International Studies Review*, 13 (2), 2011, pp. 6 – 11; and Allan Gyngell and Michael Wesley, *Making Australian Foreign Policy* (2nd edn), Cambridge: Cambridge University Press, 2007, pp. 7 – 8.

个维度的含义：目的；对信息的评估和采取适当行动的判断；实施政策所需要的资源保障。① 我们对政策的第二和第三个维度很熟悉，但是任何政策都无法脱离第一个方面——特定的目的——而存在。事实上，在政策制定过程中，找到一个贴切的目的常常是首要的，有时也是最困难的一步，这就像寻找一个支点一样。比方说，对于美国战略规划者而言，最大的挑战不是如何实施军事建设政策，而是如何为这个政策找到正当的公共目的。同样，对于武器生产商而言，促进军售并不是一件特别困难的事，但是，为了使之成为官方政策，他们需要一个缘由，或者更具体地说，需要找到了一个合法的目标，以证明部署这些武器是应当的。在上述两个例子中，找到一个目的或目标对于政策制定者来说都是至关重要的。

正是"中国威胁"的"客观存在"，使得美国对外政策中又注入了新的目的。这为其当下的相关政策提供了正当性。美国对华政策的这种形成方式，与美国运用恐怖主义话语证明其"反恐战争"正当且合法的方式很相似。

首先，恐怖主义威胁带给乔治·W. 布什前所未有的明确任务和政策指向，在此之前那种确定感都是遥不可及的。按照《纽约时报》的说法，直到"9·11"惨剧的发生才使布什总统"明确地知道他应该做什么"。② 尽管恐怖主义的崛起使美国十多年来忙于"反恐战争"，但是至少对于美国外交界某些人士来

---

① Bernard Schaffer, 'Policy Making', in Adam Kuper and Jessica Kuper (eds), *The Social Science Encyclopedia* (2nd edn), London: Routledge, 1996, p. 621.

② Frank Bruni, 'For Bush, a Mission and a Role in History', *New York Times*, 22 September 2001, p. A1. After addressing a Joint Session of Congress on 20 September 2001, Bush said that 'I have never felt more comfortable in my life'. Bob Woodward, *Bush at War*, New York: Simon & Schuster, 2002, p. 109.

说，美国外交和安全政策的一个更加长久的目的则需要中国威胁。

其次，这种威胁范式通过提供一些具体的政策建议而影响政策制定。从一开始，把中国描绘成威胁就不单单是一个"中国是什么"的学术问题，它总是与一个实践问题相联系——"该对它怎么办？"比如，在《即将到来的与中国的冲突》一书中，伯恩斯坦和玛诺用了整整一章的篇幅论述如何管控中国的崛起。他们给出的建议是在东亚维持美国强大的军事存在、强化日本、继续对台湾进行军售和限制中国的核武库。① 同样，在《大国政治的悲剧》一书最后，米尔斯海默确信，恰当的对华政策不是他所谓的"误导性的"接触战略，而是遏制战略，"以延缓中国的崛起"。② 查尔斯·克劳萨默（Charles Krauthammer）是一个"中国威胁论"的拥趸，也是一个有名的新保守主义者。1996 年在《时代周刊》发表的文章中，他不仅明确支持遏制中国，还具体指出来如何能够做到最好。他把"一个崛起的和有威胁的中国"作为既认的事实，坚信对华"理性的政策"应该建立在遏制战略基础之上，如强化（与日本、越南、印度和俄罗斯）地区联盟以包围中国、支持中国的异见分子、不给中国举办奥运会的权利和不让中国如其所愿地加入世界贸易组织。他颇有紧迫感地呼吁，遏制政策要"尽早开展"。③

彼特·纳瓦罗也有着同样的紧迫感。他在《即将到来的中国之战》一书中，警告消费者、公司高管和政策制定者，眼下是暴风雨来临之前的乌云密布。然后他提出一系列政策建议，

---

① Bernstein and Munro, *The Coming Conflict with China*, p. 203.

② Mearsheimer, *The Tragedy of Great Power Politics*, p. 402.

③ Charles Krauthammer, 'Why We Must Contain China', *Time*, 31 July 1995, p. 72.

以回答"如何打赢即将到来的中国之战"（书中最后一章的题目）。① 举例来说，这就要求美国"对侵犯知识产权的盗窃行为采取'零容忍'政策"，"用最强烈的言辞谴责中国的行径，如果中国继续滥用权力，则寻求剥夺中国作为（联合国）常任理事国的否决权"。用他自己的话说，这些政策建议的共同之处在于"它们需要有抗衡中国的经济和政治决心，同时还需要军事实力为这些政策做后盾"。②

如果中国的军事和经济威胁使得军事和经济遏制政策成为必要，那么，中国作为"残忍、独裁国家"在这些人心中的形象，则为道德和意识形态惩罚提供了依据。卡根和克里斯托尔针对如何应对"敌意政权"，提出了丰富的建议，以推动政权更迭：

> 实现政权更迭的策略根据具体情况而有所不同。在某些案例中，最好的政策可能是按照里根主义，支持叛乱集团，像在尼加拉瓜和其他地方推行的那样。在其他的案例中，最好的政策可能是或明或暗地支持异见分子和（或）经济制裁加之外交孤立……但是美国外交目的要明确。当面对暴虐政权，尤其是有能力对我们及我们的盟友构成危害的暴虐政权，美国寻求的就不应该是共存，而应该是政权更迭。③

他们把中国看作这样的"暴虐政权"之一，劝告美国和西

---

① Peter Navarro, *The Coming China Wars*, p. 199.

② Ibid. , pp. 201 – 3.

③ Kagan and Kristol, 'Introduction', p. 20.

方要为中国解决其所面临的矛盾设置障碍，以此来加速其崩塌。①

当然，来自"中国威胁论"者的政策建议未必会成为真正的官方政策，不过，通过主流媒体的影响和政策咨询，两者之间的界限常常会被逾越。首先，许多"中国威胁论"者同时是有名的新保守主义者和高调且老道的媒体评论员。据巴塞维奇观察，除了新保守主义者控制着《华尔街日报》专栏版外，美国三大主要的大众日报——《洛杉矶时报》《纽约时报》《华盛顿邮报》——都至少有一名新保守主义的评论员：《洛杉矶时报》有马克斯·布特（Max Boot）、《纽约时报》有大卫·布鲁克斯（David Brooks）、《华盛顿邮报》有查尔斯·克劳萨默和罗伯特·卡根。②《旗帜周刊》是一份新保守主义的出版物，也是"中国威胁"论调最靠得住的来源，它曾自吹道，其作者群的"理念和观点在全国政论节目中很受欢迎。常常在电视节目中露面，不仅证明我们在华盛顿的影响力，还证明我们与全国政治气候息息相关"。③ 这或许并非言过其实。2008 年 7 月，在发现布什政府有可能无法履行之前做出的对台湾进行利润丰厚的军售承诺时，至少有四位中国问题专家——来自美国企业研究所的丹·布鲁曼萨尔、普林斯顿大学的阿兰·弗里德伯格、阿米蒂奇国际的薛瑞福（Randall Schriver）和卡内基国际和平基金会的阿什利·特利斯（Ashley Tellis）——加入劝说政府履行这笔交易的队伍。他们在《华尔街日报》上发表共同署名文章，声

① Kagan and Kristol, 'Introduction', p. 20.
② Bacevich, *The New American Militarism*, p. 89.
③ *The Weekly Standard Media Kit.*

称"布什应该对台湾言而有信"。① 不到三个月之后，华盛顿宣
布对台湾总额达 60 多亿美元的先进武器出售计划将照常进行。
尽管我们很难衡量和量化这些人对政策的影响力，但是，不能
想象这些曾在布什政府亚洲政策制定部门效力的智囊却对政策
毫无影响。

　　除了通过媒体发挥作用，有些"中国威胁论"者还通过咨
询工作施加影响。白邦瑞（Michael Pillsbury），一个有名的研究
中国问题的鹰派学者，就属于这种类型。他曾在兰德公司任过
职，也曾在美国多所大学任教过，尽管他并未出现在国防部的
对外花名册里，但被《华尔街日报》称为"对塑造美国官方的
中国意象产生持久影响力的人"。② 在他的导师安德鲁·马歇尔
（Andrew Marshall）——五角大楼净评估办公室主任——长期支
持下，他出版了两本书：《中国眼中的未来战争》（1997）和
《中国激辩未来安全环境》（2000），这使得他在中国外交决策圈
颇为有名。《华盛顿月刊》的一篇文章提到，某种程度上正是依
据白邦瑞的著作，五角大楼 2006 年的《四年防务评估》才把中
国定位成"最有潜力与美国进行军事竞争"的国家。③ 此外，
2006 年五角大楼年度报告中对中国军力的论述，某些段落"看
起来直接是从白邦瑞著作中摘抄出来的，其中包括对'非对称
项目'警告的论述"。④

　　事实上，并不仅仅是某些段落而是整个一揽子政策都在华　90

①　Dan Blumenthal, Aaron Friedberg, Randall Schriver and Ashley J. Tellis, 'Bush Should Keep His Word on Taiwan', *Wall Street Journal*, 19 July 2008, p. A9.

②　Neil King Jr. , 'Secret Weapon: Inside Pentagon, a Scholar Shapes Views of China', *Wall Street Journal*, 8 September 2005, p. A1.

③　US Department of Defense, *Quadrennial Defense Review Report*, 2006, p. 29.

④　Soyoung Ho, 'Panda Slugger', *Washington Monthly*, 38（7）, 2006, p. 27.

盛顿颇有市场。举例来说，中国问题专家常常呼吁在中国周边加强联盟体系，实际上，这正是美国正在做的。联盟建设和改组的核心是加强美日之间的防务合作。奥巴马上台之后，日本首相是他在白宫椭圆形办公室接待的第一位外国来宾，并且日本是希拉里·克林顿国务卿出国访问的首访之地。[①] 更多重要的合作事宜不断推进，其中包括共同开发导弹防务系统、将美国第一军团司令部从美国西海岸迁到日本南部的座间基地和将空军第十三军的指挥中心由现在的关岛迁到离东京不远的横田空军基地。[②] 如此一来，日本成为美国最紧密的全球战略伙伴和对抗中国的最有力帮手。[③] 用中日问题长期观察家查默斯·约翰逊的话说，日本已经变成美国在东亚强化安全的"控制塔"。[④]

　　美国与菲律宾的军事关系现在是冷战后最紧密的。美国与印度尼西亚的军事合作也在加强，其背后"未公开的原因"，用印度尼西亚国防部长的话说，"是为了制衡崛起的中国"。[⑤] 新

---

①　Michael Green, 'US Turns Its Gaze to the Pacific', *The World Today*, 68 (2), 2012, p. 32.

②　Nicholas Phan, 'U. S. -Japan Security Alliance under the Democratic Party of Japan (DPJ)', in the Edwin O. Reischauer Center for East Asian Studies, (ed.), *The United States and Japan in Global Context: 2011*, Washington DC: The Johns Hopkins University Paul H. Nitze School of Advanced International Studies, 2011, p. 17.

③　Robert S. Ross, 'Assessing the China Threat', *National Interest*, No. 81, 2005, pp. 81 - 7.

④　See Richard Halloran, 'Guam to Become the "Pivot Point" for the US' Pacific Forces', *Taipei Times*, 14 March 2006; and Simon Tisdall, 'Japan Emerges as America's Deputy Sheriff in the Pacific', *The Guardian*, 19 April 2005, p. 13; Johnson, *Nemesis*, p. 202.

⑤　Daniel Twining, 'America's Grand Design in Asia', *The Washington Quarterly*, 30 (3), 2007, p. 85; and John Gershman, 'Asia', in John Feffer (ed.), *Power Trip: U. S. Unilateralism and Global Strategy After September 11*, New York: Seven Stories Press, 2003, p. 162.

加坡已经作为东道主接待过美国航空母舰的访问。法伦（Fallon）在 2005 年 3 月的证言中披露，美国一直都在积极地寻求机会扩大对新加坡设施的使用。至于印度，法伦提到，随着美印关系的发展，美国国防部官员与印度陆海空三军的联系在加强。① 2006 年 3 月，乔治·W. 布什对印度进行了历史性的访问，两国达成了核协议，尽管印度并不是核不扩散条约的签约国。2010 年奥巴马访问印度，呼吁赋予印度联合国安理会常任理事国席位，评论者认为，这一切都有针对中国的含义。② 在 2011 年底，奥巴马访问澳大利亚，其访问的核心议题之一就是宣布澳大利亚的北部城市达尔文将作为美国轮换部署 2500 名海军陆战队队员的基地，如防务专家休·怀特（Hugh White）所言，这一举动使得澳大利亚更深地卷入"一个对抗中国海上实力增长的更为统一的军事联盟之中"。③

与日本、澳大利亚加强双边关系的同时，美国也加强了华盛顿、东京和堪培拉三方从事务级到部长级的三边战略对话。一个澳大利亚学者将这种新的三边联盟描绘成针对中国的"小北约"。④ 再加上美国与泰国、越南、马来西亚、斯里兰卡、许多中亚国家的进一步军事关系，如此一来美国布局编织一个"战略网"以"奉劝中国收敛其抱负"的意图就更加明

---

① Quoted in Michael T. Klare, 'Revving Up the China Threat', *The Nation*, 24 October 2005, p. 32.

② Margaret Talev, Tom Lasseter and Kevin G. Hall, 'China Looms as Obama Tries to Strengthen Ties with Asian Democracies', *Pittsburgh Post-Gazette*, 14 November 2010, p. A-3.

③ Hugh White, 'Mr President, We Beg to Differ over the Future of Asia', *The Age*, 16 November 2011, p. 21.

④ Purnendra Jain, 'A "Little NATO" against China', *Asia Times Online*, 18 March 2006, http://www.atimes.com/atimes/China/HC18Ad01.html.

91 确了。① 遏制中国当然不只是这些双边军事合作的唯一动机，但是很多评论者都认为，这无疑是"核心因素"，这也得到了美国外交官的确认。② 美国努力在这一地区创设和强化联盟，对此塞缪尔·伯格承认，"持续修好与印度的关系，激活美日关系，现在对这些完全合理政策的推行已经到了足以让人嗅到一股包围中国的气息了"。③

当然，这些政策的推动并不全来自"中国威胁论"专家。许多政策制定者自己也同样关心如何应对中国威胁，因为中国威胁的概念如今在美国政坛已被广泛接受。按照《大西洋月刊》特约编辑罗伯特·卡普兰的说法，这些关切到政策执行者那里就变成"我们如何与中国作战"的问题。理查德·布什和迈克尔·汉伦（Michael O'Hanlon）认为，卡普兰 2005 年在《大西洋月刊》发表的文章很值得注意。尽管他们指斥这篇文章是"虚假广告和不当类比的结合"，然而他们又指出：

> 鉴于卡普兰这篇文章的信息主要来源是太平洋司令部的官员、国防部的助手，它应该得到严肃的对待。美国在太平洋前线的指挥官个人明确认为未来将（与中国）发生冷战，这无疑是非常重要的事情。因为同他们在五角大楼的上司一样，他们拥有依据对中国军力判断进而采取行动的权力。④

---

① Quoted in Simon Tisdall, 'US Tries to Spin a Web Strong Enough to Contain China', *The Guardian*, 10 August 2005, p. 12.

② Paul Richter, 'In Deal with India, Bush Has Eye on China', *Los Angeles Times*, 4 March 2006; Twining, 'America's Grand Design in Asia', pp. 82 – 3 and p. 92n19.

③ Berger, 'Don't Antagonize China', p. B7.

④ Richard C. Bush and Michael E. O'Hanlon, *A War Like No Other: The Truth about China's Challenge to America*, Hoboken, NJ: John Wiley & Sons, 2007, p. 27.

　　他们两人的关切不无道理。为了回击所谓的中国军事威胁，美国一系列的政策评估、军备建设和战略重组都已经进行了多年。例如，基于北京对台湾日益增长的威胁的假设，2004 年 7 月时任国防部长拉姆斯菲尔德授权国防大学，紧急策划出针对海峡关系的九种军事演习场景，其中之一明确命名为"龙雷"。① 重要的是，军事演习并不仅仅是演习；它们常常是正在制订中的战争计划的明确信号。全国广播公司的军事新闻分析员兼《华盛顿邮报》网络专栏作家威廉·阿尔金（William Arkin）认为，美国已经做好了"针对中国的新的完全成熟的战争计划"。其代号是"5077 号行动计划"，这是冷战结束以来第一个新的传统战争计划和"美国军事史上仅有的三个完成的和完全成熟的军事计划之一，其中标明了所投入的部队和更多的附属项目细节"。② 阿尔金认为，这种战争计划的重要性在于，它们一旦被制订出来，就会通过军事演习进行测试，并借助更多的情报将其优化，提高打击和预警能力。③ 这一过程虽说最初起源于一种战略忧虑，可是在防务政策领域，它会很快获得自己的生命力。④

　　美国近期在西太平洋的军事部署清晰地证实了这一从战略忧虑到政策制定的过程。在上面提到的《我们如何与中国作战》

92

---

① Jean A. Garrison, *Making China Policy: From Nixon to G. W. Bush*, Boulder, CO: Lynne Rienner, 2005, p. 179.

② William M. Arkin, 'America's New China War Plan', *Washington Post*, 24 May 2006. http://blog.washingtonpost.com/earlywarning/2006/05/americas_new_china_war_plan.html.

③ Ibid.

④ See A. Tom Grunfeld, '"God We Had Fun": CIA in China and Sino-American Relations', *Critical Asian Studies*, 35 (1), 2003, pp. 125 – 6.

一文中，卡普兰披露，美国将其在关岛长期部署的核潜艇扩增了三倍，由三艘增加到十艘，同时，准备在该岛屿部署 B-1 和 B-2 远程轰炸机。虽说以往关岛的安德森空军基地就一直部署有十万枚炸弹和导弹，以及 6600 万加仑燃油，是世界上最大的战略"燃料补给"空军基地。① 不过，这些位于关岛的大规模军事部署所针对的主要对象是谁，并不是什么秘密。负责规划的国防部助理副部长詹姆斯·托马斯（James Thomas）告诉保守主义的《华盛顿时报》说，"在关岛超常规地部署轰炸机"本质上是要对中国采取广泛的对冲战略。② 据《大西洋月刊》透露，部署轰炸机和更新核武库都与美国军方高层所秉持的中国威胁概念有关。③ 美国前太平洋司令威廉·法伦（William Fallon）上将就曾抱怨，他的上司好像还在打冷战一样，似乎中国就是过去的苏联一样。④

与此同时，对中国作为经济威胁的印象使得美国的政策制定者操起了吓人的经济大棒。在二十世纪九十年代，其中的一个大棒是"最惠国"待遇（后来被称为"永久正常贸易伙伴关系"），美国常常威胁取消对中国的这一待遇，除非中国满足它的人权要求。2000 年当这一大棒失去效力时，国会又推动授权成立了"美中经济与安全评估委员会"，用来评估中国经济崛起对美国国家安全的影响，这是美国首次设立针对特定国家的机

---

① Robert D. Kaplan, 'How We Would Fight China', *Atlantic Monthly*, 295 (5), 2005, pp. 58-9.

② Bill Gertz, 'Pentagon "Hedge" Strategy Targets China', *Washington Times*, 17 March 2006, p. A06.

③ Keir A. Lieber and Daryl G. Press, 'Superiority Complex', *Atlantic Monthly*, 300 (1), 2007, p. 88.

④ See Michael R. Gordon, 'To Build Trust, U. S. Navy Holds a Drill with China', *New York Times*, 23 September 2006, p. A5.

构。2005 年 7 月，查尔斯·舒默（Charles Schumer）和林赛·格雷厄姆（Lindsey Graham）两名参议员指责中国货币被"人为低估"，认为这是造成美国对华贸易赤字急剧增长的原因。为了迫使中国重估其货币，他们发起一项提案，威胁对进口中国的货物全面施加 27.5% 的惩罚性关税。许多国会议员将此视为"国会思路的重大变化，这将最终迫使政府放弃其接触政策并开始挑战中国"。[①] 2006 年初，在参议院立法要求政府撤销对华永久正常贸易伙伴关系的压力下，美国政府宣布成立一个特别小组，以确保中国遵守全球贸易规则。这种针对单一国家的特别小组，在美国历史上也是前所未见的。[②] 确实，美国对中国经济的挑战越来越感到不安，以至于有时一天内竟然多达四个国会委员会同时将中国列在议程之中。[③]

在强大的中国威胁观念的推动下，诚如罗伯特·盖茨所言，针对中国的"一系列项目"如今在奥巴马政府的"转身亚洲" 93 政策下达到顶峰，该政策"是外交、军事和经济战略的大整合，覆盖了从印度次大陆到东北亚的广大地域"。[④] 2011 年 11 月在奥巴马访问过夏威夷、澳大利亚和印度尼西亚之后，沃尔特·

---

① Marshall, 'Building a Bridge to China'.

② Martin Crutsinger, 'U. S. Hardens Stance on Trade with China', Associated Press, 14 February 2006; and Jon Cronin, 'Fears of Growing US Trade Rift with China', *BBC News*, 17 February 2006, http://news. bbc. co. uk/1/hi/business/4719826. stm.

③ Frank Hornig and Wieland Wagner, 'Dueling Titans: China, the US and Battle to Lead a Globalized World', *Spiegel Online*, 3 February 2006, http://www. spiegel. de/international/ spiegel/0, 1518, 398844, 00. html.

④ Foster Klug, 'Gates Says US Ready for Any China "Threat"', *Associated Press Newswires*, 28 January 2009; Kenneth Lieberthal, 'The American Pivot to Asia', *Foreign Policy Online*, 21 December 2011, http://www. foreignpoli-cy. com/articles/2011/12/21/the_american_pivot _to _asia.

罗素·米德（Walter Russell Mead）对此做了极好的概括：

> 上周美国与该地区国家达成的一系列声明、部署、协议和宣言，对于中国领导人来说，肯定是最烦心的震动之一。美国正向澳大利亚派驻军队，澳大利亚向印度出售铀，日本加强军事动作并在中国南海问题上加强与菲律宾和越南的协调，缅甸正从中国的队列里走出来并寻求重新融入该地区，印度尼西亚和菲律宾正深化与美国的军事关系；并且所有这些都是发生在一周之内。如果说这还不够的话，本地区的一些国家已经决定商谈一个新的贸易集团（跨太平洋伙伴关系），中国将被排除在外。同时值得称道的是，美国还建议中国在类似东亚峰会等平台上解决与邻国的领土争议，而不是像中国喜欢的那样，与弱小的邻国进行双边谈判。[①]

单独来看，这每一项动作可能没有什么重大含义，但是，问题是它们同时发生，这就不仅仅是纯粹巧合了。那么为什么会有这些协商一致的行动呢？许多人认为逻辑上这是对中国近年来强势外交的"回应"，但仅仅是"中国因素"并不足以说明整个问题。[②] 在每个案例中，"中国因素"都不能独立存在于"中国威胁论"范式所赋予中国的既有意义。在此意义上，"中

---

① Walter Russell Mead,'Softly, Softly: Beijing Turns Other Cheek-For Now', *The American Interest*, 19 November 2011, http://blogs. the-american-interest. com/wrm/2011/ 11/19/softly-softly-beijing-turns-other-cheek-for-now/.

② Similar 'realities' in India, for example, have generated rather different perceptions on the part of the US. See Priya Chacko, 'Interpreting the "Rise of India": India-US Relations, Power Transition and Ontological Security', paper presented at the ISA Asia-Pacific Regional Section Inaugural Conference, Brisbane, 29 – 30 September 2011.

国威胁论"在美国当前的对华政策中又一次发挥了作用。绝大多数社会话语都承载了特定的政策意涵，[①] "中国威胁论"话语所承载的特定意涵在于它设定了双重框架和明确的道德规范，这很大程度上塑造了对华政策。例如，这一范式将中美关系置于一种非此即彼的视角之下：安全与威胁、胜利与失败、生存与投降、遏制与绥靖、"立即行动"与"签订城下之盟"等，这将迫使决策者做出显而易见的紧迫选择，选择一方而摒弃另一方。因此，对抗中国威胁不仅是一个军事或经济安全问题，还变成对西方或美国信誉、本体性安全和身份的一个测试。罗斯·玛诺（Ross Munro）就指出，如果美国不能抵抗住中国的威胁，就会被认为无法履行在亚洲的安全和稳定承诺。如此一来，它在亚洲国家中的信誉将会受损，这反过来又可能导致多米诺骨牌效应："我们的朋友在日本的带头下，可能仓皇地向中国妥协，或许包括对美军关闭港口和空军基地。我们作为一个真正东亚力量存在的日子就为数不多了。"[②]

　　类似的推演场景在名为《中国的战略现代化》的报告草案中也出现过，这是 2008 年 10 月国防部下的国际安全顾问委员会的特别小组撰写的。这份报告担心中国不断增长的影响将使美国的亚洲盟国——比如日本和韩国——变得对美国的军事承诺和决心日趋怀疑。[③] 在此背景下，对中国的任何和解表示都会被贴上"绥靖"的标签，是在向中国"示弱"，或者甚至会给世

94

---

①　Judith Goldstein and Robert O. Keohane, 'Ideas and Foreign Policy: An Analytical Framework', in Judith Goldstein and Robert O. Keohane (eds), *Ideas and Foreign Policy: Beliefs, Institutions, and Political Change*, Ithaca, NY: Cornell University Press, 1993, p. 12.

②　Munro, 'China: The Challenge of a Rising Power', pp. 48 – 9.

③　International Security Advisory Board, *China's Strategic Modernization*, p. 6.

界各地的其他独裁者打气。① 鉴于这些词的负面含义，对中国采取强硬立场就成为唯一的可行选择。

1995 年比尔·克林顿总统在李登辉赴美签证争议中的态度大转变，就极好地说明了"中国威胁论"范式的政策塑造能力。起初的时候，克林顿政府向北京保证，鉴于李登辉身为台湾领导人的身份，美方将不会给他签发签证，让其访问母校康奈尔大学。但是，透过"中国威胁论"范式，整个事情很快就发酵成为关于"朋友与敌人、民主与独裁"的两者截然对立的争执。结果，不给李登辉发签证就被严厉地斥责为是对民主朋友的背叛和对北京政权的磕头。美国参议员、克林顿总统的好朋友查克·罗伯（Chuck Robb）向克林顿准确传递了这一明确的信息，并进一步指出，在此问题上向中国磕头，将"允许中国来决定美国的签证政策"。这一说法的效果立竿见影。用罗伯的话说，他们见面"几分钟之内"，克林顿就同意改变他的决定，同意给李登辉派发签证。②

在 2005 年优尼科竞购案中，共和党议员达纳·罗拉巴克情绪激动地将中国的竞标描绘成中国与"美国人民所支持的一切事物"作对的证据。③ 因为确信美国的国家认同受到威胁，国会几乎一致通过决议，谴责这一竞标。这些例子表明，"中国威胁论"的话语作用不仅是开出遏制的药方，而且还强令它的执行。这是"语言暴政"的表现，人们"受标签和武器般措辞的支配"。④

---

① Robert Kagan and William Kristol, 'A National Humiliation', *Weekly Standard*, 16–23 April 2001, p. 14.

② Lampton, *Same Bed, Different Dreams*, p. 49.

③ Marshall, 'Building a Bridge to China'.

④ Otto Klineberg, *The Human Dimension in International Relations*, New York: Holt, Rinehart and Winston, 1964, p. 151.

作为社会建构的"中国威胁"：相互回应的一例

尽管"中国威胁论"范式对政策形成有巨大的影响，但也必须清楚，这并不是唯一的影响因素。国际关系是互动建构出来的，那么，美国强硬的对华政策，某种程度上也是受中国的战略行为左右的。比如，"空海一体战"的概念（由位于华盛顿的战略与预算评估中心发展而成，现在被五角大楼郑重采用，作为应对中国的战略一部分）就可能被认为是对中国日益增强的区域拒止能力的回应，[①] 而并非纯粹是"中国威胁"话语的产儿。然而，同样的道理，即便我们把注意力转到中国在全球政治中的实力和行为上，我们也不能忽视"中国威胁论"范式从一开始就在塑造中国意象和战略行为中所起的作用。比如，中国区域拒止能力的增强不可能发生在真空之中；这些可以被认为是对西方更早前对华政策的回应，而之前西方的政策不可避免地受到"中国威胁论"的塑造。我将在这部分考察支撑"中国威胁论"的几个核心方面，如中国强硬的民族主义、权力政治思维和咄咄逼人的外交政策，并指出它们并不是中国的固有特质，而可以被理解为"中国威胁论"诉诸实践后社会建构的结果。

当然，"中国国内和外交政策调整在多大程度上受到美国对华政策的影响"，是很难从经验上进行界定和量化的。[②] 尽管如

95

---

① See Krepinevich, *Why Air Sea Battle*?

② Wang Jisi and Wang Yong, 'A Chinese Account: The Interaction of Policies', in Ramon H. Myers, Michel C. Oksenberg and David Shambaugh (eds), *Making China Policy: Lessons from the Bush and Clinton Administrations*, Lanham, MD: Roman & Littlefield, 2001, p. 277.

此，从定性的角度来确定两者之间的联系还是有可能的。这种
联系无疑是相互的，对中国如何影响美国的政策已经着笔甚
多。① 所以现在应该考察"相互回应"的另一面，即中国的认
知和行为是如何被西方的理论和实践建构的。

　　为了回答这一问题，我们先考察两个众所周知的中国威胁
现象：中国的民族主义和中国的权力政治思维。"中国威胁论"
认为，这些都是中国天生具有的特质。江忆恩认为，在中国的
军事经典著作里，存在着一种固有的备战式战略文化。同时，
中国的新民族主义被认为是本土民族主义理念（如文化主义）、
中国快速的经济发展和中国政府操控的共同产物。② 正如傅士卓
（Fewsmith）和罗斯（Rosen）所言：

　　　　要求中国在国际舞台上拥有"正当"地位的大众意识
　　是伴随着中国的经济发展而出现的，它由中国政府培植而
　　成，是 1993 年起开展的爱国教育运动的一部分。正是这种
　　中国在国际社会中的地位意识为二十世纪九十年代涌现的
　　民族主义奠定了基础。③

---

①　See Cohen, *America's Response to China*.

②　Johnston, *Cultural Realism*; Fairbank, *China Perceived*, pp. 136 – 7; James
　　Townsend, 'Chinese Nationalism', *The Australian Journal of Chinese Affairs*,
　　No. 27, 1992, p. 113; and John Fitzgerald, 'The Nationless State: The
　　Search for a Nation in Modern Chinese Nationalism', in Jonathan Unger (ed.),
　　Chinese Nationalism, Armonk, NY: M. E. Sharpe, 1996, p. 61.

③　Joseph Fewsmith and Stanley Rosen, 'The Domestic Context of Chinese Foreign
　　Policy: Does "Public Opinion" Matter?' in David M. Lampton (ed.), *The
　　Making of Chinese Foreign and Security Policy in the Era of Reform, 1978 –
　　2000*, Stanford, CA: Stanford University Press, 2001, p. 186.

虽说中国国内因素很明显起到一定作用，但是它们并不足以充分解释二十世纪九十年代以来中国新民族主义的兴起。以中国经济发展这一因素为例，自二十世纪八十年代以来，中国经济的快速发展，确实有助于提高民族自豪感，某些情况下，有些地区还会出现仇外的情况。但是，总体来看，中国的繁荣带给中国人对外部世界的认知恰恰是良性的和积极的。如果说民族主义和经济存在着关联，可是中国近代历史表明，民族主义的勃兴不是建立在健康的经济增长之上的，而是建立在经济停滞和国家衰弱的基础之上的。赵穗生指出，"中华民族"这一族群意识直到中华民国早期才出现，中国的知识分子发现有必要使用这一概念来警示国民"在西方入侵下的灭种危险"。① 与这一分析相吻合，历史上最剧烈、最残暴的民族主义形式发生在义和团运动和"文化大革命"中，而那时的中国经济都处于崩溃的边缘。

有些人则认为，中国民族主义的兴起很大程度上是由于政府的宣传和操控，尤其是其大量的爱国主义教育。然而，爱国教育一直存在于中国政治中，从中华人民共和国成立之初起就开始了。② 进入二十世纪九十年代，正如李侃如所言，实际上中国的政治教育，包括爱国主义教育，都在减弱，大多数城市人"不再参加政治学习小组，而那曾经是八十年代中国的一大特色"。③ 此外，如果说政府宣传是中国新民族主义兴起的主要推

---

① Suisheng Zhao, ' "We are Patriots First and Democrats Second" : The Rise of Chinese Nationalism in the 1990s', in Edward Friedman and Barrett McCormick (eds), *What If China Doesn't Democratize?* Armonk, New York: M. E. Sharpe, 2000, pp. 24 – 5.

② See Zheng, *Discovering Chinese Nationalism in China*, p. 90.

③ Kenneth Lieberthal, *Governing China*: *From Revolution Through Reform* (2nd edn), New York: W. W. Norton, 2003, p. 222.

动力量，那么就难以解释为什么许多最极端的民族主义声音恰恰是来自"中国最国际化的地域"。[①] 这些地域更能远离政府宣传，更易受西方影响，按照上述观点，其民族主义情绪应该是更少，而不是更多。同样，政府宣传的因素也解释不了为什么海外中国人即便没有在中国官方爱国主义宣传的濡染下，也具有同样或者更深的民族主义情绪。

更进一步说，尽管中国政府确实需要民族主义来增强其"脆弱"的合法性，不过政府已经敏锐地察觉到民族主义是把双刃剑，它也会威胁自身的合法性。[②] 大量研究发现，在很多情形下，北京不是给极端民族主义添柴加火，而是努力限制它。[③]

民族主义和强权政治思维：大众和知识分子对西方遏制的回应

中国的民族主义因此并不是单纯中国内部的现象。在很大程度上，它的复兴是对美国冷战结束后对华强硬政策的反应，

---

① Quoted in Suisheng Zhao, 'The Olympics and Chinese Nationalism', *China Security*, 4 (3), 2008, p. 48.

② Suisheng Zhao, 'Chinese Foreign Policy: Pragmatism and Strategic Behavior', in Suisheng Zhao (ed.), *Chinese Foreign Policy: Pragmatism and Strategic Behaviour*, Armonk, NY: M. E. Sharpe, 2004, p. 7.

③ See Shih, *Navigating Sovereignty*, pp. 128 – 9; Thomas A. Metzger and Ramon H. Myers. 'Chinese Nationalism and American Policy', *Orbis*, 42 (1), 1998, p. 35; Fei-ling Wang, 'Self-Image and Strategic Intentions: National Confidence and Political Insecurity', in Yong Deng and Fei-ling Wang (eds), *In the Eyes of the Dragon: China Views the World*, Lanham, MD: Rowman & Littlefield, 1999, p. 35; Christopher Hughes, 'Globalisation and Nationalism: Squaring the Circle in Chinese International Relations Theory', *Millennium: Journal of International Studies*, 26 (1), 1997, p. 123; Zhao, 'The Olympics and Chinese Nationalism', p. 54.

尽管这并不是唯一的因素。冷战期间，将近二十年美国曾把中国当作准盟国，它打中国牌以此遏制那时两国的共同敌人——苏联。1985 年，与西方尤其是与美国关系的改善，促使邓小平提出著名的时代主题论，认为国际形势可以用两大主题来概括：和平与发展。在整个二十世纪八十年代，中国热衷于向西方学习，而非仇外排外。在经济领域，这种热情表现为热切地寻求全球联系。① 1987 年的一项全国调查发现，四分之三的中国人对西方理念的流入持包容态度，80% 的共产党员也持类似态度。② 如果说那时中国有民族主义，如王小东所言，那是"逆向民族主义"，即一种对中国文化有耻辱感的民族主义。③

冷战的结束和"八九政治风波"，使得西方对中国的认知和政策都发生了重大变化。在上面的章节中我们看到，许多西方人，尤其是美国人评论员和决策者为了找到新的敌人，开始把中国作为新的恐惧源泉和遏制的新目标。所谓中国新民族主义的兴起与美国开始更加强硬的对华政策几乎是同步的。

新民族主义的一个重要标志是 1996 年引起了极大热议的《中国可以说不》一书的出版。④ 无论是它挑动性的标题，还是

97

---

① David Zweig, *Internationalizing China: Domestic Interests and Global Linkages*, Ithaca, NY: Cornell University Press, 2002.

② Zheng, *Discovering Chinese Nationalism in China*, p. 50.

③ Wang Xiaodong, 'Zhongguo de minzuzhuyi he Zhongguo de weilai' (Chinese Nationalism and China's Future), in Fang Ning, Wang Xiaodong, Song Qiang, et al., *Quanqiuhua yinying xia de Zhongguo zhilu* (China's Road under the Shadow of Globalisation), Beijing: Zhongguo shehuikexue chubanshe, 1999, pp. 82 - 6.

④ Song Qiang et al., *Zhongguo keyi shuo bu: Lengzhan hou shidai de zhengzhi yu qinggan jueze* (China Can Say No: Political and Sentimental Choices During the Post-Cold War Era), Beijing: Zhonghua Gongshang Lianhe Chubanshe, 1996. Indeed, this book quickly sparked a new genre of 'say no' literature in China. See, for example, Zhang Zangzang et al., *Zhongguo haishi keyi shuo bu*：(转下页注)

时机，都有力地展现出中国新民族主义的模仿特质和回应性的
特点。一方面，这本书是模仿1989年日本民族主义者石原慎太
郎和盛田昭夫出版的《日本可以说不》一书，①后者是在二十世
纪八十年代西方风行打压日本运动之后写成的。与此同时，在
冷战结束后的一段时间里，中国开始出现认为美国故意在一系
列问题上打压中国的观点。比如将中国的人权状况与最惠国待
遇挂钩、反对北京申办奥运会、策划"银河号"事件、②支持李
登辉于1995年访美和在台海危机中向台湾海峡派出两支航母战
斗群。正像许多参会者在英国一次关于中国民族主义的会议上
谈到的那样，《中国可以说不》这一高度民族主义的著作之所以
广受欢迎，更多的是与其特定的时机和内容有关（内容主要涉
及1995年至1996年中美在台湾问题上的对峙），而与所谓中国

（接上页注④）*Guoji guanxi bianshu yu women de xianshi yingdui*（China Still
Can Say No: International Relations Factors and Our Realistic Response）, Bei-
jing: Zhonghua Gongshang Lianhe Chubanshe, 1996; Peng Qian et al. , *Zhong-
guo weishenme shuo bu?*（Why Does China Say No?）, Beijing: Xinshijie Chu-
banshe, 1996; Xi Laiwang, *Ershiyi shiji Zhongguo zhanlue da cehua: Waijiao
moulue*（China's Grand Strategy into the Twenty-first Century: Strategic Calculus
of China's Diplomacy）, Beijing: Hongqi Chubanshe, 1996; Chen Feng et al. ,
Zhang Mei jiaoliang da xiezhen（True Stories of Sino-America Contention）,
Beijing: Zhongguo Renshi Chubanshe, 1996; Guo Jishan, *Zouxiang zuguo
tongyi de zuji*（Steps Toward the Reunification of the Motherland）, Beijing:
Hongqi Chubanshe, 1996; and Li Xiguang, Liu Kang, et al. , *Yaomohua
Zhongguo de beihou*（Behind the Demonisation of China）, Beijing: Zhongguo
shehui kexue chubanshe, 1996.

① Aihwa Ong, Flexible Citizenship: *The Cultural Logics of Transnationality*, Dur-
ham, NC: Duke University Press, 1999, p. 197.

② In July-August 1993, The *Yinhe*, a Chinese vessel, supected by the U. S. to be
carrying chemical weapon materials to Iran, was pursued by U. S. warships and
aircraft and eventually was forced to accept U. S. inspection of its cargo in Saudi
Arabia. While no such chemicals aboard the ship were found, the U. S. refused
to apologise for its action. See Tyler, *A Great Wall*, pp. 396 – 400.

固有的民族主义特质关系不大。① 我们或许还记得，上述大多数"事件"，都是在美国寻求对华更强硬政策的背景下出现的。

如果我们透过这本书耸人听闻的只言片语，仔细分析其观点，就会发现，中国民族主义的相互回应特征就变得愈加明显。其中一个作者写道："本来我是一个国际主义者，但是自看到北京申办奥运过程中美国和那些英联邦国家的表现，深感刺激，以后就慢慢地变成一个民族主义者了。"② 这种转变经历很好地概括了这本书的总体情绪。另一个作者表述了美国对华强硬政策的转变是如何改变他对美国的态度的。回到二十世纪七十年代，他对美国站在中国一边对抗苏联感到高兴。在八十年代他的亲美情绪达到了顶点，他把美国看作中国在所有方面的学习对象。但是，经历了九十年代初美国对中国的一系列敌对行动之后，这种感觉很快就消失了，他对美国的极高期望以苦涩的失望告终。③ 同一年出版的另一本颇受争议的书《妖魔化中国的背后》也讲述了一个对美国幻想破灭的类似故事：

　　我们在中国上大学和研究生的时候，积累了对美国的一些好感，如果说在我们去美国之前还有一些亲美情绪的话，到了

---

① See William A. Callahan, 'Report on Conferences: Nationalism & International Relations in China', Centre for Contemporary China Studies, Durham University, 2002. www. dur. ac. uk/resources/china. studies/shanghaireportonthe% 20conference. doc.

② Song Qiang et al. , *Zhongguo keyi shuo bu*, p. 2（Preface）.

③ Song Qiang, 'Cang tian dang si, huang tian dang li' (The Blue Sky Must Die, and the Yellow Sky Must Stand Up), in Song Qiang et al. , *Zhongguo keyi shuo bu: Lengzhan hou shidai de zhengzhi yu qinggan jueze* (China Can Say No: Political and Sentimental Choices During the Post-Cold War Era), Beijing: Zhonghua Gongshang Lianhe Chubanshe, 1996, pp. 1 – 51.

美国之后，看到美国主流媒体对中国的妖魔化和对中国文化的新种族主义攻击之后，这些好感便被一扫而尽了……正是美国人和美国媒体对中国的妖魔化"激起"了我们的反美情绪。①

1999 年美国"意外"轰炸了中国驻南斯拉夫大使馆，或许可以说没有其他事件比此对当代中国民族主义的兴起推动作用更大的了。几名中国人被炸死，多人在此事件中受伤。受此刺激，许多一年前还在欢迎美国职业篮球联赛球星迈克尔·乔丹和克林顿总统的大学生，如今涌到了美国驻北京的大使馆门前进行抗议。在中国人民大学的校园里，一群中国学生围住许多美国学生，高呼"血债必须血偿！"一个学生承认此种场面确实不怎么友善，但是他又很快追加了一句"比起我们所回应的美国所作所为，这算是很克制的了"。② 以前中国民众对美国愤怒主要限于纸质传媒。这次轰炸却首次在互联网上引发了攻击性十足的民族主义言辞。③ 为了响应公众对北约轰炸的愤怒斥责，《人民日报》网络版专门开辟了一个"抗议北约暴行论坛"。这个论坛后来发展为极具民族主义性质的强国论坛，它如今成为中国讨论当下事件的最有影响力的论坛之一。④ 对于很多人来

① Li Xiguang et al., *Yaomohua Zhongguo de beihou*, p. 2.

② Elisabeth Rosenthal, 'China Students Are Caught Up by Nationalism', *New York Times*, 12 May 1999, p. A1.

③ Simon Shen, *Redefining Nationalism in Modern China*, Basingstoke：Palgrave, 2007, p. 59.

④ During and online chat with netizens through *Qiangguo luntan* in June 2008, Chinese President Hu Jintao stressed that this online forum was one of his favourite websites. *Qiangguo luntan*, 'Hu Jintao Zongshuji tong wangyou zaixian jiaoliu' (General Secretary Hu Jintao's Online Chats with Netizens), 20 June 2008, http：//www. people. com. cn/GB/32306/33096/125024/index. html.

说，这起重大事件是难以忘怀的决定性事件。曾经对国际政治漠不关心的人，几乎一夜之间变成了民族主义者。甚至许多参加过"八九政治风波"的人，如今也变成了反西方的民族主义者。①

因此，不应该孤立地理解中国的新民族主义，而应该从相互回应的角度来看待。具体说来，如范士明所指出的，这是对"美国国际行为和外交政策的单边主义、傲慢、伪善和霸权"的回应。② 如果没有1999年的轰炸，很难想象会有那些反美示威游行的发生。同样，如果美国的侦察机不在中国沿岸经常飞行，就不会有2001年撞机事件，也就不会有随之而来的中国民族主义爆发。如果北京奥运会圣火传递过程中不在海外遭遇暴力冲击，也就不会有来自中国大陆和海外的强烈民族主义者的回击。到目前来看，中国新民族主义往往发生在国际互动的背景下，它并不仅仅是"中国制造"；它还是被美国和西方合作建构出来的。更多的证据显示，在西方政策和中国行为之间存在着正相关的关系："当西方尤其是美国表现出对中国尊重时，民族主义声音就会减弱。"③

如果说对美国强硬政策的反应，公众表现为民族主义激情，那么中国知识分子（尤其是国际关系学者）则表现为对权力政治思维的钟爱。用柯庆生的话说，中国成为"冷战后世界权力政治的高地"。④ 许多中国学者相信，国际关系仍然类似于霍布斯所说的

① Quoted in Zhao, 'The Olympics and Chinese Nationalism', p. 52.

② Fan shiming, 'Aihen jiaorong' zhong de fan Mei zhuyi' (Anti-Americanism in a 'Love-Hate' Complex), *Guoji zhengzhi yanjiu* (International Politics Quarterly), No. 2, 2005, p. 57.

③ Zheng, *Discovering Chinese Nationalism in China*, p. 156.

④ Thomas Christensen, 'Chinese Realpolitik', *Foreign Affairs*, 75 (5), 1996, p. 37.

99

"自然状态"。① 北京大学教授朱锋认为，权力政治理论是西方
国际关系理论中最重要的理论框架，通过它可以解释当代国际
事务。② 张睿壮是毕业于伯克利的一名中国学者、南开大学的教授，
他认为对人性自私的现实主义假设是世界现实的真实反映。因此，
国家之间利益的冲突不可避免：假如你想要和平，那就准备战斗
吧。③ 另一位伯克利研究生、清华大学当代国际关系研究院院长阎
学通在《中国国家利益分析》一书中，从一个相似的角度，提出捍
卫国家利益依靠权力。在权力缺失的情况下，捍卫国家利益几乎是
幻想。④ 如果觉得这些想法有些耳熟，那是因为在很大程度上它
们是从西方主流战略思想中挪用过来的。⑤ 《中国在想什么?》

---

① Zhang Wenmu, 'Quanqiuhua jincheng zhong de Zhongguo guojia liyi' (China's National Interests in the Process of Globalisation), *Zhanlue yu guanli* (Strategy and Management), No. 1, 2002, p. 58.

② Zhu Feng, 'Guojiguanxi lilun zai Zhongguo de fazhan: Wenti yu sikao' (The Development of International Relations Theory in China: Problems and Reflection), *Shijie jingji yu zhengzhi* (World Economics and International Politics), No. 3, 2003, p. 25.

③ Zhang Ruizhuang, 'Zhongguo ying xuanze shenmeyang de waijiao zhexue?' (What Kind of Foreign Policy Thinking Should China Choose?), *Zhanlue yu guanli* (Strategy and Management), no. 1, 1999, p. 61; Zhang Ruizhuang, "Chenzhuo yingdui" yu "zifeiwugong" ('Meet Challenges with Calm' and 'Voluntarily Relinquish One's Own Prowess'), *Shijie jingji yu zhengzhi* (World Economics and International Politics), no. 1, 2002, p. 72.

④ Yan Xuetong, *Zhongguo guojia liyi fenxi* (An Analysis of China's National Interests), Tianjin: Tianjin renmin chubanshe, 1996, p. 311. See also Wang Xiaodong, '90 duanxiang' (Reflection on the Year 1999), in Fang Ning, Wang Xiaodong, Song Qiang, et al., *Quanqiuhua yinying xia de Zhongguo zhilu* (China's Road under the Shadow of Globalisation), Beijing: Zhangguo shehuikexue chubanshe, 1999, p. 44.

⑤ Michael H. Hunt, 'CCP Foreign Policy: "Normalizing" the Field', in Michael H. Hunt and Niu Jun (eds), *Toward a History of Chinese Communist Foreign Relations, 1920s - 1960s: Personalities and Interpretive Approaches*, Washington, DC: Woodrow Wilson Center Asia Program, n. d., p. 173.

（*What Does China Think*?）一书的作者马克·伦纳德（Mark Leonard）认为，阎学通几乎就是"威廉·克里斯托尔形象的翻版"。威廉·克里斯托尔是美国新保守主义战略家的领军人物。就像克里斯托尔对中国威胁忧心忡忡，又对绥靖中国带来的危险忧心不已一样，阎学通看起来同样担心美国，同样强烈呼吁不要对美国示弱。"我们认为假如你妥协，他们会得寸进尺。我们与日本和在中国台湾存在的问题，就是纵容的直接后果，"阎学通对伦纳德如是说。①

当然，这种"翻版"说并不意味着中国思维总是西方理念的被动衍生物。或许人们认为，这不过反映出在思考世界现实时，"现实主义者都所见略同"。对于阎学通个人来讲，他的现实主义思维或许还可以追溯到他少年时的经历，二十世纪六十年代他一度离开校园被派往建设兵团。② 尽管如此，这些都还无法解释为什么近年来一些偏自由主义的学者也逐渐秉持了类似的观念。在侦察机事件中，楚树龙，一个当代自由主义知识分子，常常与其强硬的同事阎学通形成鲜明的对照，他主张除非美国做出真正的道歉，否则不应该释放美国机组人员。③ 北京大学教授王逸舟，自称是一位"现实主义的自由主义者"，但作为一个来自"贫弱的发展中国家"的学者，他对"国际政治日常实践中，施加于贫弱国家之上的权力政治粗暴现实和霸权主义"深感苦恼。④ 对

100

① Mark Leonard, *What Does China Think?* New York: Public Affairs, 2008, pp. 90–1.
② Daniel A. Bell, 'Introduction', in Yan Xuetong et al., *Ancient Chinese Thought, Modern Chinese Power*, Princeton, NJ: Princeton University Press, 2011, pp. 1–2.
③ Shen, *Redefining Nationalism in Modern China*, p. 89.
④ Wang Yizhou, *Quanqiu zhengzhi he Zhongguo waijiao: Tanxue xin de shijiao yu jieshi* (Global Politics and China's Foreign Policy: In Search of New Perspectives and Interpretations), Beijing: Shijie zhishi chubanshe, 2003, p. 10; and Wang Yizhou, *Dangdai guoji zhengzhi xilun* (An Analysis of Contemporary International Politics), Shanghai: Shanghai renmin chubanshe, 1995, p. 13.

于楚树龙和王逸舟来说，他们对权力政治不情愿地接受，似乎与该理论的说服力关系不大，而更多地与美国对中国的遏制有关。

这样说，并不意味着我旧调重弹过去欧洲中心主义的"刺激—反应"模式，即中国的民族主义和权力政治思维全然是外部刺激的产物。① 毫无疑问，中国完全能够自生出民族主义者或权力政治理念。纵使我们这里应该认识到中国的主体性，我们还是不要忘了在广阔的历史背景下西方对中国现实主义的建构。诚然，现实主义在中国传统文化里并不陌生（比如法家思想），但是如果没有欧洲的枪炮外交，很值得怀疑它会在一个传统上由儒家主导的社会里大行其道。

清朝钦差大臣林则徐的内心转变就是个很好的例子。林则徐负责查禁英国商人的非法鸦片贸易，最初他本着儒家礼尚往来的精神劝说维多利亚女王采取合作态度。在 1839 年给女王的信中，他恳求地说："自不肯以己所不欲者，施之于人。"但是他的话并没有被英方听进去。看到欧洲列强的军舰在公海上不断地"自由穿梭"，他最后只得屈服于权力政治的"现实"。1842 年，他写信给一位朋友说，"军舰、枪炮和水上力量，都是中国海防必不可少的东西"。② 但是这种想法在当时中国是革命性的和颇具争议性的，他请求他的朋友不要将此想法公开。林则徐从一个儒家的学者型官员变成一个现实主义的战略家，这

101

---

① The 'impact-response' approach, championed by John K. Fairbank, was widely used in the study of Chinese history and its international relations during the twentieth century. For a critique of this approach, see Cohen, *Discovering History in China*.

② Ssu-yu Teng and John K. Fairbank et al., *China's Response to the West: A Documentary Survey 1839 – 1923*, Cambridge, MA: Harvard University Press, 1954, pp. 26, 28.

是西方列强对近现代中国战略思维和行为长期影响的一个缩影。就像中国自十九世纪中期以来对富强矢志不渝的追求与遭遇列强的惨痛经历密不可分一样，中国如今成为刻板的现实主义大本营，也应该尤其放在当代中美互动的背景下来理解，尽管这并不是唯一的因素。

美国的遏制与中国的外交回应

美国遏制政策的影响不仅触及中国公众和知识分子，还延伸到中国官方的外交决策领域。胡锦涛说，与美国的关系是"中国外交战略中的主线"。① 也就是说，美国如何对待中国必然成为中国制定外交政策的一个重要考虑。

2002 年出版的《中国的新领导人：秘密文件》一书谈到了中国政治局委员们对美国动机的看法。该书称，受美国在中国周边国家军事部署的警示，胡锦涛相信美国"不断推进前哨阵地，已从东、南、西三方对我们构成压力。这使我们的地缘政治环境发生了重大的变化"。该书指出，温家宝和曾庆红认为，美国的对华战略是"接触和遏制"。② 用今天的话说，这类似于对冲战略。

在对中国新民族主义的研究中，葛小伟正确地指出美国对华政策对中国的世界观有着广泛的影响。美国的传统观念认为，中国和中国民族主义独立于其所在的国际环境，因而忽略与中国打交道的国家在塑造中国外交行为中的作用，对这一观念，

---

① Andrew J. Nathan and Bruce Gilley, *China's New Rulers: The Secret Files*, New York: New York Review of Books, 2002, p. 207.

② Andrew J. Nathan and Bruce Gilley, *China's New Rulers: The Secret Files*, pp. 207 – 8.

葛小伟不以为然。① 不过受那重认识的影响，拉姆斯菲尔德2005年6月在一次地区安全会议上，抛出了著名的一问："既然没有哪个国家威胁中国，我们不禁要问：中国为什么不断增长防务投入？"美国的国防开支比排在其后的几乎所有国家国防开支的总和还要多，而作为美国国防部长，他竟然一本正经地提出这样的问题，真是不同凡响。威尔·胡顿即认为，他的问话表现出的"伪善是登峰造极"。②

中国政府对美国的印象并非总是那么糟这一事实进一步表明中国官方观点的可变性和回应性，而并非一成不变、本来如此。在1998年中国的国防白皮书上，美国被提及10次，几乎每次都是用的正面词汇。在此之前，1997年和1998年中国国家主席江泽民和美国总统克林顿进行了历史性会晤，并达成了构建中美"建设性战略伙伴关系"的重要共识。我们可以大致推测，国防白皮书对美国的正面评估，反映了中国领导人在此之后对中美关系的安心和信心。两年之后，中国的第三份国防白皮书13次提到美国，除了两处之外其余皆是负面的。③ 在这两年之间，不说别的，就曾发生美国指责中国从事间谍活动，还有美国轰炸中国在贝尔格莱德的大使馆。中国被这些事件震惊了。据克林顿回忆录《我的生活》一书中的记述，甚至中国领导人也开始相信，这起事件是五角大楼或中情局这些反对克林顿对华接触政策的人阴谋操控轰炸目标地图而有意为之。④

---

① Gries, *China's New Nationalism*, p. 138.

② Hutton, *The Writing on the Wall*, p. 235; see also Morton Abramowitz and Stephen Bosworth, 'America Confronts the Asian Century', *Current History*, 105 (690), 2006, p. 150.

③ John Pomfret, 'U. S Now a "Threat" in China's Eyes', *Washington Post*, 15 November 2000, p. A1.

④ Clinton, *My Life*, p. 855.

对许多观察者来说，美国的对华政策至多就是对冲、再平衡或应变计划，而不是险恶的遏制；问题在于中国过度反应或太过敏感了，这可归咎于中国有种被围攻心态或对美国认识存在误区。① 这种解释或许有几分道理。可是，值得注意的是，并不只是中国人表现得"太过敏感"。北约轰炸中国大使馆后，当《国家利益》编辑欧文·哈里斯（Owen Harries）路经香港的时候，他"没有遇见任何一个人（不管是中国还是西方人）认为那是一起意外事件"。② 甚至时任美国驻华大使的尚慕杰（James Sasser）后来告诉中国记者，"如果他是个中国人"，他也不会相信轰炸是个意外。③

同时，许多西方学者毫不讳言，美国防止出现新的势均力敌者的禁令"只能适用于中国"，因为没有其他敌人具备这个资格。④ 2003 年兰德公司一份关于美国核武库未来角色的报告承认，美国的核态势和核战略看起来最适合用于对中国（和俄罗斯）进行先发制人。否则，如报告中所说，"从其数量和操作程序上，都无法解释"。⑤

尤其令人担忧的是，许多美国决策者看起来对中国的反应无动于衷。2010 年美国和韩国准备在黄海进行海军军事演习，在此过程中，中国强烈抗议这一演习。复旦大学的沈丁立打比

① Edward Friedman, 'Reflecting Mirrors across the Taiwan Straits: American Perspectives on a China Threat', in Herbert Yee and Ian Storey (eds), *The China Threat: Perceptions, Myths and Reality*, London: RoutledgeCurzon, 2002, p. 76; Lampton, *Same Bed, Different Dreams*, pp. 251 - 2.

② Owen Harries, 'A Year of Debating China', *The National Interest*, No. 58, 1999/2000, p. 145.

③ Shen, *Redefining Nationalism in Modern China*, p. 60.

④ Klare, 'Revving up the China Threat', p. 29.

⑤ Glenn C. Buchan, David Matonick, Calvin Shipbaugh and Richard Mesic, *Future Roles of U. S. Nuclear Forces: Implications for U. S. Strategy*, Santa Monica, CA: RAND, 2003, p. 92.

方说："美国意欲把核动力航空母舰开到离中国极近的黄海，这就像苏联在古巴部署导弹一样，中国难道不应该和那时的美国有着同样的感受吗？"① 或许是没有意识到中国的这种关切，五角大楼的发言人杰夫·莫瑞尔（Geoff Morrell）依旧很坚定地说："演习的决定是由我们——只是由我们做出的。在哪演习，什么时候演习，和谁以及怎样演习，使用什么设备等，都是由美国海军、国防部和美国政府决定的。"② 带着一种单边主义的傲慢，他的潜台词是中国也许不高兴，但又能奈我何。这个发言人的思路其实只是在遵循美国的一贯传统。二十年前，美国不顾中国的愤怒，执意向台湾出售高性能的战斗机。美国参议员劳埃德·本特森（Lloyd Bentsen）就曾问道："中国究竟能怎么样？它敢威胁终止每年给其带去 200 亿美元盈余的对美贸易吗？"③ 也许他不无道理。尽管或者说正因为中国的快速崛起，它的经济持续严重依赖于海外市场，尤其是美国市场。由于中国宣扬"和平发展"，大量的证据显示它不愿与世界霸主相对抗。④

① Shen Dingli, ' US-S. Korean Maritime War Games Needlessly Provocative ', *Global Times*, 14 July 2010, http:∥opinion. globaltimes. cn/commentary/2010 – 07/551234. html.

② Al Pessin, ' US, South Korean Navies Will Exercise in Yellow Sea Despite Chinese Objections ', *Voice of America*, 14 July 2010, http:∥www. voanews. com/ english/news/US-South-Korean-Navies-Will-Exercise-in-Yellow-Sea-Despite- Chinese-Objections-98453279. html.

③ Mann, *About Face*, p. 266.

④ Wang Jisi, ' China's Search for Stability with America ', *Foreign Affairs*, 84 (5), 2005, pp. 39 – 48; Jia Qingguo, ' Learning to Live with the Hegemon: Evolution of China's Policy toward the US since the End of the Cold War ', *Journal of Contemporary China*, 14 (44), 2005, pp. 395 – 407; and Zhu Feng, ' China's Rise Will Be Peaceful: How Unipolarity Matters ', in Robert S. Ross and Zhu Feng (eds), *China's Ascent: Power, Security, and the Future of International Politics*, Ithaca, NY: Cornell University Press, 2008, pp. 34 – 54.

尽管如此，许多"中国威胁论"拥趸所认为的中国别无选择只有"伸出另一面脸"的想法，仍旧不仅是自相矛盾的，还是自我欺骗和危险的。即便认同美国的对冲战略不过是偶然的规划，但是这仍没有规避相互回应的可能。正如罗伯特·阿克塞尔罗（Robert Axelrod）在谈到囚徒困境下的对冲规则时所说：

> 这种最大化规则没有把他们的行为可能导致博弈方行为改变的情形考虑在内。在决定是否带伞时，我们不需要担心乌云会把我们带不带伞考虑在内……非零和博弈，比如囚徒困境，并不如此。不像乌云，另一博弈方能够回应你们的选择。[1]

如上面提到的，中国公众层面和官方层面的回应已经在进行。美国长期对中国实行对冲政策，如果中国（尤其是军事领域）也采取这一战略，也就不足为怪了。[2] 例如，中国的军事现代化（被称为"中国特色的军事改革"）从冷战后美国引领的军事变革中得到了许多启示。[3] 2004 年中国国防白皮书在促进"信息化"一项里，为了将三种军事服务整合在一起，直接"复制美国的做法，将卫星和空中探测、无人飞行器和信息战结合起来"。[4]

---

[1] Robert Axelrod, *The Evolution of Cooperation* (rev. edn), New York: Basic Books, 2006, pp. 120 – 1.

[2] See Andrew Small, *Preventing the Next Cold War: A View from Beijing*, London: Foreign Policy Centre, 2005, pp. 37 – 46.

[3] *China's National Defense in 2008*, Beijing: China State Council Information Office, 20 January 2009, p. 6.

[4] Ashton B. Carter and Jennifer C. Bulkeley, 'America's Strategic Response to China's Military Modernization', *Harvard Asia Pacific Review*, 1 (9), 2007, p. 50; see also Brad Roberts, Robert A. Manning and Ronald N. Montaperto, 'China: The Forgotten Nuclear Power', *Foreign Affairs*, 79 (4), 2000, pp. 53 – 4.

　　按照戴维·兰普顿的说法，中国近几十年来的军事发展主要是基于回应的，而不是自发开启的。①

　　哈里斯在评论被广泛提及的 1995 年夏秋和 1996 年 3 月中国人民解放军在台湾海峡的导弹演习时写道，"中国草率的、具有敌意的威胁恐吓行为，不过是回应罢了"。② 这一行动是美国允许李登辉访美之后，李登辉在美国发表了一番胜者姿态的演讲，他大讲"台湾经验"的价值，呼吁国际社会对台湾更广泛的承认。之后，在 1996 年的导弹危机中，美国派出了两支航空母舰战斗群于此出没，受此警示，据称中国的战略设计者对基辛格的一个亲密同事海尔穆特·索南菲尔德（Helmut Sonnenfeldt）说，他们开始重新阅读乔治·凯南的早期作品——对苏遏制政策的架构。害怕美国也对中国采取类似的行动，他们想从凯南那里知道"遏制政策是如何开始和演进的"。③

　　2004 年 7 月，美国实施了代号为"2004 夏季脉动行动"的演习，史无前例地从五个地区自发集结了七支航母战斗群，意在向大陆清晰地表明，美国防卫台湾的承诺是严肃的。美国的目标当然达到了，但却是未料到的结果。美国演习之后，一名中国军官很快得出结论，这"使中国别无选择，只能闪电般地发动和结束（对台湾的）战争"。④ 中国受到美国这次史无前例武力展示的刺激，也做了史无前例的回应，任命两名高级反航母战军官到中国人民解放军总参谋部任职。针对这一不同寻常

---

① Lampton, *Same Bed*, *Different Dreams*, p. 73.

② Owen Harries, 'How Not to Handle China', *National Review*, 149 (9), 1997, p. 36 (emphasis in original).

③ Chalmers Johnson, 'Containing China: U. S. and Japan Drift Toward Disaster', *Japan Quarterly*, 43 (4), 1996, p. 12.

④ Ching Cheong, 'US Plans Huge Show of Force in Pacific', *Straits Times*, 30 June 2004.

的任命，电子防务杂志上一篇文章评论道，"2004 夏季脉动的七支航母战斗群肯定真切地震撼了中国高层指挥官"。① 七年之后当中国的第一艘航空母舰最终试水的时候，几乎不会有人还记得或关心中国决心发展蓝色海军（和区域拒止能力）与之前和美国的相遇之间的关联。但是，这些背景是理解中国近来强势外交全貌所必需的。

中国外交除了直接回应美国的对华政策，还受到后者的间接影响。这从中国对待来自大众民族主义者和强硬现实主义者的诸多国内压力的态度中就可以明显地看出来。尽管北京意识到极端民族主义的危害，与此同时，它又变得逐步受制于大众舆论和易受批评，尤其是在政府的回应被密切关注并与政权合法性交织在一起的国际危机中。在此背景下，如葛小伟所言，中国的外交决策日趋成为"双重博弈"，"甚至中国外交官在与国外对手谈判的时候，还要用另一只眼注意国内民族主义者的反应"。② 就像美国的"中国威胁论"对美国对华政策有着深远的影响一样，中国人对美国遏制的认识同样也会对北京的外交行为产生相当大的影响。在 2001 年的侦察机事件中，中国政府发现其回旋余地严重受制于强烈的公众愤怒情绪。一位不愿透露姓名的官员表示，"中国的民众就会认为政府太软弱，飞机回去的时候甚至可能还会对中国进行侦查"。③ 美国驻华大使特别助理约瑟夫·普理赫（Joseph Prueher）后来证实，在北京的谈

105

① Kenneth B. Sherman, 'Flashpoint Taiwan Straits', *Journal of Electronic Defense*, 27 (11), 2004, p. 57.
② Peter Hays Gries, 'Nationalism and Chinese Foreign Policy', in Yong Deng and Fei-ling Wang (eds), *China Rising: Power and Motivation in Chinese Foreign Policy*, Lanham, MD: Rowman & Littlefield, 2005, p. 104.
③ Shen, *Redefining Nationalism in Modern China*, p. 78.

判过程中，美国外交官看到"中国政府对中国舆论非常敏感"。① 上文已经论述，中国的舆论反过来部分也是由美国对华政策塑造的。

作为自我实现预言的"中国威胁论"

如果将中国不断变化的公众舆论和中国外交日益强硬的姿态放在相互回应的视角下来理解，那么，它们看起来的威胁性，至少部分反映了"中国威胁论"诉诸实践所导致的自我实现后果。某种程度上，它们是西方中国威胁话语社会建构出来的。在此，我们回到前面提出的问题：拥有一个敌人的代价是什么？简单地说，代价就是把中国视作威胁，并以此采取行动，结果将使对中国的恐惧更有可能成为现实。尽管"中国威胁论"范式并不是"客观"表述，但也不是完全的想象，它拥有使预测成为现实的建构力量。如果说这一范式最终和中国事实有什么相近的话，那是因为事实部分是由其建构出来的。只要美国的战略规划者仍旧依据"中国威胁论"采取行动，这一自我实现的过程就会持续进行下去。比如，2010 年 7 月当中国反对美韩黄海军演无效之后，中国宣布将在美韩演习期间在东海进行海军实弹射击。② 与此同时，《环球时报》的一篇社论指出："无论美军演习可能会对中国人的心灵造成什么伤害，美国早晚都会为此付出代价。"③

中国的这种"好斗性"似乎又为"中国威胁论"增添了新

①　See Gries, 'Nationalism and Chinese Foreign Policy', p. 112.

②　Peter Lee, 'The New Face of U. S. -China Relations: "Strategic Reassurance" or Old-Fashioned Rollback?' *The Asia-Pacific Journal: Japan Focus*, 19 July 2010.

③　'US Has to Pay for Provoking China' (editorial), *Global Times*, 6 July 2010.

的证据，证明了对中国图景的表述是正确的。① "中国威胁论"
者没有认识到他们自身在塑造 "中国威胁" 过程中的作用，因
此，他们在中美关系陷入 "一报还一报" 的螺旋模式中扮演了重
要的角色。一些头脑清醒的观察者意识到这一危险，警告美国，
如果美国试图建立反导系统，可能会招致中国部署更多的导弹。②
甚至美国国家情报评估高级报告《外国对美国部署国家导弹防
务系统的反应》也暗示了这一可能性。③ 2006 年初，原子科学
家简报的特约编辑迈克尔·穆尔（Mike Moore）预测，如果美
国继续将太空武装化，部署全面的太空控制系统，"中国肯定会
做出回应"。④ 确实是这样。在 2007 年初，中国发射了一枚弹道
导弹，击毁了一个在轨的废弃气象卫星。这一实验轰动了国际
媒体界，尽管在此之前美国再一次拒绝了中俄关于禁止太空武
器和使用反卫星武器进行谈判的提议。《金融时报》的一篇文章
写道："令人吃惊的是，所有人对中国的实验都感到吃惊。"⑤
在谈到近年来美国对华战略时，兰普顿持有相近的看法，他写
道："华盛顿不能一面寻求与印度、日本、韩国和中亚国家加强
联系，鲜明地平衡崛起的中国，另一方面又对北京同样的回应

106

---

① Michael Sainsbury, 'Our Hard Line Turns Out to Be Prescient', *The Australi-an*, 8 January 2011, p. 10.

② Roberts, Manning and Montaperto, 'China: The Forgotten Nuclear Power', p. 59.

③ Carter and Bulkeley, 'America's Strategic Response to China's Military Moderniz-ation', p. 52; Steven Lee Myers, 'Study Said to Find U. S. Missile Shield Might Incite China', *New York Times*, 10 August 2000, p. 1.

④ Mike Moore, 'A New Cold War?' *SAIS Review*, 16 (1), 2006, p. 183. See also Johnson, *Nemesis*, p. 215.

⑤ Victor Mallet, 'The Geopolitical Genius of China's Satellite Kill', *Financial Times*, 25 January 2007, p. 11. See also Noam Chomsky, *Imperial Ambitions: Conversations with Noam Chomsky on the Post-9/11 World* (Interviews with David Barsamian), New York: Metropolitan Books, 2005, p. 86.

行为吃惊不已。"①

　　然而，这种吃惊却在中国研究共同体里非常普遍，这暴露出他们对"中国威胁论"范式自我实现特质的知识盲点。反过来，这种知识盲点又促使他们主张更大程度地遏制或对冲。在此意义上说，"中国威胁论"范式不仅在实践中会自我实现，并且作为一种强大的表述范式还能够自我生产和自我存续。

　　事实上，中美双方都不想直接军事对抗，这或许是人们稍稍感到宽慰的事实。但是这本身并不重要，因为事实证明，仅仅缺乏敌意并不是阻止战争的有效屏障。像在朝鲜战争和越南战争的例子中，战争的爆发未必就需要战争的意图。② 正如西奥多·罗斯福总统考察恺撒和英国的例子后得出的结论那样，互疑常常就足以使双方陷入恶性循环之中。③ 由于"中国威胁论"的存在，以及中国的反馈学习和行动，双方的互疑和互不信任从来就不缺乏。④ 两个大国之间的战争并非不可避免，互相接触和合作的大门仍旧开着。然而，如果对"中国威胁论"范式自我实现的后果视而不见，且不予审视和重估，那么，合作就会更加困难，冲突的可能性也就变得更大。

　　需要说明的是，我对中国民族主义和权力政治思维的评析，

---

① David M. Lampton, *The Three Faces of Chinese Power*: *Might*, *Money*, *and Minds*, Berkeley, CA: University of California Press, 2008, p. 113.

② See Michael Hunt, *Crisis in U. S. Foreign Policy*: *An International History Reader*, New Haven, CT: Yale University Press, 1996, pp. 170-1; Lampton, *Same Bed*, *Different Dreams*, p. 356.

③ Jervis, *Perception and Misperception in International Relations*, p. 74.

④ See Kenneth Lieberthal and Wang Jisi, *Addressing U. S. -China Strategic Distrust* (John L. Thornton China Center Monograph Series, No. 4), Washington DC: Brookings Institution, 2012.

并不是为了低估它们的潜在危害，更不是为了证明它们的合理
性。恰恰相反，从反暴力或反对冲的相互回应后果来看，中国　107
的模仿明显是危险的，因为它使整个事件陷入"一报还一报"
的恶性循环中，在加剧中美安全困境的过程中起到了一定作用。
因此，强调中国的相互回应性并不是否定中国的主体性或免除
中国的责任。尽管中国外交政策的基本特质是回应美国，但是
它的"内容"并不是单纯地被动模仿美国的思维和行为，而是
不可避免地具有一些"中国特色"。这就是说，这些"中国特
色"的行为既不是针对西方"中国威胁论"的回击，也不是外
部刺激导致的。与之不同的视角则否定了中国自主性很重要的
一面，即"反应的能力"（response-ability）。

　　通过考察"中国威胁论"范式的自我实现趋向，我们可以
更好地理解中美关系，就像一般的国际关系一样，它是相互回
应的和互构的。因此，中美要共同为双边关系的形成负责。鉴
于"中国威胁论"知识常常否定互构性，进而否定美国在中国
威胁形成中的责任，因此，非常有必要揭示在权力实践中它们
的本质联系。

第六章
"中国机遇论"：虚假的承诺和错误的前提

无论是用还是不用指南针，美国人都不可能在中国找到香格里拉。

——史景迁（Jonathan D. Spence）[1]

多年来虽然我们一直在依照自己的形象努力改变中国，但是我们从来没有成功过。在十九世纪，我们试图让中国基督化；在二十世纪，我们试图让中国民主化；现在我们又迫切渴望按照美国的经济和技术模式来改变中国。我们很有可能再一次失败。

——约翰·布莱恩·斯塔尔（John Bryan Starr）[2]

中国机遇：一个正面的自我
实现的预言？

上一章我们考察了"中国威胁论"范式自我实现的危险特

---

[1] Spence, *To Change China*, p. 278.

[2] John Bryan Starr, *Understanding China*, London：Profile Books, 1997, p. 304.

质。许多观察者意识到这一危险，转而投向了"机遇论"范式，把中国视作值得接触的伙伴或机遇，大致认为伴随着西方的持续接触和不断建构，中国会更可能融入国际体系，在国内外会表现得更加负责任。

1994年美国总统任命的美中贸易委员会负责人罗伯特·卡帕是一个"中国机遇论"的强烈支持者。在众议院贸易小组委员会作证时，他提出："中国经济的发展关涉中国融入世界经济的局部和整体，这是我们看到中国国内政治环境变得更加人道和宽容的最好机会。"[①] 他表述了经济发展促进中国政治演化的未来场景，他支持将中国的最惠国身份与中国的人权状况脱钩，而挂钩政策是比尔·克林顿总统箭在弦上的政策。 109

不久克林顿政府也秉持了这种乐观主义。克林顿开始相信，加大与中国的贸易和接触，不仅将使中国经济上更加富有，还将使其在处理国际问题上时更加开放和合作。[②] 1997年6月克林顿的高级助手塞缪尔·伯格在对外关系委员会的一次演讲中，呼吁形成基于接触和融入的对华新政策。他坚持认为，"努力使中国成为一个负责任的利益攸关方"是美国必须采取的政策，只有这样才能"使中国更可能做出正确的选择"。[③] 尽管乔治·W.布什总统起初对中国颇多强硬言辞，但

---

① Robert A. Kapp's Testimony, in *United States-China Trade Relations: Hearing before the Subcommittee on Trade, Committee on Ways and Means, US House of Representatives, One Hundred Third Congress, Second Session*, Washington, DC: US Government Printing Office, 24 February 1994, p. 194.

② Clinton, *My Life*, p. 598.

③ Quoted in Paul A. Papayoanou and Scott L. Kastner, 'Sleeping with the (Potential) Enemy: Assessing the U.S. Policy of Engagement with China', *Security Studies*, 9 (1), 1999, p. 157.

是他并没有完全放弃接触政策。布什认识到："经济自由会产生自由的习惯。而自由的习惯就会产生民主的预期……与中国开展自由的贸易，时间在我们这一边。"[①] 在大西洋另一边，欧洲的领导人，比如英国前首相托尼·布莱尔也认为中国走向民主"存在着不可阻挡的动能"，保持这种动能最好的方式就是持续的接触。[②]

所有这些乐观的观点似乎都反映了对"中国机遇论"范式自我实现后果的信念。许多接触政策的支持者相信，通过与其他国家在国际机制和国际互动中的社会化，其内的国家能够学到新的规范和规则，这将重新界定它们的利益，甚至塑造出新的身份认同。[③] 英国学派和路径依赖理论等依据机制理论，也做出了类似的判断。[④] 总之，共识是，通过接触政策，中国可以被塑造、被社会化，甚至被转变。

如果不是融入外部世界，尤其是西方，中国近年来的转型无疑是不可能的。我在其他地方提到过，包括美国在内的许多跨国行为体在中国的诸多重大转型中扮演了重要的角色，比如中国对自身合法性的理解和对责任的理解，这集中体现在中国

---

① Quoted in Mann, *The China Fantasy*, p. 2.

② Quoted in ibid. , p. 3.

③ Johnston and Evans, 'China's Engagement with Multilateral Security Institutions', p. 235.

④ See Kent, *China, The United Nations and Human Rights.* According to Michael Yahuda, 'China may be said to have become a status quo power in the sense of the way that is understood by the "English School". China has internalized the norms of inter-state regional order'. Michael Yahuda, 'China's Multilateralism and Regional Order', in Guoguang Wu and Helen Lansdowne (eds), *China Turns to Multilateralism: Foreign Policy and Regional Security*, London: Routledge, 2008, p. 88; Johnston and Evans, 'China's Engagement with Multilateral Security Institutions', pp. 239 – 44.

的"和平崛起"战略中。① 然而，尽管"中国机遇论"有着明显的积极作用，但是，它并不是一个自我实现的预言。总之，本章将会论证，它本质上是一个虚假承诺。

"中国机遇论"范式的错误前提

支撑"中国机遇论"的是一系列关于西方与中国关系的假设。我认为这些假设不过是一些错误的前提。第一个重要的错误前提就是在西方或美国与中国之间进行自我与他者的二分法，也就是将两者都看作独立的、大致同质的实体。就像"中国威胁论"把中国还原为一个威胁一样，"中国机遇论"则是把中国具体化为一个机遇。无论这一机遇是意味着市场、成熟的民主之地，还是成长中的全球行为体，所有这些想象都意在表明其内在的同质性。尽管中国的内部差异并没有被忽略，但是却被常常认为是不重要的。有研究者将共产党政权和中国人民进行了切割，② 他们常常将这一政权描绘成脆弱的、非法的甚至是非中国人的。实际上，中国再次被还原为同质的实体，其人民都是渴望自由和民主的，就像"世界其他地方

110

---

① Chengxin Pan, ' "Peaceful Rise" and China's New International Contract: The State in Change in Transnational Society', in Linda Chelan Li (ed.), *The Chinese State in Transition: Processes and Contests in Local China*, London: Routledge, 2009, pp. 127-44.

② Barrett L. McCormick, ' Conclusion: Points of Agreement and Disagreement and a Few Thoughts on U.S.-Chinese Relations', in Edward Friedman and Barrett McCormick (eds), *What If China Doesn't Democratize?* Armonk, New York: M. E. Sharpe, 2000, p. 332.

的人民一样"。①

　　与作为整体概念的"中国"一样，"西方"、"国际社会"或"我们"也同样是作为整体概念来使用的。为了分析的方便或行文的简洁，我们当然不免要使用"西方"、"美国"和"中国"等误导性的常用词语。但是，我们常常会不自觉地相信这些我们创造出来的词语的合理性。"中国机遇论"话语中的"西方"概念就是这样一个词。托马斯·潘恩（Thomas Paine）曾经说过，"我们有能力重新塑造这个世界"。更晚近一些，欧洲委员会主席约瑟·曼纽尔·巴罗佐（Jose Manuel Barroso）宣称："如果我们（欧盟）不是世界舞台上最重要的规范权力，也是其中之一。"② 这些例子说明了一个持久的信念，即认为美国和西方是一体的，他们塑造了一个单一的西方自我、一个跨大西洋共同体、一种文明、一个联盟、一个启蒙方案或者一个"民主和平的区域"。当然，一些学者从策略层面并不承认西方是一体的。罗伯特·卡根就曾写过一句很有名的话："美国人来自火星，欧洲人来自金星。"③ 但是，在卡根看来，一元自由民主世界中的这种裂隙是一种可悲的异常状态，它在面对共同威胁的背景下姗姗来迟。

　　此外，正如在第三章论述的，"中国机遇论"范式在西方自

---

① Kent, *China, the United Nations, and Human Rights*, p. 2; Guy Sorman, *The Empire of Lies: The Truth about China in the Twenty-First Century* (trans. Asha Puri), New York: Encounter Books, 2008, p. xix; and Mann, *The China Fantasy*, p. 24.

② John Peterson, 'José Manuel Barroso = Political Scientist: John Peterson Interviews the European Commission President', *EU-Consent* (Constructing Europe Network), 17 July 2007, pp. 4 – 5, http://www.eu-consent.net/library/BARROSO-transcript.pdf.

③ Kagan, *Of Paradise and Power*, p. 3.

我与中国他者之间预设了一种二元等级结构。在这种时间性等级序列中，西方自我位于现代化的顶点或历史的终结，因此作为一种现代主体处于主动和主导的地位。而另一方的中国，被认为是被动的客体，需要进行现代化和民主化，因为它处于社会和政治发展的次等地位。如此一来，中国和西方的关系就大致变成一条单向街——西方的影响和中国的反应。欧盟的官员也正是这样表述欧盟和中国关系的："在官方层面，我们将其称为'相互学习对方经验'，但是实际上，我们在向中国输出模式。"① 美国也持有明显的类似态度。比如，通过释放正确的"信号"、设置"接触的条件"或给中国行为确定"外部界限"，美国就能够"塑造中国日益增长雄心的特性，将中国的力量增长引导到无害的方向上"。② 有鉴于此，江忆恩和陆伯彬将美国称为"接触研究的主体"，而中国是"客体"。③

"中国机遇论"的另一个假设是关于中国和西方关系的基本性质。西方自视为善意的全球霸权和世界上"为善的力量"。④

111

---

① See Katinka Barysch with Charles Grant and Mark Leonard, *Embracing the Dragon: The EU's Partnership with China*, London: Centre for European Reform, 2005, p. 52.

② Robert S. Ross, 'Engagement in US China Policy', in Alastair Iain Johnston and Robert S. Ross (eds), *Engaging China: The Management of an Emerging Power*, London: Routledge, 1999, p. 201; and Charles A. Kupchan, *The End of the American Era*, New York: Vantage Books, 2002, pp. 275-6.

③ Alastair Iain Johnston and Robert S. Ross, 'Conclusion', in Alastair Iain Johnston and Robert S. Ross (eds), *Engaging China: The Management of an Emerging Power*, London: Routledge, 1999, p. 278.

④ John Owen notes that 'If the United States is an imperial power, the world may never have known such a benevolent empire'. John M. Owen, 'Transnational Liberalism and U. S. Primacy', *International Security*, 26 (3), 2002, p. 151; Adrian Hyde-Price, 'A "Tragic Actor"? A Realist Perspective on "Ethical Power Europe"', *International Affairs*, 84 (1), 2008, p. 29.

他们把与中国的特殊接触关系视为一方面是西方的无私利他和慷慨大方，另一方面是中国对西方的善意和感激。从历史上看，这种关系被认为是建立在西方所做的一系列好事之上的，比如，西方"给中国提供了照明灯的燃油"，"赋予"中国在国际社会中的地位，维持了地区稳定因此中国经济得以发展，"赐予"北京2008年奥运会举办权，等等。比尔·克林顿曾经说过，正是美国帮助了中国"融入全球经济"，给"中国人民带来了更大的繁荣"，促进了"个人自由和人权状况的推进"。① 同样，许多国会议员认为，他们批准中国的最惠国待遇，无疑是对中国人的恩惠。2000年在北京召开的一个关于中国外交的研讨会上，一位美国学者，后来成为乔治·W.布什政府的高级官员，他让中国参会者想想看，在二十世纪有哪个国家像美国那样给予了中国那么多帮助。

　　从"中国机遇论"范式这些深信不疑的前提中可以看出来，它并不是关于中国是什么的表述，而是从一开始就是关于中国应该是什么的价值偏好。它关于中国的主要意象，比如"十亿顾客""民主化""负责任的利益攸关方"都是西方长期想要改变中国的目标。对于许多"机遇论"的拥趸来说，这些目标不但是现实的，而且是可测量的。针对可能认为中国的民主化预期是空想主义的批评，克里斯托尔和卡根反问道：

　　　　当苏联那样更加强大和看起来更为稳固的寡头政权都垮台后，为中国这样一个共产党政权的垮台而奋斗，难道是一种空想吗？过去三十年来，民主变革以前所未有的速度席卷全球，在此背景下，坚持认为不会有新的民主成功，

---

① Clinton, *My Life*, p. 598.

这"现实"吗?①

　　在这一背景下,冀望中国转型和民主化的研究已然成为一个快速兴起的产业。学者们评估中国的"学习"、"顺从"或"融入"是"全面的"、"部分的"、"真诚的",还是"策略性的"。江忆恩和埃文斯按质量将中国的合作行为分成连续的几种类型,其他人则将中国对规范的社会化进程描绘成线性的"螺旋模型"。安·肯特(Ann Kent)借鉴罗斯托(W. W. Rostow)关于全球经济增长和现代化阶段的有名论断,将中国对国际机制的遵从分为国际和国内遵从等五个阶段。②

112

　　当然,"机遇论"范式强调中国社会化的一面和变革的潜质,这无疑是正确的。与此形成鲜明对比的是现实主义把中国很大程度上当作一个非社会、非历史的行为体,这注定会沿袭过去国际政治循环往复的模式。问题在于,尽管"机遇论"对中国的"回应性"给予了适当关注,但是又走过了头,忽视了应该在相互回应的前提下来理解这一"回应"。结果,其建构视角往往是种族中心主义的,构想出一个不平等的社会规范结构,其中西方的自由主义和它的规范、机制被认为是普适性的,并且是预先就存在的,而非历史建构的和可以被争论的。这似乎表明,世界实际上是由"我们"创造出来的。就像乔治·W. 布什的高级顾问向畅销书作者兼记者罗恩·瑟斯金德(Ron Suskind)说的:"我们现在是一个帝国,当我们行动的时候,我们就在创造事实。当你在研究这一事实时——你的研究无疑富有

　　① Kristol and Kagan, 'Introduction', p. 20.
　　② Johnston and Evans, 'China's Engagement with Multilateral Security Institutions'; Kent, *China*, *The United Nations and Human Rights*, p. 7; and Johnston, *Social States*.

见地——我们又将再次行动，创造新的事实……我们是历史的
创造者。"①

但是这种说法一半是事实，一半是幻觉。毋庸置疑，西方
尤其是美国对塑造国际关系现实确实产生了深远的影响。不
过，鉴于世界政治的相互回应特质，中国和西方的关系并非仅
仅是"我们"一方创造的，还是互相塑造的结果。这是一个
持续的复杂的社会建构，它发生在多种不折不扣的主体间世界
里，其中接触的规则是互动和不断协商的结果，而非由所谓的
文明中心单边和外在设定好的。"机遇论"范式假设中国融入
"我们"，将会使其最终放弃自身的差异和他者性。但是，这
忽略了一个基本的事实：差异是固有的，它是任何社会关系甚
至是人类社会自身存在都必不可少的。普遍一致性如果成为可
能，就将使有意义的社会关系不复存在，导向一种荒谬的完全
对等互动和相互替代，于是"不可能存在与他人的关系"。② 毫
无疑问，国家利益和身份是被强大的话语、共有价值和规范社
会建构出来的，但是如果这些规范能够产生影响，那仅仅是因
为在相互回应的过程中，它们被主体间共享了，而不是因为它
们自身超越时空的天然优越性。指出"中国机遇论"的错误前
提后，现在我将转向另一个问题，为什么说这个范式在实践中
是虚假承诺。

113

---

① Quoted in Duncombe, *Dream*, p. 2. For a critique of ontological privileging of
' our' rules and ' our' society as a ' manifested' reality, see Ronen Palan, ' A
World of Their Making: An Evaluation of the Constructivist Critique of Interna-
tional Relations', *Review of International Studies*, 26 (4), 2000, pp. 575 –
98.

② Emmanuel Levinas, *Time and the Other* (trans. Richard A. Cohen), Pitts-
burgh: Duquesne University Press, 1987, p. 83.

"中国机遇论"的虚假承诺

超越对自我与他者的绝对性建构

　　所有的思想和著述都需要某种程度上的抽象和概括。我们通常用的中国、美国和欧洲等词语就是明显的例子。这种全称词语不仅是不可避免的，在许多方面也是非常有用的。然而，它们的有用性并不能改变这一事实，即它们所指代的并非同质的行为体，而不过是人为的产物，萨义德将其称为"想象的地理"。并不存在一个单一的中国，而是有许多个具有不同且不断变动的理念、利益和主体性的诸多行为体组成的中国，这虽是老生常谈，但有必要再重复一遍。中国并不像一个典型的民族国家，而更像一个大陆。[①] 在中国出现的每一种"支持全球化"和"亲西方"的观点，同时都很容易找到这些观点的强烈反对者。[②] 在媒体中，自由市场的信奉者要不断地与来自新左派的有影响力的学者论战，而全球融入的热情支持者往往不得不与更加民族主义言论的支持者共存。在《中国在想什么?》一书中，伦纳德对中国国内存在的重要理念分歧和争执进行了介绍。即便是在一个特定的中国精英人群中，他们对经济、政治、战略和文化议题也往往争论不休。在某一具体时期，找出中国精英们的主流观点或许是可能的，但是，如果将其推演为整个中国

---

① David S. G. Goodman, 'How Open Is Chinese Society?', in David S. G. Goodman and Gerald Segal (eds), *China Rising*: *Nationalism and Interdependence*, London: Routledge, 1997, pp. 27 - 52.

② See Nick Knight, *Imagining Globalisation in China*: *Debates on Ideology, Politics and Culture*, Cheltenham: Edward Elgar, 2008, pp. 70 - 2, 201.

的观点，则问题多多。因此，不无讽刺的是，正是因为中国太大、太复杂了，很难被视作一个单一的"中国"。

西方也一样复杂多样。中国前外交部长钱其琛在一篇专栏文章里写道："欧洲人常倾向于认为，欧洲人和美国人生活在同一个世界里，现在是放弃这一幻想的时候了。"[1] 他以双方在伊拉克战争问题上的争议为例进行了说明。上面提到的卡根，尽管一直为一个统一的西方摇旗呐喊，也认识到美国和欧洲所持的战略观点不同。[2] 在西方的每一种组成部分中，多样性会继续是常态，而非例外。欧洲被认为是地区一体化的样板，这似乎表征了西方一体化的高水平。然而，涉及具体的外交政策，欧洲远非一个声音说话。[3] 正如有些人提出的，欧盟的显著成就不在于它的结果，而在于它的过程；不在于欧盟在更高人权标准上达成共识的实际成果，而在于"它掌控持久分歧的能力"。结果，"欧洲一体化的实际机制总是与其所依赖的乌托邦幻想相去甚远"。[4] 不用说，欧洲债务危机进一步暴露了其内部的多样性和分裂。

同样，卡赞斯坦和基欧汉用"多维性"（polyvalence）一词来表述美国价值多元的现实，在美国"世俗科学和宗教原教旨主义、道德主义和性开放、严谨的科学和丰富的大众文化"多

---

[1] Qian Qichen, 'U. S. Strategy to Be Blamed', *China Daily*, 1 November 2004.

[2] Kagan, *The Return of History and the End of Dreams*, p. 9.

[3] Liu Fei, 'Intergovernmentalism and China-EU Relations', in David Kerr and Liu Fei (eds), *The International Politics of EU-China Relations*, Oxford: Oxford University Press, 2007, p. 119; and Barysch et al., *Embracing the Dragon*, p. 8.

[4] Kalypso Nicolaïdis and Robert Howse, ' "This Is My EUtopia…": Narrative as Power', *Journal of Common Market Studies*, 40 (4), 2002, pp. 771, 781 (emphasis added).

维共存。这些价值"在个人所秉持且为群体所强化的不同认知图式中反响不同——纵观整个国家，这些认知图式存在很大差别"。① 例如，亨廷顿认为，美国的国家认同"与对自由和民主价值的承诺是分不开的"。② 而安德鲁·巴塞维奇则认为，"我们是谁和我们代表什么"在很大程度上是由美国的"高科技武器库和使用武器库的战士"表征的。③ 因此，即使是美国的知识分子对于他们的国家认同也没有共同接受的界定。

　　或许有人会说，西方的一体性在文化或理念层面比在日常生活层面更加明显。即便如此，如果说曾经塑造西方尤其是美国的所谓冷战自由主义的"核心价值"过去存在过的话，现在也已经不复存在了，不管如何一再宣称意识形态的终结和历史的终结。按照亨廷顿的判断，西方和美国的"文化内核"正在遭受挑战，因为"我们都已经变成文化多元主义者了"。④ 许多年前，美国一所精英大学（斯坦福大学）的学生高喊着"吼吼，嗨嗨，西方文化走开！"进行游行，反对西方文化的核心课程。⑤ 在某种程度上说，西方聚焦我们是谁的问题和身份认同的政治，恰恰表明了西方缺乏共同的身份认同。⑥ 许多人认为这种身份"危机"源于移民者的涌入。但是，戴维·格雷斯（David Gress）则认为：

---

① Peter J. Katzenstein and Robert O. Keohane, 'Conclusion: Anti-Americanism and the Polyvalence of America', in Peter J. Katzenstein and Robert O. Keohane (eds), *Anti-Americanisms in World Politics*, Ithaca, NY: Cornell University Press, 2007, p. 306.

② Huntington, *The Third Wave*, pp. 29 – 30.

③ Bacevich, *The New American Militarism*, p. 1.

④ See Huntington, *Who Are We?* p. 147.

⑤ Gress, *From Plato to NATO*, p. 3.

⑥ See Moïsi, *The Geopolitics of Emotion*, Chapter 4.

西方从来不是一个单一的实体，可以清楚地被定义为发端于希腊，在罗马帝国和中世纪中缓慢成长，并到公元后第二个两千年后期达到成熟，而同时在整个过程中保持着基本的身份特征。相反，历史上形态各异的西方并存，有着不同的原则、地区、信仰和抱负。①

当然，在不同历史时期，西方曾被集体界定为基督教、白人或自由民主。但是，从一开始这种一体性最好被看作一种话语建构。它的存在依赖于宏大的自我想象叙事，而这种叙事则不断地诉诸对于他者和敌人的想象。② 苏联解体后，哈里斯预测道，政治意义上的西方"曾利用一个具有致命威胁的、公然敌对的'东方'的存在而得以存在并维持其统一。在那一敌人消失后西方还能否存活下去，非常值得怀疑"。③

所以，无论是中国还是西方都不能被看作预先就存在的同质化的整体。由于两者无法化约的多样性和固有的多元性甚至矛盾性，按照"西方"模样变革"中国"的"机遇论"预期注定是要失败的。正如赵文词指出：

> 如今谈论"美中关系"意义已经不是太大，不如谈论美国的一部分（如美籍华人、南方黑人纺织工人或跨国公司主管）是如何与中国的一部分（如北京的知识分子、广东的企业家或中央政府官员）建立联系的。④

---

① Gress, *From Plato to NATO*, p. 16.

② Said, *Orientalism*; Neumann, *Uses of the Other*.

③ Harries, 'The Collapse of "the West"', p. 42.

④ Madsen, *China and the American Dream*, p. 218.

中国的某些方面也许和西方的某些典型想象相近，比如中国的摩天大楼和快餐连锁店就是明证。但是，中国整体不可能迎合西方的预期，变得像西方一样。在全球化时代，跨国的社会化确实存在，但是更多时候是个人而非整个国家被社会化。[①] 爱德华·弗里德曼畅想的一帆风顺的场景——"深圳香港化，广东深圳化，整个国家广东化"——尽管很诱人，但是是不大可能实现的。[②] 进一步说，西方的多元性质使"中国机遇论"范式的核心假设存在另外一个问题：根本并不存在一个单一的典型的西方样板供中国效仿。下面我将探讨这一问题。

单边转变还是相互回应？

既然西方和中国都不是同质的整体，那么，我们就不能再认为存在一个单纯的中西双边关系，其中西方或美国作为认知的主体来改变中国这一被动的客体。一般来说，国际关系跟人际关系差不多，都是具有主体间性的。主体间性意味着所有的行为体都存在着主体性，任何一个行为体都能够依据其"自身"的主体性对其他行为体的影响进行阐释、借用和（或）拒斥。

毫无疑问，中国就是这样一个行为体。面对诸多不断变化的问题时，中国并不是"被动的、海绵状的物体，在（国际规范）环境的激流中毫无抗争地漂流而下"。[③] 中国本身就具有以

---

① Hongying Wang, 'Multilateralism in Chinese Foreign Policy: The Limits of Socialization', in Weixing Hu, Gerald Chan and Daojiong Zha (eds), *China's International Relations in the 21st Century: Dynamics of Paradigm Shifts*, Lanham, MD: University Press of America, 2000, p. 82.

② Friedman, *National Identity and Democratic Prospects in Socialist China*, p. 4.

③ Foot, *Rights Beyond Borders*, p. 13.

自我的方式来应对西方的能力，因此中国与西方的关系至少是
一种主体间性的双向互动，而非单向的趋同。1993 年，传媒大
116 亨默多克（Rupert Murdoch）获得了在香港的卫星电视播放权之
后，宣称卫星电视是"世界各地极权国家的明显威胁"。但他忘
记了其潜在目标之一中国政府也听到了他的话。北京相当重视
默多克的一番话，迅速拆掉了国内私自设立的卫星天线，并在
大陆禁止了默多克的卫星电视。① 禁令颁布六个月之后，默多克
不得不退让，在星空电视向中国传输的信号中去掉了英国广播
公司频道。1997 年，他做了另一篇演讲。这次他说，中国"是
一个有着独特社会和价值标准的独特市场，西方公司必须学会
去遵守"。② 几年过去了，他的变化多大啊！

　　无论是好是坏，中国自主性的存在意味着中国能够校正西
方的影响。广受热议的麦当劳化在中国的境遇就很能说明问题。
人类学家阎云翔提出，如今中国人不仅把饭店"当作休闲中心，
还当作举办众多个人和家庭仪式的公共场所"。在此过程中，麦
当劳并不是被动地接受中国人的选择，为了保持在中国市场的
成功，而是自觉主动地改革管理，以适应中国的文化氛围。③ 因
此，即便是看起来势不可挡的麦当劳化，也绝不是简单的西方
主动施加影响而中国被动回应的过程。另一个例子是 2004 年 12
月美国国际商用机器公司（IBM）与中国联想公司的合并案。
联想公司的一名电脑工程师很好地概括了这起合并案的缘由：

---

① Gutmann, *Losing the New China*, p. 156.

② Quoted in George Monbiot, 'The Most Potent Weapon Wielded by the Empires
of Murdoch and China', *The Guardian*, 22 April 2008, p. 29.

③ Yunxiang Yan, 'McDonald's in Beijing: The Localization of Americana', in
James L. Watson (ed.), *Golden Arches East: McDonald's in East Asia* (2nd
edn), Stanford, CA: Stanford University Press, 2006, pp. 57, 75.

"我需要他们，而他们也需要我。" IBM 的首席执行官彭明盛
（Sam Palmisano）对此表示同意。他称自己公司的举动是"更含
蓄、更精明的一步"，并解释说，只有当"你深谙对方的轻重缓
急，变得真正本土化并推动他们的进步"，"你的机遇"才会
"扩展"。①

　　这些例子说明了接触政策面临的深刻困境。西方的接触政
策如果要奏效就要去接纳被接触者，但是，一旦接纳，这一政
策要变革中国的最初雄心就得打折扣。早期传教士很好地理解
了这一困境，他们觉得为了更好地传教，有必要改变自己，并
将自己融入中国人的生活中。② 麦当劳和 IBM 等西方在华的商
业活动体现了这一悖论的最新版本。实际上，这一现象并不存
在难以解释的矛盾。我们这里所看到的既不尽是西方的影响，
也不全是中国的回应，而是双向主体性、互相借用和相互回应
的结果。如赵文词所言："没有能够影响中国的所谓美国单一文
化……既没有被渗透的单一文化，也没有渗透他者的单一文
化。"③ 任何一个变革的施动者，无论多么强大，都会在与"客
体"的接触过程中发生变化。没有纯粹的变革施动者，也没有
纯粹的变革受动者。一个主体同时肯定又是一个客体，反之亦 117
然。双方都会在互动的过程中不可避免地发生变化，尽管这种
互动常常是不对称的。这一进程不是一方对另一方的直接的单
向的转变，而是一定程度上妥协或混杂的结果。尽管常常被与
"殖民权力的后果"联系在一起，④ 这种混杂的过程实际上是所

---

① 　McGregor, *One Billion Customers*, p. 291.
② 　Spence, *To Change China*, p. 176.
③ 　Madsen, *China and the American Dream*, p. 210.
④ 　Bhabha, *The Location of Culture*, p. 160. For a study of hybridity in the context
　　of colonial discourse, see Young, *Colonial Desire*.

有权力和社会关系中都存在的。赵文词以自己作为中国社会文化研究学者的经历得出了类似的结论。一方面，他关于中国的研究和著作"至少改变了一部分中国人的生活，甚至影响了他们中的一些人如何看待自己的社会"。另一方面，他与中国的相遇——他的研究"客体"——同样使他成为一个不同的人。[1]他也许只是道出了一个不言自明的道理，但是，我们却很少听到其对总体中西关系如此直率的反思。

这种类似的相互回应的例子也存在于网络空间。自引入中国之后，互联网就被认为是促进中国变革的革命性力量之一，将扩大个人自由和政治开放。互联网时代的到来无疑将增大中国普通网民的权力，这从类似于推特的微博在中国的兴起就可以看得出来。尽管如此，实际上中国仍旧可以通过"伟大的中国防火墙"来改变互联网，而且这在一定程度上还要归功于西方大公司，如微软、雅虎和谷歌的合作及技术转让。[2] 伊桑·古特曼（Ethan Gutmann）对中国这一信息时代的状态深感失望，他不无困惑地写道：

> 我们或许已经拥有这种权力，但是，很奇怪，我们不愿意运用它……理论上说，中国想要成为互联网的一部分，这就给资本家带来了筹码。相反，筹码似乎都攥到了中国政府手里，因为资本家们都忙于竞争这份蛋糕。[3]

---

① Madsen, *China and the American Dream*, pp. xiv - xv.

② Leonard, *What Does China Think?* p. 77. Human Rights Watch, *Race to the Bottom: Corporate Complicity in Chinese Internet Censorship*, New York: Human Rights Watch, 2006, http://www.hrw.org/reports/2006/china0806/; Some argue that this is Chinese authoritarianism, American-style. John W. Whitehead, 'Chinese Totalitarianism, American-Style', *Huffington Post*, 31 July 2008.

③ Gutmann, *Losing the New China*, p. 138.

在古特曼看来，问题主要在于"我们"缺乏抗衡中国的意愿。但是，不管对错，更大的"问题"是国际关系中相互回应的规律。西方是卫星电视、互联网、奥运会、手机和社会媒体的发源地和主导者，认为这些终有一天将促使中国变成西方的模样，这无疑是诱人的想法。但是，最后实际上是这些工具离开了相互回应规律是无法独自发挥作用的。如果相信西方在这些新媒体上独享主体作用，就相当于说，十八世纪中国出口茶和瓷器到欧洲，有一天就会使欧洲变得更像中国一样。印刷术、火药和指南针等中国的发明确实对"世界的整个面貌和情形"产生了某些深远的影响，[①] 但是历史告诉我们，没有任何一个接纳这些发明的欧洲国家最终变得中国化。

所以关键是中国并不是一张白纸，可以任由西方将其规范和规则涂抹其上。毛泽东曾经用"白纸"来比拟新成立的人民共和国。即便是这样一位革命人物，他也坦承只能"改变北京周边一小片地方"。[②] 这也许是他故作谦虚，不过很明显中国并不是一个可以任由任何个人或国家轻易描画、改变、拥有或丧失的东西。尽管在与西方的联系中，中国变化了很多，但是，所谓西方对中国的单向塑造是不存在的。

不过，对单向转变中国的冀望还是普遍存在的。例如，在对中国规范学习和遵从的研究中，许多分析者仍旧假定"规

118

---

① Francis Bacon, quoted in Michael Yahuda, 'The Sino-European Encounter: Historical Influences on Contemporary Relations', in David Shambaugh, Eberhard Sandschneider and Zhou Hong (eds), *China-Europe Relations: Perceptions, Policies and Prospects*, London: Routledge, 2008, pp. 13–4.

② James Mann, 'Our China Illusions', *The American Prospect*, 30 November 2002, p. 25.

范和结构最初与中国毫无联系"。① 如此一来，他们将"主体性主要赋予西方和欧洲这一共同体，认为它们推动着中国的变革"，中国只有两个选择："被动遵守或抵制"。② 一位欧盟高级外交官将这些学术语言转化为实践语言，对一群西方观察者说，接触政策的目标就是把中国变成"想要我们所希望的东西"。③ 然而，世界银行一位高级员工指出，在世界银行的帮助下引进到中国的改革，95% 其实都是"因为中国官员想要这些"。④

即便是对西方强势主导的人权规范等，中国也并不是一个完全的被动者，或者"规范接受者"。⑤ 1989 年 8 月，中国在日内瓦人权委员会上受到强烈的谴责。之后，中国开始研究如何"从马克思主义的观点来审视民主、自由和人权"。中国共产党中央委员会采取措施，确保中国关于人权、民主和自由的观点能够在国际场合中被更经常地听到。⑥ 自此以后，中国取得了一定程度上的成功，得以在国际人权规范中留下自己的印记。比

---

① Jeremy Paltiel, 'Peaceful Rise? Soft Power? Human Rights in China's New Multilateralism', in Guoguang Wu and Helen Lansdowne (eds), *China Turns to Multilateralism: Foreign Policy and Regional Security*, London: Routledge, 2008, p. 201.

② Ibid., pp. 201-2.

③ John Fox and François Godement, *A Power Audit of EU-China Relations*, London: European Council on Foreign Relations, 2009, p. 1.

④ Margaret M. Pearson, 'The Major Multilateral Economic Institutions Engage China', in Alastair Iain Johnston and Robert S. Ross (eds), *Engaging China: The Management of an Emerging Power*, London: Routledge, 1999, p. 227.

⑤ Andrew Nathan calls China 'a taker and not a shaper' of emerging international norms and institutions concerning human rights. Quoted in Kent, *China, the United Nations, and Human Rights*, p. 3.

⑥ Quoted in Paltiel, 'Peaceful Rise? Soft Power?' p. 200.

如，部分由于中国的努力，1993 年维也纳国际人权会议将发展权写进了《维也纳宣言》。

这说明规范扩散不是或许也不应该是西方大国的独有特权。毕竟，中国并不是也从未是西方的许愿池。即便是在中国最衰弱的"百年耻辱"岁月里，西方传教士为了吸收中国"异教徒"入教也常常要付出更大的努力。同时，中国近代的改革遵循了"中学为体，西学为用"的理念，从与西方纷乱的交往中"只汲取他们自己想要的东西"。① 考察西方尝试"改变中国"的历史，史景迁发现，一方面西方带到中国的任何一项技术最终都会被同化，无论是日心说，还是核物理。但是，另一方面，当这些技术裹挟了"意识形态外衣"，迫使中国"照单全收"时，大多数时候这些尝试都是徒劳无功的。②

许多受挫的西方人将中国的失败归咎于中国的不可预知性、不妥协性或惰性。但是，这种指责常常是误导的。毫无疑问，中国是能够变化的，不过变化既不是单线的，也不是单向的。尽管西方、美国和西方主导的国际制度对中国的现代转型产生了核心作用，但是，我们也必须认识到，"世界其他地方"的许多行为体、国家、文化、宗教、多边机制和历史经历等也能够对中国产生影响。沈大伟指出，中国共产党为了提高自身的政治合法性，"借鉴"了欧洲社会民主党和极少数幸存下来的共产党的经验，吸取了中东欧、中亚、东亚、拉美和苏联垮台共产党和威权政党的教训。沈大伟将中国的选择称为"兼收并蓄的

119

---

① Wang Gungwu, *Anglo-Chinese Encounters since 1800: War, Trade, Science and Governance*, Cambridge: Cambridge University Press, 2003, p. 9. See also Spence, *To Change China*.
② Spence, *To Change China*, pp. 289 – 90.

借鉴"。① 尤其值得一提的是，苏联的解体为中国的领导层敲响
了警钟。②

　　苏联解体后不久，政治学家爱德华·弗里德曼发誓不再重
蹈未能预测苏联共产主义垮台的覆辙。他坚持认为："如果大家
不想再出乎意料的话，那就应该对当今中国有可能会发生动荡
有心理准备。连续性并非唯一的现实可能。"③ 他提醒人们中国
存在其他可能性，这当然没错。不过，认定中国未来唯一现实
的前景是像苏联一样垮台，这就错了。那样的话，弗里德曼只
会再一次感到惊讶。正如在下一章将会提到的，他会很快丢掉
那种幻想，开始宣扬中国威权主义胜利的令人忧心的场景。

一种特殊的关系？

　　许多秉持"中国机遇论"的观察者认为中西之间的接触象
征着一种特殊关系，具体表现为仁慈的西方将中国的最大利益
放在心上，为中国这个问题丛生国家的主权完整、民主、人权
和繁荣而无私奋斗。鉴于西方的仁慈和友善，西方期待至少中
国会愿意融入"我们"，当然中国的融入可以是逐步的。

　　无可否认，过去和现在确实有一部分西方人将精力奉献于
帮助中国的有意义事业中，给这种关系赋予了一定的特殊性。
但是，认为这种关系代表了广义的中西互动不是一种歪曲，就

① David Shambaugh, 'Learning from Abroad to Reinvent Itself: External Influence on Internal CCP Reforms', in Cheng Li (ed.), *China's Changing Political Landscape: Prospects for Democracy*, Washington DC: Brookings Institution Press, 2008, pp. 283 – 301.
② Christopher Marsh, 'Learning from Your Comrade's Mistakes: The Impact of the Soviet Past on China's Future', *Communist and Post-Communist Studies*, 36 (3), 2003, pp. 259 – 72.
③ Friedman, *National Identity and Democratic Prospects in Socialist China*, p. 5.

是夸大。从历史上来看，尽管欧洲人经常认为他们帮助拯救了中国并使中国现代化，但大多中国人对他们的业绩记录不以为然。在十九世纪大部分时间和二十世纪早期，许多欧洲国家是以倨傲的殖民者身份出现在中国的，他们的一般战略是众所周知的"枪炮外交"。斯特林·西格雷夫（Sterling Seagrave）在一份调查报告中对这一时期的关系进行了精辟的描绘：

> 在中国南部的广州和澳门，西方商人无视法律，偷运大量产自印度的廉价鸦片，就像在树心中楔进了一颗钉子。鸦片成为关于中国主权的一种标志，用来检验西方是否能够随意侵犯中国主权……这变成了西方人之间用来处处挑衅中国的一种游戏，每当中国回击时，就要求中国地方官员妥协退让。如果中国不做退让，西方就会动用枪炮。中国发现自己往往因为西方编造、极为夸大或完全想象的事件而与西方发生战争。许多西方人通过欺压中国而飞黄腾达。①

这些描述也许更适用于过去欧洲人在中国的所作所为，但对许多美国人来说似乎并不相关。他们认为自己在很大程度上已超越了"肮脏的帝国主义和欧洲的权力政治"。② 比如说，美国的"门户开放"政策似乎将美国与欧洲列强的社会达尔文主

---

① Quoted in Rey Chow, 'King Kong in Hong Kong: Watching the "Handover" from the U. S. A. ', in Xudong Zhang (ed.), *Whither China? Intellectual Politics in Contemporary China*, Durham, NC: Duke University Press, 2001, p. 214 (Chow's emphasis).

② John K. Fairbank, *China: The People's Middle Kingdom and the U. S. A.*, Cambridge, MA: Belknap Press, 1967, p. 97.

义区别开来。然而，汉斯·摩根索指出，美国这一政策的本质
是"可谓对中国竞相剥削的自由"。[1] 现代中国研究的创始人费
正清告诉我们，在十九世纪的大部分时间里，美国人"是西方
在东亚扩张的必不可少的一分子"，许多"影响美国在华行为的
重要决定是在伦敦做出的"。[2] 二十世纪三十年代，虽然美国对
中国遭受日本入侵持普遍同情的态度，但是，美国不仅迟迟不
向中国提供有意义的军事或经济援助，且迟至 1939 年 7 月，美
国还是日本战争物资的主要供应者。[3] 迈克尔·亨特（Michael
Hunt）在其《特殊关系的形成》一书中提到，如果说美中关系
121 可以被认为是"特殊的"，这并不是因为如一般所认为的"美国
善良、中国感激和互有善意"，而是因为"这种关系本身的广
度、复杂和不稳定性"。[4]

　　总体来说，在"百年屈辱"的岁月里，美欧的对华政策主
要是支持"现有政府或（支持）保守派别以促使局势稳定，我
们认为这是捍卫我们自己贸易和投资利益的最好方式"。[5] 如果
说西方外交官和商人更关心利润而非中国本身，传教士也没好
到哪里去。许多传教士为英国公司工作，而这些公司从事着偷
运鸦片的勾当。他们在运鸦片到中国的同一条船上分发基督教

---

①　Quoted in Chomsky, *The Chomsky Reader*, p. 81.

②　Fairbank, *China Perceived*, pp. 90, 86.

③　Terrill E. Lautz, 'Hopes and Fears of 60 Years: American Images of China,
1911 – 1972', in Carola McGiffert (ed.), *China in the American Political I-
magination*, Washington, DC: The CSIS Press, 2003, p. 32; and Phillip
Knightley, *The First Casualty: The War Correspondent as Hero, Propagandist
and Myth-Maker from the Crimea to Iraq*, London: André Deutsch, 2003, p.
295.

④　Michael H. Hunt, *The Making of a Special Relationship: The United States and
China to* 1914, New York: Columbia University Press, 1983, p. x.

⑤　Dulles, *China and America*, p. 255.

小册子，对此心安理得。① 实际上，他们都想方设法取得西方领事馆的特殊保护，充分利用治外法权特权和美英的炮舰外交，并不因此有丝毫的内疚。②

难怪许多中国人常常不得不把这些大国称为一群"相互勾结的野蛮人"。③ 1926 年时，美国对蒋介石将中国基督教化寄予厚望，即便如此，蒋介石也称美国具有危险的两面性："美国人带着微笑和我们友好谈话，最后你们的政府却像日本人一样行事。"④ 因此，西方尤其是美国不能改变中国，而最终只能"失去"中国也就不奇怪了。

这些关于过去"门户开放"、"基督化中国"和炮舰外交特殊关系的历史记录使得我们对当今西方改变中国的尝试不敢乐观。尽管当代西方国家变得很不一样了，但是他们的接触政策（除去言辞）并非主要是为了促进中国的现代化或民主化。当然，这并不是说，今天西方对中国所做的一切不过是其过去殖民剥削和欺压的重演。双方之间的接触已具有新的意义，今天的中国也已经不是弱小的受害者。不过，当西方用"市场准入"代替"门户开放"，用"民主化"代替"基督化"，用"军事同盟"代替"炮舰"，这不免让人有种似曾相识的感觉。当今，西

---

① David Aikman, *Jesus in Beijing：How Christianity Is Transforming China and Changing the Global Balance of Power*, Washington, DC：Regnery Publishing, 2003, p. 37.

② Hunt, *The Making of a Special Relationship*, p. 3；Isaacs, *Scratches on Our Minds*, p. 135.

③ Feng Guifen（Feng Kuei-fen），'On the Manufacture of Foreign Weapons', in Ssu-yu Teng and John K. Fairbank et al.，*China's Response to the West：A Documentary Survey 1839 - 1923*, Cambridge, MA：Harvard University Press, 1954, p. 53.

④ Hunt, *The Making of a Special Relationship*, p. 304.

方在华贸易的主要动机是基于商贸利益。他们来到中国，主要并不是基于对中国自由转型本身的关切，而是为了获取利润。正如一名空中客车的管理人员所言："这是一个你不得不进入的市场。"① 通用公司的总裁兼首席执行官瓦戈纳（Wagoner）亦同意这一看法。2004 年 6 月，瓦戈纳宣布将通用公司的区域总部由新加坡迁到上海。他说："在这一充满活力和不断增长的市场上保持强势存在，不再是一个选择，而是一种必需。"② 就像他们十九世纪的先辈那样，他们"想要改变贸易，而不是改变中国"，③ 当今西方的商贸领袖对于改变中国并无兴趣，除非这一改变有助于他们的经贸运作。否则的话，他们的基本政策就是维持在中国的现状。当中国政府通过所谓的"金盾计划"，加强对互联网监管的意图时，美国、德国和加拿大的一些公司，如思科、摩托罗拉、西门子和北电网络等公司都对这一机遇垂涎欲滴，渴望与中国政府合作。④

　　同样的道理，美国政府尽管常常声称是为推进中国民主化而接触中国，但它仍然将美国的利益放在第一位。⑤ 1993 年 5 月，在就任总统后不久，比尔·克林顿就签署了行政命令，将中国最惠国待遇的延续与中国人权状况的改善进行挂钩。但这一政策实行还不到一年，就招致美国商贸团体的广泛批评。美国电话电报公司（AT&T）公司的中国总裁威廉·沃里克（William Warwick）警告说："除非我们在中国市场占有重要份额，

122

---

① Quoted in Lampton, *The Three Faces of Chinese Power*, p. 91.
② Quoted in ibid., p. 78.
③ Hunt, *The Making of a Special Relationship*, p. 38.
④ Gutmann, *Losing the New China*, pp. 138 – 9.
⑤ David Lampton, 'The China Fantasy, Fantasy', *The China Quarterly*, No. 191, 2007, p. 746.

否则我们就别想成为一个全球玩家。"① 美国 800 个企业和商贸协会的领袖给克林顿写信，其中写道，如果他的政策继续下去，将会威胁美国的贸易利益。甚至有些美国公司把其会说英语的中国雇员送到华盛顿，向国会议员说明中国的经济发展是如何改变中国的。② 克林顿政府中的经济部门同意这些商贸团体的看法，也表达类似不满。许多前国务卿也一样，他们斥责政府推动人权的偏见是以非常重要的贸易纽带为代价的。1994 年 3 月在美国外交关系委员会的一次公共活动中，来自两党的资深要人都力图推动"脱钩"政策。为了保证中国的最惠国待遇得以延续，美国商务部组织了一个国会游说团，专门针对摇摆不定的国会成员。③ 其实这样的游说多此一举。许多选区的选民希望从强化与中国经济联系的过程中获益，其议员代表本来就是对延续与中国的经济联系的最强烈支持者。④

如果这些构成了美国所谓与中国特殊关系的基础，那么，它并不具有任何特殊性。最多可以说，这是由共同利益推动的正常关系，这也是许多西方决策者所默认的。在这一论调背后，西方对中国的接触常常是基于实用现实主义的：西方必须与中国相处，中国并不能被轻易地遏制或挥之即去。但是，在这种场合如果这样直言不讳地描述西方的动机，就与美国大众的民

① Toshihiro Nakayama, 'Politics of U. S. Policy Toward China: Analysis of Domestic Factors', Center for Northeast Asian Policy Studies, Brookings Institution, 2006, p. 13, http://www.brookings.edu/~/media/Files/rc/papers/2006/09china_nakayama/nakayama2006.pdf.

② Studwell, *The China Dream*, p. 111.

③ Nakayama, 'Politics of U. S. Policy Toward China', p. 13; Suettinger, *Beyond Tiananmen*, pp. 190-2; Robert Dreyfuss, 'The New China Lobby', *The American Prospect*, No. 30, 1997, p. 35.

④ Sutter, 'The U. S. Congress', p. 87.

主和人权捍卫者的自我想象格格不入。此外，为了获得公众对
123 接触政策的支持，该政策需要融入更积极的目的，因此就有了
"中国机遇论"的说法。毕竟，"好的"政治需要幻想的政治。
但是，一旦政治家和商贸领袖开始相信他们自己塑造的幻想，
冀望通过经济接触实现中国的快速转型，他们最终会走向失望。
"中国机遇论"范式奠基于错误的前提之上，这种所谓的机遇最
终也会被证明是虚假的承诺。

追求中国的归附：不可能实现的使命

除了受其错误前提的困扰，"中国机遇论"本身的含义也常
常很含混。如果说它的意思是指中国将变得更加像"我们"，那
么，这只会引发更多的疑问：比如，"我们"指谁？前文已经指
出，"我们"这个习以为常的集合名词本身就是含混的且具有争
议的。并没有唯一的西方供中国效仿，也没有普遍认可的西方
规范供中国遵循。江忆恩和陆伯彬指出，尽管有很多研究关注
于"将中国带回国际社会"，但是极少有研究回答"谁构成了国
际社会，以及共有的全球规范和规则是什么"。为找到一个解决
方案，他们倡议创制一种不同寻常的"积分卡"，用以"评估相
对于时间、其他国家和议题的变化，中国对全球规范、规则和
机制的遵守情况"。① 在这个积分卡上，江忆恩和埃文斯设立了
一个重要的衡量指标——"按照美国政治和军事领导人的界定，
中国的行为是否符合美国的利益"。② 这个标准听起来很明确，

---

① Johnston and Ross, 'Conclusion', pp. 286, 288 – 9.

② Johnston and Evans, 'China's Engagement with Multilateral Security Institu-
tions', p. 245.

但其实不然，"美国领导人"并不是一个同质的整体，具体指哪些美国政治和军事领导人，以及他们如何界定利益，这些并不明确。

"真诚学习"和"战略性适应"之间的争论使得中国融入世界的议题显得更加复杂。有些人将"真诚学习"定义为"精英观念的真诚转变（即使是渐进的）"，① 但是问题是，何为"真诚"。比方说，政策变更可以称得上真诚学习吗？杰克·利维（Jack S. Levy）并不认为政策变更是一个必要的标准，但是，江忆恩的看法却相反。② 就算我们认定政策变更是真诚学习，我们还是不清楚此处的政策变更究竟是指"更仁爱的治理"还是"一党体制的终结"。戴维·兰普顿（David Lampton）认为应该指前者。但是詹姆斯·曼并不同意，他认为"更为仁爱的治理"根本就不是政策变更，而不过是"接受中国现有一党体制的新的委婉说法"。③

有些人认为，尽管中国融入的准确意涵和测量可能是混乱的和难以实现的，真正重要的是中国和西方在接触和融入政策中开始享有共同利益。比如，双方都认为中国对世界来说是一个机遇，都强调中国作为一个负责任的利益攸关方的重要性。

124

---

① Pearson, 'The Major Multilateral Economic Institutions Engage China', p. 212.

② Jack S. Levy, 'Learning and Foreign Policy: Sweeping a Conceptual Mine-field', *International Organization*, 48 (2), 1994, pp. 279 – 312; Alastair Iain Johnston, 'Learning Versus Adaptation: Explaining Change in Chinese Arms Control Policy in the 1980s and 1990s', *The China Journal*, No. 35, 1996, pp. 27 – 62.

③ See the debate between David Lampton and James Mann. David M. Lampton and James Mann, 'What's Your China Fantasy', *Foreign Policy Online*, 15 May 2007, http://www.foreignpolicy.com/articles/2007/05/14/whats_your_china_fantasy.

比尔·克林顿亲身感受到江泽民和他一样，都希望促使中国融入世界。[1] 但是，在这一貌似明晰的事实背后，还有更深层的问题。尽管他们使用了共同的词汇，但是他们所指代的含义并不尽相同。兰普顿指出，美国和中国都"同意成为负责任大国这一基本主张，但是他们对'责任'的具体内涵难以达成共识"。[2] 最终双方在对话时常常各持己见。当他们确实对某些语汇持相同理解时，这并不代表他们能够达成共识。恰恰相反，正如查尔斯·泰勒（Charles Taylor）所说："相同的意涵常常导致最尖锐的共识缺失。"[3] 托马斯·弗里德曼也持有相近观点。在英国广播公司的一部纪录片中，他提出："对于美国人来说，中国最令人不安的地方不是他们的共产主义，而是他们的资本主义。"[4]

此外，就算西方和中国能够达成共同目标，那么，这个目标也可能会是一个随着时间而改变的移动靶。当然，并不是说西方对中国的所有期待都是难以实现的。问题在于，中国前进一小步，常常会引发西方对中国更大的、总是超前一步的期待。从这个角度说，西方变革中国的价值目标不是一种必需，而是一种欲求。用斯拉沃热·齐泽克（Slavoj Žižek）的话说，"每当行为者达到他所欲求的目标时，他就会有一种感觉：'这并不是我想要的'。尽管他'达到了他曾欲求的东西'，欲求是无法彻

---

① Clinton, *My Life*, p. 768.

② Lampton, *The Three Faces of Chinese Power*, p. 260.

③ Charles Taylor, *Philosophy and the Human Sciences*, Cambridge: Cambridge University Press, 1985, p. 39. For a study of the linkage between the shared meaning of Westphalian sovereignty and cross-strait conflict, see Chengxin Pan, 'Westphalia and the Taiwan Conundrum: A Case against the Exclusionist Construction of Sovereignty and Identity', *Journal of Chinese Political Science*, 15 (4), 2010, pp. 371–89.

④ Quoted in Cao, 'Modernity and Media Portrayals of China', p. 17.

底满足的"。①

"中国机遇论"是一种不断变化又充满了矛盾的欲求。也许在潜意识中，它的承诺"本质上需要无限期推迟其（自己）的最终实现"。② 这就像从一个飞驰的列车上看中国，在"中国机遇论"范式下，所看到的中国并不是静止的，而是后退的。例如，许多西方政府和人权组织看到的不是这些年来中国的进步，而是不断发布报告，指责中国的人权状况日趋恶化。③ 难怪一位中国官员在瑞士达沃斯会议上抱怨说："你们西方国家制定规则，评出分数，然后你们说'你是个坏孩子'。"④

当然，在实现民主化之前，中国或许就应该被称为"坏孩子"，看来实现民主是"我们"对中国的最终要求。但是，判定民主是否就是西方对中国的最后要求还为时尚早。我们甚至有理由对此表示怀疑。作为西方的"终极"理念，民主是一个相对近期的建构。事实上，雷蒙·威廉斯（Raymond Williams）指出：

在我们的历史记录中，除了少数情况的例外，直到十　125
九世纪"民主"还是一个很不受欢迎的词语，直到十九世
纪晚期和二十世纪早期，大多数政治派别和政治思潮才一

① Slavoj Žižek, *Tarrying with the Negative: Kant, Hegel, and the Critique of Ideology*, Durham, NC: Duke University Press, 1993, p. 121.

② J. Hillis Miller, quoted in Ronald J. Heckelman, ' "The Swelling Act": The Psychoanalytic Geography of Fantasy', in George E. Slusser and Eric S. Rabkin (eds), *Mindscapes: The Geographies of Imagined Worlds*, Carbondale: Southern Illinois University Press, 1989, p. 40.

③ See, for example, Human Rights Watch, *World Report 2007*, New York: Human Rights Watch, 2007, p. 258; Peerenboom, *China Modernizes*, p. 174; and Maureen Fan, 'China's Rights Record Criticized', *Washington Post*, 12 January 2007, p. A10.

④ Kagan, *The Return of History and the End of Dreams*, p. 62.

致起来，宣称他们对民主的信仰。①

颇具讽刺意味的是，在民主成为主流话语之前，中国式的"专制主义"是欧洲最为渴盼的政治模式之一。② 至少这是这一时期欧洲知识分子中普遍流行的一种看法。在过去的几个世纪里，从好的方面来说，西方主导的国际社会的主流规范是技术进步、贸易和国家主权，而非民主和人权。十九世纪当欧洲列强迫不及待地向中国扩张的时候，它们嘲弄并惩罚中国这个"中央之国"并非因为因其政治制度，而是因为其技术落后、经济闭关自守、民族国家意识缺乏和主权平等意识淡薄。不到一百年，当中国最终追赶上这些文明标准的时候，工业化现代性已不再是进步的标志。在西方观察者的眼里，其所具有的意涵正好与之前相反。③ 中国现在完全接受威斯特伐利亚体系下的主权观念，但是主权观念看起来却并不那么时兴了。在他们眼里，民主、人权、人道主义干涉以及"新的文明标准，国际社会成员的新标准"才是最时兴的。④ 台湾学者石之瑜（Chih-yu Shih）说过，主权观念跟中国开了一个"玩笑"。通过艰辛的努力，中国终于适应了主权国家构成的世界，但是"一百年后却被告知主权已不足以赢得充分尊重"。⑤

---

① Raymond Williams, *Keywords: A Vocabulary of Culture and Society*, London: Flemingo, 1983, p. 94. The 'godfather' of neoconservatism Irving Kristol made a similar point. See Irving Kristol, 'The Neoconservative Persuasion: What It Was, and What It Is', in Irwin Stelzer (ed.), *The Neocon Reader*, New York: Grove Press, 2004, p. 34.

② See Hollander, *Political Pilgrims*, p. 37.

③ Cao, 'Modernity and Media Portrayals of China', p. 6.

④ Foot, 'Chinese Power and the Idea of a Responsible State', p. 38.

⑤ Shih, *Navigating Sovereignty*, p. 167.

　　民主治理和人权的规范会不会成为跟中国开的另一个玩笑呢?——当中国最终实现民主化后,却发现西方设定的标杆又再一次移走了?换句话说,在未来的文明标准中,民主还能否处于主导地位?当然这个问题很难回答。但是,要说民主是规范标准的终结则是值得怀疑的。甚至有人说它从来就不是规范标准。即便是在典型的民主国家,有相当一部分西方公民对民主的程序和结果(如果不是民主这一理想)基本漠不关心。在"反恐战争"中,对国家安全的优先考虑使自由遭到了明显的侵蚀。曾经在二十世纪末欢呼过"第三波"到来的亨廷顿,告诫读者:"民主化和西方化之间有冲突,民主化天生是一个地方化而不是国际化的过程。"① 在此背景下,许多著名的美国中国问题学者向华盛顿方面建言:"民主化应该被视为美国对华政策的目标之一,而不是唯一目标。"② 如果是这样,即便中国实现了民主化,也仍旧无法满足中国机遇论支持者不断变化的诉求,这与布鲁斯·吉雷的看法相反。

　　一些研究者可能会反驳说,他们的诉求并不是无限的。如威尔·胡顿所言,如果中国抛弃了共产主义,建立了民主体制,成为积极支持国际治理规范的国家,那么他们就会宣称"任务实现了"。③ 就算我们假定这些一揽子目标的实现最终会使西方在"积分卡"上全部给中国画勾,但是,这种情况很有可能因为太过完美而无法真正实现。中国怎么可能完全变成西方心目中的理想形象呢?正如英国外交与公共事务办公室的

---

① Huntington, *The Clash of Civilizations and the Remaking of World Order*, p. 94.

② Harry Harding, 'Breaking the Impasse over Human Rights', in Ezra F. Vogel (ed.), *Living with China*: *U. S. /China Relations in the Twenty-First Century*, New York: W. W. Norton & Company, 1997, p. 176.

③ Hutton, *The Writing on the Wall*, p. 302.

一份任务声明所言，这些实质上是"我们用来要求自己"的价值。① 如果是这样的话，很有可能美国和英国自身都还没有完全实现这些价值。用威尔·胡顿的话说，这其实是西方"莫大的错误"。② 这就意味着中国被放在一个更高的标准，"一种还没有国家真正实现的关于善治和法治的理想化表述"。③ 西方国家给中国设定了一大串有待实现的目标，从人权和民主，到非扩散、环境保护和国际贸易。"如果中国满足了所有这些条件"，孔华润承认，中国将成为世界上最自由和最负责任的国家，但是很显然，这是不会成为现实的。④ 不过，这正是中国观察者长期以来所期望的。可以肯定的是，迎接中国机遇论者的将是痛苦的不断失望。这种关于中国的错误预期与其说是中国无力变革的反映，不如说是这些预期本身非现实性的结果。

强化这种虚无缥缈的还有一个两面性要求——转变中国和西方操控。用在中国观察界颇有影响和受尊重的吉拉德·西格尔（Gerald Segal）的话说，这种要求具体说来就是要绑住中国。⑤ 这正是理查德·哈斯（Richard Haass）所说的对华接触和

① Quoted in Chris Brown, 'Cultural Diversity and International Political Theory: From the Requirement to "Mutual Respect"?' *Review of International Studies*, 26 (2), 2000, p. 202; Anthony Bevins, 'Mission Possible', *The Independent*, 13 May 1997, p. 13.

② Hutton, *The Writing on the Wall*, p. 302.

③ Peerenboom, *China Modernizes*, p. 10 and Chapter 5: 'Of Rights and Wrongs: Why China Is Subject to a Double Standard on Rights'.

④ Cohen, *America's Response to China*, p. 225.

⑤ Gerald Segal, 'Tying China in (and down)', in Gerald Segal and Richard H. Yang (eds), *Chinese Economic Reform: The Impact on Security*, London: Routledge, 1996. See also, Gerald Segal, 'Tying China into the International System', *Survival*, 37 (2), 1995, pp. 60 – 73.

融入政策的功用所在。他认为转变中国的最好办法是通过共识,而非强制。他认为,美国的外交政策应该旨在推进对国际关系的认识统一。"在此共同背景之下",他补充说,"促使其他国家和组织融入既有机制,延续一个有利于美国利益和价值的世界将是可能的"。① 尽管哈斯随即解释说这些美国利益和价值"绝不仅仅是美国人的",但将似乎具有普世意义的美国利益和价值作为判断融入的基准,这很能说明问题。在这里我们可以看出,融入并不是目的本身,只是用来促进美国利益和价值的方式。其最终是让中国做"我们想让它做的事"。② 对于比尔·克林顿来说,接触中国的主要目标是维持美国的主导地位。2000 年 9 月,为了说服国会中的质疑者支持给予中国永久正常最惠国待遇身份,他的理由是"如果美国张开怀抱,而不是攥紧拳头,将会对中国产生更大的影响"。③

罗伯特·佐利克在 2005 年的演讲中,也提出类似的双重目标:转变和控制。在佐利克看来,美国使中国融入,并非单纯为了整合融入,而是为了更远大的目标——使中国在美国主导的国际体系下负责任地行事。也就是说,中国仅仅作为现有体系中的一员还不够。裴文睿(Randall Peerenboom)针对佐利克

---

① Haass, *The Opportunity*, p. 23.

② Robert S. Ross, 'Why Our Hardliners Are Wrong', *The National Interest*, No. 49, 1997, p. 51 (emphasis added); Barber B. Conable, Jr. and David M. Lampton, 'China: The Coming Power', *Foreign Affairs*, 71 (5), 1992/1993, p. 147; and Chas W. Freeman, Jr. 'Sino-American Relations: Back to Basics', *Foreign Policy*, No. 104, 1996, p. 10.

③ Bill Clinton, 'In Clinton's Words: "An Outstretched Hand"', *New York Times*, 20 September 2000, p. A16 (emphasis added). By 1998, the term 'Most Favored Nation' (MFN) was changed to 'normal trade relations' so as to avoid the misleading connotation that China was receiving favourable treatment in its trade with the United States.

的演讲评论道：

> 根本上说，中国被赋予一席之地，但前提是必须服务
> 于美国的利益：降低汇率、更严格地保护知识产权、军事
> 开支和未来军备计划更加透明化、向伊拉克战争提供财政
> 支持和削减债务（尽管中国反对伊拉克战争）……同时佐
> 利克还警告说，除非中国达到这些要求，否则其他国家不
> 得不"在对华关系中两面下注"。①

　　值得一提的是，佐利克对中国"负责任的利益攸关方"的
定位并非党派偏见，而是两党的共识。这可以追溯至西方殖民
时代对于他者的矛盾心理，一方面他们希望他者变得和"西方
自身"一样，另一方面却又不希望其像西方一样强大（以免难
以控制）。罗纳德·斯蒂尔（Ronald Steel）将这种双重态度归纳
如下："我们不会满足于仅仅征服他们：我们坚持让他们像我们
一样。"② 因此，这种两面性并非美国对华接触政策所特有，而
是美国外交传统的一部分。③ 基于这种传统，温和的自由派和现
实主义鹰派都为美国的全球主导地位而欣慰，都认为这种地位

①　Peerenboom, *China Modernizes*, pp. 278 - 9. On the 'control' dimension of the term 'responsibility', see also Philip Stephens, 'The Financial Crisis Marks out a New Geopolitical Order', *Financial Times*, 10 October 2008, p. 9; and Christopher Layne, 'China's Challenge to US Hegemony', *Current History*, 107 (705), 2008, p. 15.

②　Ronald Steel, quoted in James L. Watson, 'Introduction: Transnationalism, Localization, and Fast Foods in East Asia', in James L. Watson (ed.), *Golden Arches East: McDonald's in East Asia* (2nd edn), Stanford, CA: Stanford University Press, 2006, p. 5.

③　Kagan, *The Return of History and the End of Dreams*, p. 50.

应该在未来延续下去。沃尔福威茨曾抱怨，比尔·克林顿的大战略援引了他关于美国可持续全球优势的观点，但是却"没有（对他）致谢"。① 有所不同的是，为了使这一主导地位更具合法性、更持久，自由制度主义者更进一步，要求其他的国家进行规范变革，从而不仅在军事上而且在理念上确保那种优势地位。正如江忆恩指出，对规范的控制可能"导向最持久、最自我强化的对社会负责的行为"。②

结果，对于许多战略家来说，这两种控制中国的精明目标完全有道理，不过它们并非总是那么容易兼容的。希望中国实现民主化本身当然并不是一种妄想，但是，从长远来看，期待出现一个民主而又顺从的中国则是有问题的。亨廷顿也许是对的：一个更加民主的中国也许变得更不支持西方，这也是一个长期困扰殖民者的问题。霍米·巴巴指出，被殖民者对自由解放的模仿和追逐，对于殖民者来说，既带来相似性又带来威胁。③ 用阿希斯·南迪的话说，被殖民者因此成了殖民者"亲密的敌人"。④ 1905 年当日本击败俄国之后，美国总统西奥多·罗斯福兴奋地说："对于日本的胜利，我非常高兴，因为日本按照我们的游戏规则行事。"⑤ 但是几十年后"珍珠港事件"爆发，日本对"我们的游戏规则"的接纳终究使美国引火烧身。在中国和西方关系的历史中，中国也扮演着西方"亲密的敌人"的角色，中国利用西方的民族主义作为武器，来抵御西方的入侵。

128

---

① Gary Dorrien, *Imperial Designs: Neoconservatism and the New Pax Americana*, New York: Routledge, 2004, p. 225.

② Johnston, *Social States*, p. 26.

③ Bhabha, *The Location of Culture*, p. 123.

④ Nandy, *The Intimate Enemy*; Fitzgerald, 'The Nationless State', p. 60.

⑤ Henry Kissinger, *Diplomacy*, New York: Simon & Schuster, 1994, p. 42.

正如费正清所言：

> 具有讽刺意味的是，十九世纪晚期从中国新的城市中心发轫的西方化引入了西方模式，却最终导致中国反对西方。之所以如此，是因为它促成了中国的民族主义。与外国的接触常常导致排外主义，但是在此情况下，西方攻击性民族主义的示范作用，招致了越来越多的中国人以牙还牙，即由他们传统的文化主义转变为现代爱国者。[①]

"亲密的敌人"现象之所以发生，其关键原因也在于相互回应的逻辑。只要中国依旧是转变和控制这双重目标的对象，中国就总是有可能以类似的方式回击。从这个角度说，一个更加西方化的中国可能更加咄咄逼人，这一点也不自相矛盾。但是，从"中国机遇论"的视角来看，这种"悖论"实在是太反常了。就像遏制政策无法在其胜利之后存续一样，如果接触政策成功地将中国塑造成西方的模样，到头来反而与其自身的目标背道而驰。

总而言之，"中国机遇论"范式可能推动接触政策，但是其转变和控制的双重目标却是虚假的承诺。尽管话语建构着这个世界，但是"中国机遇论"范式的理论和实践并不足以将中国变成"我们"的"机遇"。在一个相互回应的世界里，在中国和西方共同塑造的主体间性关系中，"中国机遇论"的"理想情境"是不可能完全实现的。

---

① Fairbank, *China Perceived*, pp. 79 – 80.

第七章
幻灭的国际政治

当这些争斗绞在一起互相冲撞的时候，一个国际融合 129
新时代的诺言就变得黯然失色。我们已经步入了一个大分
歧的时代。

——罗伯特·卡根①

错误的幻想或许已经被揭露了，但是那些幻想背后的
迷梦还在延续。

——史蒂芬·邓库姆（Stephen Duncombe）②

迷思是人类生活所必需的。它们使我们专注于共同的
目标，赋予我们希望。但是……迷思所激发出来的希望可
能是不现实的希望。所以，尽管它们是必需的，我们的迷
思也有引发悲剧的危险。

——赵文词③

---

① Kagan, *The Return of History and the End of Dreams*, p. 4.

② Duncombe, *Dream*, p. 26.

③ Madsen, *China and the American Dream*, p. 82.

　　国际关系的运作并非仅仅以硬邦邦的利益和赤裸裸的权力为基础，它们天然地还会受到理念、表述和情感的调节。① 在上面的章节中，我们已经审视了这是如何在两种中国表述范式的实践中展现出来的。作为两种模棱两可的恐惧和幻想的欲望，这些范式不仅存在于中国观察的知识分子群体中，而且还在中西方之间的互动中发挥作用。这两个范式都体现了理论和实践的密不可分。

　　当然，我并不是说某个理论（或情感）与一个具体的实践或政策之间必然存在一对一的关联。具体而言，我并不是说遏制政策是"中国威胁论"一手造成的，或者说接触是"中国机遇论"唯一的政策选项。中国机遇论这种虚假的承诺是一种不稳定的、矛盾的情感结构，它倾向在希望和幻灭之间摇摆。如果说希望可以为接触政策提供合理性依据，那么，如果希望被证明只是幻想，又会怎样？进一步说，如果中国没有民主化，又会怎样？面对看起来强大而不妥协的中国，"中国机遇论"的
130 幻灭感会与恐惧感一道强化"中国威胁论"的理论与实践吗？本章将会解答这些问题。

"还击"：西方对华战略的强硬转变

　　二十一世纪第一个十年以西方对华战略的强硬转变结束了。奥巴马总统上台一周年之际，在一个月内，美国国务卿希拉里·克林顿公开指责中国的互联网管理政策，同时奥巴马总统宣布对台湾价值 60 亿美元的军售案，并在白宫会见西藏流亡在

---

① Roland Bleiker and Emma Hutchison, 'Fear No More: Emotions and World Politics', *Review of International Studies*, 34 (1), 2008, pp. 115 – 35.

外的达赖喇嘛。几个月之后，克林顿国务卿在河内参加东盟会
议时，释放出美国要积极介入南海争端的信号。用时任美国驻
华大使洪博培（Jon Huntsman）的话说，所有这些举措"侵犯"
了中国的核心利益。① 2010 年多伦多二十国集团峰会上，奥巴
马指责中国对朝鲜的"好战行径""视而不见"。2010 年 9 月，
美国众议院两党绝大多数议员投票赞成通过了一份法案。该法
案为经济制裁中国铺平了道路，以惩罚中国饱受诟病的货币政
策。在此之前几个小时，美国政府刚刚向世界贸易组织提出针
对中国的多起诉讼案。② 在观察者看来，美国这一系列对华强硬
姿态，③ 显示出奥巴马政府开始转变对华政策思路，站在了主张
强硬应对中国崛起的"战略家"一边。④ 托马斯·弗里德曼将
这种新政策称为"低度遏制"（containment-lite）。⑤ 很明显，进
入奥巴马"新接触时代"世界外交才一年的时间，这种对华新
政策以及后来的"转身亚洲"战略就背离了美国副国务卿詹姆

---

① Robert Gehrke, 'Huntsman Looks for Rebound in U. S. -China Relations', 7
May 2010, http://www. sltrib. com/sltrib/home/49545828-73/huntsman-china-
relationship-think. html. csp.

② Sewell Chan, 'Geithner to Signal Tougher Stance on China Currency', *New
York Times*, 15 September 2010.

③ Sam Sedaei, 'Obama's Push-Back Against China Is Bitter Medicine', *Huffing-
ton Post*, 15 February 2010, http://www. huffingtonpost. com/sam-sedaei/amer-
ican-push-back-agains_b _462971. html; Jeremy Page, Patrick Barta and Jay
Solomon, 'U. S. , ASEAN to Push Back Against China', *Wall Street Journal A-
sia*, 23 September 2010, p. 1; and Lee, 'The New Face of U. S. -China Rela-
tions'.

④ John Lee, 'Obama Switching Sides Over China', *The Weekly Standard Blog*,
30 July 2010.

⑤ Thomas L. Friedman, 'Containment-Lite', *New York Times*, 10 November
2010, p. 35.

斯·斯坦伯格 2009 年 9 月所宣称的对华"战略再保证"原则。①

在大西洋彼岸也存在着类似的情况。不仅被寄予厚望的欧盟—中国轴心没有实现，②所谓的欧中"蜜月期"也为期不长。③许多欧洲国家自诩为"欧洲规范权力"的一部分，他们的对华政策越来越以价值观为中心，对华态度越来越不包容。许多欧洲领导人，包括英国首相布朗、德国总理默克尔、欧洲议会主席汉斯·波特林（Hans-Gert Poettering）和欧洲委员会主席巴罗佐，响应在对华关系中"强化欧盟对策和坚持更苛刻条件"的号召，④"抵制"了北京奥运会开幕式。尽管时任法国总统萨科齐从其最初的"抵制"威胁后撤，但他仍旧在几个月之后按原计划在波兰会见了达赖喇嘛。这些都表明欧洲对中国的价值观外交势头不减。

有人或许会认为，澳大利亚会是最后一个加入防范中国阵营的西方国家。毕竟，这个资源丰富的国家从中国的经济崛起中获益巨大。但是，尽管其一再否认，堪培拉其实已经走上了防范其最大贸易伙伴的道路。澳大利亚 2009 年的防务白皮书隐

---

① James B. Steinberg, 'China's Arrival: The Long March to Global Power', *Keynote Address at the Center for a New American Security*, 24 September 2009, http://www.cnas.org/files/multimedia/documents/Deputy% 20Secretary% 20James% 20Steinberg's% 20September% 2024,% 202009% 20Keynote% 20 Address% 20Transcript. pdf.

② See for example, David Shambaugh, 'China and Europe: The Emerging Axis', *Current History*, 103 (674), 2004, pp. 243–8, and 'The New Strategic Triangle: U. S. and European Reactions to China's Rise', *The Washington Quarterly*, 28 (3), 2005, pp. 7–25.

③ David Shambaugh, 'China Eyes Europe in the World: Real Convergence or Cognitive Dissonance?' in David Shambaugh, Eberhard Sandschneider and Zhou Hong (eds), *China-Europe Relations: Perceptions, Policies and Prospects*, London: Routledge, 2008, pp. 127–47.

④ Fox and Godement, *A Power Audit of EU-China Relations*, p. 13.

晦地指出，中国的崛起是其海军能力扩增——二战后最大扩
增——的主要原因。① 据美国一份外交电报透露，当被克林顿国
务卿问及"如何对你的债主（中国）强硬"的时候，自称"冷
酷的现实主义者"陆克文（Rudd）主张"部署武力"对抗中
国，以保证其融入国际社会。即使是陆克文提出的看起来颇为
中立的"亚太共同体"倡议，它的出笼结果也是为了遏制中国
影响力。② 2012 年 4 月，美国首批海军入驻澳大利亚，这使得堪
培拉在美中博弈之间何去何从毫无悬念。

　　当然，强硬一贯是西方对华政策的一部分。但是在过去的
几十年里，美国、欧洲和澳大利亚占主导地位的对华政策是
"建设性接触"。尽管直至今天"接触"和"合作"仍旧在继
续，但是近年来"竞争的一面"变得"更加明显"，③ 以至于西
方的观察者认为，美中当前已经陷入一个关于"权力和信念"
的全球争斗，这将界定二十一世纪的世界政治版图。④ 与此同

---

① Kevin Rudd, 'A Conversation with China's Youth on the Future', Speech at Peking
University, Beijing, 9 April 2008, http://www. theaustralian. com. au/news/kevin-
rudds-speech-at-beijing-uni/story-e6frg6n6-1111116015758; Australian Department of
Defence, *Defending Australia in the Asia Pacific Century: Force 2030*, Commonwealth
of Australia, 2009, p. 34; and Cameron Stewart and Patrick Walters, 'Spy Chiefs Cross
Swords over China-PM Backs Defence Hawks', *The Australian*, 11 April 2009, p. 1.

② Paul Maley, 'Wikileaks Cable Exposes Then PM as "A Brutal Realist on Chi-
na": Rudd's Plan to Contain Beijing', *The Australian*, 6 December 2010, p.
1. For an analysis of Australia's recent debate on China's rise, see Chengxin
Pan, 'Getting Excited about China', in David Walker and Agnieszka Sobocins-
ka (eds), *Australia's Asia: From Yellow Peril to Asian Century*, Crawley, WA:
UWA Publishing, 2012, pp. 245 – 66.

③ Evan S. Medeiros, 'Strategic Hedging and the Future of Asia-Pacific Stability',
The Washington Quarterly, 29 (1), 2005/2006, p. 148.

④ Kagan, 'Ambition and Anxiety', p. 2. See also Peter Beinart, 'Think Again Ron-
ald Reagan', *Foreign Policy*, No. 180, July/August 2010, p. 33; and Alan Dupont,
'U. S. Enlists China's Worried Neighbours', *The Australian*, 3 August 2010, p. 10.

时，在 2010 年初《环球时报》的一次民意调查中，将近 55% 的
反馈者认为美国和中国正在走向冷战。[1] 即便是温和的中国学
者，如王缉思，也认为两国正在步入战略竞争时代。[2]

乍看起来，西方对中国日趋强化的对冲似乎是对国际舞台
上更加强大的中国的回应（或者说"推回"）。用托马斯·弗里
德曼的话说，这是被中国强势外交的"冲击"激发出来的。在
他眼中，这些强势外交包括中国"咄咄逼人的货币政策"、"持
续进行网络审查"、不断增强的海军能力，以及在中国南海争端
和 2010 年钓鱼岛附近渔船撞击事件中的强硬做法。[3]

虽说中国变得强硬了，但是中国不应该为西方"还击"战
略的兴起承担全部责任。这种战略转换必不可少的一环是西方
对中国崛起的模棱两可的描绘。这里的西方描绘我并不是单单
指"中国威胁论"范式或者如有些中国人说的"冷战零和思
维"。[4] 仅仅用这些因素是无法解释下述问题的：为什么近来很多

132

---

[1] Michael Sheridan, 'China's Hawks Demand Cold War on the US', *The Sunday Times*, 7 February 2010, p. 30.

[2] Wang Jisi, 'Zhong-Mei jiegouxing maodun shangsheng, zhanglue jiaoliang nanyi bimian' (Sino-U. S. Structural Contradictions on the Rise, Strategic Competition Difficult to Avoid), *International and Strategic Studies Report* (Beijing: Center for International and Strategic Studies, Peking University), No. 47, 23 July 2010, pp. 1 – 4.

[3] Friedman, 'Containment-Lite'.

[4] Liu Feitao, 'US Making Waves in South China Sea', *Global Times*, 8 November 2010. http://opinion. globaltimes. cn/commentary/2010 – 11/590145. htm; Shi Jianxun, 'Aoyun shenghuo yu Aolinpike jingshen burong xiedu (The Sacred O-lympic Flame and Olympic Spirit Brook No Blasphemy), *Wenhuibao* (Wenhui Daily), 10 April 2008, p. 5; and Shao Feng, 'Aoyun huoju chuandi tuxian hexie shijie waijiao de zhongyaoxing' (Olympic Torch Relay Highlights the Importance for Harmonious World Diplomacy), *Zhongguo Shehuikexueyuan Yuanbao* (Journal of the Chinese Academy of Social Sciences), 29 April 2008, p. 3.

支持"推回"战略的并不是传统上的对华鹰派？

为了更好地解释这一困惑，我们必须把"中国机遇论"范式考虑进来。我的观点是，作为一种虚假的承诺，机遇论必然要幻灭，这反过来为新旧恐惧的滋生铺垫了温床，使之生根发芽。这一范式的最终悖论是：它削弱它所声称推进的接触政策。

幻想中国与西方的幻灭

伴随着"推回"战略的是西方对中国与日俱增的幻灭感。如果我们没有认识到这一共同的情感背景，就不能全面地理解此次西方的强硬转变。要关注这种情感背景，我们不能错过《洛杉矶时报》北京办事处前主任詹姆斯·曼的一本书《中国幻想》。该书被称为"中国变革怀疑论者的圣经"。① 这本乍一看并不起眼的小书在开头部分描绘了两幅大家习以为常的中国场景：平稳的场景和动荡的场景。前者主要基于"中国机遇论"，认为随着贸易和经济的发展，中国会走上民主的轨道。而后者则预测，中国未来所面临的将是经济崩溃和政治动荡。在詹姆斯·曼看来，这两种场景，尤其是前者，都是幻想。他认为最现实的第三种场景是"中国威权统治的长期化"，也就是说，中国既不会民主化，也不会崩溃，而是会保持政治威权和经济稳定并存的状态。②

尽管少有人像詹姆斯·曼如此雄辩，但也有不少人开始从这种"中国幻想"场景中醒悟过来。美国企业研究所（AEI）的马莹（Ying Ma）哀叹说，中国的威权体制"似乎具有免疫功

---

① Robert Dreyfuss, 'China in the Driver's Seat', *The Nation*, 2 September 2010, p. 17.

② Mann, *The China Fantasy*, p. 109.

能，不为美国的希望所动"。① 同在美国企业研究所的卜大年
（Daniel Blumenthal）抱怨说，"绝大多数时候，美国精英关于中
国的判断是完全错误的"，因为中国既不在民主化，也没有在处
理国际议题时"与西方站在一起"。② 在北京工作的美国前商务
顾问古特曼对中国的市场潜力持怀疑态度，他将所谓的中国经
济机遇称为西方企业的"陷阱市场"。③ 像詹姆斯·曼一样，古
133 特曼认为与中国的经济接触不可能导致中国的政治自由。如果
说有什么影响的话，那就是西方正在失去"新的中国"。

对"中国机遇论"的怀疑并不新奇。强硬派和新保守主义
者长期以来反对对中国的接触政策，因为他们认为所冀望的变
革中国的想法只是幻想。④ 但是，如今这种幻灭感并不仅仅局限
于强硬派那里，还渗透到传统上由自由主义者和商贸领袖主导
的"精英意见"中去。正如沈大伟所指出的，"即便是那些以更
加善意的视角来看待中国的美国人——他们希望中国在国际舞
台上能够成长为一个更加合作和国际化的国家——对于中国近
来的行为，也变得越来越有幻灭之感了"。⑤ 曾经的美国国家安
全委员会官员威尔·殷波登（Will Inboden）指出，在欧洲和美
国的政界、学界和商界，对于中国的认识正在发生着一种范式

① Ying Ma, 'China's Stubborn Anti-Democracy', *Policy Review*, No. 141, 2007,
　　p. 3.
② Daniel Blumenthal, 'Is the West Turning on China?' *Foreign Policy Online*, 18
　　March 2010, http://shadow. foreignpolicy. com/posts/2010/03/18/is_the_west
　　_turning_on_china.
③ Gutmann, *Losing the New China*, pp. 113 – 4.
④ See, for example, Robert Kagan, 'The Illusion of "Managing" China', *Wash-
　　ington Post*, 15 May 2005, p. B07.
⑤ David Shambaugh, 'Coping with a Conflicted China', *The Washington Quarter-
　　ly*, 34 (1), 2011, p. 24.

变迁。他以谷歌公司威胁退出中国为例，指出尽管不久前西方商界从中国的市场潜力中获益颇多，并曾积极推动中西之间的紧密联系，但是"现在这种共识没了"。① 通用电气的首席执行官杰弗里·伊梅尔特（Jeffrey Immelt）在罗马对一群意大利的高层执行官抱怨说，"我不敢肯定最后（中国）是否希望我们中的任何一个人胜出或取得成功"。② 美国商界领袖这种心理变化没有逃过中国一位经验丰富的高级外交官的法眼。在 2010 年美国国会中期选举期间，吴建民走访了美国，在接受香港一家中文媒体采访时，他说在过去的中美摩擦中，美国商界常常是站在中国这一边的，但是现在他们第一次保持了沉默。③

对中国的普遍失望之感也不仅仅局限于美国。一位法国人索尔孟（Guy Sorman）写道："共产主义蝶蛹变幻成多元主义蝴蝶的迷梦在中国似乎不可能实现了。"④ 一位布鲁塞尔的中国问题研究者声称，欧洲企图改变中国的努力"失败"了，中国的表现远没有达到欧洲的期待。⑤ 在澳大利亚，2009 年澳中之间发生力拓矿业和胡士泰事件之后，悉尼大学的一位著名学者如此总结这种幻灭之感："西方自由主义者中间曾经弥漫的乐观情

① Will Inboden, 'The Reality of the "China Fantasy"', *Foreign Policy Online*, 16 June 2010, http://shadow. foreignpolicy. com/posts/2010/06/16/the_reality _of_the_china_fantasy.

② Guy Dinmore and Geoff Dyer, 'Immelt Hits Out at China and Obama', *Financial Times* (FT. Com), 1 July 2010.

③ Wu Jianmin, 'Ou Mei Ri yi Hua, sange "diyici" qiansuoweijian' (Suspicions of China among Europe, the US, and Japan: Three Unprecedented 'First' Phenomena), 10 January 2011, http://mgb. chinareviewnews. com/doc/1015/6/5/ 2/101565260. html? coluid = 93& kindid = 2788&docid = 101565260.

④ Sorman, *The Empire of Lies*, p. 228.

⑤ Jonathan Holslag, 'The European Union and China: The Great Disillusion', *European Foreign Affairs Review*, 11 (4), 2006, p. 578.

绪——中国的崛起在战略上是无害的、在经济上有助于提振低迷的全球经济形势——被一种令人焦心的忧虑取代了：到头来，强大的中国对世界可能并不是什么好事。"[1] 基于这种幻灭感，现在许多评论者认为西方对中国存在着严重误判。[2]

134

从幻灭到恐惧：范式转换与
对华政策调整

在过去的两个世纪里，中国常常成为西方的失望之源。研究中国的历史学家史景迁曾令人信服地指出，十九世纪和二十世纪初企图将中国这一中央王朝塑造成西方模样的顾问们，很快"清晰地意识到这是不可能的"。[3] 当时这难免令西方百思不解或焦虑不安，但是中国的虚弱或者看起来对于"国际大家庭"的无足轻重至少抵消了这种幻灭感：当"东亚病夫"似乎不能满足"我们"期望的时候，至少"我们"绝大多数时候是可以高枕无忧地将其抛在脑后。

但是，这一回情况不一样了。中国不再仅仅是一个"无足轻重的敌人"了。在詹姆斯·曼出版《中国幻想》一书的 2007年，1 月份的《时代周刊》封面文章关注了中国崛起，题为"中国世纪"。该杂志的执行主编理查德·施坦格尔（Richard Stengel）写道，二十一世纪没有比中国的急速崛起和中美关系

---

① Alan Dupont, 'Many Shared Interests but Few Shared Values with China', *The Australian*, 12 April 2010, p. 14.

② Halper, 'Wrongly Mistaking China'; Robert J. Samuelson, 'The Danger behind China's "Me First" Worldview', *Washington Post*, 15 February 2010, http://www.washingtonpost.com/wp-dyn/content/article/2010/02/14/AR2010021402892.html.

③ Spence, *To Change China*, p. 292.

更重大的事件了。而该杂志的合作创办人亨利·鲁斯（Henry Luce）在二十世纪中叶撰写过"美国世纪"这篇著名文章。① 认识到这种权力转移，休·怀特认为，中国"对于美国来说，已经比冷战中任何时期的苏联都要强大了。中国对美国亚洲权势的挑战，不再是一个未来的可能，而是一个近在眼前的事实了"。② 英国专栏作家马丁·雅克更进一步说，我们正在目睹着这样的一幕：权力正由处于主导地位的西方转交给崛起的中央之国，这将意味着我们已知的西方世界的终结。他预测说，40年后，"世界将会变得很不一样"。③

全球金融危机中，中国表现得比以往更加强大，因此，人们更加倾向于认为，"一个没有西方的世界"、一个由中国和其他崛起国家领导的世界将会到来。④ 一个以开放市场和威权政体为模式的强大中国，为广大发展中国家树立了一个具有吸引力的发展模式。经济学家乔舒亚·库珀·拉莫（Joshua Cooper Ramo）将其称为"北京共识"。⑤ 这一新的发展模式看起来威胁并削弱了如今已遭受重创的"华盛顿共识"。比如，美国国家情报局发表的《2025 全球趋势》报告将西方经济自由主义、民主和世俗主义的衰落很大程度上归因于中国崛起的打击。⑥ 2010

---

① Richard Stengel, 'The Chinese Challenge', *Time*, 22 January 2007, p. 6. See also Fareed Zakaria, *The Post-American World*, New York: W. W. Norton, 2008.

② White, 'Power Shift', p. 2.

③ Jacques, *When China Rules the World*, p. 3. Hugh White expresses a similar view. See White, 'Power Shift', p. 6.

④ Barma, Ratner and Weber, 'A World Without the West', pp. 23 – 30.

⑤ Joshua Cooper Ramo, *The Beijing Consensus*, London: Foreign Policy Centre, 2004.

⑥ US National Intelligence Council, *Global Trends 2025: A Transformed World*, Washington, DC: US Government Printing Office, 2008, p. 3.

年末在首尔举办的二十国首脑峰会上，奥巴马第一次尝到这种
135 新的全球权力重大转移的滋味。奥巴马不但没有能够成功纠集
世界各国领导人对中国的货币政策施压，相反，美国联邦储备
局出台的旨在人为贬值美元的"量化宽松"政策却遭到了与会
领导人的一致抱怨。①

由此一来，当前西方对中国的幻灭感似乎有别于以往。从
过去几个世纪以来，中国第一次成为一个既是令人失望的顽固
国家，同时又是一个强大的国家、一个经济上和军事上强大而
政治上不合时宜的"怪物"。比如，古特曼不甘情愿地承认中国
将不会沿着他的最初期望发展。他很困惑地发现自己：

> 对于这个"新中国"无言以对，也没有能力理解它
> 了——没有能力将这个快速发展的现代化国家……与以下特
> 征调和起来：受害者心态、好斗的民族自豪感、执着于领
> 土声索、来自屈从于权威的施虐受虐的阵阵快感、对民主
> 的犬儒式蔑视和赤裸裸的仇外行为。②

古特曼的困惑除了诉诸屡试不爽的"东方神秘主义"脚本外，
还明显地掺杂着一种恐惧感。不过他只是众多幻灭的自由主义观察
者之一，他们对中国之于西方意识形态的挑战发出警告。以詹姆
斯·曼的《中国幻想》为开端，类似的文献如今在大量涌现。③ 詹

---

① Sewell Chan, Sheryl Gay Stolberg and David E. Sanger, 'Obama's Economic View Is Rejected on World Stage', *New York Times*, 12 November 2010, p. 1.
② Gutmann, *Losing the New China*, pp. xiii – xiv.
③ See, for example, Naazneen Barma and Ely Ratner, 'China's Illiberal Challenge', *Democracy: A Journal of Ideas*, 1 (2), 2006, pp. 56 – 68; Halper, *The Beijing Consensus*.

姆斯·曼所界定的第三种情景——中国威权统治的长期化——可以说对西方自我想象和身份构成了双重冲击。用法国《世界报》（*Le Monde*）上的话说，这不仅是对西方经济优势的挑战，还是对其以下权利的挑战——"判定是非的权利、制定国际法的权利和基于道德或人道主义目的而干预他国事务的权利"。① 爱德华·弗里德曼曾经预测中国政府会倒台，但是现在却认为，一个由中国领导的威权国家联盟"正在击溃全球民主力量"。②

　　在这一"中国幻想"的恐惧之上，还有对中国"背叛"的强烈怨恨，以及西方反过来被不可捉摸的中国人改造的梦魇，西方这种复杂交织的情绪让人想起浪漫的戏剧《蝴蝶君》。这样一来，中国机遇的承诺转变为"一种可怕的发现，即透过这一切，她所爱的对象却是一个不折不扣的……男人"。③ 这种恐怖在 1962 年好莱坞电影《满洲候选人》中也有类似的展现。故事设定在冷战之初自由的资本主义世界和"危险"的红色中国之间，故事沿着两条线索展开，一方面是西方长期以来被共产主义者洗脑和渗透的恐惧，另一方面是西方天真无知乃至心甘情愿地串通一气。越仔细地审视"中国幻想"的话语叙事，人们就会越容易地意识到"满洲候选人"的潜台词：不但改变中国是一种幻想，而且"中国自身也开始影响其西方合伙人的发展轨迹"。④

　　在詹姆斯·曼看来，中国目前发挥影响力的途径常常是通

136

----

① Alain Gresh, 'Understanding the Beijing Consensus', *Le Monde*, November 2008.
② Edward Friedman, 'China: A Threat to or Threatened by Democracy?' *Dissent*, 56 (1), 2009, p. 12.
③ David Henry Hwang, quoted in Ling, *Postcolonial International Relations*, p. 138. See also Prasso, *The Asian Mystique*, pp. 11 - 2.
④ Holslag, 'The European Union and China', p. 573.

过金钱诱惑——来自于"中国业务的金钱和诱惑",它们可以轻
易地俘获各个层面的人:从事务级的公务员和知名的中国问题
学者,甚至通过高级政府官员影响到美国总统。① 在詹姆斯·曼
的这一言论之后不久,国会任命的美中经济与安全评估委员会
所发布的 2009 年度报告,首次专门辟出一个版块来探讨中国的
对外宣传和影响手法,并评估其对美国——尤其是对美国学术
界和智库的影响。② 在德国,许多评论家为时任总理施罗德"完
全内化了中国的观点逻辑"而有类似的沮丧和懊恼。与此同时,
会说中国普通话的陆克文在担任澳大利亚总理的短暂时期内,
也不断地被他的政治对手和保守主义专栏作家称为"满洲候选
人"和"中国的巡回大使"。③ 同样的攻击也发生在西方企业的驻
华代表身上,用古特曼的话说,他们看起来像"中国领导的真正发
言人"一样,"似乎他们变成本地人了"。④ 被点名的尤其是西方
的互联网公司,它们为了利润而舍弃西方的道德良知。伦纳德
在重复完那种认为互联网代表了一股改变中国的强劲力量的熟
悉观点之后,哀叹道:"是中国改变了互联网:中国迫使互联网
巨头谷歌、微软和雅虎按照它的规则行事。"⑤ 唉,似乎"中国
机遇论"范式如今已完全颠倒了过来。这种异常现象甚至引起
了美国众议院人权小组委员会的注意。它召见雅虎、谷歌、微
软和思科等四大高科技公司的代表,给他们就社会责任和人权

① Mann, *The China Fantasy*, pp. 59 – 61.
② Gary Schmitt, 'Kowtowing to China', *Weekly Standard*, 1 December 2009.
③ Callahan, 'Future Imperfect', p. 789; 'Spotlight on Asia. view: Welcome to Oz?' *The Economist*, 28 June 2008, p. 27; 'Rudd Must not Succumb to Turnbull's China Taunt' (editorial), *The Age*, 1 April 2009, p. 18.
④ Gutmann, *Losing the New China*, p. 15.
⑤ Leonard, *What Does China Think?* p. 77. See also Whitehead, 'Chinese Totalitarianism, American-Style'.

相对于利润的重要性上了一课。①

也许更令人不安的是，他们害怕中国的道德挑战很快会变成战略威胁。这种逻辑似乎一目了然：中国对美国道德权威的威胁不可避免地会削弱美国建立在其合法性之上的军事优势。只要中国还是一个顽固的"非民主"国家，它的长期战略意图就是不确定的，因此来自中国的军事挑战就不可排除。如此一来，尽管詹姆斯·曼没有把中国当作一个迫切的军事威胁，但他还是禁不住怀疑中国是不是在搞拖延战术，争取更多的时间发展更强大的军力。他很是忧心地发问："谁敢说三十年后当中国变得更富裕更强大的时候，中国领导人会拥有什么样的梦想和抱负呢?"②

因此，"中国幻灭"话语的背后实际上是一个强烈的信号：中国作为一个兴起的道德和军事威胁已经不能再被忽视而应该与之对抗。在此背景下，"中国幻想"的破灭是如何强化了对华强硬政策，就更好理解了。"中国幻灭论"通过质疑"中国机遇论"和接触论者所一贯宣称的中国形象，直接挑战了接触政策。詹姆斯·曼指出，美国兜售给美国大众的对华接触政策建立在欺骗性的想象之上，"这一错误的前提是，认为对华贸易和'接触'可以改变中国的政治体制"。③ 然而，这种接触和融入政策除了为无限制地开展对华贸易开了绿灯和转移了人们对中国人权问题的注意力外，似乎没有达到上述预期。④ 在此意义上，阿

137

---

① Philippe Naughton, 'Google and Yahoo Face Their Congressional Critics', *The Sunday Times*, 15 February 2006, http://www.timesonline.co.uk/tol/news/world/asia/article731031.ece.

② Mann, *The China Fantasy*, p. 22.

③ Ibid., p. 26.

④ Ibid., p. 104.

兰·弗里德伯格指出，詹姆斯·曼的《中国幻想》一书是对美国对华接触政策的"严厉谴责"。①

确实，面对一个看起来拒不妥协的中国，接触政策不仅被认为没有效果，而且接近于危险的绥靖政策。它实际将"使美国前所未有地在其自由民主理念上退缩"。② 这也意味着：

> 美国将不得不放弃对中国政体合法性仅存的质疑，对中国国内事务的批评也将变得更加谨小慎微。这就意味着不再对中国的国内政治宗教状况进行指责……不再对中国无法在伊朗、苏丹和朝鲜问题上满足美国而进行指责……不再对中国军费的过度扩张或军事计划的不透明性进行指责。简而言之，这意味着美国放弃主导地位和与主导地位相关的一切。③

在怀特（White）看来，比起其他更加危险的战略选择来说，美国这些政策调整尽管令人遗憾，却是必要的。然而对于一个不愿意当老二的国家来说，这样的未来无疑是无法接受的。在一些人看来，继续对华实行接触政策确实变得比直接对抗还危险。奥巴马甫一上任即出台对华新政策——"新接触政策"和"战略再保证"。④ 他对中国与美国合作的意愿和能力抱有极大的期待，包括在核不扩散、气候变化和阿富汗战争等一系列

① Aaron L. Friedberg, 'Are We Ready for China?' *Commentary*, 124（3）, 2007, p. 41.
② Barma, Ratner and Weber, 'A World Without the West', p. 30.
③ White, 'Power Shift', p. 38.
④ Barack Obama, 'Remarks by the President to the United Nations General Assembly', United Nations Headquarters, New York, 23 September 2009; Steinberg, 'China's Arrival'.

问题上进行合作。① 由于对中美合作的过高期待，奥巴马政府从
一开始就可能遭到"绥靖"的指控。比如，2009 年达赖喇嘛访
问华盛顿的时候，奥巴马并没有会见他，这遭到"美国左右两
派的群起攻击"。② 罗伯特·卡根在回顾奥巴马第一年任期的时
候，对他的对华政策进行了尖锐的指责。卡根写道，这"引发
了人们的疑问，美国还继续支持民主国家吗……或者说，如今
美国为了获取一些威权大国的'同意'，开始采取了更加中立的
立场"。③ 加里·施密特（Gary Schmitt）同样透过"共产主义政
体对民主政体"的棱镜，来审视海峡两岸关系，并将奥巴马的
"一个中国"政策视为"懦夫"行径。④ 卜爱伦（Ellen Bork）
将奥巴马在人权和西藏政策上的表现称为"胆小的""撤退"，
声称美国"在中国自信地张扬其共产党领导的威权体制的时候，
失掉了勇气"。⑤ 在卜大年看来，尽管奥巴马政府在努力避免与
中国冲突，但他的政策却实际上使得对抗更可能发生。⑥

此前，接触论者都成功地抵挡了"绥靖"的指控，他们认
为，只要持之以恒，从长远来看，他们的政策就能收获想要的

① Yan Xuetong, 'The Instability of China-US Relations', *The Chinese Journal of International Politics*, 3 (3), 2010, pp. 278-80.
② Willy Lam, 'Reassurance or Appeasement?' *Far Eastern Economic Review*, 172 (9), 2009, p. 13.
③ Robert Kagan, 'Obama's Year One: Contra', *World Affairs*, 172 (3), 2010, p. 16.
④ Gary J. Schmitt, 'Our One-China Cowardice', *Wall Street Journal*, 15 January 2008, p. A12.
⑤ Ellen Bork, 'Obama's Rights Retreat', *Wall Street Journal Asia*, 27 May 2010, p. 13; Ellen Bork, 'Obama's Timidity on Tibet', *Wall Street Journal Asia*, 20 August 2010, p. 11.
⑥ Dan Blumenthal, 'China in Obama's World', *Far East Economic Review*, 172 (10), 2009, p. 43.

中国变革。他们警告非接触政策或遏制政策的危险：如果"我们"将中国拒之门外，中国目前已经取得的成就可能会化为乌有，并且很可能将中国推向错误的方向。① 可是在"中国幻灭论"者看来，尽管接触政策的努力，可是中国已经步入了错误的航向，更糟糕的是，正是由于接触政策，中国的经济和军事才变得更加强大。② 在这番辩论中，尽管接触论者仍然呼吁要有耐心，但他们越来越不得不回应一些挑战性的问题："如果中国没有民主化怎么办？"或者问，"长远到底是多远？"③ 卡根指出，"从长远来看，持续的繁荣可能（在中国）产生政治自由，但是长远究竟是多长呢？可能需要的时间太长而失去任何战略或地缘政治意义"。④ 詹姆斯·曼也同样难以接受中国"政治变革需要时间"的辩驳，"时间在不断地流逝"，他补充说，"如果未来几十年或更长的时间里，中国共产党仍旧对政治反对者持有敌意，那么美国的公众就是被欺骗了"。⑤

　　由于接触政策越来越难以自圆其说，许多接触阵营里的人开始尝试脱离出此阵营。理查德·布瑞达（Richard Bredor）是位于华盛顿的美中贸易委员会的一员，他曾坦陈："我们从来不想处于为中国辩护的角色。"⑥ 一旦接触政策名声扫地，似乎唯

---

①　Garrison, *Making China Policy*, pp. 150, 153; Robert A. Manning and James Przystup, 'Clinton's Inscrutable China Policy', *National Review*, 49 (23), 1997, p. 22.

②　Zalmay Khalilzad, 'Sweet and Sour: Recipe for a New China Policy', *Rand Review*, 23 (3), 1999/2000, pp. 6–11.

③　Henry Nau, 'Why We Fight over Foreign Policy', *Policy Review*, No. 142, 2007, pp. 25–42.

④　Kagan, *The Return of History and the End of Dreams*, p. 57.

⑤　Mann, *The China Fantasy*, p. 27.

⑥　Quoted in Mackerras, *Western Images of China*, 1999, p. 175.

一合乎逻辑和负责任的选择就是对华强硬了。这种选择就是本章开头所指出的西方对华政策的新"推回"战略。奥巴马政府在似乎难以兑现其在气候变化和其他议题上获得中国合作的诺言之后，觉得有必要采取相应行动，以展示其对华并不软弱。2010 年初，奥巴马出台的两项对华强硬政策——有关达赖喇嘛访问的事宜和对台湾军售的事项，似乎都是对"中国幻灭论"阵营压力和警告的直接回应。面对其政策使国家蒙羞的指控，奥巴马将承受不起被认为是又一个吉米·卡特（卡特对伊朗的政策使之成为政治软弱的代名词）。①

　　与此同时，许多决策者和官员对中国的幻想也破灭了。比如，美国国会早已"对除了无休止会议但收获无几的政策失去了耐心……"②并带头采取强硬路线。据《纽约时报》报道，即便是华盛顿的接触政策实践者对未来的前景也越来越悲观，不敢肯定美国在一系列重大政策挑战中能够赢得中国，如在气候变化领域、核不扩散领域和新的"均衡的"全球经济秩序领域。③ 所有这些，我认为都为美国近来对华政策的强硬转向铺平了道路。

　　同样，近来欧盟对华的强硬态度也折射出其幻灭之感。欧盟贸易委员会主席彼特·曼德尔森（Peter Mandelson）曾经强烈支持欧盟市场向中国产品开放，但是最近他却对他的中国听众说，中国必须首先改善人权纪录，欧盟才可能解除对中国的武

① Blumenthal, 'China in Obama's World', p. 42. Paula J. Dobriansky, 'The Realist Case for Tibetan Autonomy', *Wall Street Journal*, 7 January 2010, p. A15; Beinart, 'Think Again Ronald Reagan', p. 33; and Ellen Bork, 'The White House Chickens Out', *Weekly Standard*, 15 (5), 2009, p. 13.

② Manning and Przystup, 'Clinton's Inscrutable China Policy', p. 22.

③ Joel Brinkley, 'In New Tone, Rice Voices Frustration with China', *New York Times*, 20 August 2005, p. 1.

器禁运。① 其态度的转变似乎源于他对中国"缺乏进步"的恼怒，这在他于 2007 年 10 月写给欧盟主席巴罗佐的信中有所透露。他指责中国在欧中对话中造成"程序性障碍"。② 曼德尔森折射出许多欧盟国家对中国的广泛失望之感。2006 年欧洲委员会关于欧中关系的协调会上，对华的口气变得明显比以前更加严厉了。其中提到："在欧洲，各国逐渐形成一种看法，中国还没有完全履行世界贸易组织的义务，并且制定了新的市场准入的壁垒，这些使得真正的贸易互惠关系难以实现。"③ 毫无疑问，伴随着欧洲的失望和挫败感而来的是欧盟对华政策更加强硬。④

从希望到幻灭：作为"中国幻想"的"中国机遇论"

在有些人看来，如果说西方对华政策的强硬转变很大程度上源于西方的幻灭感，那么反过来说西方的幻灭感则来自中国融入西方的失败。正如卜大年所言，按照"任何客观的评判"，在美国确定的共同安全关切的一系列问题上中国都没有达到要求。⑤

---

① Tania Branigan, 'China Must Tackle Human Rights, Mandelson Says', *The Guardian*, 8 September 2009, http://www.guardian.co.uk/world/2009/sep/08/mandelson-china-eu-arms-embargo.
② Stanley Crossick, 'Whither EU-China Relations?' 22 October 2007, http://crossick.blogactiv.eu/2007/10/22/whither-eu-china-relations-2/.
③ Commission of the European Communities, *EU-China: Closer Partners, Growing Responsibilities*, COM (2006) 631 final, Brussels, 24 October 2006, p. 7.
④ See Chengxin Pan, 'Problematizing "Constructive Engagement" in EU China Policy', in C. Roland Vogt (ed.), *Europe and China: Strategic Partners or Rivals?*, Hong Kong: Hong Kong University Press, 2012, pp. 37–57.
⑤ Blumenthal, 'China in Obama's World', p. 41.

　　尽管一个人的幻灭与其幻灭对象令人失望的行径密不可分，但幻灭绝不是只有客观的或外在的根源。相反，其产生的重要根源往往出于一种心理学现象——对幻想对象不切实际和不可实现的冀望。因此，"中国幻灭论"更多地不是对中国失败的回应，而是西方"中国机遇论"话语将过多冀望投注到中国身上的必然后果。

　　希望和幻灭常常相伴而生。心理学有关失望的研究发现，幻灭和挫折感的程度常常与之前的希望和期盼紧密相关。① 正是由于后者的存在，才有了失望或幻灭的土壤。比如说，西方长期对中国失望的一个方面是中国的民主化，或者说中国民主化的缺失。可是在最开始的时候，这种失望是由西方对中国民主化的期待导致的，而不是由于中国本身缺乏政治变革。如果没有这种期待，一个非民主的中国，像"文化大革命"或清朝的中国，并没有产生这种失望。而回到十九世纪，对于中国的强烈幻灭之感确实存在，但很大程度上这是由于传教士最初的希望和期待，他们希望将中国这个非基督教国家归化为基督教国家。② 换句话说，这种失望主要是一种宗教上或者商业上的，它反映出那时西方主流的冀望是"将阳光洒满每个山头和山谷"，打开中国的国门，开展不受限制的贸易。③ "文化大革命"期间中国的政治体制不仅没有带来幻灭感，相反却被西方左翼知识分子奉为大有前景的政治模式。④ 这种离谱的期待与当时中国的

---

① See for example, David E. Bell, 'Disappointment in Decision Making under Uncertainty', *Operations Research*, 33 (1), 1985, pp. 1 – 27.

② Akira Iriye, *Across the Pacific: An Inner History of American-East Asian Relations*, New York: Harcourt, Brace & World, Inc., 1967, p. 19.

③ Dulles, *China and America*, p. 136.

④ See Hollander, *Political Pilgrims*.

实际状况关系不大,而更多地与西方因越南战争的惨败而产生的信心危机密切相关。由此可以说,希望和幻灭不仅相互交织在一起,而且还相互建构。

从这个角度说,我认为,当代"中国幻想"的幻灭很大程度上是对中国机遇的期盼导致的。据殷波登观察,"颇具讽刺意味的是,(西方幻灭的)分水岭可能就是2008年北京奥运会"。① 殷波登的观察不无道理。但是如果我们从希望和幻灭的关联角度来审视的话,这种巧合就不具有讽刺意味了。北京奥运会是自"八九政治风波"后西方对中国寄予厚望的新高峰,同时,它也将不可避免地成为幻灭的起点。自从2001年北京获得奥运会举办权以来,西方想要通过奥运会来变革中国的想法就越来越强烈(就像1988年汉城奥运会给韩国带来了变化一样)。据说,这也是许多国际奥委会委员当初选北京作为主办地的一个重要考虑。美国前国家安全顾问布热津斯基希望奥运会有助于加速中国共产主义的倒台。原美国驻华大使李洁明相信奥运会能够诱使中国在与其他大国的交往中采取更加合作的态度。② 随着北京奥运会的临近,西方的期望更加热切,《国家评论》声称,奥运会是"一个机会窗口,机不可失……"它的理由是:"假如……美国和其他国家想要促使共产主义者进行改革,奥运会可能会提供帮助,甚至会是一个天赐良机……"③ 《新闻周刊》的专栏作家乔纳森·阿特尔(Jonathan Alter)更进一步说,奥

① Inboden, 'The Reality of the "China Fantasy"'.

② See Xu Guoqi, *Olympic Dreams: China and Sports 1895 – 2008*, Cambridge, MA: Harvard University Press, 2008, p. 248; James Lilley, *China Hands: Nine Decades of Adventure, Espionage, and Diplomacy in Asia*, New York: PublicAffairs, 2004, p. 378.

③ Jay Nordlinger, 'The Road to Beijing', *National Review*, 60 (10), 2008, p. 43.

运会是"世界推动中国成为国际社会中负责任国家的最后手段"。①

然而，尽管或者说正因为有这种日益炽热的期待，奥运会必然要成为一届令人"失望"的运动会。在大赦国际发布的一系列《奥运会倒计时》报告中，既流露出鲜明的冀望之情，又有明显的幻灭之感。一份报告坚持认为，"当前一系列严厉措施之所以发生，并非与奥运会无关，而实际上正是由于奥运会"。②希望的对象如今变成了挫败之源。离奥运会开幕式还有十天的时候，这一人权组织迫不及待地发布了最后一份报告，名曰"奥运会倒计时——违背的承诺"。鉴于这场运动盛会承载了太多的期待和希望，上述判断也就不足为奇了。③ 同样，北京奥运会刚一结束，《纽约时报》就不失时机地将其称为中国"不守信用的奥运会"，④ 意指中国没有信守自己的诺言。但是更准确地说，应该是中国没能达到西方的预期。因此，这便容易理解，许多长期以来积极主张对华建设性接触的人最感苦闷，从而成为西方"妖魔化"中国（时任中国驻英大使傅莹语）的先锋。⑤

当然，这并不是说西方的幻灭完全来源于"中国机遇论"的幻想。无疑中国不合作甚至是咄咄逼人的举动也没有起到正

① Jonathan Alter, 'Boycott Opening Ceremonies', *Newsweek*, 12 April 2008, p. 36.

② Amnesty International, 'The Olympics Countdown—Crackdown on Activists Threatens Olympics Legacy', 1 April 2008, p. 1 (emphasis in original), http://www. amnesty. eu/static/ documents/2008/OlympicsCountdown0408_1705 02008. pdf.

③ Amnesty International, 'The Olympics Countdown—Broken Promises', 29 July 2008, http://www. amnesty. org/en/library/info/ASA17/089/2008/en.

④ 'Beijing's Bad Faith Olympics' (editorial), *New York Times*, 23 August 2008, p. 18.

⑤ Fu Ying, 'Western Media Has "Demonised" China', *The Telegraph*, 13 April 2008.

面作用。然而，正如上文提到的，中国行为本身，尤其不要按照自由主义期待的高标准，并不必然导致西方的幻灭。比如，如果从现实主义者大国权力政治的视角出发，中国的许多行为可能会被认为是"正常的"或"可预期的"（尽管可能是不愿看到的）。因此，中国的所作所为最多只是"中国幻灭"情节中的一部分，而这一情节主要来自西方从自我出发的期待。比如，美国对中国货币政策的失望，并不是因为低估的人民币真正应142 该为美国激增的对华贸易赤字负责（尽管自从 2005 年 7 月以来，人民币对美元已经升值了 30%，但在过去几年里，中国的对美贸易盈余仍然不断地打破纪录），而应该将之放在更大的背景下来理解，即美国对中国加入世界贸易组织后市场潜力不切实际的过分期待。谷歌对中国的失望与其将互联网作为"特洛伊木马"以图削弱共产主义体制这一幻想的破灭是分不开的。比尔·克林顿曾对互联网的这一角色功能信誓旦旦，他认为，中国试图管制互联网的努力是徒劳无功的，就好比"把果冻钉在墙上"。上面提到的通用电气对中国的抱怨可能主要不是因为它们在那里挣不到钱（2009 年它们在中国的收入是 53 亿美元），更多的是因为它们更高的目标——到 2010 年达到 100 亿美元——没有实现。①

　　希望未必总是归于幻灭。切合实际的希望、制定可以实现的目标，会带来成就感和满足感。在商界，许多务实的人对中国焕发出来的经济机遇持乐观态度，但与此同时对变革中国政治的可能性持现实态度。例如，柯达公司前总裁乔治·费希尔

---

① Dinmore and Dyer, 'Immelt Hits Out at China and Obama'; Shai Oster, Norihiko Shirouzu and Paul Glader, 'China Squeezes Foreigners for Share of Global Riches', *Wall Street Journal Online*, 28 December 2010.

（George Fisher）反对"带着潜藏的目的"进入中国，因为他认为，中国的变革主要依靠国内诉求和条件来推动。① 美国贸易会议前主席巴里·罗格斯塔德（Barry Rogstad）曾将企图变革另一个国家的做法称为"纯粹发疯"。② 至少这些人在政治方面不会对中国有所失望。

但是，尽管"中国机遇论"的支持者中有一些这样的务实者，但大多数还是或多或少地秉持着一种具有终极目的性的规范期待，即在未来某个时间点上要转化中国。除了少数例外，西方对"中国机遇"的期待常常带有家长作风，即认为自己的期待天经地义，应该被满足。这种期待既自以为是又缺乏反思，以至于它对于前面章节所提到的其自身错误的前提视而不见。尽管这种希望会部分实现，但是"一旦实现就会激发更多的欲求"。③ 结果，西方的要求一旦部分实现，这既让人得意，又不甚满足，因此随后会使其感觉理应得到满足的要求进一步膨胀，直至中国最终无法跟上。然而，尽管这种要求其实是一种幻想，对中国要求中缺乏反思性、家长式的态度意味着为幻灭和不断推后的满足感负责的应该是被希望的目标（即中国），而非希望者自身的前提。④ 如一再重现，这种失望之感便成为幻灭和愤慨的温床。

这就是"中国机遇论"要为"中国幻灭论"负主要责任的原因。它把其未曾实现的承诺归咎于中国，于是产生了

143

---

① Fisher, 'Kodak and China', p. 134.

② Sherrod Brown, *Myths of Free Trade: Why American Trade Policy Has Failed*, New York: The New Press, 2004, p. 127.

③ Heckelman, ' "The Swelling Act" ', p. 47.

④ Slavoj Žižek argues that one of the ways fantasy keeps our desire intact as desire is by finding a scapegoat for our lack of enjoyment. See Jodi Dean, *Democracy and Other Neoliberal Fantasies*, Durham, NC: Duke University Press, 2009, p. 58.

"中国幻灭"（而不是中国机遇论幻灭）。这种范式的支持者可能很容易地退一步，承认自己错看了中国，① 但是极少会有人承认从一开始他们这种居高临下的期望就是错的。白鲁恂声称他的政治理论"在逻辑上是讲得通的，但是运用到传统中国身上就说不通了"。② 他把这种现象归咎于中国奇特的政治文化，这种文化总是"阻挠、困扰甚至是让那些尝试帮助（中国）的人感到难堪"。他进一步说，"所有对中国友好的人，情况都一样：过高的期待，然而是失望"。在他看来，全部责任无疑应该由中国来承担。③ 同样的道理，如果"中国机遇论"范式所畅想的"民主中国"意象最终证明是一个幻想，那么，这些机遇论者就会认为是中国而非他们的期待才是问题的症结所在。比方说，布鲁斯·吉雷坚持认为，尽管中国的民主事业"在实践中困难重重"，但是它的"魅力无懈可击"。④尽管布鲁斯·吉雷现在对中国民主化的前景持乐观态度（要记住，他说过现在中国民主化的前景"比历史上任何时期都要好"），但是我们不妨做出如下推测：假如在未来十年或二十年里这一前景仍然遥遥无期，他很有可能会对中国产生幻灭之感，而不是对其民主构想进行批判性的反思。

从结果来看，尽管"中国幻灭论"看似是对"中国机遇论"范式（及其接触战略）的一种批评，但实际上前者深深地植根于后者。"中国幻灭论"将机遇未能实现的责任推卸到中国

---

① See Madsen, *China and the American Dream*, p. 11.

② Tani E. Barlow, 'Colonialism's Career in Postwar China Studies', in Tani E. Barlow (ed.), *Formations of Colonial Modernity in East Asia*, Durham, NC: Duke University Press, 1997, p. 384.

③ Lucian W. Pye, *The Spirit of Chinese Politics*, Cambridge, MA: Harvard University Press, 1992, p. 233.

④ Gilley, *China's Democratic Future*, p. x.

身上，由此可以使"中国机遇论"的前提完好无损。实际上，大多数"中国幻灭论"的支持者本质上热衷信奉"中国机遇论"。这就容易理解为什么许多对中国产生了幻灭之感的人并不是典型的敲打中国者或对华强硬派，而是"被现实耍了的"中国机遇论信奉者，就像新保守主义者通常是幻灭的自由主义者一样。[①]　詹姆斯·曼的立场在这里很能说明问题。尽管他对认为经贸接触可以影响中国政治变革的幻想不以为然，他却又在《中国幻想》一书结论部分言明："我以前从未写过这样一本书——我强烈希望我其中的观察将被证明是错误的。如果中国领导人沿着美国政治领导人预想的路线行进，那将非常令人鼓舞。"所以说，他本身既不怀疑中国机遇论的可取性，也不怀疑其可能性。他的主要忧虑是西方接触论者太天真、太自负了，144 把结果看得理所应当，而没有思考其他替代性的政策。[②]

从这个角度说，"中国机遇论"范式经由其"中国幻灭论"的分支，要为西方对华政策的强硬转向负部分责任。这里正是"中国机遇论"范式和其"建设性接触"战略的危险之处。正如琼·加里森（Jean A. Garrison）所指出的，接触战略"建立在危险的期望之上，即推动中国的政体更迭……这种'期望'将会引发特定选民的期待，使得总统们在进步不彰的情况下容易采取政治反击行为"。[③]　今天我们所看到的一切很大程度上都是这种政治反击的结果，如果不加控制，这将会导致美中关系

①　Jeane Kirkpatrick, 'Neoconservatism as a Response to the Counter-Culture', in Irwin Stelzer (ed.), *The Neocon Reader*, New York: Grove Press, 2004, p. 235.

②　Mann, *The China Fantasy*, pp. 112, 110, 72.

③　Jean A. Garrison, 'The Domestic Political Game behind the Engagement Strategy', in Suisheng Zhao (ed.), *China-U. S. Relations Transformed: Perspectives and Strategic Interactions*, London: Routledge, 2008, p. 154.

沿着螺旋上升的危险路径进行对抗。事实上，这条路历史上已经走过多次了。简单地回顾一下中西交往史，就可以看出两方之间的冲突不仅是由于它们之间利益的冲突或价值观的分歧本身，还由于它们之间相互冀望与幻灭交替重现所致。尽管没有一种双边关系可以免于在希望与梦醒之间波动，但是西方尤其是美国对中国的态度在这一点上尤其突出，他们倾向于在家长式的冀望和"理直气壮"的幻灭之间循环摇摆，而每一个周期的结束常常表现为长期的疏远和公开的敌对。[1]

1792 年 9 月，当马戛尔尼勋爵启程对中国进行历史性访问的时候，英国这个快速工业化的国家充满了自信和希望，将中国描绘成一个向英国商品开放的无尽市场。但是，当他准备返回的时候，这一期望却成了苦楚的失望。使团中的许多人抛弃他们已经受挫的幻想，直言此次失败使得他们有正当理由用"更直接的办法"打开中国市场了。马戛尔尼本人似乎对使用攻击性手段迫使中国开放市场持谨慎的态度，只要"用文明手段还有一线成功的希望"。然而，他的此次受挫却预告了欧洲对华态度的转变，从艳羡到幻灭和鄙夷的转变。[2] 从某种程度上说，英国和欧洲想要与中国开展无限制贸易的欲求所招致的挫折，预示了后来欧洲在"远东"近一个世纪的枪炮外交。

美国对华态度从所谓的"特殊关系"到冷战中敌对的转变，也是一种类似的从希望到幻灭的转变。[3] 正如迈克尔·亨特所指出的，最初，抱着一种居高临下的"在美国指导下转变中国"

---

① See Cao, 'Modernity and Media Portrayals of China', pp. 7–10.

② Alain Peyrefitte, *The Collision of Two Civilisations: The British Expedition to China 1792–4* (trans. Jon Rothschild), London: Harvill, 1992, pp. 463, 466, 488.

③ Steele, *The American People and China*, Chapter 4.

的憧憬，美国先是对中国倾注了"父爱版的耐心"，但是"一旦 145
对中国政府不再抱以希望"，这种憧憬就会"演变成强制的政
策"。① 共产党在中国内战中的胜利打破了这一希望，取而代之
的是对"不知感恩的"中国人的强烈愤慨：他们"反咬哺育和
抚养了他们的双手，用仇恨和敌意来报答美国人一个世纪的友
善，这些都造成美国人深深的家长般的感伤、唤起他们正义的
愤怒，并理应受到公正的惩戒"。② 尽管冷战对抗的根源无疑是
复杂的和多元的，但迈克尔·亨特这样说仍不无道理："我们自
己对中国效法美国模式的过度期待和对中国走自己路的过分惊
讶和过度反应"，在造成"双边关系不稳定态势"过程中扮演了
重要角色。③ 也许正是这个原因，二十世纪五十年代和六十年代
间，美国更加痛恨和畏惧中国，而不是苏联，因此对中国采取
了强硬的遏制加孤立政策。④ 因为苏联从来没像中国那样激发
过美国的冀望和幻想。历史从来不会一成不变地重复上演，但
是事实上中国再次由西方眼中的希望之地变为幻灭之地，这对
中西关系来说不是好兆头。

　　尽管可能不切实际，但将中国想象为西方商业扩张和（或）
民主扩散的机遇本身并没有什么问题。如果没有希望甚至说幻
想，人们的社会和政治生活将难以有效运转。但问题在于，一
旦具体化为非反思性的范式，这种中国机遇幻想就难以或者说
不愿承认自己是一种幻想。一方面，鉴于其不可能实现的预期，
"中国机遇论"范式好得不太真实。但另一方面，尽管它在实践

---

① Hunt, *The Making of a Special Relationship*, pp. 172 – 3.
② Isaacs, *Scratches on Our Minds*, p. xxiv.
③ Hunt, 'Chinese Foreign Relations in Historical Perspective', p. 41.
④ Isaacs, *Scratches on Our Minds*, p. xxvii. See also Peck, *Washington's China*, pp. 2 – 3, 5 – 6.

中不能兑现，但它拉着真理体制的大旗，被认为是正确得无须进行批判地自我审视。为了消解这种内在的矛盾，"中国机遇论"范式将机遇的丧失、自我实现的延迟或"丢失"归咎于他者，尤其是它的观察对象。通过这种责任转移，"中国机遇论"导致了重要的政策后果（即便不是故意的），近来中西关系的恶化即是例证。

当然，西方对华战略的转向不能仅仅归咎于"中国机遇论"的这种不稳定性。还要看到几乎与此同时，伴随着全球金融危机和欧元债务危机的到来，美国和欧洲陷入了信心低迷，对华示强在某种程度上是为了驱散西方的虚弱之感和衰落之感。此外，在要求对华强硬的喧嚣中，强硬现实主义者的声音一直举足轻重。他们对中国的不通融与幻灭感关系不大，更多是因为长期以来对中国作为地缘政治对手崛起的恐惧，这也与中国是否实现民主化无关。但是，将强硬政策归因于强硬派，不仅有同义反复之嫌，而且它也不能很好地解释为什么西方攻击性的态势会骤然凸显。从这个角度说，我们不能把"中国机遇论"范式理解为无害的、乐观的分析范式，而应该把它理解为变动不居的国际实践。尽管或者说正因为"中国机遇论"范式的规范诉求是接触中国，所以它自身成了问题的一部分，而不是问题的解决路径。

第八章
中国观察：走向反思和对话

如果没有对于自己的知识，对于其他事物的知识也是 不完善的：因为不知道自己知道什么却要去认识事物，最多不过是一知半解，并且知道自己知道什么就是认识自己。对于每个人来说，自我认知是必要的，也是重要的，这不仅仅是为了自知而自知，而且如果缺乏自我认知，其他知识就不能获得严肃的论证和稳妥的根基。

——柯林·伍德（R. G. Collingwood）①

旅行者，世上本无路。路是走出来的。

——西班牙谚语②

在不断增加的对中国崛起的研究文献中，我们不能忽视一种研究困境。这种困境是，关于中国的著作越多，关于中国的争论越多，我们敢下的论断就越少，这让人联想到在牛津明信片上一句耐人寻味的话。在这么多年里，尽管有着大量关于中

---

① Collingwood, *The Idea of History*, p. 205.
② Quoted in Kissinger, *Diplomacy*, p. 835.

国专题的会议、论坛和出版物，但是并不见得我们离某些令人困惑问题的答案更接近了，比如中国究竟是什么，中国的崛起对世界意味着什么。关于中国的持续争论表明共识的缺失。一位编过一本中国研究类著作的编辑坦陈：随着中国变得越来越复杂，想要"描绘出一幅清晰的'中国'图景"也越来越困难。① 甚至权威的新保守主义者威廉·克里斯托尔也曾经说过："我们不能向你预测中国的行为。它是一个疑团重重之中的令人百思不解的谜。"②

在某些人看来，这种不确定性的缺乏正说明需要持续地破解中国难题。但是，我认为，这正是一个需要反思中国知识是如何产生的时机。卡尔·曼海姆（Karl Mannheim）提醒我们，当人们对某些事物的看法莫衷一是时，他们需要"将关注点由对这些事物的直接观察转向对思考方式的考量"。③ 本书的目的就在于此。本书一开始即解构了事物和思维、现实和表述的传统二分法。在知识社会学的框架下，它探讨了一系列问题：为什么说我们自认为所知道的"中国"并不是客观的知识，而是因时而变的表述；为什么说这些表述本身是通过话语建构出来的而同时又处于现世之中；它们对中西关系尤其是美中关系又

---

① Robert Ash, David Shambaugh and Seiichiro Takagi, 'International China Watching in the Twenty-first Century: Coping with a Changing Profession', in Robert Ash, David Shambaugh and Seiichiro Takagi (eds), *China Watching: Perspectives from Europe, Japan and the United States*, London: Routledge, 2007, p. 245. See also Samuel S. Kim, 'New Directions and Old Puzzles in Chinese Foreign Policy', in Samuel S. Kim (ed.), *China and the World: New Directions in Chinese Foreign Relations*, Boulder, CO: Westview Presss, 1989, p. 4.

② Gutmann, *Losing the New China*, back cover.

③ Karl Mannheim, *Ideology and Utopia: An Introduction to the Sociology of Knowledge* (trans. Louis Wirth and Edward Shils), New York: Harvest/HBJ, 1936, p. 6.

有什么影响。

通过对这些问题的探讨，本书扭转了中国观察领域的既有研究路径。本书从解构和建构的视角来审视中国研究，在此之前中国研究还没有被如此系统地审视过。特别需要指出的是，它质疑了"中国威胁论"和"中国机遇论"这两种所谓"科学知识"的地位。这两种范式所认为的"中国"并不是本体上一成不变、毫无问题的"自在"的客体，而是可以供人进行客观公正地观察。西方对这一"客体"的表述也不是中立客观的。事实上，西方的表述是特定情境下的阐释，它们与西方的想象、欲望和权力交织在一起。这两种范式告诉我们更多的不是所看到的事实本身，而是中国是如何被看待的、谁可能在进行这一"观察"。正如上面第三章所述，它们既是对中国这一他者的叙事，也是对观察者自身的想象。

西方自我想象的核心是其作为一种现代认知主体。这种自我认同默认存在着一个确定的、客观可知的"自在"世界，这给了西方信心和责任去认识和领导这个世界。当有关某些"客体"（比如说中国）的确定知识没有如期实现的时候，西方自封的认知主体就会诉诸某些情感补偿，比如用恐惧和幻想来填补确定性的缺失。通过对看似客观存在的危及生存的威胁的恐惧，人们可以重新获得一种（负面的）确定感。这种威胁在现实主义（和某种程度上自由主义）"永不过时"的智慧中很好理解。另一种可能是，在幻想的潜意识中，西方可能从不确定中想象出一幅充满机遇、接触和共融等的美好场景，这一场景包含着对历史如何发端、演进和终结的一种终极目的的可预期性。

基于这些情感补偿，原本"令人难以捉摸"的中国这一他者形象便变得豁然明朗起来：中国现在对西方及其追求真理和权力的意志而言，要么是威胁，要么是机遇。不管怎样，中国成了一个或可恶或可爱的令人踏实的客体，如此一来，西方又可以继续以现代认知主体而自诩。从这两种中国话语范式中可以看出来，西方自身和中国他者之间是相互建构的关系。

149　　　更重要的是，这种相互建构从一开始就与权力和政治实践联系在一起。一方面，它们与"国内"恐惧和幻想的政治经济学交织在一起。另一方面，它们构建外交政策，反过来这些政策又会在现实中帮助建构他者。结果，中国话语范式成为其"研究对象"的一个不可缺少的组成部分。例如，像在第四章和第五章指出的，美国的"中国威胁论"既服务于又衍生于美国党派政治和军事凯恩斯主义。与此同时，这种威胁意象有助于延续遏制之类的政策。而通过刺激中国采取类似的反应，这些政策不知不觉中参与制造了西方所极力遏制的"中国威胁"。

　　与此不同，"中国机遇论"叙事倾向于认同接触政策。但是，正如第六章所指出的，这种范式连同基于此的接触战略常常是错误的许诺。它们的错误在于它们将西方（美国）与中国置于一种时序性的"自我与他者"二元等级结构中，这使机遇论者忽略或至少低估了中国在这种主体间性关系中固有的主体性和自主性。因为中西之间的关系是主体间性的，社会化的现象确实存在，但是这是双向互构的过程，而非单向塑造的过程。从这个角度来说，"中国机遇论"的诺言既靠不住又成问题。但是，这种范式常常对自己的错误前提视而不见，而是把日益明显且又不切实际的中国梦幻归咎于中国（在一定程度上，还包括西方的接触论者）。"中国机遇论"的幻灭后果影响重大：当看到中国不可能接受西方的指引且变得越来越强大可怕的时候，这一范式便回归到"中国威胁论"上，两者一起证明对中国采取更加强硬政策的必要性。

　　由此可见，尽管有明显的不同，"威胁论"和"机遇论"

范式不过是同一枚硬币的两面，都是西方的知识、欲望和权力在中国研究中的折射。实际上，两者都想要在一个不确定的世界中寻求确定性，是这种现代欲求的展现。这两大范式不仅在塑造自我和他者的话语功能上很相似，而且在实践中两者还相互配合。它们共同组成了观察中国的双焦镜，借助这个双焦镜，我们可以很好地解释西方对华"对冲"战略的由来和流行。

　　在这里，我要指出，我对西方叙事的不满并不在于他们的偏见或者说事实性错误，也不在于他们常常对中国的批评立场。无论如何，我不提倡以将中国理想化来取而代之。上一章已经指出将自我的希望寄托于中国身上所伴随的不稳定性和危险，并且最终只会以失望而告终。事实上，如今对中国持强烈批评态度的人恰恰曾经是"中国机遇论"的热烈拥护者，这并非偶然。① 同样，西方的表述与权力和政治实践联系在一起，这本身也无可厚非。问题不在于知识、欲望和权力交织在一起，因为这可能是所有社会科学知识共同的特点。② 问题在于这种交织的特质以及主流研究学界对这一交织缺乏批判性自省。因此，在此背景下，本书试图解构这一不太正常的研究领域。

中国知识和自我反思

　　到此为止，我主要关注的是不应该怎样理解中国的崛起。尽管解构听起来不无道理，人们还是不禁要问：那怎样去研究中国呢？如果说既有的理解范式存在问题，稍欠妥当，那么，

---

① See Oren, *Our Enemies and US*, pp. 164 – 5.

② Judith Butler, *Gender Trouble*: *Feminism and the Subversion of Identity*, New York: Routledge, 1999, p. 5.

取而代之的解读路径是什么呢？

　　这些问题听起来合情合理。世界正在面临着一个前所未有的明显转型，从跨大西洋世纪转变为跨太平洋世纪，而这个新世纪又是由中国（和印度）的"崛起"所引领。不管作为学者或者官员，人们自然而然地想要知道中国向何处去、如何应对之。尽管这种诉求或许是可以理解的，但本书并不热衷于直接回答这些问题，或者至少可以说，本书所隐含的答复并不大可能满足这种诉求所设定的条件。这其中有许多原因。首先，我对关于中国是什么和中国知识意味着什么所依赖的本体论和认识论前提持怀疑态度。比如，这些问题似乎假定本书只是关于中国研究（或者中国研究的一个分支）的研究，而不是对中国本身的研究。因此，他们执意要知道我们应该如何对中国自身进行研究。然而，从一开始，这种知识和事实的二分法就是有问题的。因为没有一个游离于知识、表述或话语之外的客观中国存在，因此我们称之为"中国"的东西肯定已经染上了这类表述的色彩。如果不诉诸相关表述，我们是无法谈论中国或进行中国研究的。既然中国并不能脱离话语而独立存在，并且任何一个研究都会成为其研究对象的一部分，因此可以说，这一对西方关于中国话语的分析正是一种名副其实的中国研究。

　　同样，上述那些问题的潜台词是说，解构本质上是破坏性的，建构性不足，因此对中国研究的贡献甚微。不过，德里达（Derrida）指出，解构是"表达观点的一种方式"，而不仅仅是"不负责任的哗众取宠和不负责任的破坏"。① 本书通过解构，希望对我们如何思考中国知识的特性和如何更好地创造中国知识进行批判性和建构性的反思。方法论总是潜藏在本体论和认

151

———————————

　　① Quoted in Culler, *On Deconstruction*, p. 156.

识论之中，因此说我的本体论和认识论批判并不是诡秘莫测的符咒，而是包含着一些重要的有关中国观察方法论的信息，尽管按照传统的标准这种信息可能被视为是空洞的、诡秘的甚至是怪异的。

这一研究给我们的启示是，如果作为"中国"问题专家而对"中国之外的世界一无所知"是远远不够的。① 中国观察界需要进行自我民族志或"自我审视"，使自身有意识地成为其批判分析对象的一部分，由此我们通过必要的但常被忽视的比较视野来为中国定位。当然，所有研究都必须包含一定程度上的反思性，这无论是针对调研方法、假设验证、经验证据、数据搜集，或者是观点的表达。西方对中国崛起的表述是以西方特定方式的自我想象为基础的，当然在这个意义上也必然存在对自我的反映。然而，这种狭隘的技术层面上的反思或者自我陶醉之举并不是我所说的"自我审视"。实际上，西方不自觉地自视为现代认知主体（将自身与世界割裂开来，拒绝对自身进行批判审视）的自我想象正是自我审视的大敌。

我认为，自我审视既需要抛弃这种实证主义的自我（无）意识，又需要培育一种批判性反思的哲学化思维（philosophizing mind）。柯林伍德写道，"哲学化思维体现在思考客体时，绝不单纯只思考这一客体，还总是思考自身关于这一客体的想法"。② 这种看法与"反讽主义者"的观点相近。理查德·罗蒂（Richard Rorty）指出，反讽主义者"很难将自身看得很重要，因为

① Jonathan D. Pollack, quoted in Wang Jisi, 'International Relations Theory and the Study of Chinese Foreign Policy: A Chinese Perspective', in Thomas W. Robinson and David Shambaugh (eds), *Chinese Foreign Policy: Theory and Practice*, Oxford: Clarendon Press, 1994, p. 500.

② Collingwood, *The Idea of History*, p. 1.

他们意识到用来表述自身的词汇很容易变化，并意识到他们最终所掌握的词汇的以及由此他们自身的偶然性和脆弱性"。①

伊罗生在《我们心灵的印迹》一书的结论部分似乎赞同中国研究中的"反讽主义者"路径："我们每个人都要审视我们是如何表述和储存我们的认知的、如何得出我们的判断的、如何增长我们的见识的、如何描述它们的，以及它们能够服务于我们什么样的目的。"② 1972年费正清将这种反思付诸实践，指出美国对中国的冷战态度主要并不是基于理性，而是基于恐惧，这种恐惧并不是源自中国，而是源自美国与纳粹德国及斯大林政体的交往经历。③ 这些例子清晰地表明，在中国研究领域进行反思是可能的，但是，正如本书一开篇就指出的，这种反思在当今关于"中国崛起"的研究文献中极为罕见。这两种主要的中国叙事范式并不是出自某一的作者之手，而是依赖于一种无处不在的集体精神和情感，因此常常难以察觉，更不用说从内部进行批判了。

152　　然而，进行这种自我批判至关重要，它需要对中国观察者的思想、语汇和其自以为是的公正理性观察者的身份定位提出质疑。这要求我们停下来追问一下自己，比如，为什么我们会经常害怕中国，而不是认为这种恐惧是理所当然："我们担心中国是因为我们担心中国。"自我审视需要反讽主义者意识到以下各方面的情况：主流中国知识的偶然性、不确定性和狭隘性，主流中国知识与西方恐惧和幻想的语意背景联系及情感联系，其产生的政治经济学，以及西方为了应对中国和服务于国内特

---

① Rorty, *Contingency, Irony, and Solidarity*, pp. 73 – 4.

② Isaacs, *Scratches on Our Minds*, p. 381.

③ Baum, *China Watcher*, p. xii.

定利益而随之产生的规范的、伦理的和实践的后果。换句话说，这要求知识分子对潜藏的（新）殖民欲望和思维定式进行解构和非殖民化。尽管殖民主义名义上在几十年前就终结了，但是它仍借助于形态多样的科学的、理论的和教学法的伪装而继续在东方主义知识和中国观察知识之中运作。

在此背景下，反思不应仅限于中国观察者个人或者中国观察学界。中国知识总是与西方在全球政治中的知识、欲望和权力密不可分的，而不是一个单纯的个人努力或者说某个学科的事情。因此，自我反思需要扩展到西方整个群体本身、它们的身份认同和与之相连的外交政策（尤其是对华政策）。如果中国可以被看作一个世界之中的存在（being-in-the-world），那么，这些问题就是这个世界的不可分割的组成部分，而中国正是在这个世界中定义自己并与他者发生关联的。但是，直至目前，它们很大程度上逃过了中国观察者的注意。或许因为这些主要是关于西方（美国）文化、历史和对外关系研究者的课题，而不是中国问题研究学者的课题。毕竟，社会科学中存在着不同分工。确实由于种种原因，要求中国问题研究学者同时熟稔这些"非中国"议题是不切实际的。然而，由于中国观察者既依赖于又有贡献于西方的集体想象，因此，他们也就很有必要审视自己的西方共同身份。以给人以负面印象的中国苏联式体育体制为例。西方总爱时而抛出中国这方面的形象，以强化中国的异质性。但是，如果把美国年轻健将的训练场景置于同样的聚光灯下，就会发现，美中之间体育体制的差异并没有想象得那么大。① 如果这样做的话，之前关于中国的形象就不太那么站

---

① See Susan Brownell, *Beijing's Games: What the Olympics Mean to China*, Lanham, MD: Rowman & Littlefield, 2008, pp. 156 – 60.

得住脚。简而言之,如果我们愿意对自己的观点进行类似的审视,对于同一个中国我们可能会得出截然不同的判断。如果我们明确地意识到观察中国过程中的这些视角、范式和成见,我们或许可能更好地理解中国何以成为今天这个样子。相反,如果我们不能很好地反思过去和现在西方对中国的所作所为,也就不能全面地理解为什么中国如此行事。西方的这种自我认知有助于更好地理解中国。如果没有这种自我认知,其所得出的中国知识就是不完整的,也是值得质疑的。

153

然而,对于很多人来说,在最好的情况下,反思只会是一种奢侈的分散精力的行为。但在最坏的情况下,它可能导向空谈,演变为"冗长的脱离现实世界的自说自话"。① 不过,这种担心并没有道理。西方想象中的自我身份是现实世界的一部分,而批判性反思有助于将中国观察重新与其所处的"真实的"权力交错的世界连接起来。如果能够更好地意识到这种联系,将有助于为知识解放提供可能。正如曼海姆所言:

> 自我觉醒的标志是,不仅客体而且我们自身都要纳入我们审视的视野之中。我们能够看见的自己不再仅仅是一个模糊的认知主体了,而是一种我们从未认识到的特定角色,存在于一种我们无法揣度的环境中,有着我们从未意识到的动机。在这一时刻,我们的角色、我们的动机、我们存在于这个世界的形态和方式都骤然汇聚于我们身上。因此,这种存在方式背后的悖论,即从社会决定论部分解

---

① Stephen M. Walt, 'The Renaissance of Security Studies', *International Studies Quarterly*, 35 (2), 1991, p. 223. Walt made this comment in the context of the perceived devastating impact postmodern approaches on security studies.

放出来的可能性，就会随着对此种决定论认识的增长而相应增加。①

　　尽管如此，人们可能还会继续心存疑虑，担心过度反思可能会推翻得之不易的中国知识。但是我们再一次引用曼海姆的话："我们对这个世界知识的增长，与个人自我认知的增长及认知主体自制能力的增长紧密相连。"② 即便这暴露出我们对中国认知的匮乏，也并不意味着我们前功尽弃。这样的揭露并非无知的表现，相反却是在为中国知识的大厦添砖加瓦。孔子曾经告诫我们："知之为知之，不知为不知，是知也。"③ 因此，认知主体可以从对自己身份的错觉中解放出来。④ 不懂装懂才是真正的无知。

中国知识与对话

　　只有通过表述才能认知中国，因此需要对表述进行评判性反思。但是一旦我们意识到西方的表述已陷入其自我想象中的虚妄的恐惧和幻想中，出路在哪里呢？

　　这里就是中国的话语需要发挥作用的地方。时至今日，中国观察者对于中国做什么说了很多，但是对于中国说了些什么、想了些什么却言之甚少。非常奇怪的是，中国观察者雄心勃勃

154

① Mannheim, *Ideology and Utopia*, pp. 47 – 8.
② Ibid., p. 48.
③ Confucius, *The Analects*, 2：17, *in A Source Book in Chinese Philosophy* (trans. and comp. by Wing-Tsit Chan), Princeton, NJ: Princeton University Press, 1963, p. 24.
④ Habermas, *Knowledge and Human Interests*, p. 378.

地声称要解读中国，但是我们却极少能够听到中国的声音，更不用说严肃对待了。在之前的主要章节中，我们可以看到，"中国崛起"文献中充斥着大量的自说自话，"我们"认为中国是怎么想的。"中国威胁论"和"中国机遇论"范式对中国及中国主体性的解读，主要基于西方的主体性和西方的历史经验，如此一来仅仅将前者视为后者（理想或不理想）的投影。在"中国威胁论"话语中，崛起的中国的主体性被视作是（西方或欧洲）大国主体性的翻版，都遵循着现实主义的永恒逻辑，对此中国没有能动性加以改变或从中摆脱。

但是，显而易见，中国总是由中国话语和西方话语共同建构出来的。虽然前者和后者紧密相连，但前者并不是后者的翻版。所以，中国话语必须得到严肃的对待，并且尽量用它们"自己"的语汇和文意来理解。毕竟，如果不考察中国人所赋予中国的意义，我们怎么能够宣称已经充分理解了中国？当然，严格说来，我们不能完全用中国人"自己的"语汇来理解其所阐释的意义，因为我们的理解不免要受我们自己成见和环境的限制。尽管如此，通过与中国人对话、接触中国话语和理念，可以部分达到理解中国的目的。① 这样，我们就可以更好地理解，不仅中国崛起之于中国人的意义与之于西方观察者的意义大为不同，而且即便是在中国内部，对不同人来说，它也具有不同的含义。中国崛起的路径和意涵本质上存在着争议，不过

---

① There have been some worthy attempts at such dialogue and engagement. See, for example, Zheng, *Discovering Chinese Nationalism in China*; Zheng Yongnian (ed.), *China and International Relations: The Chinese View and the Contribution of Wang Gungwu*, London: Routledge, 2010; Callahan, *Contingent States*; Leonard, *What Does China Think?*; and Yan Xuetong et al., *Ancient Chinese Thought, Modern Chinese Power*, Princeton, NJ: Princeton University Press, 2011.

在很大程度上它们是由"本土"表述和西方表述及实践互动塑造的结果。一旦我们意识到中国主体性的多元性，"中国崛起"这种国家中心主义的语汇恐怕就会遭受质疑，因为如果将其作为抽象的分析工具，其混淆的东西要比揭示的东西更多，在分析中国复杂的国内政治经济学和全球关系时尤其如此。无论如何，尽管"威胁论"和"机遇论"这些种族中心主义的表述在经验上具有一定程度的正确性，但是对于不断变革的中国来说，这些知识是很不够的。一方面，"中国崛起"图景并不能够描画出中国在国际舞台上的完整画面；另一方面，中国的崛起常常由诸多地方性关切、问题、期望和优先性所驱动的，它本来并非有意去挑战其他国家或者仅仅为其他国家制造机遇。

当然，我们不应该抱有幻想——认为进行跨文化对话和交流轻而易举。首先，主流的中国观察就像居于主导地位的殖民者主体观察被殖民者客体那样：这是一种"针对客体的观察，他们拒绝彼此相互观察和主体对主体的相互认知"。[1] 与中国主体性进行平等的交流，就意味着要进行相互观察，这就可能威胁西方作为权威认知主体的身份，从而动摇其自以为是的普世性及本体论和认识论意义上的安全感。在现代历史的大多数时候，西方尤其是美国从没有这样被认真地放在一个相对化的位置上。[2] 大多数时候，西方就像间谍的眼睛一样，只想去观察别人，而不想被别人观察。

其次，令人望而生畏的语言障碍也对有效的对话提出了挑战，尤其是今天的一些中国问题专家来自于战略研究领域或国

---

① Ann Kaplan, quoted in Yew, *The Disjunctive Empire of International Relations*, p. 38.

② Ella Shohat and Robert Stam, *Unthinking Eurocentrism：Multiculturalism and the Media*, London：Routledge, 1994, p. 359.

际关系研究领域，而非中国地区研究领域。① 如果外部观察者能够娴熟地掌握中国的语言和文字，无疑他们将能够更客观、不带偏见地认识中国。② 但是这一观点也只能到此为止。我们已经看到，所谓的客观性不过是幻想；毕竟"外部观察者"不可能从真空中来观察中国。在地区研究领域，尽管我们并不需要成为中国人或"像本地人一样"去解读中国，但是无可否认，掌握其语言和文化具有明显的优势。③ 如果没有对中国话语的"直接"接触，就很难知道自己错过了什么。

　　尽管如此，仅有对本地语言的熟练掌握远远不够。了解一国的语言可以更好地认识和理解该国文化、历史和主体性的复杂性，或者为数据收集打开了一个新的通道。④ 说到数据收集，这本无可厚非，但是这种工具主义方法对于我们理解"中国"主体性来说常常是价值有限的。因为这种方法很容易为既有范式服务（典型例子如江忆恩的《文化现实主义》），或者陷入"陆克文困境"之中。陆克文是澳大利亚前总理，操着一口流利的普通话，自称能够读透中国的心思。但是在与中国的交往中，他被认为是近年来表现最差的澳大利亚领导人。费尔法克斯（Fair-

---

① Campbell, 'China Watchers Fighting a Turf War of Their Own', p. B13. It should be noted that the language barriers between the West and China are not a one-way affair.

② See, for example, Simon Leys, 'Introduction', in *The Analects of Confucius* (trans. Simon Leys), New York: W. W. Norton & Company, 1997, p. xvii.

③ John W. Garver, 'Forward', in Yong Deng and Fei-ling Wang (eds), *In the Eyes of the Dragon: China Views the World*, Lanham, MD: Rowman & Littlefield, 1999, pp. viii - ix.

④ See Thomas J. Christensen, Alastair Iain Johnston and Robert S. Ross, 'Conclusions and Future Directions', in Alastair Iain Johnston and Robert S. Ross (eds), *New Directions in the Study of China's Foreign Policy*, Stanford, CA: Stanford University Press, 2006, pp. 394 - 404.

fax）报记者高安西（John Garnaut）指出，陆克文之所以把中国搞错了，部分是由于他忘记了自己之前的忠告——要避免使用澳大利亚长期以来观察亚洲及中国所依据的扭曲的范式。①

此外，常常有些人把某些只言片语的中国观点视为真正的中国，这是很有误导性的。与西方话语一样，中国话语也是特别复杂的，同样交织着欲望、阐释和成见，其中也渗透着身份政治和权力关系。② 就像西方话语一样，它们同样需要进行批判性反思。因此，我们必须小心，不能还停留于表面意义，就迫不及待地宣称我们发现了"真实的中国"。事实上，即便可能的话，想要认识什么是"中国"、什么不是"中国"，也是很困难的，因为就算是中国人自己也常常对这些问题争论不休；许多被视为具有"中国"特质的东西，往往被证明并非中国独有。③ 实际上恐怕并不存在一个本质的、真正的中国主体性，不管它是"和谐""等级制""国家屈辱""专制主义""残忍"也好，还是"不可预测性"也罢。中国的主体性能够积极地（再）阐释和建构这个世界，同样它们也总是受到这个世界的不断建构。它们既不能用西方主体性来代替，也不能被当作自成一体的单质物体。

尽管有如此多的挑战和障碍，尽管我们不能够准确地阐释出这里所谓"中国"的含义，但是与中国主体和中国话语进行对话还是可能的，而且是非常必要的。这是因为，无论是有意

156

---

① John Garnaut, 'The El Dorado Factor: How We Got China So Wrong', *The Age*, 13 July 2009, p. 1.

② See William A. Callahan, *China: The Pessoptimist Nation*, Oxford: Oxford University Press, 2009.

③ See Tu Wei-ming（ed.）, *The Living Tree: The Changing Meaning of Being Chinese Today*, Stanford, CA: Stanford University Press, 1994; and Chengxin Pan, 'What Is Chinese About Chinese Businesses? Locating the "Rise of China" in Global Production Networks', *Journal of Contemporary China*, 18（58）, 2009, pp. 7–25.

还是无意，基于社会关系中的相互回应和社会解读中的"双重阐释"，全球政治中某种意义上的"对话"已经在一直进行当中了。即便我们不与中国人对话，中国人也会观察和研究他们是如何被我们观察和研究的；之后他们会"反唇相讥"。他们所表达的意见是我们不能忽视的一种中国知识。他们的话语是我们的研究对象（即中国）的一个构成部分。由于有这种话语的存在，那么，如果只通过"客观"的观察来获取中国知识，就是不完备的了。因此，所谓的中国知识，并不意味着用超脱的方式探寻"真实的"、"本质的"或"普适的"知识，而是通过对话的方式探寻"关系的"、"主体间性的"和"语意背景的"知识。

　　我之所以强调这一点，是因为中国知识归根结底还是一种社会知识和道德性知识，一种没有固定的外部现实可以依傍的知识。正如伽达默尔（Gadamer）所言，"道德性知识不能像可以传授的知识那样，事先就被探知"。[1] 我们关于中国（广而言之，对于任何国家）的知识都植根于我们与之持续的接触和对话之中，而非植根于其外或者先于接触和对话而存在。或许这就是为什么新生儿从不因对世界"一无所知"而担忧，在其出生之前，也并不曾提前要求拥有对这个世界的确定知识（即便有此可能的话）。同样的道理，在结识和交心之前，没有人会期待对某人有全面的认识。援引这些类比，不是为了贬低国际关系或者跨文化交流。恰恰相反，全球政治的复杂性意味着先验地赋予某些国家和文化以特定知识是更成问题的。要认识他者，首先总是需要与之亲身接触，在此过程中还要容忍差异性和不确定性。为了使这种接触有效果，还需要"一起做事"，并将"他者视为平等的主体，与自己平等但又不同于自

---

　　① Gadamer, *Truth and Method*, p. 318.

己"。① 差异性和不确定性并不是道德性知识的劲敌；它是其意 157
义建构的前提条件并使其成为可能。

　　除了中国观察者和他们的"中国客体"之间要进行对话外，在
更广泛的中国研究学界中也要进行相互对话，其中也包括与政策执
行者对话。侧重于国际关系理论的观察者可以从研究中国"内部"
议题的学者那里得到启示，反之亦然。不管怎样，"国内和国际"、
"学者和政策执行者"的二分常常是人为的，也是无益的。一个健
康的中国观察领域应当超越社会科学的学科分界，广泛涉及各个学
科领域，比如批判安全理论研究、批判恐怖主义研究、女性主义研
究、后殖民主义研究、精神分析研究、民族志研究、文艺理论研究、
文化研究、反思政治学研究和更广泛的阐释性和实践性社会科学。②

---

① Emilian Kavalski, ' "Do as I do": The Global Politics of China's Regionalization ',
in Emilian Kavalski (ed.), *China and the Global Politics of Regionalization*, Farn-
ham, UK: Ashgate, 2009, p. 5; Todorov, *The Conquest of America*, p. 247.

② For example, Keith Krause and Michael C. Williams (eds), *Critical Security Studies:
Concepts and Cases*, Minneapolis, MN: University of Minnesota Press, 1997; Ken
Booth (ed.), *Critical Security Studies and World Politics*, Boulder, CO: Lynne Rien-
ner, 2005; Marie Breen Smyth, Jeroen Gunning and Richard Jackson (eds), *Critical
Terrorism Studies: A New Research Agenda*, London: Routledge, 2009; Brooke A. Ack-
erly, Maria Stern and Jacqui True (eds), *Feminist Methodologies for International Re-
lations*, Cambridge: Cambridge University Press, 2006; Naeem Inayatullah and David
L. Blaney, *International Relations and the Problem of Difference*, New York: Rout-
ledge, 2004; Naeem Inayatullah (ed.), *Autobiographical International Relations: I*,
IR, London: Routledge, 2010; Oren, *Our Enemies and US*; Schram and Caterino
(eds), *Making Political Science Matter*; Flyvbjerg, *Making Social Science Matter*; Paul
Rabinow and William M. Sullivan (eds), *Interpretive Social Science: A Second Look*,
Berkeley, CA: University of California Press, 1987; Matthew Eagleton-Pierce, 'Ad-
vancing a Reflexive International Relations', *Millennium: Journal of International
Studies*, 39 (3), 2011, pp. 805 – 23; and Chris Brown, 'The "Practice Turn", Phron-
esis and Classical Realism: Towards a Phronetic International Political Theory?' *Mil-
lennium: Journal of International Studies*, 40 (3), 2012, pp. 439 – 56.

并不是说它们提供了可以直接用于分析中国的模型工具，而是它们有助于我们对自己的知识实践及其社会意涵进行反思。

从这个角度说，对话和批判性反思相辅相成，紧密相连。批判性反思不宜单独进行，而应该与具有差异性的他者进行对话，并且把对方当作具有自主意识的平等主体。詹姆斯·博伊斯（James K. Boyce）发现了一种"异常"现象，尽管有着冷战背景，许多地区研究仍然能够涌现出"大量不仅独立而且还常常深刻批评美国外交政策的学术作品"。在他看来，这与他们所进行的对话有关，他们能够理解其研究客体所使用的语言。[①] 当然，对话同样也需要相互之间进行批判性反思，否则对话将会流于表面化、形式化，最终也不具有建设性。

"中国威胁论"和"中国机遇论"尽管根深蒂固，一再往复循环，但是通过反思和对话，也并非不可改变。它们在中国研究领域中的话语霸权地位及对中西关系的现实影响，是在历史上逐步形成的，因此也是可以（哪怕是部分地）被解构和重建的。"我们之所以成为我们现在这个样子，是因为我们想这样"，肯尼斯·鲍尔丁（Kenneth Boulding）指出。[②] 想要对中国观察领域进行重大的调整，需要攻克各种结构性的、机制性的、专业性的和潜意识层面的障碍，在不低估这些障碍的情况下，用一种非霸权和非二元对立的方式，重塑中国知识、重新定位我们的身份、重建我们与中国这一"他者"之间的关系既是可能的也是必要的。这样做事关重大。当今居于主流地位的中国知识对国际政治实践

---

① James K. Boyce, 'Area Studies and the National Security State', *Bulletin of Concerned Asian Scholars*, 29 (1), 1997, pp. 27–8.

② Quoted in Ken Booth, 'Security and Self: Reflections of a Fallen Realist', in Keith Krause and Michael C. Williams (eds), *Critical Security Studies: Concepts and Cases*, Minneapolis, MN: University of Minnesota Press, 1997, p. 101.

的影响令人难以捉摸（既可能自我实现也可能自我否定），如再不进行批判性反思可能会使这种影响更加复杂。例如，这可能使有关中国的"威胁论"和（或）"机遇论"的陈词滥调得以强化和再生。事实上，这些陈腐论调不仅鲜明地出现在澳大利亚政府最新对华言辞中，还逐渐塑造并支撑了越来越多非西方国家的对华政策和有关争论。① 甚至有迹象显示，随着中国日益增长的对国际问题的研究兴趣，许多中国人也开始逐步形成自己的幻想和恐惧，产生一种类似的对其他国家和文化的霸权主义的、二元对立的知识。② 假以时日，一个强大的西方"亲密的敌人"很可能在中国出现，能够娴熟地玩弄西方话语和政治游戏，不过具有某些中国特色。防止这种情况发生有一个重要途径（尽管不是唯一途径），即西方要彻底检视其不具有反思性的观察中国的方式。

中国的崛起不仅是中国问题研究学者关切的对象，也是国际关系学者关切的对象。本书对西方关于中国崛起的话语所做的分析也许同样适用于广泛的国际关系研究领域。与"中国崛

158

---

① Gillard, 'Speech to the AsiaLink and Asia Society Lunch'. See also, Yee (ed.), *China's Rise-Threat or Opportunity?*; and Ramgopal Agarwala, *The Rise of China: Threat or Opportunity?*, New Delhi: Bookwell Books, 2002. In 1998, after India tested its nuclear weapons, Prime Minister Vajpayee wrote a letter to President Bill Clinton that blamed the test on the threat from China. See Shirk, *China: Fragile Superpower*, pp. 115 – 6.

② See, for example, Song Xiaojun, Wang Xiaodong, Huang Jisu, Song Qiang and Liu Yang, *Zhongguo bu gaoxing: Da shidai, da mubiao ji Zhongguo de neiyouwaihuan* (Unhappy China: New Epoch, Grand Vision and Challenges for China), Taipei: INK Literary Monthly Publishing, 2009; and Liu Mingfu, *Zhongguo meng: Hou Meiguo shidai de daguo siwei yu zhanlue dingwei* (The Chinese Dream: Great Power Thinking and Strategic Orientation in the Post-American Era), Beijing: Zhongguo youyi chuban gongsi, 2010.

起"类研究文献相似,主流国际关系文献中也有大量关于"他者"的研究,如"恐怖分子""非法移民""流氓国家""威权政体""发展中世界""伊斯兰国家"甚至世界"最大的民主国家"印度,其中也表露出类似的欲望、恐惧和(或)幻想。许多有名的分析框架,如"文明冲突论""历史终结论""没有西方的世界""北京共识""软权力/巧实力""权力转移""霸权稳定论""民主和平论",如果去掉其学术的外表,似乎能暴露出类似的情感结构。因此,本书所使用的知识、欲望和权力的分析框架,或许能够在国际关系研究其他分支领域得到较广泛的学科呼应,尤其是在涉及欲望和权力的他者研究领域。欲望和情感研究,之前一直是国际关系研究中被忽略的话题,近来逐步得到重视,但是直至目前,它在国际关系知识生产中的复杂性、为研究主体(比如国际关系研究学者)权力服务的事实,都还没有得到充分的研究。因此,国际关系学科作为一个整体如果能对自身进行批判性反思将非常有益。当然,有些人会担心,这可能会激起新的关于"学术信仰的玄学辩论"(theological debates),将"我们的专业和智识精力"从"研究重要的事情"上引开。① 然而,过去的二十五年里,在国际关系中的批判学者看来,与某些人的看法相反,总体上来说,这个学科没有"把太多的时间用在对理论建构的理论化上,从而忽略对国际关系本身的理论探索和研究"。② 无论如何,正如本书所一再强调

---

① David A. Lake, 'Why "isms" Are Evil: Theory, Epistemology, and Academic Sects as Impediments to Understanding and Progress', *International Studies Quarterly*, 55 (2), 2011, pp. 465, 471.

② Charles W. Kegley Jr., 'Bridge-Building in the Study of International Relations: How "Kuhn" We Do Better?', in Donald J. Puchala (ed.), *Visions of International Relations: Assessing an Academic Field*, Columbia, SC: University of South Carolina Press, 2002, p. 78. See also Lake, 'Why "isms" Are Evil', p. 471.

的，那种区分是一种错误的二分法。这两种研究类型或许是从不同的视角来分别看待同一个世界，开展前一种研究最终也是在推动后一种研究，反之亦然。

此外，国际关系学科尽管名字叫"国际关系"，但本质上远非"国际"的。国际关系学科如果想要摆脱被视为美国的（或西方的）社会科学的指责，就应该与"世界上的其他国家"进行更多的对话，一直以来这些国家只是被研究的"客体"，而非平等的对话主体。① "中国的崛起"使来自"客体"的挑战更加清晰明显，不过这种挑战不仅是战略性的或经济性的，其本质上还是理论性的。我们所有人都应该为这种挑战担负起责任。国际关系研究长期以来在认知和接触不同的或者说"非西方"的人和事方面存在着问题，而对西方关于中国崛起知识的批判性审视，则可能有助于共同解决国际关系研究领域的这一问题。②

布兰得利·克莱因（Bradley Klein）提醒我们，"在从事批判事业的人中往往存在着一种危险的倾向：宣称他们发现的特

---

① There are always exceptions. More intellectual efforts than before now take 'non-Western' subjectivities and cultures seriously by consciously involving both Western and non-Western participants to facilitate dialogue. See, for example, Stephen Chan, Peter Mandaville and Roland Bleiker (eds), *The Zen of International Relations: IR Theory from East to West*, London: Palgrave, 2001; Richard Rosecrance and Gu Guoliang (eds), *Power and Restraint: A Shared Vision for the U. S. -China Relationship*, New York: PublicAffairs, 2009; Morgan Brigg and Roland Bleiker (eds), *Mediating across Difference: Oceanic and Asian Approaches to Conflict Resolution*, Honolulu, HI: University of Hawai'i Press, 2011. Meanwhile, a growing number of non-Western and Chinese scholars have made increasingly significant contributions to the fields of IR and China's IR in particular.

② See Todorov, *The Conquest of America*; Inayatullah and Blaney, *International Relations and the Problem of Difference*.

159

定真理是最新的、最伟大的、最重要的知识范式"。① 本书充分意识到了这种危险，因此抵制试图提供其他范式的诱惑。它不会也不可能以其对中国真理的发现为名来吸引其他学者的眼球。本书清醒地认识到它对其研究主题——西方对中国崛起的表述——的理解掌握是不稳固的，受偶然性影响很大，因为这一主题作为主体必然是动态的，无法被本质主义的研究所概括。此外，本书阐明了西方的中国知识所具有的伦理和实践含义，但同时要承认，本书也不是超越价值（value-free）的或政治中立的（在社会科学研究中价值无涉或政治中立是不可能的）。正如在第一章结尾所声明的那样，我的研究是一种社会文本（social text），与其他的社会文本交错在一起，它们所附带的智识局限和社会及政治偏见也混杂于其中。这个简单的自我反思虽说不够充分，但它说明的是自我反思构成我的认知实践的核心。同样，有效的反思需要与其他学者和观察者进行持续的对话和接触才能实现。如果说这本书看起来还不够完备——这当然毫无疑问——部分原因在于任何书或知识都不能够在缺乏与其读者和批评者的持续对话的情况下自我完善。

毫无疑问，许多人还会不为所动，"一如既往"地探寻关于中国崛起的可验证的经验真理。我的看法是，我们可以继续研究中国和其对外关系，我们应该这样做也必须这样做，但是如果对这种真理探求的方式不加反思，只可能会限制而不是拓展我们对这一全球"行为者"的理解。我们需要的是一种新的、更具有反思性的社会知识。本书没有也不可能提供一个完美的

---

① Bradley S. Klein, 'Conclusion: Every Month Is "Security Awareness Month"', in Keith Krause and Michael C. Williams (eds), *Critical Security Studies: Concepts and Cases*, Minneapolis, MN: University of Minnesota Press, 1997, p. 363.

供中国观察者运用的替代性知识模板，也没有开出未来的研究课题。不过，本书提出要进行研究范式转化，即把我们从对大理论或先验科学范式的实证主义迷恋中解放出来。① 在我们被大量不自觉的"中国崛起"文献和其各种充满情感色彩的范式的潮水淹没之前，就如何实现这种范式转化，现在是开启相关对话的时候了。

---

① For a similar argument on ' post-paradigmatic political science ', see Schram, ' Return to Politics '.

参考文献

Abramowitz, Morton and Stephen Bosworth (2006), 'America Confronts the Asian Century', *Current History*, **105** (690), 147–52.

Acharya, Amitav and Barry Buzan (2007), 'Why Is There No Non-Western International Relations Theory? An Introduction', *International Relations of the Asia-Pacific*, **7** (3), 287–312.

Ackerly, Brooke A., Maria Stern and Jacqui True (eds) (2006), *Feminist Methodologies for International Relations*, Cambridge: Cambridge University Press.

Agarwala, Ramgopal (2002), *The Rise of China: Threat or Opportunity?*, New Delhi: Bookwell Books.

Age, The (2009), 'Rudd Must not Succumb to Turnbull's China Taunt' (editorial), 1 April, p. 18.

Agencies/FT (2005), 'US Lawmakers Meddle in CNOOC's Unocal Bid', *China Daily*, 6 July, http://www.chinadaily.com.cn/english/doc/2005-07/06/content_457677.htm

Ahrari, Ehsan (2009), 'China's Preoccupation with Asymmetric War: Lessons Learned from the Hezbollah-Israeli War', *Small Wars Journal*, October, 1–7, http://smallwarsjournal.com/blog/journal/docs-temp/307-ahrari.pdf

Aikman, David (2003), *Jesus in Beijing: How Christianity Is Transforming China and Changing the Global Balance of Power*, Washington, DC: Regnery Publishing.

Alford, C. Fred (1991), *The Self in Social Theory: A Psychoanalytic Account of Its Construction in Plato, Hobbes, Locke, Rawls, and Rousseau*, New Haven, CT: Yale University Press.

Alter, Jonathan (2008), 'Boycott Opening Ceremonies', *Newsweek*, 12 April, p. 36.

Altheide, David L. (2002), *Creating Fear: News and the Construction of Crisis*, New York: Aldine de Gruyter.

Amnesty International (2008), 'The Olympics Countdown—Crackdown on Activists Threatens Olympics Legacy', 1 April, http://www.amnesty.eu/static/documents/2008/OlympicsCountdown0408_170502008.pdf

Amnesty International (2008), 'The Olympics Countdown—Broken Promises', 29 July, http://www.amnesty.org/en/library/info/ASA17/089/2008/en

Anderson, Leon (2006), 'Analytic Autoethnography', *Journal of Contemporary Ethnography*, **35** (4), 373–95.

Anelauskas, Valdas (1999), *Discovering America As It Is*, Atlanta, GA: Clarity Press.

Arkin, William M. (2006), 'America's New China War Plan', *Washington Post*, 24 May, http://blog.washingtonpost.com/earlywarning/2006/05/americas_new_china_war_plan.html

Ash, Robert, David Shambaugh and Seiichiro Takagi (2007), 'Introduction', in Robert Ash, David Shambaugh and Seiichiro Takagi (eds), *China Watching: Perspectives from Europe, Japan, and the United States*, London: Routledge, pp. 1–15.

Ash, Robert, David Shambaugh and Seiichiro Takagi (2007), 'International China Watching in the Twenty-first Century: Coping with a Changing Profession', in

Robert Ash, David Shambaugh and Seiichiro Takagi (eds), *China Watching: Perspectives from Europe, Japan and the United States*, London: Routledge, pp. 243–8.

Ash, Robert, David Shambaugh and Seiichiro Takagi (eds) (2007), *China Watching: Perspectives from Europe, Japan, and the United States*, London: Routledge.

Ashley, Richard K. (1988), 'Untying the Sovereign State: A Double Reading of the Anarchy Problematique',*Millennium: Journal of International Studies*, **17** (2), 227–62.

Associated French Press (2008), 'Clinton, Obama Fire New Economic Jabs at China', 14 April, http://www.channelnewsasia.com/stories/afp_world/view/341518/1/.html

Associated Press (2008), 'Poll: Iran, Iraq, China Top US Enemies', 1 April.

Australian Department of Defence (2009), *Defending Australia in the Asia Pacific Century: Force 2030*, Commonwealth of Australia.

Axelrod, Robert (2006),*The Evolution of Cooperation* (rev. edn), New York: Basic Books.

Babbin, Jed and Edward Timperlake (2006), *Showdown: Why China Wants War with the United States*, Washington, DC: Regnery Publishing.

Babones, Salvatore (2011), 'The Middle Kingdom: The Hype and the Reality of China's Rise', *Foreign Affairs*, **90** (5), 79–88.

Bacevich, Andrew J. (2005), *The New American Militarism: How Americans Are Seduced by War*, Oxford: Oxford University Press.

Bachman, David (2000), 'China's Democratization: What Difference Would It Make for U.S.-China Relations?' in Edward Friedman and Barrett McCormick (eds), *What If China Doesn't Democratize? Implications for War and Peace*, Armonk, NY: M. E. Sharpe, pp. 195–223.

Barlow, Tani E. (1997), 'Colonialism's Career in Postwar China Studies', in Tani E. Barlow (ed.), *Formations of Colonial Modernity in East Asia*, Durham, NC: Duke University Press, pp. 373–411.

Barlow, Tani E. (ed.) (1997), *Formations of Colonial Modernity in East Asia*, Durham, NC: Duke University Press.

Barma, Naazneen and Ely Ratner (2006), 'China's Illiberal Challenge', *Democracy: A Journal of Ideas*, **1** (2), 56–68.

Barma, Naazneen, Ely Ratner and Steven Weber (2007), 'A World Without the West', *The National Interest*, No. 90, pp. 23–30.

Barr, Michael (2011), *Who's Afraid of China? The Challenge of China's Soft Power*, London: Zed Books.

Bartelson, Jens (1995), *A Genealogy of Sovereignty*, Cambridge: Cambridge University Press.

Barthes, Roland (1972), *Critical Essays*, Chicago, IL: Northwestern University Press.

Barthes, Roland (1973), *Mythologies* (trans. Annette Lavers), St Albans: Paladin.

Barysch, Katinka (with Charles Grant and Mark Leonard) (2005), *Embracing the Dragon: The EU's Partnership with China*, London: Centre for European Reform.

Baum, Richard (2010), *China Watcher: Confessions of a Peking Tom*, Seattle, WA: University of Washington Press.

BBC News (2005), 'US Urges Chinese Political Reform', 16 November, http://news.bbc.co.uk/2/hi/americas/4440860.stm

Beinart, Peter (2010), 'Think Again Ronald Reagan', *Foreign Policy*, No. 180, July/August, pp. 28–33.

Bell, Daniel A. (2011), 'Introduction', in Yan Xuetong et al., *Ancient Chinese Thought, Modern Chinese Power*, Princeton, NJ: Princeton University Press, pp. 1–18.

Bell, David E. (1985), 'Disappointment in Decision Making under Uncertainty', *Operations Research*, **33** (1), 1–27.

Berger, Samuel R. (2001), 'Don't Antagonize China', *Washington Post*, 8 July, p. B7.

Bergsten, C. Fred, Bates Gill, Nicholas R. Lardy and Derek Mitchell (2006), *China: The Balance Sheet: What the World Needs to Know Now about the Emerging Superpower*, New York: PublicAffairs.

Bernstein, Richard and Ross H. Munro (1997), *The Coming Conflict with China*, New York: Alfred A. Knopf.

Bernstein, Richard J. (1976), *The Restructuring of Social and Political Theory*, London: Methuen.

Bernstein, Richard J. (1983), *Beyond Objectivism and Relativism: Science, Hermeneutics, and Praxis*, Oxford: Basil Blackwell.

Betts, Richard K. and Thomas J. Christensen (2000/2001), 'China: Getting the Questions Right', *The National Interest*, No. 62, pp. 17–29.

Bevins, Anthony (1997), 'Mission Possible', *The Independent*, 13 May, p. 13.

Bhabha, Homi K. (1994), *The Location of Culture*, London: Routledge.

Bhagwati, Jagdish (2002), 'Why China Is a Paper Tiger: The Emergence of the People's Republic Should Spell Opportunity – Not Doom – for Asian Economies', *Newsweek*, 18 February, p. 23.

Bianco, Lucien et al. (1994), *The Development of Contemporary China Studies*, Tokyo: Centre for East Asian Cultural Studies for UNESCO, The Toyo Bunko.

Bleiker, Roland and Emma Hutchison (2008), 'Fear No More: Emotions and World Politics', *Review of International Studies*, **34** (1), 115–35.

Bloch, Julia Chang (1997), 'Commercial Diplomacy', in Ezra F. Vogel (ed.), *Living with China: U.S./China Relations in the Twenty-First Century*, New York: W. W. Norton, pp. 185–216.

Blumenthal, Dan (2009), 'China in Obama's World', *Far East Economic Review*, **172** (10), 40–43.

Blumenthal, Dan, Aaron Friedberg, Randall Schriver and Ashley J. Tellis (2008), 'Bush Should Keep His Word on Taiwan', *Wall Street Journal*, 19 July, p. A9.

Blumenthal, Daniel (2010), 'Is the West Turning on China?' Foreign Policy Online, 18 March, http://shadow.foreignpolicy.com/posts/2010/03/18/is_the_west_turning _on_china

Bochner, Arthur P. and Carolyn Ellis (eds) (2002), *Ethnographically Speaking: Autoethnography, Literature, and Aesthetics*, Walnut Creek, CA: AltaMira Press.

Booth,Ken (1997), 'Security and Self: Reflections of a Fallen Realist', inKeith Krause and Michael C. Williams (eds), *Critical Security Studies: Concepts and Cases*, Minneapolis, MN: University of Minnesota Press, pp. 83–119.

Booth, Ken (ed.) (2005), *Critical Security Studies and World Politics*, Boulder, CO: Lynne Rienner.

Bork, Ellen (2009), 'The White House Chickens Out', *Weekly Standard*, **15** (5), 13.

Bork, Ellen (2010), 'Obama's Rights Retreat', *Wall Street Journal Asia*, 27 May, p. 13.

Bork, Ellen (2010), 'Obama's Timidity on Tibet',*Wall Street Journal Asia*, 20 August, p. 11.

Boyce, James K. (1997), 'Area Studies and the National Security State', *Bulletin of Concerned Asian Scholars*, **29** (1), 27–9.

Bradsher, Keith (2006), 'Senators' China Trip Highlights Their Differences on Currency', *New York Times*, 26 March, http://www.nytimes.com/2006/03/ 26/politics/26cnd-yuan.html

Branigan, Tania (2009), 'China Must Tackle Human Rights, Mandelson Says', *The Guardian*, 8 September, http://www.guardian.co.uk/world/2009/sep/08/ mandel-son-china-eu-arms-embargo

Bremmer, Ian (2005), 'The Panda Hedgers', *New York Times*, 5 October, http://www.nytimes.com/2005/10/04/opinion/04iht-edbremmer.html

Breslin, Shaun (2005), 'Power and Production: Rethinking China's Global Economic Role', *Review of International Studies*, **31** (4), 735–53.

Breslin, Shaun (2010), 'China's Emerging Global Role: Dissatisfied Responsible Great Power', *Politics*, **30** (S1), 52–62.

Breslin, Shaun and Ian Taylor (2008), 'Explaining the Rise of "Human Rights" in Analyses of Sino-AfricanRelations', *Review of AfricanPoliticalEconomy*, **35** (115), 59–71.

Brigg, Morgan and Roland Bleiker (2010), 'Autoethnographic International Relations: Exploring the Self as a Source of Knowledge', *Review of International Studies*, **36** (3), 779–98.

Brigg, Morgan and Roland Bleiker (eds) (2011), *Mediating across Difference: Oceanic and Asian Approaches to Conflict Resolution*, Honolulu, HI: University of Hawai'i Press.

Brinkley, Joel (2005), 'In New Tone, Rice Voices Frustration with China', *New York Times*, 20 August, p. 1.

Brown, Chris (2000), 'Cultural Diversity and International Political Theory: From the Requirement to "Mutual Respect"?' *Review of International Studies*, **26** (2), 199–213.

Brown, Chris (2012), 'The "Practice Turn", *Phronesis* and Classical Realism: Towards a Phronetic International Political Theory?', *Millennium: Journal of International Studies*, **40** (3), 439–56.

Brown, Lester R. (1995), *Who Will Feed China? Wake-up Call for a Small Planet*, New York: W. W. Norton.

Brown, Sherrod (2004),*Myths of Free Trade: Why American Trade Policy Has Failed*, New York: The New Press.

Brownell, Susan (2008),*Beijing's Games: What the Olympics Mean to China*, Lanham, MD: Rowman & Littlefield.

Bruni, Frank (2001), 'For Bush, a Mission and a Role in History', *New York Times*, 22 September, p. A1.

Brzezinski, Zbigniew (1989), *The Grand Failure: The Birth and Death of Communism in the Twentieth Century*, New York: Charles Scribner's Sons.

Buchan, Glenn C., David Matonick, Calvin Shipbaugh and Richard Mesic (2003), *Future Roles of U.S. Nuclear Forces: Implications for U.S. Strategy*, Santa Monica, CA: RAND.

Burnett, Jonny and Dave Whyte (2005), 'Embedded Expertise and the New Terrorism', *Journal for Crime, Conflict and the Media*, **1** (4), 1–18.

Bush, George and Brent Scowcroft (1998), *A World Transformed*, New York: Alfred A. Knopf.

Bush, Richard C. and Michael E. O'Hanlon (2007), *A War Like No Other: The Truth about China's Challenge to America*, Hoboken, NJ: John Wiley & Sons.

Butler, Judith (1999),*Gender Trouble: Feminism and the Subversion of Identity*, New York: Routledge.

Buzan, Barry (1991), *People, States and Fear: An Agenda for International Security Studies in the Post-Cold War Era* (2nd edn), Hemel Hempstead: Harvester Wheatsheaf.

Cable, Vincent and Peter Ferdinand (1994), 'China As an Economic Giant: Threat or Opportunity?', *International Affairs*, **70** (2), 243–61.

Cai, Peter (2012), 'Our Bill to China: $5100 Per Family', *The Age*, 3 April, p. 3.

Caldicott, Helen (2002), *The New Nuclear Danger: George W. Bush's Military-Industrial Complex*, New York: The New Press.

Callahan, William A. (2002), 'Report on Conferences: Nationalism & International Relations in China', Centre for Contemporary China Studies, Durham University, www.dur.ac.uk/resources/china.studies/shanghaireportonthe%20conference.doc

Callahan, William A. (2004), *Contingent States: Greater China and Transnational Relations*, Minneapolis, MN: University of Minnesota Press.

Callahan, William A. (2007), 'Future Imperfect: The European Union's Encounter with China (and the United States)',*Journal of Strategic Studies*, **30** (4), 777–807.

Callahan, William A. (2009), *China: The Pessoptimist Nation*, Oxford: Oxford University Press.

Campbell, David (1998), *Writing Security: United States Foreign Policy and the Politics of Identity* (rev. edn), Minneapolis, MN: University of Minnesota Press.

Campbell, Kurt (2000), 'China Watchers Fighting a Turf War of Their Own', *New York Times*, 31 May, p. B13.

Cao, Qing (2012), 'Modernity and Media Portrayals of China', *Journal of Asian Pacific Communication*, **22** (1), 1–21.

Cao, Qing et al. (2007), 'A Special Section: Reporting China in the British Media'(Special Issue), *China Media Research*, **3** (1), 1–72.

Carpenter, Ted Galen (1992), *A Search for Enemies: America's Alliances after the Cold War*, Washington, DC: Cato Institute.

Carpenter, Ted Galen and James A. Dorn (eds) (2000), *China's Future: Constructive Partner or Emerging Threat?*, Washington, D.C.: Cato Institute.

Carr, E. H. (1987), *What Is History?* (2nd edn), Harmondsworth: Penguin Books.

Carter, Ashton B. and Jennifer C. Bulkeley (2007), 'America's Strategic Response to China's Military Modernization', *Harvard Asia Pacific Review*, **1** (9), 50–52.

Cassirer, Ernest (1946), *Language and Myth* (trans. Susanne K. Langer), New York: Dover Publications.

Certeau, Michel de (1993), 'Walking in the City', in Simon During (ed.), *The Cultural Studies Reader*, London: Routledge.

Chacko, Priya (2011), 'Interpreting the "Rise of India": India-US Relations, Power Transition and Ontological Security', paper presented at the ISA Asia-Pacific Regional Section Inaugural Conference, Brisbane, 29–30 September, pp. 1–31.

Chan,Adrian (2009), *Orientalism in Sinology*, Palo Alto, CA: Academic Press.

Chan, Sewell (2010), 'Geithner to Signal Tougher Stance on China Currency', *New York Times*, 15 September, http://www. nytimes.com/2010/09/16/business/global/16yuan.html

Chan, Sewell, Sheryl Gay Stolberg and David E. Sanger (2010), 'Obama's Economic View Is Rejected on World Stage', *New York Times*, 12 November, p. 1.

Chan, Stephen, Peter Mandaville and Roland Bleiker (eds) (2001), *The Zen of International Relations: IR Theory from East to West*, London: Palgrave.

Chan, Steve (1999), 'Relating to China: Problematic Approaches and Feasible Emphases', *World Affairs*, **161** (4), 179–85.

Chan, Steve (2008), *China, the U.S., and the Power-Transition Theory: A Critique*, London: Routledge.

Chan, Wing-Tsit (trans.) (1963), *A Source Book in Chinese Philosophy*, Princeton, NJ: Princeton University Press.

Chavanne, Bettina H. (2008), 'General Says USAF Will Procure 380 F-22s, Despite OSD', *Aerospace Daily & Defense Report*, **225** (31), 3.

Chen Feng et al. (1996), *Zhong mei jiaoliang da xiezhen*(True Stories of Sino-America Contention), Beijing: Zhongguo Renshi Chubanshe.

Chen, David W. (2010), 'China Emerges as a Scapegoat in Campaign Ads', *New York Times*, 9 October, p. 1.

Chen, Xiaomei (1995), *Occidentalism: A Theory of Counter-Discourse in Post-Mao China*, New York: Oxford University Press.

China Digital Times (2007), 'CDT Bookshelf: Interview with James Mann', 26 February,http://chinadigitaltimes.net/2007/02/cdt-bookshelf-interview-with-james-mann/

China State Council Information Office (2009), *China's National Defense in 2008*, Beijing: China State Council Information Office, 20 January.

Ching Cheong (2004), 'US Plans Huge Show of Force in Pacific', *Straits Times*, 30 June.

Chomsky, Noam (1987), *The Chomsky Reader* (ed. James Peck), New York: Pantheon Books.

Chomsky, Noam (2005), *Imperial Ambitions: Conversations with Noam Chomsky on the Post-9/11 World* (Interviews with David Barsamian), New York: Metropolitan Books.

Chow, Rey (2001), 'King Kong in Hong Kong: Watching the "Handover" from the U.S.A.', in Xudong Zhang (ed.), *Whither China? Intellectual Politics in Contemporary China*, Durham, NC: Duke University Press, pp. 211–27.

Christensen, Thomas J. (1996), 'Chinese Realpolitik', *Foreign Affairs*, **75** (5), 37–52.

Christensen, Thomas J. (2001), 'Posing Problems without Catching Up: China's Rise and Challenges for U.S. Security Policy', *International Security*,**25** (4), 5–40.

Christensen, Thomas J. (2006), 'Fostering Stability or Creating a Monster? The Rise of China and U.S. Policy Toward East Asia', *International Security*, **31** (1), 81–126.

Christensen, Thomas J., Alastair Iain Johnston and Robert S. Ross (2006), 'Conclusions and Future Directions', in Alastair Iain Johnston and Robert S. Ross (eds), *New Directions in the Study of China's Foreign Policy*, Stanford, CA: Stanford University Press, pp. 394–404.

Clark, Gregory (1967), *In Fear of China*, Melbourne: Lansdowne Press.

Clifford, James (1988), *The Predicament of Culture*, Cambridge, MA: Harvard University Press.

Clinton, Bill (2000), 'In Clinton's Words: "An Outstretched Hand"',*New York Times*, 20 September, p. A16.

Clinton, Bill (2004), *My Life*, New York: Alfred A. Knopf.

Clinton, Hillary (2008), Foreign Policy Speech (audio file), 25 February, http://www.prx.org/pieces/24241

Cohen, Patricia (2008), 'Pentagon to Consult Academics on Security', *New York Times*, 18 June, p. 1.

Cohen, Paul A. (1984), *Discovering History in China: American Historical Writing on the Recent Chinese Past*, New York: Columbia University Press.

Cohen, Paul A. (2003), *China Unbound: Evolving Perspectives on the Chinese Past*, London: RoutledgeCurzon.

Cohen, Warren I. (1978), 'American Perceptions of China', in Michel Oksenberg and Robert B. Oxnam (eds), *Dragon and Eagle: United States-China Relations: Past and Future*, New York: Basic Books, pp. 54–86.

Cohen, Warren I. (1997), 'China's Strategic Culture', *Atlantic Monthly*, **279** (3), 103–5.

Cohen, Warren I. (2000), *America's Response to China: A History of Sino-American Relations* (4th edn), New York: Columbia University Press.

Cohen, Warren I. (2003), 'American Perceptions of China, 1789–1911', in Carola McGiffert (ed.), *China in the American Political Imagination*, Washington, DC: The CSIS Press, pp. 25–30.

Collingwood,R. G. (1946), *The Idea of History*, Oxford: Oxford University Press.

Commission of the European Communities (2006), *EU-China: Closer Partners, Growing Responsibilities*, COM(2006) 631 final, Brussels, 24 October.

Conable, Barber B., Jr. and David M. Lampton (1992/1993), 'China: The Coming Power', *Foreign Affairs*, **71** (5), 133–49.

Congressional Research Service (2008), *China's Foreign Policy and "Soft Power" in South America, Asia, and Africa: A Study Prepared for the Committee on Foreign Relations, United States Senate*, Washington, DC: US Government Printing Office.

Cronin, Jon (2006), 'Fears of Growing US Trade Rift with China', BBC News, 17 February, http://news.bbc.co.uk/1/hi/business/4719826.stm.

Crossick, Stanley (2007), 'Whither EU-China Relations?' 22 October, http://crossick.blogactiv.eu/2007/10/22/whither-eu-china-relations-2/

Crow, Carl (1937), *400 Million Customers*, London: Hamilton.

Crutsinger, Martin (2006), 'U.S. Hardens Stance on Trade with China', Associated Press, 14 February.

Culler, Jonathan (1982), *On Deconstruction: Theory and Criticism after Structuralism*, Ithaca, NY: Cornell University Press.

Culler, Jonathan (1997), *Literary Theory: A Very Short Introduction*, Oxford: Oxford University Press.

Cumings,Bruce (1996), 'The World Shakes China', *The National Interest*, No. 43, pp. 28–41.

Cumings, Bruce (1999), *Parallax Visions: Making Sense of American-East Asian Relations*, Durham, NC: Duke University Press.

Daily Telegraph(UK) (2006), 'The Dragon in Africa' (Letter to the Editor), 26 April.

Dawson, Raymond (1967), *The Chinese Chameleon: An Analysis of European Perceptions of Chinese Civilization*, New York: Oxford University Press.

Dean, Jodi (2009),*Democracy and Other Neoliberal Fantasies*, Durham, NC: Duke University Press.

Der Derian, James (1995), 'The Value of Security: Hobbes, Marx, Nietzsche, and Baudrillard', in Ronnie D. Lipschutz (ed.), *On Security*, New York: Columbia University Press, pp. 24–45.

Derbyshire, John (2001), 'China: A Reality Check', *National Review*, 17 September, pp. 38–43.

Dewey, John (1929), *The Quest for Certainty: A Study of the Relation of Knowledge and Action*, New York: Minton, Balch & Company.

Diamond, Larry (2000), 'Forward', in Suisheng Zhao (ed.), *China and Democracy: The Prospect for a Democratic China*, New York: Routledge, pp. ix–xv.

Dickson, Bruce (ed.) (1999), *Trends in China Watching: Observing the PRC at Fifty* (Sigur Center Asia Papers, No. 7), Washington DC: George Washington University.

Dikötter, Frank (1996), 'Culture, "Race" and Nation: The Formation of National Identity in Twentieth Century China', *Journal of International Affairs*,**49** (2), 590–605.

Dinmore, Guy and Geoff Dyer (2010), 'Immelt Hits Out at China and Obama', *Financial Times* (FT.Com), 1 July, http://www.ft.com/intl/cms/s/0/ed654fac-8518-11df-adfa-00144feabdc0.html

Dobbins, James, David C. Gompert, David A. Shlapak and Andrew Scobell (2011), *Conflict with China: Prospects, Consequences, and Strategies for Deterrence*, Santa Monica, CA: RAND Corporation.

Dobell, Graeme (2010), 'Treasury's China Star', *The Interpreter*, 12 May, http://www.lowyinterpreter.org/post/2010/05/12/Treasury-China-star.aspx

Dobriansky, Paula J. (2010), 'The Realist Case for Tibetan Autonomy', *Wall Street Journal*, 7 January, p. A15.

Dodin, Thierry and Heinz Räther (eds) (2001), *Imagining Tibet: Perceptions, Projections, and Fantasies*, Boston, MA: Wisdom Publications.

Dorogi, Thomas Laszlo (2001), *Tainted Perceptions: Liberal-Democracy and American Popular Images of China*, Lanham, MD: University Press of America.

Dorrien, Gary (2004), *Imperial Designs: Neoconservatism and the New Pax Americana*, New York: Routledge.

Doty, Roxanne Lynn (1996), *Imperial Encounters: The Politics of Representation in North-South Relations*, Minneapolis, MN: University of Minnesota Press.

Dreyfuss, Robert (1997), 'The New China Lobby', *The American Prospect*, No. 30, pp. 30–37.

Dreyfuss, Robert (2010), 'China in the Driver's Seat', *The Nation*, 20 September, pp. 11–18.

Dulles, Foster Rhea (1946), *China and America: The Story of Their Relations since 1784*, Princeton, NJ: Princeton University Press.

Duncombe, Stephen (2007), *Dream: Re-imagining Progressive Politics in an Age of Fantasy*, New York: The New Press.

Dupont, Alan (2010), 'Many Shared Interests but Few Shared Values with China', *The Australian*, 12 April, p. 14.

Dupont, Alan (2010), 'U.S. Enlists China's Worried Neighbours', *The Australian*, 3 August, p. 10.

Dyer, Geoff and Ben Hall (2008), 'China Seen as Biggest Threat to Stability', *Financial Times* (Asia), 15 April, p. 2.

Eagleton, Terry (1996), *Literary Theory: An Introduction* (2nd edn), Oxford: Blackwell.

Eagleton-Pierce, Matthew (2011), 'Advancing a Reflexive International Relations', *Millennium: Journal of International Studies*, **39** (3), 805–23.

Economist(2008), 'Spotlight onAsia.view: Welcome to Oz?', 28 June, p. 27.

Economy, Elizabeth and Michel Oksenberg (eds) (1999), *China Joins the World: Progress and Prospects*, New York: Council on Foreign Relations Press.

Elahi,Mahmood (2007), 'America, A Chinese Protectorate?' *The Daily Star*, 27 August, http://www.thedailystar.net/newDesign/news-details.php?nid= 1435

Engardio, Pete (ed.) (2007), *Chindia: How China and India Are Revolutionizing Global Business*, New York: McGraw-Hill.

Erlanger, Steven (1997), 'Searching for an Enemy and Finding China', *New York Times*, 6 April, p. 4.

European Commission (n.d.), 'The Sectoral Dialogues between the EU and China – an Overview', Policy Dialogues Support Facility, http://www.eu-chinapdsf.org/english/Column.asp?ColumnId=5

Fabian, Johannes (2002), *Time and the Other: How Anthropology Makes Its Object* (2nd edn), New York: Columbia University Press.

Fairbank, John K. (1967), *China: The People's Middle Kingdom and the U.S.A.*, Cambridge, MA: Belknap Press.

Fairbank, John K. (1976), *China Perceived: Images & Policies in Chinese-American Relations*, London: André Deutsch.

Fallows, James (2007), 'China Makes, the World Takes', *Atlantic Monthly*, **300** (1), 48–72.

Fan Shiming (2005), '"Aihen jiaorong" zhong de fan Mei zhuyi' (Anti-Americanism in a 'Love-Hate' Complex), *Guoji zhengzhi yanjiu* (International Politics Quarterly), No. 2, pp. 52–8.

Fan, Maureen (2007), 'China's Rights Record Criticized', *Washington Post*, 12 January, p. A10.

Fang Ning, Wang Xiaodong, Song Qiang, et al. (1999), *Quanqiuhua yinying xia de Zhongguo zhilu* (China's Road under the Shadow of Globalisation), Beijing: Zhongguo shehuikexue chubanshe.

Feeney, William R. (1992), 'China's Relations with Multilateral Economic Institutions', in the Joint Economic Committee, Congress of the United States (ed.), *China's Economic Dilemmas in the 1990s: The Problems of Reforms, Modernization, and Interdependence*, Armonk, NY: M. E. Sharpe, pp. 795–816.

Feldstein, Martin (2007), 'The Underfunded Pentagon', *Foreign Affairs*, **86** (2), 134–40.

Feng Guifen (Feng Kuei-fen) (1954),'On the Manufacture of Foreign Weapons', inSsu-yu Teng and John K. Fairbank et al.,*China's Response to the West: A Documentary Survey 1839–1923*, Cambridge, MA: Harvard University Press, pp. 52–4.

Fewsmith, Joseph and Stanley Rosen (2001), 'The Domestic Context of Chinese Foreign Policy: Does "Public Opinion" Matter?' in David M. Lampton (ed.), *The Making of Chinese Foreign and Security Policy in the Era of Reform, 1978–2000*, Stanford, CA: Stanford University Press, pp. 151–87.

Fisher, George M. C. (2001), 'Kodak and China: Seven Years of Kodak Moments', in Laurence J. Brahm (ed.), *China's Century: The Awakening of the Next Economic Powerhouse*, Singapore: John Wiley & Sons (Asia), pp. 127–35.

Fishman, Ted C. (2006), *China Inc.: How the Rise of the Next Superpower Challenges America and the World*, New York: Scribner.

Fitzgerald, John (1996), 'The Nationless State: The Search for a Nation in Modern Chinese Nationalism', in Jonathan Unger (ed.), *Chinese Nationalism*, Armonk, NY: M. E. Sharpe, pp. 56–85.

Flyvbjerg, Bent (2001), *Making Social Science Matter: Why Social Inquiry Fails and How It Can Succeed Again*, Cambridge: Cambridge University Press.

Foot, Rosemary (2000), *Rights beyond Borders: The Global Community and the Struggle over Human Rights in China*, Oxford: Oxford University Press.

Foot, Rosemary (2001), 'China and the Idea of a Responsible State', in Yongjin Zhang and Greg Austin (eds), *Power and Responsibility in Chinese Foreign Policy*, Canberra: Asia Pacific Press, pp. 21–47.

Foucault, Michel (1970), *The Order of Things: An Archaeology of the Human Sciences*, London: Tavistock Publications.

Foucault, Michel (1977), *Discipline and Punish: The Birth of the Prison*, New York: Vantage Books.

Foucault, Michel (1978), *The History of Sexuality* (Volume 1: An Introduction, trans. Robert Hurley), London: Penguin Books.

Foucault, Michel (1980), *Power/Knowledge: Selected Interviews and Other Writings 1972–1977* (ed. Colin Gordon, trans. Colin Gordon, Leo Marshall, John Mepham, Kate Soper), New York: Pantheon Books.

Fox, John and François Godement (2009),*A Power Audit of EU-China Relations*, London: European Council on Foreign Relations.

Franklin, Barbara Hackman (1997), 'China Today: Evil Empire or Unprecedented Opportunity?' *Heritage Lecture*, no. 589, 20 May, http://www.heritage.org /Research/AsiaandthePacific/HL589.cfm

Frazier, Charles (1997), *Cold Mountain*, New York: Vintage Books.

Freeman,Chas W.,Jr. (1996), 'Sino-American Relations: Back to Basics', *Foreign Policy*, No. 104, pp. 3–17.

Friedberg, Aaron L. (2000), 'Will Europe's Past Be Asia's Future?' *Survival*, **42** (3), 147–59.

Friedberg, Aaron L. (2007), 'Are We Ready for China?' *Commentary*, **124** (3), 39–43.

Friedman, Edward (1995), *National Identity and Democratic Projects in Socialist China*, Armonk, NY: M. E. Sharpe.

Friedman,Edward (1997), 'The Challenge of a Rising China: Another Germany?' in Robert J. Lieber (ed.), *Eagle Adrift: American Foreign Policy at the End of the Century*, New York: Longman, pp. 215–45.

Friedman, Edward (2002), 'Reflecting Mirrors across the Taiwan Straits: American Perspectives on a China Threat', in Herbert Yee and Ian Storey (eds), *The China Threat: Perceptions, Myths and Reality*, London: RoutledgeCurzon, pp. 65–85.

Friedman, Edward (2009), 'China: A Threat to or Threatened by Democracy?' *Dissent*, **56** (1), 7–12.

Friedman, Thomas L. (2006), *The World Is Flat: The Globalized World in the Twenty-First Century*, London: Penguin Books.

Friedman, Thomas L. (2010), 'Containment-Lite', *New York Times*, 10 November, p. 35.

Fu Ying (2008), 'Western Media Has "Demonised" China', *The Telegraph*, 13 April, http://www.telegraph.co.uk/comment/personal-view/3557186/Chinese-ambassador-Fu-Ying-Western-media-has-demonised-China.html

Fukuyama, Francis (1992), *The End of History and the Last Man*, New York: Free Press.

Funabashi, Yoichi, Michel Oksenberg and Heinrich Weiss (1994), *An Emerging China in a World of Interdependence*, New York: The Trilateral Commission.

Furth, Hans G. (1987), *Knowledge As Desire: An Essay on Freud and Piaget*, New York: Columbia University Press.

Gadamer, Hans-Georg (1987), 'The Problem of Historical Consciousness', in Paul Rabinow and William M. Sullivan (eds),*Interpretive Social Science: A Second Look*, Berkeley, CA: University of California Press, pp. 82–140.

Gadamer, Hans-Georg (2004), *Truth and Method* (trans. Joel Weinsheimer and Donald G. Marshall, 2nd rev. edn), London: Continuum.

Garnaut, John (2009), 'The El Dorado Factor: How We Got China So Wrong', *The Age*, 13 July, p. 1.

Garrison, Jean A. (2005), *Making China Policy: From Nixon to G. W. Bush*, Boulder, CO: Lynne Rienner.

Garrison, Jean A. (2008), 'The Domestic Political Game behind the Engagement Strategy', in Suisheng Zhao (ed.), *China-U.S. Relations Transformed: Perspectives and Strategic Interactions*, London: Routledge, pp. 141–58.

Garver,John W. (1999), 'Forward', in Yong Deng and Fei-ling Wang (eds), *In the Eyes of the Dragon: China Views the World*, Lanham, MD: Rowman & Littlefield, pp. viii–ix.

Geertz, Clifford (1973),*The Interpretation of Cultures*, New York: Basic Books.

Gehrke, Robert (2010), 'Huntsman Looks for Rebound in U.S.-China Relations', 7 May, http://www.sltrib.com/sltrib/home/49545828-73/huntsman-china-relationship-think.html.csp

George, Jim (1994), *Discourses of Global Politics: A Critical (Re)Introduction to International Relations*, Boulder, CO: Lynne Rienner.

Gershman, John (2003), 'Asia', in John Feffer (ed.), *Power Trip: U.S. Unilateralism and Global Strategy After September 11*, New York: Seven Stories Press, pp. 161–72.

Gertz, Bill (2006), 'Pentagon "Hedge" Strategy Targets China', *Washington Times*, 17 March, p. A06.

Giddens, Anthony (1986), *The Constitution of Society*,Berkeley, CA: University of California Press.

Giddens, Anthony (1990), *The Consequences of Modernity*, Cambridge: Polity Press.

Gifford, Rob (2007), *China Road: A Journey into the Future of a Rising Power*, New York:Random House.

Gilboy, George and Eric Heginbotham (2001), 'China's Coming Transformation', *Foreign Affairs*,80 (4), 26–39.

Gillard, Julia (2011), Speech to the AsiaLink and Asia Society Lunch, Melbourne, 28 September, http://www.pm.gov.au/press-office/speech-asialink-and-asia-society-lunch-melbourne

Gilley, Bruce (2004), *China's Democratic Future: How It Will Happen and Where It Will Lead*, New York: Columbia University Press.

Global Language Monitor (2011), 'Rise of China Still Tops all Stories', 5 May, http://www.languagemonitor.com/top-news/bin-ladens-death-one-of-top-news-stories-of-21th-century/

Global Times (2010), 'US Has to Pay for Provoking China' (editorial), 6 July, http://www.globaltimes.cn/opinion/editorial/2010-07/548629.html

Goldman,Merle (1994), *Sowing the Seeds of Democracy in China: Political Reform in the Deng Xiaoping Era*, Cambridge, MA: Harvard University Press.

Goldman, Merle, Perry Link and Su Wei (1993), 'China's Intellectuals in the Deng Era: Loss of Identity with the State', in Lowell Dittmer and Samuel S. Kim (eds), *China's Quest for National Identity*, Ithaca, NY: Cornell University Press, pp. 125–53.

Goldstein, Jonathan (1991), 'Cantonese Artefacts, Chinoiserie, and Early American Idealization of China', in Jonathan Goldstein, Jerry Israel and Hilary Conroy (eds), *America Views China: American Images of China Then and Now*, Bethlehem, PA: Lehigh University Press, pp. 43–55.

Goldstein, Jonathan, Jerry Israel and Hilary Conroy (eds) (1991), *America Views China: American Images of China Then and Now*, London: Associated University Presses.

Goldstein, Judith and Robert O. Keohane (1993), 'Ideas and Foreign Policy: An Analytical Framework', in Judith Goldstein and Robert O. Keohane(eds), *Ideas and Foreign Policy: Beliefs, Institutions, and Political Change*, Ithaca, NY: Cornell University Press, pp. 3–30.

Goodman, David S.G. (1997), 'How Open Is Chinese Society?', in David S.G. Goodman and Gerald Segal (eds), *China Rising: Nationalism and Interdependence*, London: Routledge, pp. 27–52.

Goodman, David S.G. and Gerald Segal (eds) (1997), *China Rising: Nationalism and Interdependence*, London: Routledge.

Gordon, Michael R. (2006), 'To Build Trust, U.S. Navy Holds a Drill with China', *New York Times*, 23 September, p. A5.

Graham, Edward D. (1983), 'The "Imaginative Geography" of China', in Warren I. Cohen (ed.), *Reflections on Orientalism: Edward Said*, East Lansing, MI: Asian Studies Center, Michigan State University, pp. 31–43.

Green, Michael (2012), 'US Turns Its Gaze to the Pacific', *The World Today*, **68** (2),30–33.

Gresh, Alain (2008), 'Understanding the Beijing Consensus', *Le Monde*, November, http://mondediplo.com/2008/11/03beijingconsensus

Gress, David (1998), *From Plato to NATO: The Idea of the West and Its Opponents*, New York: The Free Press.

Gries, Peter Hays (2004), *China's New Nationalism: Pride, Politics, and Diplomacy*, Berkeley, CA: University of California Press.

Gries, Peter Hays (2005), 'Nationalism and Chinese Foreign Policy', in Yong Deng and Fei-ling Wang (eds), *China Rising: Power and Motivation in Chinese Foreign Policy*, Lanham, MD: Rowman & Littlefield, pp. 103–20.

Grosrichard, Alain (1998), *The Sultan's Court: European Fantasies of the East* (trans. Liz Heron), London: Verso.

Grunfeld, A. Tom (2003), '"God We Had Fun": CIA in China and Sino-American Relations', *Critical Asian Studies*, **35** (1), 113–38.

Guardian Weekly (2001), 'Bush Needs the Bad Guys', 15–21 March, p. 14.

Guo Jishan (1996), *Zouxiang zuguo tongyi de zuji* (Steps Toward the Reunification of the Motherland), Beijing: Hongqi Chubanshe.

Gupta, Suman (2008), 'Writing China', *Wasafiri*, **23** (3), 1–4.

Gurtov, Mel (2007), *Global Politics in the Human Interest* (5th edn), Boulder, CO: Lynne Rienner.

Guthrie, Doug (2008), *China and Globalization: The Social, Economic and Political Transformation* (2nd edn), London: Routledge.

Gutmann, Ethan (2004), *Losing the New China: A Story of American Commerce, Desire, and Betrayal*, San Francisco, CA: Encounter Books.

Gyngell, Allan and Michael Wesley (2007), *Making Australian Foreign Policy* (2nd edn), Cambridge: Cambridge University Press.

Haass, Richard N. (2005), *The Opportunity: America's Moment to Alter History's Course*, New York: PublicAffairs.

Habermas, Jürgen (1978), *Knowledge and Human Interests* (2nd edn, trans. Jeremy J. Shapiro), London: Heinemann.

Halloran, Richard (2006), 'Guam to Become the "Pivot Point" for the US' Pacific Forces', *Taipei Times*, 14 March, http://www.taipeitimes.com/news/editorials/archives/2006/03/14/2003297313

Halper, Stefan (2007), 'Wrongly Mistaking China', *The American Spectator*, **40** (1), 14–20.

Halper, Stefan (2010), *The Beijing Consensus: How China's Authoritarian Model Will Dominate the Twenty-First Century*, New York: Basic Books.

Hamre, John J. (2003), 'Forward: Images Revisited', in Carola McGiffert (ed.), *China in the American Political Imagination*, Washington, DC: The CSIS Press, pp. ix–xi.

Harding, Harry (1982), 'From China with Disdain: New Trends in the Study of China', *Asian Survey*,**22** (10), 934–58.

Harding, Harry (1987), *China's Second Revolution: Reform After Mao*, Sydney: Allen & Unwin.

Harding, Harry (1992), *A Fragile Relationship: The United States and China since 1972*, Washington, DC: Brookings Institution.

Harding, Harry (1997), 'Breaking the Impasse over Human Rights', in Ezra F. Vogel(ed.), *Living with China: U.S./China Relations in the Twenty-First Century*, New York: W. W. Norton & Company, pp. 165–84.

Hardt, Michael and Antonio Negri (2000), *Empire*, Cambridge, MA: Harvard University Press.

Harries, Owen (1993), 'The Collapse of "the West"',*Foreign Affairs*, **72** (4), 41–53.

Harries, Owen (1997), 'How Not to Handle China', *National Review*, **149** (9), 35–8.

Harries, Owen (1999/2000), 'A Year of Debating China', *The National Interest*, No. 58, pp. 141–7.

Harris, Stuart (2002), 'Globalisation and China's Diplomacy: Structure and Process', Department of International Relations Working Paper No. 2002/9, Canberra: Australian National University, December, pp. 1–24.

Hartung, William D. (2003), *How Much Are You Making on the War, Daddy? A Quick and Dirty Guide to War Profiteering in the George W. Bush Administration*, New York: Nation Books.

Hartung, William D. and Michelle Ciarrocca (2001), 'Reviving Star Wars', *The Baltimore Sun*, 21 January, http://articles.baltimoresun.com/2001-01-21/topic/0101200170_1_nmd-national-missile-defense-system/2

Hartung, William D. and Michelle Ciarrocca (2004), *The Ties that Bind: Arms Industry Influence in the Bush Administration and Beyond* (Special Report), New York: World Policy Institute, October.

Hayot, Eric, Haun Saussy and Steven G. Yao (2008), 'Introduction', in Eric Hayot, Haun Saussy and Steven G. Yao (eds), *Sinographies: Writing China*, Minneapolis, MN: University of Minnesota Press, pp. vii–xxi.

Hayot, Eric, Haun Saussy and Steven G. Yao (eds) (2008), *Sinographies: Writing China*, Minneapolis, MN: University of Minnesota Press.

Heckelman, Ronald J. (1989), '"The Swelling Act": The Psychoanalytic Geography of Fantasy', in George E. Slusser and Eric S. Rabkin (eds), *Mindscapes: The Geographies of Imagined Worlds*, Carbondale: Southern Illinois University Press, pp. 34–59.

Heidegger, Martin (1967), *Being and Time* (trans. John Macquarrie and Edward Robinson), Oxford: Blackwell.

Heilbrunn, Jacob (1999), 'Team W.', *The New Republic*, 27 September, pp. 22–5.

Henriksen, Thomas H. (1995), 'The Coming Great Powers Competition', *World Affairs*, **158** (2), 63–9.

Hertsgaard, Mark (1997), 'Our Real China Problem', *Atlantic Monthly*, **280** (5), 96–114.

Hevia, James L. (2003), *English Lessons: The Pedagogy of Imperialism in Nineteenth-Century China*, Durham, NC: Duke University Press.

Higgs, Robert (2006), 'Fear: The Foundation of Every Government's Power', *Independent Review*, **10** (3), 447–66.

Ho, Soyoung (2006), 'Panda Slugger', *Washington Monthly*, **38** (7), 26–31.

Hodder, Rupert (2000), *In China's Image: Chinese Self-Perception in Western Thought*, London: Macmillan.

Hodge, Bob and Kam Louie (1998), *The Politics of Chinese Language and Culture: The Art of Reading Dragons*, London: Routledge.

Hoffman, Stanley (1977), 'An American Social Science: International Relations', *Dædalus*, **106** (3), 41–60.

Hollander, Paul (1998), *Political Pilgrims: Western Intellectuals in Search of the Good Society* (4th edn), New Brunswick, NJ: Transaction Publishers.

Hollingsworth, J. Rogers (1971), *Nation and State Building in America: Comparative Historical Perspectives*, Boston, MA: Little, Brown.

Holslag, Jonathan (2006), 'The European Union and China: The Great Disillusion', *European Foreign Affairs Review*, **11** (4), 555–81.

Hook, Steven W. and Xiaoyu Pu (2006), 'Framing Sino-American Relations under Stress: A Reexamination of News Coverage of the 2001 Spy Plane Crisis', *Asian Affairs: An American Review*, **33** (3), 167–83.

Hornig, Frank and Wieland Wagner (2006), 'Dueling Titans: China, the US and Battle to Lead a Globalized World', *Spiegel Online*, 3 February, http://www.spiegel.de/international/spiegel/0,1518,398844,00.html

Hossein-Zadeh, Ismael (2006), *The Political Economy of U.S. Militarism*, New York: Palgrave Macmillan.

Hughes, Christopher (1997), 'Globalisation and Nationalism: Squaring the Circle in Chinese International Relations Theory', *Millennium: Journal of International Studies*, **26** (1), 103–24.

Human Rights Watch (2006), *Race to the Bottom: Corporate Complicity in Chinese Internet Censorship*, New York: Human Rights Watch, http://www.hrw.org/reports/2006/china0806/

Human Rights Watch (2007), *World Report 2007*, New York: Human Rights Watch.

Hunt, Michael H. (1983), *The Making of a Special Relationship: The United States and China to 1914*, New York: Columbia University Press.

Hunt, Michael H. (1984), 'Chinese Foreign Relations in Historical Perspective', in Harry Harding (ed.), *China's Foreign Relations in the 1980s*, New Haven, CT: Yale University Press, pp. 1–42.

Hunt, Michael H. (1987), *Ideology and U.S. Foreign Policy*, New Haven, CT: Yale University Press.

Hunt, Michael H. (1996), *Crisis in U.S. Foreign Policy: An International History Reader*, New Haven, CT: Yale University Press.

Hunt, Michael H. (n.d.), 'CCP Foreign Policy: "Normalizing" the Field', in Michael H. Hunt and Niu Jun (eds), *Toward a History of Chinese Communist Foreign Relations, 1920s–1960s: Personalities and Interpretive Approaches*, Washington, DC: Woodrow Wilson Center Asia Program, pp. 163–91.

Huntington, Samuel P. (1968), *Political Order in Changing Societies*, New Haven, CT: Yale University Press.

Huntington, Samuel P. (1991), *The Third Wave: Democratization in the Late Twentieth Century*, Norman, OK: University of Oklahoma Press.

Huntington, Samuel P. (1996), *The Clash of Civilizations and the Remaking of World Order*, London: Touchstone Books.

Huntington, Samuel P. (1997), 'The Erosion of American National Interests', *Foreign Affairs*, **76** (5), 28–49.

Huntington, Samuel P. (2004), *Who Are We? America's Great Debate*, London: Free Press.

Hutton, Will (2006), *Writing on the Wall: Why We Must Embrace China as a Partner or Face It as an Enemy*, New York: Free Press.

Hyde-Price, Adrian (2008), 'A "Tragic Actor"? A Realist Perspective on "Ethical Power Europe"', *International Affairs*, **84** (1), 29–44.

Ikenberry, G. John and Anne-Marie Slaughter (2006), *Forging A World of Liberty Under Law: U.S. National Security in the 21st Century Final Report of the Princeton Project on National Security* (The Princeton Project Papers), Princeton,

NJ: The Woodrow Wilson School of Public and International Affairs, Princeton University.

Ikenberry, G. John and Michael Mastanduno (2003), 'Introduction: International Relations Theory and the Search for Regional Stability', in G. John Ikenberry and Michael Mastanduno (eds), *International Relations Theory and the Asia-Pacific*, New York: Columbia University Press.

Inayatullah, Naeem (ed.) (2010), *Autobiographical InternationalRelations: I, IR*, London: Routledge.

Inayatullah, Naeem and David L. Blaney (2004), *International Relations and the Problem of Difference*, New York: Routledge.

Inboden, Will (2010), 'The Reality of the "China Fantasy"', Foreign Policy Online, 16 June, http://shadow.foreignpolicy.com/posts/2010/06/16/the_reality_of_the_china_fantasy

International Monetary Fund (2011), *World Economic Outlook April 2011: Tensions from the Two-Speed Recovery: Unemployment, Commodities, and Capital Flows*, Washington DC: International Monetary Fund.

International Security Advisory Board (2008), *China's Strategic Modernization: Report from the ISAB Taskforce*, http://www.fas.org/nuke/guide/china/ISAB2008.pdf

Iriye, Akira (1967), *Across the Pacific: An Inner History of American-East Asian Relations*, New York: Harcourt, Brace & World, Inc.

Isaacs, Harold (1980), *Scratches on Our Minds: American Images of China and India*, Armonk, NY: M. E. Sharpe.

Jacobson, Harold K. and Michel Oksenberg (1990), *China's Participation in the IMF, the World Bank, and GATT*, Ann Arbor, MI: University of Michigan Press.

Jacques, Martin (2009), *When China Rules the World: The End of the Western World and the Birth of a New Global Order*, New York: The Penguin Press.

Jain, Purnendra (2006), 'A "Little NATO" against China', Asia Times Online, 18 March, http://www.atimes.com/atimes/China/HC18Ad01.html

Jameson, Fredric (1981), *The Political Unconscious: Narrative as a Socially Symbolic Act*, London: Methuen.

Jensen, Lionel M. and Timothy B. Weston (eds) (2007), *China's Transformations: Stories Behind the Headlines*, Lanham, MD: Rowman & Littlefield.

Jentleson, Bruce W. and Ely Ratner (2011), 'Bridging the Beltway-Ivory Tower Gap', *International Studies Review*, **13** (2), 6–11.

Jervis, Robert (1976), *Perception and Misperception in International Relations*, Princeton, NJ: Princeton University Press.

Jespersen, T. Christopher (1996), *American Images of China: 1931–1949*, Stanford, CA: Stanford University Press.

Jia Qingguo (1996), 'Economic Development, Political Stability, and International Respect', *Journal of International Affairs*, **49** (2), 572–89.

Jia Qingguo (2005), 'Learning to Live with the Hegemon: Evolution of China's Policy toward the US since the End of the Cold War', *Journal of Contemporary China*, **14** (44), 395–407.

Johnson, Chalmers (1996), 'Containing China: U.S. and Japan Drift Toward Disaster', *Japan Quarterly*, **43**(4), 10–18.

Johnson, Chalmers (1997), 'The CIA and Me', *Bulletin of Concerned Asian Scholars*, **29** (1), 34–7.

Johnson, Chalmers (2004), 'The Military-Industrial Man: How Local Politics Works in America—or a "Duke" in Every District', 14 September, http://www. tomdispatch.com/post/1818/chalmers_johnson_on_electing_the_pentagon_s_man

Johnson, Chalmers (2004), *The Sorrow of Empire: Militarism, Secrecy, and the End of the Republic*, New York: Metropolitan Books.

Johnson, Chalmers (2006), *Nemesis: The Last Days of the American Republic*, Melbourne: Scribe Publications.

Johnston, Alastair Iain (1995), *Cultural Realism: Strategic Culture and Grand Strategy in Chinese History*. Princeton, NJ: Princeton University Press.

Johnston, Alastair Iain (1996), 'Learning Versus Adaptation: Explaining Change in Chinese Arms Control Policy in the 1980s and 1990s', *The China Journal*, No. 35, pp. 27–62.

Johnston, Alastair Iain (2003), 'Socialization in International Institutions: The ASEAN Way and International Relations Theory', in G. John Ikenberry and Michael Mastanduno (eds), *International Relations Theory and the Asia-Pacific*, New York: Columbia University Press, pp. 107–62.

Johnston, Alastair Iain (2004), 'Chinese Middle Class Attitudes towards International Affairs: Nascent Liberalization?' *The China Quarterly*, **179** (1), 603–28.

Johnston, Alastair Iain (2008), *Social States: China in International Institutions, 1980–2000*, Princeton, NJ: Princeton University Press.

Johnston, Alastair Iain and Paul Evans (1999), 'China's Engagement with Multilateral Security Institutions', in Alastair Iain Johnston and Robert S. Ross (eds),*Engaging China: The Management of an Emerging Power*, London: Routledge, pp. 235–72.

Johnston, Alastair Iain and Robert S. Ross (1999), 'Conclusion', in Alastair Iain Johnston and Robert S. Ross, (eds), *Engaging China: The Management of an Emerging Power*, London: Routledge, pp. 273–95.

Johnston, Alastair Iain and Robert S. Ross (eds) (2006), *New Directions in the Study of China's Foreign Policy*, Stanford, CA: Stanford University Press.

Jones, David Martin (2001), *The Image of China in Western Social and Political Thought*, Basingstoke: Palgrave.

Journal of Electronic Defense (2005), 'Disaster Planning', **28**(12), 17.

Kagan, Robert (2004), *Of Paradise and Power: America and Europe in the New World Order*, New York: Vintage Books.

Kagan,Robert (2005), 'The Illusion of "Managing" China', *Washington Post,* 15 May, p. B07.

Kagan, Robert (2008), *The Return of History and the End of Dreams*, New York: Alfred A. Knopf.

Kagan, Robert (2009), 'Ambition and Anxiety: America's Competition with China', in Gary J. Schmitt (ed.), *The Rise of China: Essays on the Future Competition*, New York: Encounter Books, pp. 1–23.

Kagan, Robert (2010), 'Obama's Year One: *Contra*', *World Affairs*, **172** (3), 12–18.

Kagan, Robert and William Kristol (2001), 'A National Humiliation', *Weekly Standard*, 16–23 April, pp. 11–16.

Kaiser, Robert G. and Steven Mufson (2000), '"Blue Team" Draws a Hard Line on Beijing: Action on Hill Reflects Informal Group's Clout', *Washington Post,* 22 February, p. A1.

Kang, David C. (2007), *China Rising: Peace, Power, and Order in East Asia*, New York: Columbia University Press.

Kaplan, Fred (2006), 'The China Syndrome: Why the Pentagon Keeps Overestimating Beijing's Military Strength', 26 May, http://www.slate.com/id/2141966/

Kaplan, Fred (2008), *Daydream Believers: How a Few Grand Ideas Wrecked American Power*, Hoboken, NJ: John Wiley & Sons.

Kaplan, Robert D. (1994), 'The Coming Anarchy', *Atlantic Monthly*, **273** (2), 44–76.

Kaplan, Robert D. (2005), 'How We Would Fight China', *Atlantic Monthly*, **295**(5), 49–64.

Kaplan, Robert D. (2010), 'The Geography of Chinese Power: How Far Can Beijing Reach on Land and at Sea?', *Foreign Affairs*, **89** (3), 22–41.

Kapp, Robert A. (1994), 'Testimony', in *United States-China Trade Relations: Hearing before the Subcommittee on Trade, Committee on Ways and Means, US House of Representatives, One Hundred Third Congress, Second Session*, Washington, DC: US Government Printing Office, 24 February, pp. 192–4.

Kapp, Robert A. (2003), 'The Matter of Business', in Carola McGiffert (ed.), *China in the American Political Imagination*, Washington, DC: The CSIS Press, pp. 82–92.

Katzenstein, Peter J. and Robert O. Keohane (2007), 'Conclusion: Anti-Americanism and the Polyvalence of America', in Peter J. Katzenstein and Robert O. Keohane (eds),*Anti-Americanisms in World Politics*, Ithaca, NY: Cornell University Press, pp. 306–16.

Kavalski, Emilian (2009), '"Do as I do": The Global Politics of China's Regionalization', in Emilian Kavalski (ed.), *China and the Global Politics of Regionalization*, Farnham, UK: Ashgate, pp. 1–16.

Kavalski, Emilian (ed.) (2009), *China and the Global Politics of Regionalization*, Farnham: Ashgate.

Kegley, Charles W., Jr. (2002), 'Bridge-Building in the Study of International Relations: How "Kuhn" We Do Better?', in Donald J. Puchala (ed.), *Visions of International Relations: Assessing an Academic Field*, Columbia, SC: University of South Carolina Press, pp. 62–80.

Kellner, Tomas (2004), 'Open for Business', *Forbes*, 6 September, http://www.forbes.com/forbes/2004/0906/106_print.html

Kendall, Timothy (2005), *Ways of Seeing China: From Yellow Peril to Shangrila*, Fremantle: Curtin University Books.

Kent, Ann (1997/1998), 'China, International Organizations and Regimes: The ILO as a Case Study in Organizational Learning', *Pacific Affairs*, **70** (4), 517–32.

Kent, Ann (1999), *China, the United Nations, and Human Rights: The Limits of Compliance*, Philadelphia, PA: University of Pennsylvania Press.

Kent,Ann (2001), 'China's Participation in International Organizations', in Yongjin Zhang and Greg Austin (eds), *Power and Responsibility in Chinese Foreign Policy*, Canberra: Asia Pacific Press, pp. 132–66.

Khalilzad, Zalmay (1999/2000), 'Sweet and Sour: Recipe for a New China Policy', *Rand Review*, **23** (3), 6–11.

Kim, Samuel S. (1989), 'New Directions and Old Puzzles in Chinese Foreign Policy', in Samuel S. Kim (ed.), *China and the World: New Directions in Chinese Foreign Relations*, Boulder, CO: Westview Presss, pp. 3–30.

Kindopp, Jason (1999), 'Trends in China Watching: Observing the PRC at 50: Conference Summary', in Bruce Dickson (ed.),*Trends in China Watching: Observing the PRC at Fifty* (Sigur Center Asia Papers, No. 7), Washington DC: George Washington University, pp. 1–12.

King, Neil, Jr. (2005), 'Secret Weapon: Inside Pentagon, a Scholar Shapes Views of China', *Wall Street Journal*, 8 September, p. A1.

Kirkpatrick, Jeane (2004), 'Neoconservatism as a Response to the Counter-Culture', in Irwin Stelzer (ed.), *The Neocon Reader*, New York: Grove Press, pp. 235–40.

Kissinger, Henry (1994), *Diplomacy*, New York: Simon & Schuster.

Klare, Michael T. (2005), 'Revving Up the China Threat', *The Nation*, 24 October, pp. 28–32.

Klein, Alec (2007), 'The Army's $200 Billion Makeover', *Washington Post*, 7 December, p. A01.

Klein, Bradley S. (1997), 'Conclusion: Every Month Is "Security Awareness Month"',in Keith Krause and Michael C. Williams (eds), *Critical Security Studies: Concepts and Cases*, Minneapolis, MN: University of Minnesota Press, pp. 359–68.

Klein, Christina (2003), *Cold War Orientalism: Asia in the Middlebrow Imagination, 1945–1961*, Berkeley, CA: University of California Press.

Klein, Joe (2005), 'Think Twice about a Pullout', *Time*, 20 November, http://www.time.com/time/columnist/klein/article/0,9565,1132784,00.html

Klineberg, Otto (1964), *The Human Dimension in International Relations*, New York: Holt, Rinehart and Winston.

Klintworth, Gary (2001), 'China and Arms Control: A Learning Process', in Yongjin Zhang and Greg Austin (eds), *Power and Responsibility in Chinese Foreign Policy*, Canberra: Asia Pacific Press, pp. 219–49.

Klug, Foster (2009), 'Gates Says US Ready for Any China "Threat"', Associated Press Newswires, 28 January.

Knight, Nick (2008), *Imagining Globalisation in China:Debates on Ideology, Politics and Culture*, Cheltenham: Edward Elgar.

Knightley, Phillip (2003), *The First Casualty: The War Correspondent as Hero, Propagandist and Myth-Maker from the Crimea to Iraq*, London: André Deutsch.

Knox, MacGregor (2011), 'Thinking War – History Lite?' *The Journal of Strategic Studies*, **34** (4), 489–500.

Korporaal, Glenda (2008), 'China Boom to Shore Up Coffers', *The Australian*, 14 May, p. 3.

Krause, Keith and Michael C. Williams (eds) (1997), *Critical Security Studies: Concepts and Cases*, Minneapolis, MN: University of Minnesota Press.

Krauthammer, Charles (1991), 'Universal Dominion', in Owen Harries (ed.), *America's Purpose: New Visions of U.S. Foreign Policy*, San Francisco, CA: ICS Press, pp. 5–13.

Krauthammer, Charles (1992), 'Do We Really Need a New Enemy?' *Time*, 23 March, p. 76.

Krauthammer, Charles (1995), 'Why We Must Contain China', *Time*, July 31, p. 72.

Krepinevich, Andrew F. (2010),*Why AirSea Battle?* Washington DC: Center for Strategic and Budgetary Assessments.

Kristof, Nicholas D. (1993), 'The Rise of China', *Foreign Affairs*, **72** (5), 63–5.

Kristof, Nicholas D. (2008), 'Earthquake and Hope', *New York Times*, 22 May, p. 31.

Kristol, Irving (2004), 'The Neoconservative Persuasion: What It Was, and What It Is', in Irwin Stelzer (ed.), *The Neocon Reader*, New York: Grove Press, pp. 33–7.

Kristol, William and Robert Kagan (2000), 'Introduction: National Interest and Global Responsibility', in Robert Kagan and William Kristol (eds), *Present Dangers: Crisis and Opportunity in American Foreign and Defense Policy*, San Francisco, CA: Encounter Books, pp. 3–24.

Krugman, Paul (2005), 'The Chinese Challenge', *New York Times*, 27 June, p. 15.

Kuhn, Thomas (1970), *The Structure of Scientific Revolutions* (2nd enl. edn), Chicago, IL: University of Chicago Press.

Kupchan, Charles A. (2002), *The End of the American Era*, New York: Vantage Books.

Kurlantzick, Joshua (2007), *Charm Offensive: How China's Soft Power Is Transforming the World*, New Haven, CT: Yale University Press.

Laclau, Ernesto and Chantal Mouffe (2001), *Hegemony and Socialist Strategy: Towards a Radical Democratic Politics* (2nd edn), London: Verso.

Lake, David A. (2006), 'American Hegemony and the Future of East-West Relations', *International Studies Perspective*, **7** (1), 23–30.

Lake, David A. (2011), 'Why "isms" Are Evil: Theory, Epistemology, and Academic Sects as Impediments to Understanding and Progress', *International Studies Quarterly*, **55** (2), 465–80.

Lam, Willy (2009), 'Reassurance or Appeasement?' *Far Eastern Economic Review*, **172** (9), 12–15.

Lampton, David M. (1997), 'A Growing China in a Shrinking World: Beijing and the Global Order', in Ezra F. Vogel (ed.), *Living with China: U.S./China Relations in the Twenty-First Century*, New York: W. W. Norton, pp. 120–40.

Lampton, David M. (2001), *Same Bed, Different Dreams: Managing U.S.-China Relations, 1989–2000*, Berkeley, CA: University of California Press.

Lampton, David M. (2007), 'The China Fantasy, Fantasy', *The China Quarterly*, No. 191, pp. 745–9.

Lampton, David M. (2008), *The Three Faces of Chinese Power: Might, Money, and Minds*, Berkeley, CA: University of California Press.

Lampton, David M. and James Mann (2007), 'What's Your China Fantasy', Foreign Policy Online, 15 May, http://www.foreignpolicy.com/articles/2007/05/14/whats_your_china_fantasy

Lardy, Nicholas R. (2002), *Integrating China into the Global Economy*, Washington, DC: Brookings Institution Press.

Lardy, Nicholas R. (2003), 'The Economic Rise of China: Threat or Opportunity?' *Federal Reserve Bank of Cleveland Economic Commentary*, 1 August, http://www.clevelandfed.org/research/commentary/2003/0801.pdf

Larmer, Brook and Alexandra A. Seno (2003), 'A Reckless Harvest: China Is Protecting Its Own Trees, But Has Begun Instead to Devour Asia's Forests', *Newsweek* (international edn), 27 January, pp. 20–22.

Latham, Andrew A. (2001), 'China in the Contemporary American Geopolitical Imagination', *Asian Affairs: An American Review* **28** (3), 138–45.

Latham, Michael E. (2000), *Modernization as Ideology: American Social Science and "Nation Building" in the Kennedy Era*, Chapel Hill, NC: The University of North Carolina Press.

Lautz, Terrill E. (2003), 'Hopes and Fears of 60 Years: American Images of China, 1911–1972', in Carola McGiffert (ed.), *China in the American Political Imagination*, Washington, DC: The CSIS Press, pp. 31–7.

Layne, Christopher (2008), 'China's Challenge to US Hegemony', *Current History*, **107** (705), 13–18.

Lee, John (2010), 'Obama Switching Sides Over China', The Weekly Standard Blog, 30 July, http://www.weeklystandard.com/blogs/obama-switching-sides-over-china

Lee, Peter (2010), 'The New Face of U.S.-China Relations: "Strategic Reassurance" or Old-Fashioned Rollback?' *The Asia-Pacific Journal: Japan Focus*, 19 July, http://www.japanfocus.org/-Peter-Lee/3385

Lemke, Douglas and Ronald L. Tammen (2003), 'Power Transition Theory and the Rise of China', *International Interactions*, **29** (4), 269–71.

Leonard, Mark (2008), *What Does China Think?* New York: PublicAffairs.

Leong, Karen J. (2005), *The China Mystique: Pearl S. Buck, Anna May Wong, Mayling Soong, and the Transformation of American Orientalism*, Berkeley, CA: University of California Press.

Lerer, Lisa (2008), 'Clinton Adviser Quits Over China Rhetoric', Politico, 19 April, http://www.politico.com/news/stories/0408/9719.html

Levinas, Emmanuel (1987), *Time and the Other*(trans. Richard A. Cohen), Pittsburgh: Duquesne University Press.

Levy, Jack S. (1994), 'Learning and Foreign Policy: Sweeping a Conceptual Minefield', *International Organization*, **48** (2), 279–312.

Leys, Simon (1997), 'Introduction', in *The Analects of Confucius* (trans. Simon Leys), New York: W. W. Norton & Company, pp. xv–xxxii.

Li, Hongshan and Zhaohui Hong (1998), *Image, Perception, and the Making of U.S.-China Relations*, Lanham, MD: University Press of America.

Li Xiguang, Liu Kang, et al. (1996), *Yaomohua Zhongguo de beihou*(Behind the Demonization of China), Beijing: Zhongguo shehui kexue chubanshe.

Liang, Jingdong (2003), *How U.S. Correspondents Discover, Uncover, and Cover China: China Watching Transformed*, Lewiston, NY: Edwin Mellen.

Lieber, Keir A. and Daryl G. Press (2007), 'Superiority Complex', *Atlantic Monthly*, **300** (1), 86–92.

Lieberthal, Kenneth (2003), *Governing China: From Revolution Through Reform* (2nd edn), New York: W. W. Norton.

Lieberthal, Kenneth (2011), 'The American Pivot to Asia', Foreign Policy Online, 21 December, http://www.foreignpolicy.com/articles/2011/12/21/the_american_pivot_to_asia

Lieberthal, Kenneth and Wang Jisi (2012), *Addressing U.S.-China Strategic Distrust* (John L. Thornton China Center Monograph Series, No. 4), Washington DC: Brookings Institution.

Lilley, James (2004), *China Hands: Nine Decades of Adventure, Espionage, and Diplomacy in Asia*,New York: PublicAffairs.

Ling, L. H. M. (2002), *Postcolonial International Relations: Conquest and Desire between Asia and the West*, Basingstoke: Palgrave.

Lipschutz, Ronnie D. (2000), *After Authority: War, Peace, and Global Politics in the 21st Century*, New York: State University of New York Press.

Liss, Alexander (2002), 'Images of China in the American Print Media: A Survey from 2000 to 2002', *Journal of Contemporary China*, **12** (35), 299–318.

Liu Fei (2007), 'Intergovernmentalism and China-EU Relations', in David Kerr and Liu Fei (eds), *The International Politics of EU-China Relations*, Oxford: Oxford University Press, pp. 118–28.

Liu Feitao (2010), 'US Making Waves in South China Sea', *Global Times*, 8 November,http://opinion.globaltimes.cn/commentary/2010-11/590145.htm

Liu Mingfu (2010), *Zhongguo meng: Hou Meiguo shidai de daguo siwei yu zhanlue dingwei* (The Chinese Dream: Great Power Thinking and Strategic Orientation in the Post-American Era), Beijing: Zhongguo youyi chuban gongsi.

Lobe, Jim (2007), 'Two Countries, One Survey', Asia Times Online, 12 December, http://www.atimes.com/atimes/China/IL12Ad01.html

Locke, John (1700/1975),*An Essay Concerning Human Understanding* (ed. Peter H. Nidditch), Oxford: Clarendon Press.

Loh, Anthony A. (2008), 'Deconstructing *Cultural Realism*', in Wang Gungwu and Zheng Yongnian (eds), *China and the New International Order*, London: Routledge, pp. 281–92.

Ma, Ying (2007), 'China's Stubborn Anti-Democracy', *Policy Review*, No. 141, pp. 3–16.

Machiavelli, Niccolò (1995), *The Prince* (trans. George Bull), London: Penguin Books.

Mackerras, Colin (1999), *Western Images of China* (2nd edn), Oxford: Oxford University Press.

Mackerras, Colin (2000), *Sinophiles and Sinophobes: Western Views of China*, New York: Oxford University Press.

Macpherson, C. B. (1968), 'Introduction', in Thomas Hobbes, *Leviathan* (ed. C. B. Macpherson), Harmondsworth:Penguin Books, pp. 38–63.

Madsen, Richard (1993), 'The Academic China Specialists', in David Shambaugh (ed.), *American Studies of Contemporary China*, Washington D.C.: Woodrow Wilson Center Press, pp. 163–75.

Madsen, Richard (1995), *China and the American Dream: A Moral Inquiry*, Berkeley, CA: University of California Press.

Maley, Paul (2010), 'Wikileaks Cable Exposes Then PM as "A Brutal Realist on China": Rudd's Plan to Contain Beijing', *The Australian*, 6 December, p. 1.

Mallet, Victor (2007), 'The Geopolitical Genius of China's Satellite Kill', *Financial Times*, 25 January, p. 11.

Mandelbaum, Michael (1997), 'Westernizing Russia and China', *Foreign Affairs*, **76** (3), 80–95.

Mandelbaum, Michael (2003), *The Ideas That Conquered the World: Peace, Democracy, and Free Markets in the Twenty-First Century*, New York: PublicAffairs.

Mann, James (2000), *About Face: A History of America's Curious Relationship with China, from Nixon to Clinton*, New York: Vintage Books.

Mann, James (2002), 'Our China Illusions', *The American Prospect*, 30 November, pp. 22–7.

Mann, James (2007), *The China Fantasy: How Our Leaders Explain Away Chinese Repression*, New York: Viking.

Mannheim, Karl (1936),*Ideology and Utopia: An Introduction to the Sociology of Knowledge* (trans. Louis Wirth and Edward Shils), New York: Harvest/HBJ.

Manning, Robert A. and James Przystup (1997), 'Clinton's Inscrutable China Policy', *National Review*, **49** (23), 22–4.

Marcus, George E. and Michael M. J. Fisher (1999), *Anthropology as Cultural Critique: An Experimental Moment in the Human Sciences* (2nd edn), Chicago, IL:University of Chicago Press.

Marsh, Christopher (2003), 'Learning from Your Comrade's Mistakes: The Impact of the Soviet Past on China's Future', *Communist and Post-Communist Studies*, **36** (3), 259–72.

Marshall, Tyler (2005), 'Building a Bridge to China', *Los Angeles Times*, 18 July, http://articles.latimes.com/2005/jul/18/world/fg-uschina18

Martínez-Robles, David (2008), 'The Western Representation of Modern China: Orientalism, Culturalism and Historiographical Criticism', *Digithum*, No. 10, pp. 7–16.

Mawdsley, Emma (2008), 'Fu Manchu versus Dr Livingstone in the Dark Continent? Representing China, Africa and the West in British Broadsheet Newspapers', *Political Geography*, **27** (5), 509–29.

Maynes, Charles William (2001), 'Contending Schools', *TheNational Interest*, No. 63, pp. 49–58.

McCormick, Barrett L. (1994), 'Democracy or Dictatorship?: A Response to Gordon White', *Australian Journal of Chinese Affairs*, No. 31, pp. 95–110.

McCormick, Barrett L. (2000), 'Conclusion: Points of Agreement and Disagreement and a Few Thoughts on U.S.-Chinese Relations', in Edward Friedman and Barrett McCormick (eds), *What If China Doesn't Democratize?* Armonk, New York: M. E. Sharpe, pp. 329–41.

McEvoy-Levy, Siobhán (2001), *American Exceptionalism and US Foreign Policy: Public Diplomacy at the End of the Cold War*, New York: Palgrave.

McGiffert, Carola (ed.) (2003), *China in the American Political Imagination*, Washington, DC: The CSIS Press.

McGregor, James (2005), *One Billion Customers: Lessons from the Front Lines of Doing Business in China*, London: Nicholas Brealey.

McKenna, Ted (2005), 'US DoD Ponders China Threat', *Journal of Electronic Defense*, **28** (9), 32–3.

Mead, Walter Russell (2011), 'Softly, Softly: Beijing Turns Other Cheek – For Now', *The American Interest*, 19 November, http://blogs.the-american-interest.com/wrm/2011/11/19/softly-softly-beijing-turns-other-cheek-for-now/

Mearsheimer, John J. (1990), 'Why We Will Soon Miss the Cold War', *Atlantic Monthly*, **266** (2), 35–50.

Mearsheimer, John J. (1991), 'Back to the Future: Instability in Europe After the Cold War', *International Security*, **15** (1), 5–56.

Mearsheimer, John J. (1994/1995), 'The False Promise of International Institutions', *International Security*, **19** (3), 5–49.

Mearsheimer, John J. (2001), 'The Future of the American Pacifier', *Foreign Affairs*, **80** (5), 46–61.

Mearsheimer, John J. (2001), *The Tragedy of Great Power Politics*, New York: W. W. Norton & Company.

Medeiros, Evan S. (2005/2006), 'Strategic Hedging and the Future of Asia-Pacific Stability', *The Washington Quarterly*, **29** (1), 145–67.

Menges, Constantine C. (2005), *China: The Gathering Threat*, Nashville, TN: Thomas Nelson.

Metzger, Thomas A. and Ramon H. Myers (1998), 'Chinese Nationalism and American Policy', *Orbis*, **42** (1), 21–36.

Mills, C. Wright (2000), *The Power Elite* (new edn), Oxford: Oxford University Press.

Moïse, Dominique (2009), *The Geopolitics of Emotion: How Cultures of Fear, Humiliation and Hope are Reshaping the World*, London: Bodley Head.

Monaghan, Peter (1999), 'Does International-Relations Scholarship Reflect a Bias toward the U.S.?' *The Chronicle of Higher Education*, **46** (5), A20–A22.

Monbiot, George (2008), 'The Most Potent Weapon Wielded by the Empires of Murdoch and China', *The Guardian*, 22 April, p. 29.

Moore, Gregory J. (2009), 'David C. Kang, *China Rising: Peace, Power, and Order in East Asia*' (Book Review), *East West Connections*, **9** (1), 146–8.

Moore, James and Wayne Slater (2003), *Bush's Brain: How Karl Rove Made George W. Bush Presidential*, New Jersey, NJ: John Wiley & Sons.

Moore, Mike (2006), 'A New Cold War?' *SAIS Review*, **16** (1), 175–88.

Morgan, Jamie (2004), 'Distinguishing Truth, Knowledge, and Belief: A Philosophical Contribution to the Problem of Images of China', *Modern China*, **30** (3), 398–427.

Mosher, Steven W. (1990), *China Misperceived: American Illusions and Chinese Reality*, New York: BasicBooks.

Munro, Ross H. (2000), 'China: The Challenge of a Rising Power', in Robert Kagan and William Kristol (eds),*Present Dangers: Crisis and Opportunity in American Foreign and Defense Policy*, San Francisco, CA: Encounter Books,pp. 47–73.

Myers, Steven Lee (2000), 'Study Said to Find U.S. Missile Shield Might Incite China', *New York Times*, 10 August, p. 1.

Nakayama, Toshihiro (2006), 'Politics of U.S. Policy Toward China: Analysis of Domestic Factors', Center for Northeast Asian Policy Studies, Brookings Institution,
http://www.brookings.edu/~/media/Files/rc/papers/2006/09china_nakayama/nakay ama2006.pdf

Nandy, Ashis (1983), *The Intimate Enemy: Loss and Recovery of Self under Colonialism*. New Delhi: Oxford University Press.

Nathan, Andrew J. (1990), *China's Crisis: Dilemmas of Reform and Prospects for Democracy*, New York: Columbia University Press.

Nathan, Andrew J. (with Tianjian Shi and Helena V.S. Ho) (1997), *China's Transition*, New York: Columbia University Press.

Nathan, Andrew J. and Bruce Gilley (2002), *China's New Rulers: The Secret Files*, New York: New York Review of Books.

Nathan, Andrew J. and Tianjian Shi (1993), 'Cultural Requisites for Democracy in China', *Daedalus*,**122** (2), 95–123.

Nathanson, Charles E. (1988), 'The Social Construction of the Soviet Threat: A Study in thePolitics of Representation', *Alternatives*,**13** (4), 443–83.

Nau, Henry (2007), 'Why We Fight over Foreign Policy',*Policy Review*, No. 142, pp. 25–42.

Naughton, Philippe (2006), 'Google and Yahoo Face Their Congressional Critics', *The Sunday Times*,15 February, http://www.timesonline.co.uk/tol/news/world/asia/article731031.ece

Navarro, Peter (2007), *The Coming China Wars: Where They Will Be Fought and How They Can Be Won*, Upper Saddle River, NJ: FT Press.

Neumann, Iver B. (1999), *Uses of the Other: "The East" in European Identity Formation*, Minneapolis, MN: University of Minnesota Press.

New York Times (2008), 'Beijing's Bad Faith Olympics' (editorial), 23 August, p. 18.

Newman, Richard J. and Kevin Whitelaw (2001), 'China: How Big a Threat? Inside the Bitter Fight Over Assessing China's Intentions', *U.S. News and World Report*, 23 July, http://www.fas.org/sgp/news/2001/07/usn072301.html

Nicolaïdis, Kalypso and Robert Howse (2002), '"This Is My EUtopia...": Narrative as Power', *Journal of Common Market Studies*, **40** (4), 767–92.

Nordlinger, Jay (2008), 'The Road to Beijing', *National Review*, **60** (10), 39–43.

Nye, Joseph S., Jr. (2009), 'Scholars on the Sidelines', *Washington Post*, 13 April, http://www.washingtonpost.com/wp-dyn/content/article/2009/04/12/AR2009041202260.html

O'Hagan, Jacinta (2002), *Conceptions of the West in International Relations Thought: From Oswald Spengler to Edward Said*, Basingstoke: Macmillan.

Obama, Barack (2009), 'Remarks by the President to the United Nations General Assembly', United Nations Headquarters, New York, 23 September, http://www.whitehouse.gov/the_press_office/remarks-by-the-president-to-the-united-nations-general-assembly

Oksenberg, Michel (1997), 'Taiwan, Tibet, and Hong Kong in Sino-American Relations', in Ezra F. Vogel (ed.), *Living with China: U.S./China Relations in the Twenty-First Century*, New York: W. W. Norton, pp. 53–96.

Oksenberg, Michel and Elizabeth Economy (1999), 'Introduction: China Joins the World', in Elizabeth Economy and Michel Oksenberg (eds), *China Joins the World: Progress and Prospects*, New York: Council on Foreign Relations Press, pp. 1–41.

Ong, Aihwa (1999),*Flexible Citizenship: The Cultural Logics of Transnationality*, Durham, NC: Duke University Press.

Ong, Aihwa (2005), 'Anthropological Concepts for the Study of Nationalism', in Pal Nyiri and Joana Breidenbach (eds), *China Inside Out: Contemporary Chinese Nationalism and Transnationalism*, Budapest: Central European University Press, pp. 1–34.

Onuf, Nicholas (1998), 'Constructivism: A User's Manual', in Vendulka Kubálková, Nicholas Onuf and Paul Kowert (eds), *International Relations in a Constructed World*, Armonk, NY: M. E. Sharpe, pp. 58–78.

Oren, Ido (2003), *Our Enemies and US: America's Rivalries and the Making of Political Science*, Ithaca, NY: Cornell University Press.

Oster, Shai, Norihiko Shirouzu and Paul Glader (2010), 'China Squeezes Foreigners for Share of Global Riches', Wall Street Journal Online, 28 December, http://online.wsj.com/article/SB10001424052970203731004576045684068308042.html

Owen, John M. (2002), 'Transnational Liberalism and U.S. Primacy', *International Security*, **26** (3), 117–52.

Paal, Douglas H. (1997), 'China and the East Asian Security Environment: Complementarity and Competition', in Ezra F. Vogel (ed.), *Living with China: U.S./China Relations in the Twenty-First Century*, New York: W. W. Norton, pp. 97–119.

Page, Benjamin I. and Tao Xie (2010), *Living with the Dragon: How the American Public Views the Rise of China*, New York: Columbia University Press.

Page, Jeremy, Patrick Barta and Jay Solomon (2010), 'U.S., ASEAN to Push Back Against China', *Wall Street Journal Asia*, 23 September, p. 1.

Palan, Ronen (2000), 'A World of Their Making: An Evaluation of the Constructivist Critique of International Relations', *Review of International Studies*, **26** (4), 575–98.

Paltiel, Jeremy (2008), 'Peaceful Rise? Soft Power? Human Rights in China's New Multilateralism',in Guoguang Wu and Helen Lansdowne (eds), *China Turns to Multilateralism: Foreign Policy and Regional Security*, London: Routledge, pp. 198–221.

Pan, Chengxin (2004), 'The "China Threat" in American Self-Imagination: The Discursive Construction of Other as Power Politics', *Alternatives*,**29** (3), 305–31.

Pan, Chengxin (2009), '"Peaceful Rise" and China's New International Contract: The State in Change in Transnational Society', in Linda Chelan Li (ed.), *The Chinese State in Transition: Processes and Contests in Local China*, London: Routledge, pp. 127–44.

Pan, Chengxin (2009), 'What Is Chinese About Chinese Businesses? Locating the "Rise of China" in Global Production Networks', *Journal of Contemporary China*18 (58), 7–25.

Pan, Chengxin (2010), 'Westphalia and the Taiwan Conundrum: A Case against the Exclusionist Construction of Sovereignty and Identity', *Journal of Chinese Political Science*, **15** (4), 371–89.

Pan, Chengxin (2011), '*Shu* and the Chinese Quest for Harmony: A Confucian Approach to Mediating across Difference', in Morgan Brigg and Roland Bleiker (eds), *Mediating across Difference: Oceanic and Asian Approaches to Conflict Resolution*, Honolulu, HI: University of Hawai'i Press, pp. 221–47.

Pan, Chengxin (2012), 'Problematizing "Constructive Engagement" in EU China Policy', in C. Roland Vogt (ed.), *Europe and China: Strategic Partners or Rivals?*, Hong Kong: Hong Kong University Press, pp. 37–57.

Pan, Chengxin (2012), 'Getting Excited about China', in David Walker and Agnieszka Sobocinska (eds),*Australia's Asia: From Yellow Peril to Asian Century*, Crawley, WA: UWA Publishing, pp. 245–66.

Papayoanou, Paul A. and Scott L. Kastner (1999), 'Sleeping with the (Potential) Enemy: Assessing the U.S. Policy of Engagement with China', *Security Studies*, **9** (1), 157–87.

Parmar, Inderjeet (2005), 'Catalysing Events, Think Tanks and American Foreign Policy Shifts: AComparative Analysis of the Impacts of Pearl Harbor 1941 and September 11 2001', *Government and Opposition*,**40**(1), 1–25.

Pearson, Margaret M. (1999), 'The Major Multilateral Economic Institutions Engage China', in Alastair Iain Johnston and Robert S. Ross (eds), *Engaging China: The Management of an Emerging Power*, London: Routledge, pp. 207–34.

Peck, James (2006),*Washington's China: The National Security World, the Cold War, and the Origins of Globalism*, Amherst, MA: University of Massachusetts Press.

Peerenboom, Randall (2007), *China Modernizes: Threat to the West or Model for the Rest?* Oxford: Oxford University Press.

Pei, Minxin (1995), 'Creeping Democratization in China', *Journal of Democracy*, **6** (4), 65–79.

Pei, Minxin (2000), 'China's Evolution Toward Soft Authoritarianism', in Edward Friedman and Barrett McCormick (eds), *What If China Doesn't Democratize?* Armonk, NY: M. E. Sharpe, pp. 74–98.

Peng Qian et al. (1996), *Zhongguo weishenmeshuo bu?*(Why Does China Say No?), Beijing: Xinshijie Chubanshe.

Pennycook, Alastair (1998), *English and the Discourse of Colonialism*, London: Routledge.

Pessin, Al (2010), 'US, South Korean Navies Will Exercise in Yellow Sea Despite Chinese Objections', Voice of America, 14 July, http://www.voanews.com/english /news/US-South-Korean-Navies-Will-Exercise-in-Yellow-Sea-Despite-Chinese-Objections-98453279.html

Peterson, John (2007), 'José Manuel Barroso = Political Scientist: John Peterson Interviews the European Commission President', *EU-Consent* (Constructing Europe Network), 17 July, pp. 4–5,http://www.eu-consent.net/library/BARROSO-transcript.pdf

Pew Research Center for the People & the Press (2011), 'Strengthen Ties with China, But Get Tough on Trade', 12 January, http://pewresearch.org/pubs/1855/china-poll-americans-want-closer-ties-but-tougher-trade-policy

Peyrefitte, Alain (1992), *The Collision of Two Civilisations: The British Expedition to China 1792–4* (trans. Jon Rothschild), London: Harvill.

Phan, Nicholas (2011), 'U.S.-Japan Security Alliance under the Democratic Party of Japan (DPJ)', in the Edwin O. Reischauer Center for East Asian Studies, (ed.), *The United States and Japan in Global Context: 2011*, Washington DC: The Johns Hopkins University Paul H. Nitze School of Advanced International Studies, pp. 1–19.

Pickering,Michael (2001), *Stereotyping: The Politics of Representation*, Basingstoke: Palgrave.

Pincus, Walter (2001), 'Taiwan Paid State Nominee for Papers on U.N. Reentry; Bolton's Objectivity on China Is Questioned', *Washington Post*, 9 April, p. A17.

Pomfret, John (2000), 'U.S Now a "Threat" in China's Eyes', *Washington Post*, 15 November, p. A1.

Porter, Eduardo (2004), 'Looking for a Villain, and Finding One in China', *New York Times*, 18 April, Section 4, p. 3.

Prasso, Sheridan (2006), *The Asian Mystique: Dragon Ladies, Geisha Girls, and Our Fantasies of the Exotic Orient*, New York: PublicAffairs.

Pye, Lucian W. (1990), 'China: Erratic State, Frustrated Society', *Foreign Affairs*, **69** (4), 56–74.

Pye, Lucian W. (1992), *The Spirit of Chinese Politics*, Cambridge, MA: Harvard University Press.

Qian Qichen (2004), 'US Strategy to Be Blamed', *China Daily*, 1 November.

Qiangguo luntan (2008), 'Hu Jintao Zongshuji tong wangyou zaixian jiaoliu' (General Secretary Hu Jintao's Online Chats with Netizens), 20 June, http://www.people.com.cn/GB/32306/33093/125024/index.html

Rabinow, Paul and William M. Sullivan (1987), 'The Interpretive Turn: A Second Look', in Paul Rabinow and William M. Sullivan (eds), *Interpretive Social Science: A Second Look*, Berkeley, CA: University of California Press, pp. 1–30.

Rabinow, Paul and William M. Sullivan (eds) (1987), *Interpretive Social Science: A Second Look*, Berkeley, CA: University of California Press.

Ramo, Joshua Cooper (2004), *The Beijing Consensus*, London: Foreign Policy Centre.

Reagan, Ronald (1984), 'Remarks at a Luncheon With Business Leaders in Fairbanks, Alaska', University of Alaska, 1 May, http://www.reagan.utexas.edu/archives/speeches/1984/50184d.htm

Reed-Danahay, Deborah E. (ed.) (1997), *Auto/Ethnography: Rewriting the Self and the Social*, Oxford: Berg.

Richter, Paul (2006), 'In Deal with India, Bush Has Eye on China', *Los Angeles Times*, 4 March, http://articles.latimes.com/2006/mar/04/world/fg-usindia4

Ritzer, George (1996), *Sociological Theory* (4th edn), New York: McGraw-Hill.

Roberts, Brad, Robert A. Manning and Ronald N. Montaperto (2000), 'China: The Forgotten Nuclear Power', *Foreign Affairs*, **79** (4), 53–63.

Robertson, James Oliver (1980), *American Myth, American Reality*, New York: Hill & Wang.

Robinson, Thomas W. (1998), '[In][ter]dependence in China's Post-Cold War Foreign Relations', in Samuel S. Kim (ed.), *China and the World: Chinese Foreign Policy Facing the New Millennium*, Boulder, CO: Westview, pp. 193–216.

Robinson, Thomas W. and David Shambaugh (eds) (1994), *Chinese Foreign Policy: Theory and Practice*, Oxford: Clarendon Press.

Roland, Alex (2007), 'The Military-Industrial Complex: Lobby and Trope', in Andrew J. Bacevich (ed.), *The Long War: A New History of U.S. National Security Policy Since World War II*, New York: Columbia University Press, pp. 335–70.

Rorty, Richard (1989), *Contingency, Irony, and Solidarity*, Cambridge: Cambridge University Press.

Rosecrance, Richard and Gu Guoliang (eds) (2009), *Power and Restraint: A Shared Vision for the U.S.-China Relationship*, New York: PublicAffairs.

Rosenthal, Elisabeth (1999), 'China Students Are Caught Up by Nationalism', *New York Times*, 12 May, p. A1.

Ross, Catriona (2006), 'Prolonged Symptoms of Cultural Anxiety: The Persistence of Narratives of Asian Invasion within Multicultural Australia', *Journal of the Association for the Study of Australian Literature*, No. 5, pp. 86–99.

Ross, Robert S. (1997), 'Why Our Hardliners Are Wrong', *The National Interest*, No. 49, pp. 42–51.

Ross, Robert S. (1999), 'Engagement in US China Policy', in Alastair Iain Johnston and Robert S. Ross, (eds), *Engaging China: The Management of an Emerging Power*, London: Routledge, pp. 176–206.

Ross, Robert S. (2005), 'Assessing the China Threat', *TheNational Interest*, No. 81, pp. 81–7.

Ross, Robert S. and Alastair Iain Johnston (2006), 'Introduction', in Alastair Iain Johnston and Robert S. Ross (eds), *New Directions in the Study of China's Foreign Policy*, Stanford, CA: Stanford University Press.

Rowen, Henry S. (1996), 'The Short March: China's Road to Democracy', *The National Interest*, No. 45, pp. 61–70.

Rowen, Henry S. (1997), 'Off-Center on the Middle Kingdom', *The National Interest*, No. 48, pp. 101–4.

Roy, Denny (1994), 'Hegemon on the Horizon? China's Threat to East Asian Security', *International Security*, **19** (1), 149–68.

Rudd, Kevin (2008), 'A Conversation with China's Youth on the Future', Speech at Peking University, Beijing, 9 April, http://www.theaustralian.com.au/news/kevin-rudds-speech-at-beijing-uni/story-e6frg6n6-1111116015758

Russett, Bruce (1993), *Grasping the Democratic Peace: Principles for a Post-Cold War World*, Princeton, NJ: Princeton University Press.

Said, Edward W. (1979), *The Question of Palestine*, New York: Vintage Books.

Said, Edward W. (1981), *Covering Islam: How the Media and the Experts Determine How We See the Rest of the World*, New York: Pantheon Books.

Said, Edward W. (1983), *The World, the Text, and the Critic*, Cambridge, MA: Harvard University Press.

Said, Edward W. (1995), *Orientalism: Western Conceptions of the Orient* (new edn), London: Penguin Books.

Sainsbury, Michael (2011), 'Our Hard Line Turns Out to Be Prescient', *The Australian*, 8 January, p. 10.

Samuelson, Robert J. (2010), 'The Danger behind China's "MeFirst" Worldview', *Washington Post*, 15 February,http://www.washingtonpost.com/wp-dyn/content/article/2010/02/14/AR2010021402892.html

Sautman, Barry and Yan Hairong (2008), 'The Forest for the Trees: Trade, Investment and the China-in-Africa Discourse', *Pacific Affairs*, **81** (1), 9–29.

Schaffer, Bernard (1996), 'Policy Making', in Adam Kuper and Jessica Kuper (eds), *The Social Science Encyclopedia* (2nd edn), London: Routledge, p. 621.

Scheer, Robert (2008), 'Indefensible Spending', *Los Angeles Times*, 1 June, http://www.latimes.com/news/opinion/commentary/la-op-scheer1-2008jun01,0, 5177531. story

Schmitt, Gary J. (2008), 'Our One-China Cowardice', *Wall Street Journal*, 15 January, p. A12.

Schmitt, Gary J. (2009), 'Kowtowing to China', *Weekly Standard*, 1 December.

Schram, Sanford F. (2006), 'Return to Politics: Perestroika, Phronesis, and Post-Paradigmatic Political Science', in Sanford F. Schram and Brian Caterino (eds), *Making Political Science Matter: Debating Knowledge, Research, and Method*, New York: New York University Press, pp. 17–32.

Schram, Sanford F. and Brian Caterino (eds) (2006), *Making Political Science Matter: Debating Knowledge, Research, and Method*, New York: New York University Press.

Scott, David (2008),*China and the International System, 1840–1949: Power, Presence, and Perceptions in a Century of Humiliation*, Albany, NY: State Universityof New York Press.

Sedaei, Sam (2010), 'Obama's Push-Back Against China Is Bitter Medicine', *Huffington Post*, 15 February, http://www.huffingtonpost.com/sam-sedaei/american-push-back-agains_b_462971.html

Segal, Gerald (1995), 'Tying China into the International System', *Survival*, **37** (2), 60–73.

Segal, Gerald (1996), 'Tying China in (and down)', in Gerald Segal and Richard H. Yang (eds), *Chinese Economic Reform: The Impact on Security*, London: Routledge, pp. 191–206.

Segal, Gerald (1997), 'Understanding East Asian International Relations', *Review of International Studies*, **23** (4), 501–6.

Segal, Gerald (1999), 'Does China Matter?' *Foreign Affairs*, **78** (5), 24–36.

Shambaugh, David (1994), 'Introduction', in Thomas W. Robinson and David Shambaugh (eds), *Chinese Foreign Policy: Theory and Practice*, Oxford: Clarendon Press, pp. 1–10.

Shambaugh, David (1999), 'PLA Studies Today: A Maturing Field', in James C. Mulvenon and Richard H. Yang (eds), *The People's Liberation Army in the Information Age*, Santa Monica, CA:RAND Corporation, pp. 7–21.

Shambaugh, David (2004), 'China and Europe: The Emerging Axis', *Current History*, **103** (674), 243–48.

Shambaugh, David (2005), 'The New Strategic Triangle: U.S. and European Reactions to China's Rise', *TheWashington Quarterly*, **28** (3), 7–25.

Shambaugh, David (2007), 'Studies of China's Foreign and Security Policies in the United States', in Robert Ash, David Shambaugh and Seiichiro Takagi (eds),*China Watching: Perspectives from Europe, Japan, and the United States*, London: Routledge, pp. 213–40.

Shambaugh, David (2008), 'China Eyes Europe in the World: Real Convergence or Cognitive Dissonance?' in David Shambaugh, Eberhard Sandschneider and Zhou Hong(eds), *China-Europe Relations: Perceptions, Policies and Prospects*, London: Routledge, pp. 127–47.

Shambaugh, David (2008), 'Learning from Abroad to Reinvent Itself: External Influence on Internal CCP Reforms', in Cheng Li (ed.), *China's Changing Political Landscape: Prospects for Democracy*, Washington DC: Brookings Institution Press, pp. 283–301.

Shambaugh, David (2009), 'Reflections on the American Study of Contemporary China', *Far Eastern Affairs*,**37** (4), 151–8.

Shambaugh, David (2011), 'Coping with a Conflicted China', *The Washington Quarterly*, **34** (1), 7–27.

Shambaugh, David (ed.) (1993), *American Studies of Contemporary China*, Armonk, NY: M. E. Sharpe.

Shao Feng (2008), 'Aoyun huoju chuandi tuxian hexie shijie waijiao de zhongyaoxing' (Olympic Torch Relay Highlights the Importance for Harmonious World Diplomacy), *Zhongguo Shehuikexueyuan Yuanbao* (Journal of the Chinese Academy of Social Sciences), 29 April, p. 3.

Shapiro, Michael J. (1988), *The Politics of Representation: Writing Practices in Biography, Photography, and Policy Analysis*, Madison, WS: University of Wisconsin Press.

Shapiro, Michael J. (1992), *Reading the Postmodern Polity: Political Theory as Textual Practice*, Minneapolis, MN: University of Minnesota Press.

Shen Dingli (2010), 'US-S. Korean Maritime War Games Needlessly Provocative', *Global Times*, 14 July, http://opinion.globaltimes.cn/commentary/2010-07/551234.html

Shen, Samuel (2008), 'Can't Beat That Return: China KFC's Big Fry', *The Age*, 7 May, Business Day, p. 9.

Shen, Simon (2007), *Redefining Nationalism in Modern China*, Basingstoke: Palgrave.

Shenkar, Oded (2006), *The Chinese Century: The Rising Chinese Economy and Its Impact on the Global Economy, the Balance of Power, and Your Job*, Upper Saddle River, NJ: Wharton School Publishing.

Sheridan, Michael (2010), 'China's Hawks Demand Cold War on the US', *The Sunday Times*, 7 February, p. 30.

Sherman, Kenneth B. (2004), 'Flashpoint Taiwan Straits', *Journal of Electronic Defense*, **27** (11), 51–9.

Shi Jianxun (2008), 'Aoyun shenghuo yu Aolinpike jingshen burong xiedu (The Sacred Olympic Flame and Olympic Spirit Brook No Blasphemy), *Wenhuibao* (Wenhui Daily), 10 April, p. 5.

Shih, Chih-yu (2004), *Navigating Sovereignty: World Politics Lost in China*, Basingstoke: Palgrave.

Shih, Chih-yu (2005), 'Connecting Knowledge of China Studies: Exploring an Ethical Relationship among Knowledge of Different Nature', in I Yuan (ed.), *Rethinking New International Order in East Asia: U.S., China, and Taiwan* (Institute of International Relations English Series No. 52), Taipei: National Chengchi University, pp. 111–46.

Shirk, Susan (2007), *China: Fragile Superpower*, Oxford: Oxford University Press.

Shohat, Ella and Robert Stam (1994), *Unthinking Eurocentrism: Multiculturalism and the Media*, London: Routledge.

Sil, Rudra and Peter J. Katzenstein (2010), *Beyond Paradigms: Analytic Eclecticism in the Study of World Politics*, Basingstoke: Palgrave.

Simpson, Christopher (1998), 'Universities, Empire, and the Production of Knowledge: An Introduction', in Christopher Simpson (ed.), *Universities and Empire: Money and Politics in the Social Sciences During the Cold War*, New York: The New Press, pp. xi–xxxiv.

Smadja, Claude (2001), 'Dealing with Globalization', in Laurence J. Brahm (ed.), *China's Century: The Awakening of the Next Economic Powerhouse*, Singapore: John Wiley & Sons (Asia), pp. 25–37.

Small, Andrew (2005), *Preventing the Next Cold War: A View from Beijing*, London: Foreign Policy Centre.

Smil, Vaclav (1993), *China's Environmental Crisis*, Armonk, NY: M. E. Sharpe.

Smith,Dan (1993), 'Arms Sales to Saudi Arabia and Taiwan Video Transcript', The Center for Defense Information, 28 November, http://www.cdi.org /adm/711/

Smyth, Marie Breen, Jeroen Gunning and Richard Jackson (eds) (2009), *Critical Terrorism Studies: A New Research Agenda*, London: Routledge.

Snyder, Robert W. (ed.) (2001), *Covering China*, Piscataway, NJ: Transaction Publishers.

Soley, Lawrence (1998), 'The New Corporate Yen for Scholarship', in Christopher Simpson (ed.), *Universities and Empire: Money and Politics in the Social Sciences During the Cold War*, New York: The New Press, pp. 229–49.

Solovey, Mark (2001), 'Project Camelot and the 1960s Epistemological Revolution: Rethinking the Politics-Patronage-Social Science Nexus', *Social Studies of Science*, **31** (2), 171–206.

Song Qiang (1996), 'Cang tian dang si, huang tian dang li' (The Blue Sky Must Die, and the Yellow Sky Must Stand Up), in Song Qiang et al., *Zhongguo keyi shuo bu: Lengzhan hou shidai de zhengzhi yu qinggan jueze*(China Can Say No: Political and Sentimental Choices During the Post-Cold War Era), Beijing: Zhonghua Gongshang Lianhe Chubanshe, pp. 1–51.

Song Qiang et al. (1996), *Zhongguo keyi shuo bu: Lengzhan hou shidai de zhengzhi yu qinggan jueze*(China Can Say No: Political and Sentimental Choices During the Post-Cold War Era), Beijing: Zhonghua Gongshang Lianhe Chubanshe.

Song Xiaojun, Wang Xiaodong, Huang Jisu, Song Qiang and Liu Yang (2009), *Zhongguo bu gaoxing: Da shidai, da mubiao ji Zhongguo de neiyouwaihuan* (Unhappy China: New Epoch, Grand Vision and Challenges for China), Taipei: INK Literary Monthly Publishing.

Sorman, Guy (2008), *The Empire of Lies: The Truth About China in the Twenty-First Century* (trans. Asha Puri), New York: Encounter Books.

Sparks, Colin (2010), 'Coverage of China in the UK National Press', *Chinese Journal of Communication*, **3** (3), 347–65.

Spence, Jonathan D. (1980), *To Change China: Western Advisers in China 1620–1960*, London: Penguin Books.

Spence, Jonathan D. (1998), *The Chan's Great Continent: China in Western Minds*, New York: W. W. Norton.

Spivak, Gayatri Chakravorty (1988), 'Can the Subaltern Speak?' in Cary Nelson and Lawrence Grossberg (eds), *Marxism and the Interpretation of Culture*, Urbana, IL: University of Illinois Press, pp. 271–313.

Starr, John Bryan (1997), *Understanding China*, London: Profile Books.

Steele, A. T. (1966), *The American People and China*, New York: McGraw-Hill.

Steinberg, James B. (2009), 'China's Arrival: The Long March to Global Power', Keynote Address at the Center for a New American Security, 24 September, http://www.cnas.org/files/multimedia/documents/Deputy%20Secretary%20James %20Steinberg's%20September%2024,%202009%20Keynote%20Address%20Tran script.pdf

Stengel, Richard (2007), 'The Chinese Challenge', *Time*, 22 January, p. 6.

Stephens, Philip (2008), 'The Financial Crisis Marks out a New Geopolitical Order', *Financial Times*, 10 October, p. 9.

Stewart, Cameron and Patrick Walters (2009), 'Spy Chiefs Cross Swords over China –PM Backs Defence Hawks', *The Australian*, 11 April, p. 1.

Stoessinger, John G. (1967), 'China and America: The Burden of Past Misperceptions', in John C. Farrell and Asa P. Smith (eds), *Image and Reality in World Politics*, New York: Columbia University Press, pp. 72–91.

Strahan, Lachlan (1996), *Australia's China: Changing Perceptions from the 1930s to the 1990s*, Cambridge: Cambridge University Press.

Studwell, Joe (2005), *The China Dream: The Quest for the Last Great Untapped Market on Earth*, New York: Grove Press.

Su Xiaokang and Wang Luxiang (1991), *Deathsong of the River: A Reader's Guide to the Chinese TV Series Heshang* (trans. and eds Richard W. Bodman and Pin P. Wan), Ithaca, NY: Cornell East Asia Series.

Subramanian, Arvind (2011), 'The Inevitable Superpower: Why China's Dominance Is a Sure Thing', *Foreign Affairs*, **90** (5), 66–78.

Suettinger, Robert L. (2003), *Beyond Tiananmen: The Politics of U.S.-China Relations*, 1989–2000, Washington DC: Brookings Institution Press.

Sutter, Robert (2001), 'The U.S. Congress: Personal, Partisan, Political', in Ramon H. Myers, Michel C. Oksenberg and David Shambaugh (eds), *Making China Policy:*

Lessons from the Bush and Clinton Administrations, Lanham, MD: Roman & Littlefield, pp. 79–111.

Suzuki,Shogo (2009), 'Chinese Soft Power, Insecurity Studies, Myopia and Fantasy', *Third World Quarterly*, **30** (4), 779–93.

Talev, Margaret, Tom Lasseter and Kevin G. Hall (2010), 'China Looms as Obama Tries to Strengthen Ties with Asian Democracies', *Pittsburgh Post-Gazette*, 14 November, p. A-3.

Tammen, Ronald L. and Jacek Kugler (2006), 'Power Transition and China-US Conflicts', *Chinese Journal of International Politics*, **1** (1), 35–55.

Tan See Seng (2002), 'What Fear Hath Wrought: Missile Hysteria and the Writing of "America"', Institute of Defence and Strategic Studies Working Paper No. 28, Singapore: Nanyang Technological University, pp. 1–28.

Taylor, Charles (1985), *Philosophy and the Human Sciences*, Cambridge: Cambridge University Press.

Teng, Ssu-yu and John K. Fairbank et al. (1954), *China's Response to the West: A Documentary Survey 1839–1923*, Cambridge, MA: Harvard University Press.

Thomas, William I. and Dorothy S. Thomas (1928),*The Child in America*, New York: Alfred A. Knopf.

Thompson, Mark (2008), 'Gates Down on the F-22', *Time*, 7 February, http://www.time.com/time/nation/article/0,8599,1710944,00.html

Thornburgh, Dick (2009), 'Bearing Witness to Chinese Persecution', Real Clear World, 18 December, http://www.realclearworld.com/articles/2009/12/18/liu_xiaobo_bearing_witness_to_chinas_persecuted.html

Thrush, Glenn and Manu Raju (2010), 'Barack Obama Pressed on China Showdown', Politico, 6 April, http://www.politico.com/news/stories/0410/35458. html

Thucydides (1972), *History of the Peloponnesian War* (trans. Rex Warner), London: Penguin Books.

Tisdall, Simon (2005), 'Japan Emerges as America's Deputy Sheriff in the Pacific', *The Guardian*, 19 April, p. 13.

Tisdall, Simon (2005), 'US Tries to Spin a Web Strong Enough to Contain China', *The Guardian*, 10 August, p. 12.

Todorov, Tzvetan (1999), *The Conquest of America: The Question of the Other* (trans. Richard Howard), Norman, OK: University of Oklahoma Press.

Townsend, James (1992), 'Chinese Nationalism', *The Australian Journal of Chinese Affairs*, No. 27, pp. 97–130.

Tsou, Tang (1963), *America's Failure in China*, Berkeley, CA: University of California Press.

Tu Wei-ming (ed.) (1994), *The Living Tree: The Changing Meaning of Being Chinese Today*, Stanford, CA: Stanford University Press.

Tucker, Nancy Bernkopf (2003), 'America First', in Carola McGiffert (ed.), *China in the American Political Imagination*, Washington, DC: The CSIS Press, pp. 16–21.

Tucker, Robert W. and David C. Hendrickson (1992), *The Imperial Temptation: The New World Order and America's Purpose*, New York: Council on Foreign Relations Press.

Turner, Oliver (2011), 'Sino-US Relations Then and Now: Discourse, Images, Policy', *Political Perspectives*, **5** (3), 27–45.

Turse, Nicholas (2004), 'The Military-Academic Complex', TomDispatch, 29 April, http://www.countercurrents.org/us-turse290404.htm

Twining, Daniel (2007), 'America's Grand Design in Asia', *The Washington Quarterly*, **30** (3), 79–94.

Tyler, Patrick E. (2000), *A Great Wall: Six Presidents and China: An Investigative History*, New York: Century Foundation Book.

Unger, Jonathan (1994), 'Recent Trends in Modern China Studies in the English-language World: An Editor's Perspective', in Lucien Bianco et al., *The Development of Contemporary China Studies*, Tokyo: Centre for East Asian Cultural Studies for UNESCO, pp. 179–86.

US Department of Defense (2001), *Quadrennial Defense Review Report*, Washington DC: US Government Printing Office, 30 September.

US Department of Defense (2006), *Quadrennial Defense Review Report*, Washington DC: US Government Printing Office, 6 February.

US Department of Defense (2010), *2010 Nuclear Posture Review*, Washington DC: Department of Defense, April.

US Department of Defense (n.d.), 'The Minerva Initiative', http://minerva.dtic.mil/

US National Intelligence Council (2008), *Global Trends 2025: A Transformed World*, Washington, DC: US Government Printing Office.

Vancouver Sun (2007), 'Made in China Has Become a Warning Label', 13 September, p. C3.

Vines, Alex (2012), 'Mesmerised by Chinese String of Pearls Theory', *The World Today*, **68** (2),33–4.

Vogel, Ezra F. (1994), 'Contemporary China Studies in North America: Marginals in a Superpower', in Lucien Bianco et al., *The Development of Contemporary China Studies*, Tokyo: Centre for East Asian Cultural Studies for UNESCO, The Toyo Bunko,pp. 187–95.

Vogel, Ezra F. (1997), 'Introduction: How Can the United States and China Pursue Common Interests and Manage Differences?' in Ezra F. Vogel, (ed.), *Living with China: U.S./China Relations in the Twenty-First Century*, New York: W. W. Norton, pp. 17–52.

Vogel, Ezra F. (ed.) (1997), *Living with China: U.S./China Relations in the Twenty-First Century*, New York: W. W. Norton.

Voice of America (2006), 'US Rights Report Critical of Arab Allies, Iran, China, Zimbabwe', 8 March, http://www.voanews.com/english/archive/2006-03/2006-03-08-voa64.cfm

Vukovich, Daniel (2010), 'China in Theory: The Orientalist Production of Knowledge in the Global Economy', *Cultural Critique*, No. 76, pp. 148–72.

Wæver, Ole (1998), 'The Sociology of a Not So International Discipline: American and European Developments in International Relations', *International Organization*, **52** (4), 687–727.

Walder, Andrew G. (2004), 'The Transformation of Contemporary China Studies, 1977–2002', in David L. Szanton (ed.),*The Politics of Knowledge: Area Studies and the Disciplines*, Berkeley, CA: University of California Press, pp. 314–40.

Waldron, Arthur (2000), 'Statement of Dr Arthur Waldron', House Armed Services Committee, 21 June,http://armedservices.house.gov/testimony/106thcongress/00-06-21waldron.html

Walker, David (1999), *Anxious Nation: Australia and the Rise of Asia 1850–1939*, St Lucia: University of Queensland Press.

Waller, J. Michael (2001), 'Blue Team Takes on Red China', *Insight Magazine*, **17** (21), 24.

Walt,Stephen M. (1991), 'The Renaissance of Security Studies', *International Studies Quarterly*, **35** (2), 211–39.

Waltz, Kenneth N. (1959), *Man, the State, and War*, New York: Columbia University Press.

Waltz, Kenneth N. (1979), *Theory of International Politics*, Reading, MA: Addison-Wesley.

Wang, Fei-ling (1999), 'Self-Image and Strategic Intentions: National Confidence and Political Insecurity', in Yong Deng and Fei-ling Wang (eds), *In the Eyes of the Dragon: China Views the World*, Lanham, MD: Rowman & Littlefield, pp. 21–45.

Wang Gungwu (2003), *Anglo-Chinese Encounters since 1800: War, Trade, Science and Governance*, Cambridge: Cambridge University Press.

Wang, Hongying (2000), 'Multilateralism in Chinese Foreign Policy: The Limits of Socialization', in Weixing Hu, Gerald Chan and Daojiong Zha (eds), *China's International Relations in the 21ˢᵗ Century: Dynamics of Paradigm Shifts*, Lanham, MD: University Press of America, pp. 71–91.

Wang, Jianwei (2000), *Limited Adversaries: Post-Cold War Sino-American Mutual Images*, Oxford: Oxford University Press.

Wang Jisi (1994), 'International Relations Theory and the Study of Chinese Foreign Policy: A Chinese Perspective', in Thomas W. Robinson and David Shambaugh (eds), *Chinese Foreign Policy: Theory and Practice*, Oxford: Clarendon Press, pp. 481–505.

Wang Jisi (2005), 'China's Search for Stability with America', *Foreign Affairs*, **84** (5), 39–48.

Wang Jisi (2010), 'Zhong-Mei jiegouxing maodun shangsheng, zhanglue jiaoliang nanyi bimian' (Sino-US Structural Contradictions on the Rise, Strategic Competition Difficult to Avoid), *International and Strategic Studies Report* (Beijing: Center for International and Strategic Studies, Peking University), No. 47, 23 July, pp. 1–4.

Wang Jisi and Wang Yong (2001), 'A Chinese Account: The Interaction of Policies', in Ramon H. Myers, Michel C. Oksenberg and David Shambaugh (eds), *Making China Policy: Lessons from the Bush and Clinton Administrations*, Lanham, MD: Roman & Littlefield, pp. 269–95.

Wang Xiaodong (1999), 'Zhongguo de minzuzhuyi he Zhongguo de weilai' (Chinese Nationalism and China's Future), in Fang Ning, Wang Xiaodong, Song Qiang, et al., *Quanqiuhua yinying xia de Zhongguo zhilu* (China's Road under the Shadow of Globalisation), Beijing: Zhongguo shehuikexue chubanshe, pp. 81–106.

Wang Xiaodong (1999), '99 duanxiang' (Reflections on the Year 1999), in Fang Ning, Wang Xiaodong, Song Qiang, et al., *Quanqiuhua yinying xia de Zhongguo zhilu* (China's Road under the Shadow of Globalisation), Beijing: Zhongguo shehuikexue chubanshe, pp. 42–57.

Wang Yizhou (1995), *Dangdai guoji zhengzhi xilun*(An Analysis of Contemporary International Politics), Shanghai: Shanghai renmin chubanshe.

Wang Yizhou (2003), *Quanqiu zhengzhi he Zhongguo waijiao: Tanxue xin de shijiao yu jieshi* (Global Politics and China's Foreign Policy: In Search of New Perspectives and Interpretations), Beijing: Shijie zhishi chubanshe.

Wasserstrom, Jeffrey N. (2007), *China's Brave New World: And Other Tales for Global Times*, Bloomington: Indiana University Press.

Watson, James L. (2006), 'Introduction: Transnationalism, Localization, and Fast Foods in East Asia', in James L. Watson (ed.), *Golden Arches East: McDonald's in East Asia* (2nd edn), Stanford, CA: Stanford University Press, pp. 1–38.

Weekly Standard (2010), *The Weekly Standard Media Kit*, January, http://www.weeklystandard.com/advertising/mediakit.pdf

Weisman, Jonathan (2005), 'In Washington, Chevron Works to Scuttle Chinese Bid', *Washington Post*, 16 July, p. D1.

Wendt, Alexander (1999), *Social Theory of International Politics*, Cambridge: Cambridge University Press.

Weston, Timothy B. and Lionel M. Jensen (eds) (2000), *China beyond the Headlines*, Lanham, MD: Rowman & Littlefield.

White, Hayden (1973), *Metahistory: The Historical Imagination in Nineteenth-Century Europe*, Baltimore, MD: Johns Hopkins University Press.

White, Hayden (1987), *The Content of the Form: Narrative Discourse and Historical Representation*, Baltimore, MD: Johns Hopkins University Press.

White, Hugh (2010), 'Power Shift: Australia's Future between Washington and Beijing', *Quarterly Essay*, No. 39, pp. 1–74.

White, Hugh (2011), 'Mr President, We Beg to Differ over the Future of Asia', *The Age*, 16 November, p. 21.

White, Richard (2008), 'Australian Journalists, Travel Writing and China: James Hingston, the "Vagabond" and G. E. Morrison', *Journal of Australian Studies*,**32**(2),237–50.

Whitehead, John W. (2008), 'Chinese Totalitarianism, American-Style', *Huffington Post*, 31 July, http://www.huffingtonpost.com/john-w-whitehead/chinese-totalitarianism-a_b_116057.html

Williams, Raymond (1983), *Keywords: A Vocabulary of Culture and Society*, London: Flemingo.

Wolf, Charles, Jr. (2001), 'China's Capitalists Join the Party', *New York Times*, 13 August, p. A17.

Wolfowitz, Paul (1997), 'Bridging Centuries—Fin de Siècle All Over Again', *TheNational Interest*, No. 47, pp. 3–8.

Wolfowitz, Paul (1998), 'Transfer of Missile Technology to China', Testimony before the U.S Senate Committee on Commerce, Science andTransportation Hearing on Transfer of Satellite Technology to China, *Congressional Testimony by Federal Document Clearing House*, 17 September, retrieved from Factiva.

Womack, Brantly (2010), 'Introduction', in Brantly Womack (ed.), *China's Rise in Historical Perspective*, Lanham, MD: Rowman & Littlefield, pp. 1–15.

Wong, Kent and Elaine Bernard (2000), 'Rethinking the China Campaign', *New Labor Forum*, No. 7, http://www.hrichina.org/crf/article/4805

Woodward, Bob (2002), *Bush at War*, New York: Simon & Schuster.

Woodward, Bob (2004), *Plan of Attack*, New York: Simon & Schuster.

Wu Jianmin (2011), 'Ou Mei Ri yi Hua, sange "diyici" qiansuoweijian' (Suspicions of China among Europe, the US, and Japan: Three Unprecedented 'First' Phenomena), 10 January, http://mgb.chinareviewnews.com/doc/1015/6/5/2/101565260.html?coluid=93&kindid=2788&docid=101565260

X (George Kennan) (1947), 'The Sources of Soviet Conduct', *Foreign Affairs*, **25** (4), 566–82.

Xi Laiwang (1996), *Ershiyi shiji Zhongguo zhanlue da cehua: Waijiao moulue* (China's Grand Strategy into the Twenty-first Century: Strategic Calculus of China's Diplomacy), Beijing: Hongqi Chubanshe.

Xu Guoqi (2008), *Olympic Dreams: China and Sports 1895–2008*, Cambridge, MA: Harvard University Press.

Yahuda, Michael (2008), 'China's Multilateralism and Regional Order', in Guoguang Wu and Helen Lansdowne (eds), *China Turns to Multilateralism: Foreign Policy and Regional Security*, London: Routledge, pp. 75–89.

Yahuda, Michael (2008), 'The Sino-European Encounter: Historical Influences on Contemporary Relations', in David Shambaugh, Eberhard Sandschneider and Zhou

Hong(eds), *China-Europe Relations: Perceptions, Policies and Prospects*, London: Routledge, pp. 13–32.

Yan Xuetong (1996), *Zhongguo guojia liyi fenxi* (An Analysis of China's National Interests), Tianjin: Tianjin renmin chubanshe.

Yan Xuetong (2010), 'The Instability of China-US Relations', *The Chinese Journal of International Politics*, **3** (3), 263–92.

Yan Xuetong et al. (2011), *Ancient Chinese Thought, Modern Chinese Power*, Princeton, NJ: Princeton University Press.

Yan, Yunxiang (2006), 'McDonald's in Beijing: The Localization of Americana', in James L. Watson (ed.), *Golden Arches East: McDonald's in East Asia* (2nd edn), Stanford, CA: Stanford University Press, pp. 39–76.

Yee, Herbert S. (ed.) (2011), *China's Rise – Threat or Opportunity?* London: Routledge.

Yee, Herbert and Ian Storey (eds) (2002), *The China Threat: Perceptions, Myths and Reality*, London: RoutledgeCurzon.

Yeh, Andrew (2006), 'Toxic Chinese Mercury Pollution Travelling to US', *Financial Times*, 12 April, p. 8.

Yew, Leong (2003), *The Disjunctive Empire of International Relations*, Aldershot: Ashgate.

Young, Robert J. C. (1995), *Colonial Desire: Hybridity in Theory, Culture, and Race*, London: Routledge.

Yu Bin (1997), *East Asia: Geopolitique into the Twenty-first Century—A Chinese View* (Discussion Paper), Stanford, CA: Asia Pacific Research Center, Stanford University, June.

Yu Tiejun and Qi Haotian, 'Meiguo Guofangbu "Miniewa" Jihua shuping' (Notes on the US Defense Department's 'Minerva' Initiative), *Zhanlue zongheng* (Strategic Survey)(Center for International & Strategic Studies, Peking University), 2011–12, pp. 1–21.

Zagoria, Donald S. (1984), 'China's Quiet Revolution', *Foreign Affairs*, **62** (4), 879–904.

Zakaria, Fareed (2008), *The Post-American World*, New York: W. W. Norton.

Zehfuss, Maja (2002), *Constructivism in International Relations: The Politics of Reality*, Cambridge: Cambridge University Press.

Zhang, Li (2010), 'The Rise of China: Media Perception and Implications for International Politics', *Journal of Contemporary China*, **19** (64), 233–54.

Zhang Ruizhuang (1999), 'Zhongguo ying xuanze shenmeyang de waijiao zhexue?' (What Kind of Foreign Policy Thinking Should China Choose?), *Zhanlue yu guanli* (Strategy and Management), No. 1, pp. 54–67.

Zhang Ruizhuang (2002), '"Chenzhuo yingdui" yu "zifeiwugong"' ('Meet Challenges with Calm' and 'Voluntarily Relinquish One's Own Prowess'), *Shijie jingji yu zhengzhi* (World Economics and International Politics), No. 1, pp. 68–72.

Zhang Wenmu (2002), 'Quanqiuhua jincheng zhong de Zhongguo guojia liyi' (China's National Interests in the Process of Globalisation), *Zhanlue yu guanli* (Strategy and Management), No. 1, pp. 52–64.

Zhang Zangzang et al. (1996), *Zhongguo haishi keyi shuo bu: Guoji guanxi bianshu yu women de xianshi yingdui* (China Still Can Say No: International Relations Factors and Our Realistic Response), Beijing: Zhonghua Gongshang Lianhe Chubanshe.

Zhang, Yongjin (2001), 'China's Security Problematique: Critical Reflections', in Yongjin Zhang and Greg Austin (eds), *Power and Responsibility in Chinese Foreign Policy*, Canberra: Asia Pacific Press, pp. 250–71.

Zhao, Suisheng (2000), '"We are Patriots First and Democrats Second": The Rise of Chinese Nationalism in the 1990s', in Edward Friedman and Barrett McCormick (eds), *What If China Doesn't Democratize?* Armonk, New York: M. E. Sharpe, pp. 21–48.

Zhao, Suisheng (2004), 'Chinese Foreign Policy: Pragmatism and Strategic Behavior', in Suisheng Zhao (ed.), *Chinese Foreign Policy: Pragmatism and Strategic Behaviour*, Armonk, NY: M.E. Sharpe, pp. 3–20.

Zhao, Suisheng (2008), 'The Olympics and Chinese Nationalism', *China Security*, **4** (3), 48–57.

Zheng, Yongnian (1999), *Discovering Chinese Nationalism in China: Modernization, Identity, and International Relations*, Cambridge: Cambridge University Press.

Zheng Yongnian (ed.) (2010), *China and International Relations: The Chinese View and the Contribution of Wang Gungwu*, London: Routledge.

Zhou Ning (2006), *Tianchao yaoyuan: Xifang de Zhongguo xingxiang yanjiu* (China in the World: Studies of Western Images of China), Beijing: Peking University Press.

Zhu Feng (2003), 'Guojiguanxi lilun zai Zhongguo de fazhan:Wenti yu sikao' (The Development of International Relations Theory in China: Problems and Reflection), *Shijie jingji yu zhengzhi* (World Economics and International Politics), No. 3, pp. 23–25.

Zhu Feng (2008), 'China's Rise Will Be Peaceful: How Unipolarity Matters', in Robert S. Ross and Zhu Feng (eds), *China's Ascent: Power, Security, and the Future of International Politics*, Ithaca, NY: Cornell University Press, pp. 34–54.

Žižek, Slavoj (1993), *Tarrying with the Negative: Kant, Hegel, and the Critique of Ideology*, Durham, NC: Duke University Press.

Zoellick, Robert (2005), 'Whither China? From Membership to Responsibility' (Remarks to the National Committee on US-China Relations), *NBR Analysis*, **16** (4), 5–14.

Zweig, David (2002), *Internationalizing China: Domestic Interests and Global Linkages*, Ithaca, NY: Cornell University Press.

索 引 （索引页码为原著页码即本书边码）

Cultural Realism (Johnston) 30, 52–4, 155
Cultural Revolution 13, 96, 140
culturalism 95, 128
Cumings, Bruce 51, 82, 168

Dalai Lama 130, 131, 138, 139
Davos 124
deconstruction9, 10, 18, 21, 148, 150, 152, 157, 177
Defense Department (DoD) (US)25–6, 45, 48, 49, 51, 77, 82, 89, 91, 94, 102–3
  International Security Advisory Board (ISAB) 26, 93–4
Dell 36
democracy12, 29,34, 36, 46, 58, 61, 69, 94, 109, 114, 118, 120, 122, 124–6, 138, 158, 170
  China and 20, 28, 29, 31, 33, 36–7, 58, 59, 61, 109, 110, 118, 121, 122, 124, 132, 134, 135
  as opportunity 58, 63, 110, 120, 132, 134
democratic peace 28, 51, 110, 158
  as fantasy 158
democratisationof China 29, 31, 33, 35, 37, 61, 110, 111, 127, 140, 143, 145
  Western disillusionment with 140, 143
Deng Xiaoping 97
Der Derian, James 42
Derbyshire, John 177
Derrida, Jacques 150
Descartes, René 15
desire9, 14–18, 42, 57, 58, 62, 76, 129, 158, 166, 196
  for certainty and security 42, 44, 45
  knowledge, powerand 14–16, 61, 66, 67, 81, 82, 148, 149, 152, 155, 158, 166
  sexualised 15, 57
  see also colonial desire
desire to know (*epistemophilia*) 14
Deutch, John 175
Dewey, John 15
dialogue19, 153, 197, 198
  China knowledge 153–9
  cross-cultural154
  equal subjects in 157–9
  reflection and 147–59

Diamond, Larry 35, 37
dichotomy
  China knowledge and40, 54–5, 93, 157–8
  domestic/international 157
  engagementv. containment 40
  false110, 158
  knowledge/reality9, 10, 148, 150, 158
  scholars/practitioners 86, 157
  self/Other 60, 110, 157
  US and China 53, 93, 110
  'us/them' 70
difference 49, 64, 112, 149, 156
  between the US/West and China 29, 53, 152
  China 46, 56, 112–3
  IR problem 159
  in knowledge and dialogue 156–7
  in the West 113–4, 115, 123
discourse
  Chinese 13, 19, 154–6
  constitutive effect148, 150, 153, 154, 156, 157
  performative role 60, 63
  social93, 156
disillusionment 19, 129–46, 149
  see also'China opportunity'; hope
Dobbs, Lou 39
Donnelly, Thomas 78
doublehermeneutic 18, 156

East Asia 36, 53, 74, 93, 119–20
East Asia Summit 93
'eclectic borrowing' 119
Economist 24
economy, Chinese
  20, 23, 24, 26, 27–8, 32–6, 42, 95–6, 103, 113, 125, 154
Economy, Elizabeth 37, 58
Eisenhower, Dwight D. 72–3
either/or 15, 40, 54–5
emancipatory knowledge 153
'embedded experts' 77, 180
emotion 3, 15–6, 19, 50, 63, 67, 129–30, 132, 151, 152, 158, 159
emotional inoculation 15
emotional substitutes15–16, 44, 50, 148
empiricalapproaches2, 4, 6, 7, 24, 25, 27, 30, 42, 53, 66, 86, 95, 154
Encounter Books 78

Libby, I. Lewis 78
liberal democracy33, 35, 61, 110, 114,
  134, 137–8
liberalism 29, 114, 134, 138, 148
Lieberman, Joe 72
Lieberthal, Kenneth 96
Lilley, James 69, 141
Lin Zexu100–101
Lippmann, Walter 64
Lipschutz, Ronnie D. 175
literary criticism9, 48
literary theory157
Liu Xiaobo 99, 131, 142
Locke, John 3
Lockheed Martin 73, 79, 80
Los Angeles Times 89, 132

*M. Butterfly*135
Ma, Ying 132
Macartney, Lord 144
Macherey, Pierre 4
Machiavelli, Niccolò 68
Macpherson, C. B. 46
'Made in China' 23–4
Madsen, Richard 13, 64, 115, 116, 117,
  168
Malaysia 90
*Manchurian Candidate, The*135, 136
Mandelson, Peter 139
Mann, James 13–14, 62, 123, 132, 134,
  135–8, 143
Mannheim, Karl 147, 153
Mao Zedong 20, 31, 34, 118
Marco Polo 12, 32
Marcus, George 5
market, China as 11, 21, 31–3, 37, 56–7,
  60, 62, 116, 121–2, 132, 133, 142,
  144
Marshall, Andrew 89
Martin, William Alexander Parsons 61
Marxism 34, 118
Mastanduno, Michael 3
Maynes, Charles William 44
McDonaldisation116
McNamara, Robert 51
Mead, Walter Russell 93
Mearsheimer, John J. 28, 46, 47, 49, 55,
  87
media6, 8, 13, 14, 23–4, 30, 61, 67, 76,
  78, 88–9, 98, 115, 117
Merkel, Angela 130

Merton, Robert 85
methodology3, 6, 9, 19, 150–51
Microsoft 32, 117, 136
Middle East 6, 74, 165
Middle Kingdom mentality 30
military-industrialcomplex 18, 51, 72–85
military-industrial-academic complex 76,
  80
military Keynesianism18–19, 72–6, 82,
  85, 149
Mills, C. Wright 73
mimicry 21, 48, 81, 85, 128
Minerva Initiative 25, 80
missionaries10, 13, 31–2, 39, 61, 116,
  118, 121, 140
  andconversion10, 31, 118–19
MIT 79
modernisation 22, 46, 110, 112
modernity 60, 110, 125
Moïse, Dominique 43
Monaghan, Peter 81
Mongolia 79
Moore, Mike 106
moral knowledge 18, 156, 167
Morgenthau, Hans 120
Morita, Akio 97
Morrell, Geoff 104
Most-Favoured-Nation (MFN) 92, 97,
  109, 111, 122, 192
multilateral institutions *see* international
  institutions (regimes)
Munro, Ross H. 25, 28, 52, 87, 93
Murdoch, Rupert115–6
Murtha, John 71
mutual construction
  China and the world 155–6
  hope and disillusionment 140
  power and knowledge 17
  self and Other 45–51, 59–65, 148–9
  the US/West and China 107, 112
mutual responsiveness17
  construction of China threat 94-105
  in IR 48, 103, 112
  in Sino-Western relations 85, 106,
    107, 112, 115–7, 149
  intimate enemy and 128
  asworld ontology 18, 128, 156
mutuality107, 117, 155
  see also mutual construction; mutual
    responsiveness
Myanmar 93

图书在版编目（CIP）数据

国际政治中的知识、欲望与权力：中国崛起的西方
叙事／（澳）潘成鑫著；张旗译. -- 北京：社会科学
文献出版社，2016.6
　　ISBN 978 - 7 - 5097 - 8683 - 3

　　Ⅰ.①国…　Ⅱ.①潘…②张…　Ⅲ.①国际政治关系
- 研究 - 中国　Ⅳ.①D81

中国版本图书馆 CIP 数据核字（2016）第 013361 号

国际政治中的知识、欲望与权力
——中国崛起的西方叙事

著　　者／〔澳〕潘成鑫（Chengxin Pan）
译　　者／张　旗

出 版 人／谢寿光
项目统筹／高明秀
责任编辑／高明秀
特邀编辑／张礼恒

出　　版／社会科学文献出版社·当代世界出版分社（010）59367004
　　　　　　地址：北京市北三环中路甲 29 号院华龙大厦　邮编：100029
　　　　　　网址：www.ssap.com.cn
发　　行／市场营销中心（010）59367081　59367018
印　　装／三河市东方印刷有限公司

规　　格／开本：880mm × 1230mm　1/32
　　　　　　印张：11.25　字数：269 千字
版　　次／2016 年 6 月第 1 版　2016 年 6 月第 1 次印刷
书　　号／ISBN 978 - 7 - 5097 - 8683 - 3
著作权合同
登 记 号／图字 01 - 2013 - 4533 号
定　　价／69.00 元